Les Grands Hommes
et leur mère

Sabine Melchior-Bonnet

Les Grands Hommes et leur mère

Louis XIV, Napoléon, Staline et les autres

Odile Jacob

15, rue Soufflot, 75005 Paris

www.odilejacob.fr

ISBN : 978-2-7381-3516-2

Introduction

« Car parfois la haine serpente au milieu du plus immense amour. »

Marcel Proust, *Jean Santeuil.*

Aucun homme, célèbre ou non, ne peut échapper à son passé. Certains s'efforcent d'en éliminer les traces, d'autres le revisitent avec leurs fantasmes, la plupart cherchent dans leur enfance une clé de leur histoire. La psychologie moderne nous a appris combien le lien mère-fils peut jouer dans la formation d'une personnalité, jusqu'à devenir, selon Freud, le ressort d'un « sentiment conquérant », et le moteur de toute réussite. Reconstituer la biographie d'un grand homme, qu'il s'agisse d'un empereur, d'un roi, d'un honnête citoyen, d'un saint ou d'un monstre passe presque inéluctablement par une enquête sur la place et le rôle qu'a occupés la mère dans sa vie.

Ce cordon ombilical, intime et fondateur, parfois si difficile à rompre, a-t-il une histoire ? Il appartient au domaine de la vie privée et de ce point de vue, il n'a eu pendant longtemps que bien peu de visibilité ; il est annexé aux préoccupations domestiques et matérielles – nourrir, soigner, éduquer –, défini par des devoirs sociaux et encadré par des liens plus larges de lignage et de parenté. Il semble se distendre très tôt, lorsque le garçonnet de sept ans quitte sa mère pour passer aux mains des hommes et s'intégrer aux sociétés de jeunesse : cette première relation, fonctionnelle, est accessible à l'historien à travers un certain nombre de sources objectives, démographiques, juridiques, médicales. En revanche, la dimension affective est la plupart du temps passée sous silence, sauf lorsqu'il s'agit de dénoncer le tabou récurrent de l'inceste.

À mesure que la bourgeoisie se constitue en groupe social puissant économiquement, la prise de conscience d'un bonheur familial qui repose sur un ciment affectif prévaut sur les solidarités sociales. Le foyer devient ce nid protecteur où l'enfant vient se blottir ; à travers des mémoires et des correspondances ou sous le couvert de fictions, le lien mère-fils prend chair. L'espace privé s'élargit au détriment des rites communautaires et l'amour des parents pour l'enfant n'est plus évoqué comme un devoir moral, sur lequel a toujours insisté l'Église, mais comme un sentiment naturel. Le fils n'est plus seulement l'enfançon que la mère doit nourrir : il acquiert une personnalité, il incarne l'avenir, et déjà elle s'inquiète de ses études et le prépare au monde. Encore faut-il ne pas ignorer les nombreux arguments qui contredisent les clichés : l'indifférence devant la mort des petits – un enfant sur quatre meurt avant un an jusqu'au XVIIIe siècle –, les abandons au porche des églises – souvent les enfants illégitimes –, les mises en nourrice, les séparations, les avortements, les infanticides, les maltraitances altèrent cette image idyllique du poupon choyé, au centre du monde et, surtout, au centre de la famille bourgeoise.

À la veille de la Révolution, l'amour maternel a trouvé une place qui ne va cesser de grandir. La mère accède à la dignité d'une déesse tutélaire. Confinée à la maison, son emprise est en principe limitée par la condition de mineure que le code de 1804 lui donne, mais, en réalité, son rôle se renforce au cours du XIXe siècle : c'est d'elle que dépendent l'harmonie du foyer et la stabilité de la société. Elle lit ces nombreux manuels d'éducation publiés à partir de 1815 – on connaît le succès de Gustave Droz, *Monsieur, madame et bébé* (1866) –, et elle retient le fils le plus longtemps possible au nid ; mais elle sait aussi, comme George Sand, qu'« il faudra le préparer par [ses] soins à l'éducation plus étendue qu'il recevra au sortir de l'enfance ». Car le succès du fils est le couronnement de l'amour maternel. Enfermée dans une mission de dévouement et parfois de sacrifice, la femme du XIXe siècle y trouve sa fierté : fierté de servir de médiatrice entre son fils et le monde, fierté de s'approprier un peu de son prestige et de ce désirable pouvoir réservé au monde masculin. Quant au fils, sa force s'enracine dans la sécurité que lui offre son amour. Nourrice, terre-mère, langue-mère, mère-courage, il apprend d'elle à aimer comme il apprend à marcher et à parler.

L'enfant choyé peut aussi être l'enfant gavé. Le philosophe Locke, anticipant sur l'évolution des sentiments, s'inquiète déjà des excès de cette affection inconditionnelle et de l'indulgence que les parents « trop passionnés » manifestent à leurs rejetons : « Non contents d'aimer leurs personnes, ils vont jusqu'à chérir leurs défauts » (*Quelques pensées sur l'éducation des enfants*, 1693). Trop d'amour ? L'amour maternel, s'il n'est pas soumis à la raison, est accusé de dérives ; embrasser, « baiser », caresser l'enfant relèvent d'un comportement quasi animal quand ils n'entraînent pas le dévoiement des sentiments. La naissance de la psychanalyse, certaines œuvres romanesques à la charnière des XIXe et XXe siècles centrées sur les couches profondes de la conscience s'intéressent à ce lien puissant et envahissant que l'imaginaire collectif avait de longtemps perçu sous ses deux faces, tantôt la face de la mère nourricière et protectrice, tantôt sa figure possessive et dévorante. Freud, qui annonce à son ami Wilhelm Fliess la progression rapide de son autoanalyse en 1897, raconte la découverte qui lui a permis d'avancer dans la compréhension de son histoire personnelle : « Entre deux ans et deux ans et demi, ma libido s'était éveillée et tournée vers ma *matrem*, cela au cours d'un voyage de Leipzig à Vienne que je fis avec elle et au cours duquel je pus la voir *nudam* » (*La Naissance de la psychanalyse*) – pudeur du latin ! En même temps, l'étude des mythes et de la tragédie grecque de Sophocle l'*Œdipe roi* l'incite à donner à sa découverte une valeur collective et à organiser son expérience en théorie universelle : « J'ai trouvé en moi comme partout ailleurs des sentiments d'amour envers ma mère et de jalousie envers mon père, communs à tous les jeunes enfants. [...] Chaque auditeur fut un jour en germe, en imagination un Œdipe... »

Mais Freud est lui-même resté très discret sur son attachement passionné pour sa mère, Amalia, passant sous silence toute trace d'agressivité qu'aurait pu lui inspirer cette femme volontaire que ses proches décrivent comme une personnalité tyrannique. Il se contente d'évoquer Arpad, le « petit homme coq » qu'étudie Ferenczi et qu'il enrôle dans *Totem et tabou* : « On pourrait mettre ma mère dans la marmite et la cuire, et il y aurait alors de la mère confite, et je pourrais la manger. » Ces dangers que Freud ne s'est pas risqué à explorer, le fantasme de dévoration de la mère ou la haine du petit enfant pour elle, d'autres se sont efforcés de les approfondir et de les théoriser. Coïncidence ou influence, la littérature s'est également employée à la même époque à démythifier l'amour filial et l'emprise des « mères », ces effrayantes « syllabes dans lesquelles se cachent les puissantes déesses qui échappent au temps et au lieu » (André Breton).

La montée du sentiment maternel au XIXe siècle n'est peut-être que la montée plus générale de l'affectif dans l'Histoire, sentiment sans doute largement éprouvé bien avant qu'aient été trouvés les mots pour le dire. Aujourd'hui dans l'intimité du foyer, les émotions de l'enfance conservent leur immense empire ; mais la famille du XXIe siècle a changé et s'est organisée selon des formes inédites : tendresse, attention, fermeté ne sont l'apanage ni d'un père ni d'une mère. La dissociation des fonctions d'engendrement, d'éducation et de transmission, la reconnaissance des familles homoparentales ont rendu caducs bien des tabous. On peut se demander ce qu'il reste, au XXIe siècle, du fameux complexe d'Œdipe : « un père anatomique sera-t-il une mère psychique ? » (Gilberte Gensel, *Penser/Rêver*, 2013, n° 24 : *Façons de tuer son père et d'épouser sa mère quand on est l'enfant d'un couple homoparental*). Suffit-il d'espérer que le fils, né dans un environnement suffisamment bon et confronté à une « altérité » quelle qu'elle soit, trouvera ce dont il a besoin, jour après jour, pour se développer et aller vers son destin d'adulte ?

Les histoires singulières proposées ici interrogent les enjeux de l'amour maternel : parcours ouverts, choisis à plusieurs époques, où les différentes figures trouvent des résonances de l'une à l'autre, depuis la captivité du fils incapable de se délivrer du lien, jusqu'à l'affrontement et à la révolte, en passant par le détachement et l'indifférence. Tout pouvoir prend le risque d'être abusif, y compris celui de l'amour d'une mère, qu'il s'agisse d'une régente, d'une sainte, d'une femme du monde, ou simplement d'une modeste matrone. À un moment ou un autre ce pouvoir entre en conflit avec la liberté naissante du fils : de ce conflit intime, naît parfois chez le fils le sentiment d'une force triomphante ; ou au contraire, s'enfle le ressentiment d'un adolescent humilié, en qui monte une force mauvaise. Le fragile cordon ombilical croise alors parfois la grande Histoire.

PREMIÈRE PARTIE

Icônes maternelles

Dans l'Occident chrétien, la figure de Marie, mère de Dieu, silencieuse servante du Seigneur, imprègne les représentations de la maternité, depuis le bienheureux enfantement dans la crèche jusqu'à la *Mater dolorosa* de la Crucifixion. Les mythologies gréco-romaines n'ont pas manqué de divinités-mères, et l'histoire romaine n'avait pas ignoré les mérites de ces mères héroïnes qui, comme Cornélia, mère des Gracques, pouvaient dire en montrant leurs fils : « Voilà mes joyaux. » Mais la religion de l'Incarnation et la nature divine de l'Enfant Jésus, pierre de touche de l'orthodoxie chrétienne, ont conféré aux femmes dès les premiers siècles un rôle exceptionnel et inédit. Les Évangiles canoniques et apocryphes exaltent le petit enfant divin sous la protection d'une mère sainte qui veille avec amour aux premiers moments de sa vie et à sa croissance. Depuis les fresques des catacombes jusqu'aux suaves tableaux de la Renaissance, les artistes européens exaltent les douceurs et les tendresses de la bonne mère, portant le bébé sur les genoux ou dans les bras, l'allaitant puis l'instruisant sous le regard de la grand-mère sainte Anne, inspirant plus largement le motif de la « lactation des saints » – Marie nourrissant symboliquement de son sein les mystiques – ou les girons arrondis de toutes les maternités spirituelles.

Sous ces pieuses images, le fils est-il l'enfant bien-aimé ? On dispose de peu d'informations sur l'époque du haut Moyen Âge, à part quelques rares documents provenant des milieux aristocratiques et monastiques. La procréation, fin première du mariage, est le point culminant d'une vie de femme ; la stérilité lui vaut le mépris tandis que la fécondité est une grâce, et si la grâce ne suffit pas, elle a recours à des rites de fécondité. Le père, non moins que la mère, veut un fils car la famille se perpétue par les garçons ; le dépit de mettre au monde une fille se devine à l'absence fréquente d'une formule de joie pour accompagner la naissance, et la réaction de Philippe le Bon, duc de Bourgogne, est celle de tous les chefs de famille : quand sa belle-fille accouche d'une fille, première-née, il refuse de se rendre au baptême « pour cause que ce n'estait qu'une fille, mais s'il eust plu à Dieu de lui envoyer un fils, il en eust fait grande feste » ! Encore faut-il ne pas oublier que la mission première de la mère est d'engendrer un enfant de Dieu. L'amour maternel doit être spiritualisé, vécu comme une grâce, canalisé, orienté vers le salut de l'âme plus que vers la conservation du corps. Comme les pères sont en règle générale beaucoup plus âgés que leur épouse, figures lointaines ou absentes, l'influence féminine prédomine longtemps, au point que l'Église s'effraie même du danger de la relation incestueuse.

L'époque médiévale est féconde en hagiographies édifiantes où la mère, relais de l'Église, occupe une place centrale : c'est à elle que revient la première éducation – le père se chargeant de l'instruction physique du garçon. Dans la *Vie* de Didier de Cahors, récit hagiographique du VIIe siècle, plusieurs lettres écrites par la mère témoignent d'une tendre sollicitude à l'égard de son fils envoyé à la cour de Clotaire II, sollicitude qui s'exprime surtout par des conseils moraux, mais aussi par quelques avis médicaux et des envois de marchandises. Au IXe siècle, l'exceptionnel *Manuel* de Dhuoda, grande dame de l'aristocratie carolingienne, offre un programme pédagogique complet au fils aîné, Guillaume, âgé de quinze ans afin de « l'enseigner, de l'éduquer, de l'aimer ». Le contact du livre doit rappeler quasi physiquement à l'adolescent la tendresse de sa mère malgré son éloignement : « Le tenant, le feuilletant et le lisant, applique-toi à le mettre en œuvre le mieux possible. » Au XIe siècle, Godefroi de Bouillon doit ses qualités de courage aux mérites de sa mère Ida de Boulogne, déclarée sainte pour son dévouement maternel. Plus rares, en revanche, sont les témoignages des fils sur leur mère. Sur le modèle littéraire des *Confessions* de saint Augustin, quelques écrivains, souvent des moines, se sont essayés au genre de l'autobiographie, récits édifiants et bilans d'une vie. Au XIIe siècle, Guibert de Nogent, de petite noblesse du Beauvaisis, ouvre la série des auteurs qui parlent d'eux-mêmes : à l'influence déterminante de sa mère, il doit d'avoir choisi la vie monastique.

En dehors de quelques récits exemplaires, qui concernent surtout de hautes figures de l'aristocratie, il est bien difficile de prendre la mesure des émotions et de la tendresse donnée par les mères à leur fils. Quelques cris d'amour sont parvenus jusqu'à nous, comme celui de ce roman *L'Escoufle*, écrit en 1202, où une mère doit se séparer de son petit garçon de trois ans : « Mais je l'aime plus que tout, il n'y a rien de plus beau que lui. Tant que je le vois, je ne puis avoir ni irritation, ni colère, ni ennui. Il est mon espérance, ma joie, mes joyaux et mes plaisirs. » Mais longtemps encore, on ignore presque tout du monde paysan et de la petite bourgeoisie commerçante. Les récits de miracles et les chroniques de pèlerinages montrent des mères qui n'hésitent pas à prendre la route pour implorer la Vierge miséricordieuse d'obtenir la naissance d'un petit mâle ou la guérison d'un fils, et nombreux sont les ex-voto qui attestent qu'elles ont été exaucées. La discrimination entre les sexes apparaît assez nettement, les mères pouvant allaiter leur petit garçon jusqu'à dix-huit mois et plus, tandis que les mêmes soins manquent aux fillettes souvent délaissées. En Toscane, en Sicile, en Quercy, on a pu mesurer l'inégalité devant la mort et le déséquilibre numérique entre les deux sexes, qui s'expliquent par le célibat masculin, mais plus encore par le rejet des petites filles.

C'est la montée de ce qu'on appelle la bourgeoisie, plus que toute autre classe, qui porte et rend visible l'évolution du sentiment maternel, ou plutôt son expression. Un sentiment qui se lit en creux, lorsque les maîtres d'école et les pères reprochent aux femmes de trop gâter leurs fils. Les exigences éducatives font alors l'objet de très nombreux traités. Le clairvoyant Érasme, enfant illégitime sevré d'affections familiales, s'est longuement penché sur le sort des petits garçons abandonnés à des écoles « barbares ». Son *De pueris* (*De l'éducation des enfants*) n'est pas l'œuvre d'un simple théoricien mais d'un homme qui parle d'expérience : le rôle de la mère est indispensable pour le premier apprentissage, car l'enfant est un corps malléable et un esprit vierge propre à recevoir toutes semences. L'allaitement figure comme le signe tangible de l'amour maternel ; mais à l'âge de sept ans, les cajoleries deviennent dangereuses : l'enfant doit passer entre les mains d'un maître. L'amour excessif des mères entraîne mollesse et débilité : « Il ne faut pas écouter ceux qui disent que les enfants doivent rester jusqu'à quatorze ans dans les bras de leur mère. » Plus libres, plus vivants et empruntant leurs petites scènes aux préoccupations de la vie réelle, *Les Colloques* d'Érasme dispensent la même leçon et abordent, sur un ton enjoué, la question des préférences maternelles : une jeune mère, Fabula, qui vient d'accoucher d'un garçon, reçoit la visite d'Eutrapèle venu la féliciter ; celui-ci prétend que « la naissance d'un garçon réjouit les femmes plus que celle d'une fille », arguant que le cristal est plus précieux que le verre. Et Eutrapèle d'avancer les raisons communes : le mâle est de nature meilleur et plus fort que la femelle ; il a été créé le premier, avant Ève, et sa femme doit lui être soumise ; enfin, il lutte pour défendre sa patrie. À quoi Fabula répond avec sagesse que garçons et filles sont à égalité membres du Christ (*L'Accouchée*).

Les témoignages de vigilance maternelle vont de pair avec une vie conjugale accomplie, une vie fondée sur des principes de civilité honnête, en retrait des passe-temps mondains non moins que des pratiques ascétiques. Les sentiments que nourrissent les parents à l'égard de leurs enfants s'expriment à travers de courts commentaires affectifs glissés çà et là dans la correspondance et les livres de raison, ces précieux livres de comptes annotés de remarques personnelles à l'occasion d'une naissance ou d'une mort, d'une maladie ou du départ d'un enfant ; ces livres de raison sont tenus par des femmes comme par des hommes, car la mère a la haute main sur l'ordonnance de la maison, nuançant l'idée d'une subordination au chef de famille. L'humanisme dévot issu de François de Sales façonne au XVIIe siècle un modèle de la « famille sainte », où les deux parents sont également responsables devant Dieu ; l'accent est mis sur le partage des devoirs, et plus particulièrement sur les tâches de la mère. La mère de famille protestante n'est pas en reste, « prédicateur domestique » dont l'enseignement vient en complément de celui des pasteurs. Les enfants, garçons et filles, sont traités à égalité, présentés comme un don de Dieu indispensable au bonheur du foyer. Mais lorsque l'amour maternel n'est pas orienté vers l'apprentissage des vertus morales, il reste un inutile mignotage.

À travers quelques figures exceptionnelles, on peut mesurer en creux la puissance du lien mère-fils lorsqu'une mère refoule sa tendresse pour répondre à un appel de Dieu : les liens du sang sont sacrifiés aux liens spirituels. En 1610, Jeanne de Chantal, veuve depuis dix ans, rejoint son directeur spirituel François de Sales à Annecy pour s'intégrer dans la communauté religieuse qu'il a fondée, futur couvent de la Visitation : elle laisse derrière elle son fils Celse Bénigne, qui avait déjà fait ses premiers pas dans le monde ; « allant où Dieu la voulait », elle ne s'est guère exprimée sur les tourments qu'elle a traversés pour prendre sa décision ; mais le jour de son départ, l'adolescent s'est couché en travers de la porte pour l'empêcher de sortir. Vingt ans plus tard, Mme Martin, future mère Marie de l'Incarnation, s'arrache à son fils Claude âgé de onze ans : elle le confie à sa sœur pour devenir religieuse ursuline à Tours, puis fonder au Québec un couvent. La séparation est dramatique. Durant les mois qui précèdent elle doit affronter les angoisses d'un petit garçon sanglotant de désespoir, et devenu fugueur ; à l'heure des adieux, elle ne l'embrasse pas et « ne lui fait aucune caresse », tandis qu'il l'accompagne jusqu'à l'entrée du monastère. Les grilles refermées, l'enfant n'a de cesse de trouver une porte ou une fenêtre par où s'introduire dans le couvent ! Mère et fils s'expliqueront plus tard dans de longues lettres échangées par-dessus l'Atlantique ; Dom Claude, devenu moine en 1641, reprochera longtemps à sa mère sa cruauté, tout en admirant sa conduite digne du sacrifice d'Isaac. « Je me suis fait mourir toute vive », répond-elle. À soixante-dix ans, elle a encore besoin de son pardon ; et Dom Claude dans son âge mur redécouvre intact, non apaisé, son chagrin d'enfant.

Il faut admettre qu'au XVIIe siècle, une mère aimante n'est pas forcément une mère tendre ; il suffit qu'elle soit une mère vertueuse. La tâche première d'une mère chrétienne consiste à apprendre à son fils les bonnes mœurs, non à le cajoler ; quant à son rôle éducatif, il se limite toujours à former ses filles. Ce sont les mêmes principes de stricte séparation des sexes que l'on trouve dans l'œuvre de Mme de Lambert ; veuve, elle écrit des instructions pour l'éducation de ses deux enfants en distinguant clairement chaque sexe : à sa fille, la mère prêche une morale mi-mondaine, mi-chrétienne, où la vertu est la source du bonheur, où la religion sert surtout à fortifier la femme contre les dangers de la société ; au garçon, elle demande de l'héroïsme et le désir de vraie gloire (*L'Avis d'une mère à son fils,* 1726). Les intérêts temporels, la carrière, l'établissement l'emportent provisoirement sur le lointain salut ; la relation mère-fils se dissout dans l'ordre social, d'où la tendresse n'est pas exclue, mais refrénée. L'aristocratie accentue encore la distance entre les parents et les enfants. Le prince de Ligne raconte gaiement dans ses *Mémoires* ses rapports inexistants avec ses parents durant sa petite enfance : « Mon père ne m'aimait pas. Je ne sais pourquoi car nous ne nous connaissions pas. Ma mère avait grand peur de lui. Elle accoucha de moi en grand vertugadin… »

Lointaine ou fusionnelle, parfois dramatique, dictée par le sentiment ou par le devoir, la relation mère-fils n'est jamais neutre.

Un nid de vipères : Agrippine et Néron

« Qu'il me tue, pourvu qu'il règne. »

TACITE, *Annales*, XIV, 9,3.

L'histoire d'Agrippine et de Néron, dans le contexte politique romain du Iᵉʳ siècle de notre ère, concentre à peu près tous les ingrédients qui peuvent faire de la relation mère-fils un nœud de vipères : la condition inférieure des femmes, des mariages expéditifs assortis de divorces non moins rapides, la constitution de « familles multiples », les violences physiques et psychologiques, l'amoralité de la société et son luxe extrême, l'appât du pouvoir sont autant de facteurs qui, en ruinant les mœurs sobres que le neveu de Jules César, l'empereur Octave-Auguste, avait voulu imposer à ses héritiers, ont débouché sur une nouvelle histoire des Atrides. À ces facteurs s'ajoutent très certainement les atavismes de la famille julio-claudienne, démence, paranoïa, perversité, engendrant toutes sortes de débordements. Le matricide, quel que soit le siècle, est un crime condamné par les lois divines et humaines. Néron a fait tuer sa mère en l'an 59 de notre ère, et il est resté pour la postérité un monstre.

On peut assurément accorder à Néron des circonstances atténuantes : les textes de l'époque, invoquant tout ensemble les méfaits d'une mère dénaturée et manipulatrice et les nécessités politiques d'un régime qui pouvait sombrer, semblent assez près de justifier cette mise à mort. Les sources sûres manquent. Si Sénèque et Pline l'Ancien ont connu de leur vivant Agrippine et Néron, la plupart des auteurs écrivent largement après les événements en s'inspirant de récits contestables ; ils donnent leur version selon leurs préférences et sont parfois emportés par le goût de la mise en scène : Tacite écrit les *Annales* entre 115 et 117, Suétone une *Vie de Néron* quelques années plus tard ; Dion Cassius rédige son *Histoire* autour de 210 ; entre ces deux dates, la tragédie dite du Pseudo-Sénèque intitulée *Octavie* s'attache à présenter une Agrippine tout à la fois « monstre et victime ». Dès la fin du Ier siècle, l'historien Flavius Josèphe mettait en garde contre les déformations des écrits tardifs. Agrippine avait de son côté commencé à rédiger ses Mémoires, que citent à l'occasion Tacite et Suétone, mais qui ont malheureusement disparu. Derrière les récits, se tisse et se déconstruit un lien, le premier lien de l'homme à la mère, lorsqu'il veut punir en elle la luxure, l'infidélité et une soif de domination tyrannique.

Un échiquier impérial

Les femmes, dans la Rome antique, n'ont aucun droit civique ou politique, mais elles ne sont en rien des recluses. En raison de leur faiblesse native, elles sont soumises à la puissance de leur père, puis de leur mari, et si l'un et l'autre viennent à mourir, de leur tuteur, un parent en ligne paternelle sans l'autorisation duquel elles ne peuvent se remarier. Le mariage est avant tout une négociation entre deux familles et il se rompt sans procédure particulière, par une simple notification, à la demande du mari ou de la femme. Le divorce peut être bilatéral ou unilatéral ; il ne prend pas en considération la grossesse éventuelle de l'épouse. Les enfants sont alors ballottés entre plusieurs maisons ; légalement, ils appartiennent à la maison de leur père où ils vivent, mais les exceptions sont nombreuses et beaucoup de grands-mères ou de tantes les recueillent ; dans la maison paternelle, leur éducation est en principe assurée par les mères ou belles-mères successives, mais ces dernières sont souvent jalouses des enfants du premier lit, parfois aussi jeunes qu'elles, et dans ces familles recomposées les brouilles entre demi-frères ou demi-sœurs rivaux sont fréquentes. Les moralistes condamnent unanimement la banalisation des divorces ; ils louent en contrepartie une femme qui ne se remarie pas, la *matrona univira*, la femme dévouée à un seul homme qui jouit d'un prestige sacré.

Les fréquents remariages et les veuvages apportent un vent d'émancipation aux femmes prisonnières d'une législation fondée sur la peur des Romains de voir leurs privilèges amoindris par leurs mères, leurs femmes ou leurs filles : sous l'Empire, les veuves qui ont perdu père et mari retrouvent un peu de liberté pour choisir leur prochain conjoint ; la tutelle s'assouplit et parfois elles recouvrent leur dot. Lorsqu'elles sont proches du pouvoir, leur influence pèse lourd dans les décisions de leur époux mais les unions sont fragiles. L'exemple vient de haut. Octave, devenu l'empereur Auguste en - 27, marié à Scribonia enceinte, enlève la belle Livie, déjà mère d'un enfant nommé Tibère et enceinte de son légitime époux Tiberius Claudius Néron ; Auguste fait divorcer Livie et l'emmène chez lui où elle accouche de son deuxième fils, Drusus. Il divorce de Scribonia le lendemain de la naissance de leur fille commune, Julie. La belle Livie, devenue l'épouse de l'empereur, est une femme autoritaire ; elle prend avec elle les deux fils de ses précédents mariages et elle impose à son mari en l'an IV l'adoption de l'aîné, le petit Tibère, puis sa désignation comme son successeur à la tête de l'Empire. Plus tard, ce même Tibère sera contraint par son père adoptif de se séparer de sa femme Vipsania, enceinte, pour épouser sa fille Julie, elle-même veuve, et il ne cachera pas son chagrin de cette séparation forcée.

Des femmes fortes, la famille julio-claudienne en compte plusieurs en ce Ier siècle de notre ère ; elles n'ont certes pas de statut politique, mais le sang d'Auguste coule dans leurs veines : comme Auguste n'a pas eu de fils et que les femmes sont plus nombreuses que les hommes dans la famille, ce sont elles qui transmettent la légitimité du pouvoir par l'intermédiaire de leurs enfants. Persuasives, possessives, autoritaires, sensuelles, elles jouissent de privilèges spéciaux en tant qu'épouses, filles ou sœurs d'empereur, et elles sont quasiment libérées de toute tutelle ; elles ont leur propre clientèle, elles peuvent faire élever leur statue dans la ville, être accompagnées dans leurs déplacements par un garde du corps et même figurer sur les monnaies. Livie porte le nom sacré d'*Augusta*. Suétone rapporte qu'Octave-Auguste préparait ses entretiens avec elle avant de prendre des décisions ! Livie, propulsée au sommet de l'État par l'accession au trône de son fils Tibère, après la mort d'Auguste en 14, sera accusée d'avoir voulu s'approprier le pouvoir de son fils. Julie, la fille d'Auguste, semble animée par la même volonté de puissance, au point de manigancer un complot contre son père avec l'aide d'un amant, ce qui lui vaut d'être condamnée à l'exil dans une petite île. Messaline, l'épouse de l'empereur Claude et mère de Britannicus, n'est pas la moindre de ces femmes dominatrices : pour convoler avec son amant, elle quitte son mari en oubliant même de lui écrire la lettre de « renonciation », indispensable pour un divorce en règle. Claude, en voyage, est ainsi « divorcé » sans même le savoir : il le découvre en apprenant le remariage de Messaline ; il se vengera en la faisant assassiner en 48 !

Une jeune femme effacée

De toutes ces femmes puissantes, la figure d'Agrippine « l'Ancienne », mère d'Agrippine « la Jeune » et donc grand-mère du futur empereur Néron, accède à une dignité emblématique. Elle est la fille de Julie, donc la petite-fille directe d'Auguste et, *univira*, elle est l'une de ces matrones qui n'ont jamais voulu se remarier, comparable à Cornelia, l'héroïque mère des Gracques. Elle a épousé en l'an 4 son cousin Germanicus, lui-même petit-fils du côté maternel de la sœur d'Auguste, Octavie, et du côté paternel de Livie : les mariés appartiennent ainsi tous deux à la *Domus Augusta*. Leur union s'avère féconde puisqu'en quinze ans la jeune femme met neuf enfants au monde, dont six parviennent à l'âge adulte. Agrippine la Jeune naît en 15 ou en 16, à Cologne, où son père commande les légions de l'armée romaine et défend la frontière du Rhin ; au centre de la fratrie, elle est précédée de trois frères aînés et suivie de deux sœurs. Agrippine l'Ancienne accompagne Germanicus dans plusieurs de ses missions et témoigne d'une étonnante énergie, parfois même d'une certaine arrogance ; elle encourage les soldats et les stimule en brandissant son petit garçon Caligula, qui devient la coqueluche des troupes. Aimé des soldats, cultivé, courageux, Germanicus jouit de la confiance d'Auguste ; il gagne d'importantes batailles et réprime une sédition, ce qui fait de lui un rival inquiétant pour Tibère, d'autant que Tibère a été contraint par l'empereur de l'adopter, bien qu'ayant lui-même un fils, Drusus. Auguste s'assure ainsi que le pouvoir ne sortira pas de la branche julienne. Lorsque Germanicus rentre avec sa famille à Rome, en 17, il est reçu en triomphateur. Tibère, devenu empereur à son tour, n'a rien de plus pressé à faire que de l'éloigner à nouveau de Rome : il l'envoie dès l'hiver 17 en Orient, combattre les Parthes et les Arméniens. Agrippine l'Ancienne fait le long et pénible voyage avec son mari, laissant trois de ses enfants à Rome, dont la petite Agrippine âgée de deux ans, qu'elle confie à l'oncle paternel Claude, frère de Germanicus.

La fillette grandit loin de ses parents : elle ne reverra pas son père, qui meurt deux ans plus tard à Antioche, peut-être empoisonné par un fidèle de Tibère, mais dont la noble image restera gravée en elle. Sa mère, émancipée juridiquement, regagne Rome en 20. Dans la lutte entre les branches rivales de la *Domus Augusta*, tous les coups sont permis, calomnies, accusations d'inceste, crimes, pour disqualifier le clan adverse. Agrippine l'Ancienne et Livie se détestent et l'une et l'autre tentent de pousser leurs fils et petits-fils respectifs ; le fils en ligne directe de Tibère est empoisonné avec la complicité de sa propre femme, ouvrant la voie aux fils d'Agrippine ; mais celle-ci fait à son tour l'objet d'une cabale menée par le préfet du prétoire, Séjan, qui prend de l'ascendant sur Tibère et médite de le remplacer. Elle tombe en disgrâce, accusée de toutes sortes de crimes, reléguée avec son fils aîné loin de Rome dans l'île de Pandateria ; elle finit par se laisser mourir de faim pour échapper aux coups de ses geôliers ; seul son plus jeune fils, Caligula, peu menaçant, est épargné. Orpheline, la jeune Agrippine habite sans doute quelque mois ou quelques semaines avec ses jeunes sœurs Drusilla et Livilla chez son arrière-grand-mère Livie, qui meurt en 29. Quant à Tibère, très âgé et cantonné sur son rocher isolé de Capri pour échapper aux attentats, il ne nomme aucun successeur officiel. L'enfant, garçon ou fille, est souvent la proie facile de la violence parentale mais en lui se perpétuent le culte familial et la possibilité de nouer d'utiles alliances.

De l'enfance d'une mère peut-on déduire le sort futur d'un fils ? Nul doute qu'Agrippine la Jeune ait eu une conscience précoce de son rang et de ses capacités. Et non moins sûrement elle a vu tôt la cruauté des hommes qui ont décimé sa famille : la fin tragique de sa mère, dont on vantait la noblesse et la dignité, l'a tristement édifiée sur le sort réservé aux femmes. Elle a pu en contrepoint admirer la réussite de Livie la douairière, puissante et entourée de respect : selon Tacite elle « était jalouse d'égaler la magnificence de sa bisaïeule ». Mais à la mort d'Agrippine l'Ancienne, elle est encore une toute jeune fille de treize ou quatorze ans qui ne peut s'insurger contre son tuteur – Tibère ou l'oncle Claude. Tibère la donne en mariage en 28 à un cousin beaucoup plus âgé qu'elle, qui descend directement de la sœur d'Auguste,

Octavie : beau parti donc, si le promis, Domitius Ahenobarbus (« barbe rousse »), n'était réputé pour être un homme « détestable », violent et volage ; le mariage est célébré en grande pompe à Rome. Peu après, en 33, Drusilla est à son tour mariée à un proche de la famille, Lepidus. On se marie entre cousins pour perpétuer la dynastie. Il y a peu à dire de la vie conjugale de la jeune mariée durant les dix premières années : Agrippine, effacée, vit dans l'ombre de ses frères et ne fait pas parler d'elle ; ce n'est qu'en 37 qu'elle met au monde son fils, le futur Néron – elle a alors vingt-deux ou vingt-trois ans.

Année capitale : cette même année, le vieil empereur, âgé de soixante-dix-huit ans, s'éteint. De tous ses héritiers virtuels, les uns ont été assassinés, les autres écartés ou déchus, et le choix du successeur s'est réduit. Tibère se résigne avant de mourir à honorer la branche de Germanicus en désignant pour sa succession Caligula, qui bénéficie de la réputation de son père et que le peuple alors acclame ; ce choix confirme que le régime impérial est bien devenu un régime héréditaire. Caligula a vingt-cinq ans : il a eu, jeune, des crises d'épilepsie et il vit à Capri depuis quelques années auprès de l'empereur. Lorsqu'il devient empereur à son tour, en 37, il n'a aucune expérience du pouvoir et ne brille pas par l'intelligence, passant facilement d'un excès à un autre, mais il possède la qualité préférée des Romains, le talent oratoire. N'ayant pas lui-même de fils, il adopte le seul héritier survivant de Tibère, un petit-fils âgé d'à peine dix-huit ans, qu'il s'empresse d'éloigner et de compromettre pour garder le pouvoir absolu. Influencé peut-être par les récits de la vie de son aïeul paternel Marc-Antoine, l'époux de Cléopâtre, il est fasciné par les usages de la royauté égyptienne dans laquelle il voit un modèle. Jusqu'à quel point ? On lui prête une relation incestueuse avec sa jeune sœur Drusilla, comme il en existe chez les pharaons égyptiens, et il voudra être honoré comme un dieu… En tout cas, l'Empire romain est devenu une affaire de famille, au détriment des sénateurs qui ne gardent plus guère qu'une fonction honorifique.

Lucius Néron, un petit garçon ballotté

Qu'en pense Agrippine ? Avec l'accession de son frère Caligula à la dignité suprême, la voici toute proche du pouvoir suprême ; elle occupe, avec sa sœur Drusilla, la première place tant que leur frère n'a pas d'épouse. Elle apparaît même sur les monnaies. Après avoir attendu neuf ans, elle est devenue enfin enceinte. L'accouchement est difficile ; le 15 décembre, elle met au monde le petit Lucius Néron, qui prendra le nom de Néron, en 50, lors de son adoption par Claude. Inutile de dire que les astrologues et les mages ont largement commenté la naissance du prince, « enveloppé de rayons lumineux avant que n'éclaire le soleil ». Une ombre au tableau : Agrippine étant demeurée infertile durant neuf années, quelques mauvais esprits ont mis en doute les capacités du père et jasé sur cette naissance survenue à point : Lucius Néron est-il bien le fils de Domitius Ahenobarbus ? N'est-il pas plutôt l'enfant d'une liaison adultérine ? Mais de qui ? On évoque alors le nom de Sénèque, très lié avec Agrippine, mais c'est pure hypothèse. Domitius a reconnu l'enfant, qui a par ailleurs hérité de sa toison blond-roux.

Tant que Caligula n'a pas de fils, un bel avenir est promis au nouveau-né, et Agrippine est prête à tout pour recueillir la couronne de lauriers. Elle est intelligente, belle, sensuelle, toujours maîtresse d'elle-même et nullement effarouchée quant aux moyens à faire valoir ses droits. Il est probable aussi qu'elle se sent plus apte à gouverner que son frère, instable, et qui n'a jamais été préparé à tenir une telle charge. Mais des obstacles se dressent sur sa route. À la mort de sa sœur Drusilla, Caligula a nommé pour héritier son mari, Lépidus, le petit Lucius Néron étant bien trop jeune pour prétendre à la succession. Consciente de ses intérêts, Agrippine, pragmatique, aurait pris alors Lépidus pour amant ; l'adultère s'ébruite et la rumeur se répand d'un complot contre Caligula. Peu importent les preuves : en 39, Agrippine est condamnée et exilée dans l'île de Pontia par son frère, privée des honneurs impériaux et de la présence de son fils. Le petit Lucius Néron fait donc à Rome ses premiers pas tout seul, car un an plus tard, c'est au tour de son père Ahenobarbus, très malade, de mourir. Caligula, qui sombre dans la folie, se désintéresse de son neveu. Lucius Néron est alors confié à une tante paternelle, Domitia Lépida, dont les mœurs fort libres sont connues de tous.

L'assassinat en 41 de Caligula, dément et haï, ouvre à nouveau la voie aux calculs et aux espérances. Le grand-oncle Claude, frère de Germanicus et dernier héritier survivant de la *Domus Augusta*, est acclamé par les prétoriens et nommé bien malgré lui empereur : son âge avancé – il a cinquante ans – fait penser aux sénateurs qu'ils s'en débarrasseront aisément. Agrippine rentre en grâce et revient d'exil ; elle recouvre ses biens et prend aussitôt Lucius Néron avec elle ; durant ces deux ans d'exil, elle a eu le temps de penser à son avenir et elle veut œuvrer pour son fils ; il est probable qu'elle n'a pas encore pris tout à fait conscience de l'ambition qui la dévore et qui se révélera progressivement à elle au fur et à mesure des événements. Mais elle n'est pas au bout de ses peines. Claude, tout timoré qu'il soit, vient de répudier sa femme et il choisit pour nouvelle épouse une des plus célèbres beautés de Rome, connue pour ses débauches, Messaline. En novembre 41, Messaline donne au vieil homme un fils, Britannicus, appelé à devenir son légitime successeur.

Ballotté d'une maison à l'autre, Lucius Néron, longtemps privé de mère et de père, a été dès l'enfance plongé dans les turpitudes et les haines de familles éclatées. Sa tante Domitia l'a confié à deux esclaves, un danseur et un barbier ! Puis Agrippine, revenue d'exil, s'est remariée ; mère froide, pressée par le désir de revanche, consciente de sa valeur et de son rang, elle ne s'intéresse pas encore à l'éducation du petit prince : son fils n'est qu'un instrument sur le chemin du pouvoir. Son idée fixe est d'obtenir les faveurs de Claude en prenant peu à peu, entre 41 et 48, la place de Messaline. Il n'y a là rien d'impossible, à condition de se débarrasser de l'épouse légitime. Une lutte sans merci commence entre les deux femmes : si Agrippine a pour elle l'intelligence et l'obstination, Messaline est la mieux placée ; elle dispose d'une clientèle à qui elle distribue ses faveurs, et d'hommes de paille pour exécuter ses crimes. Elle n'a peur ni du sexe ni du sang. Comme elle craint d'être à son tour répudiée par son mari, elle songe à le faire assassiner par son amant qu'elle a décidé d'épouser. Elle redoute également la comparaison entre Lucius Néron qui a déjà neuf ans et son fils, le petit Britannicus qui n'en a que six : aux jeux troyens de 47, Néron cavalcade à la tête d'un escadron, applaudi par le peuple pour son aisance à cheval, tandis que le jeune Britannicus manque encore de maîtrise. Le temps presse donc pour l'épouse en place, décidée à éliminer son mari et à assurer à son amant, par leur mariage, la place suprême. Mis en route en 48, le projet de Messaline échoue pourtant : l'un des exécutants la trahit et avertit Claude de son remariage secret. Peu de temps après, la jeune femme est poignardée.

Claude étant veuf, la place d'épouse est enfin à prendre. Patiente, habile, prudente, Agrippine sait jouer de son influence. Elle trouve une oreille complaisante dans un conseiller de Claude, l'affranchi Pallas qu'elle connaît depuis son enfance et qui la renseigne sur les intentions de l'empereur. Claude accueille volontiers sa jolie nièce au palais, il prend même ses avis : outre sa beauté, Agrippine est une femme réfléchie. Pallas a tôt fait de vanter ses qualités et d'insister sur l'avantage qu'il y aurait pour l'empereur à épouser quelqu'un de sa propre famille ; aux dires de Suétone, Agrippine profite de sa position de nièce pour dispenser baisers et caresses à son cher oncle. Cajoleuse, elle arrive à ses fins. Il faut certes, pour satisfaire les juristes, inventer un audacieux stratagème qui écarte l'interdit d'inceste, mais un bon orateur saura aisément plaider l'intérêt supérieur de l'État.

Le 1er janvier 49, Agrippine, la petite-fille d'Auguste, épouse l'empereur Claude. Elle reçoit à son tour, privilège rare, le titre d'*Augusta.* Claude fait frapper des monnaies où figure, au revers, son portrait. Chaque fois que l'occasion lui en est donnée, elle paraît aux fêtes et cérémonies. En 52, parée d'une chlamyde d'or, elle assiste aux audiences officielles et elle occupe la première place à un spectacle donné par son époux sur le lac Fucin : triomphale ascension qu'elle doit à son charme, à sa détermination, à sa famille. Épouse d'empereur, sera-t-elle aussi mère d'empereur ?

Fortement dégradée par la folie de Caligula, l'image impériale se restaure peu à peu. Claude, bien que timide et maladroit, est un homme aux vues larges, qui a fondé des colonies et a su mener une politique audacieuse d'assimilation en donnant la citoyenneté romaine aux peuples de Gaule. Mal à l'aise dans la société, il est angoissé et il bégaie. À ses côtés, son épouse apparaît comme une étoile brillante : fille du très populaire Germanicus, elle sait profiter du prestige paternel et ne doute pas un instant de son aptitude à tenir les rênes ; faute de mieux, elle régnera donc à travers son mari et son fils. Tant qu'elle demeure à sa place, le Sénat et le peuple l'applaudissent. Mais jusqu'à quand ? Le pouvoir qui repose en partie sur l'éloquence ne peut être que viril, car une femme ne prend pas la parole. Or Claude est un intellectuel qui n'a aucun talent oratoire et Agrippine n'est pas femme à rester dans l'ombre : son ambition s'exprime de plus en plus librement. Tacite résume bien la situation : « Une révolution transforma la cité : tout obéissait à une femme, mais qui ne livrait pas à ses caprices les affaires de l'État comme Messaline. La bride était serrée, la servitude imposée comme par un homme ; elle avait en public un air sévère et hautain... »

Un adolescent entre l'admiration et la peur

Entourée d'hommes influents, Agrippine veut à présent assurer à son fils une éducation digne d'un grand destin. Le jeune Néron est confié à de bons précepteurs : on lui choisit d'abord pour entourage des affranchis orientaux cultivés et dévoués, Beryllus et Anicetus, qui joueront un rôle capital par la suite ; puis on fait appel à un prêtre égyptien, Chaeremon, personnage de haute culture dans son pays ; enfin et surtout, le stoïcien Sénèque devient son précepteur ; Agrippine le connaît depuis longtemps et elle apprécie sa pensée et ses vues politiques. La tâche est noble : Sénèque voudrait former un prince modèle ; il tente d'inculquer à son élève le sens de l'État en lui prêchant la mesure et en lui apprenant le bon usage de la clémence ; il encourage l'art oratoire et il favorise ses goûts artistiques. Néron s'exerce aux « arts libéraux », rhétorique et poésie ; Burrus, préfet du prétoire et excellent militaire, le forme aux armes : éducation de grande qualité, où le prince doit trouver un idéal de sagesse, de rigueur morale et de culture.

La tâche est difficile, voire impossible et pourrie à sa racine : depuis son enfance, l'adolescent n'a vu autour de lui qu'intrigues et mensonges, haine ou flagornerie. Privé d'un foyer stable, il a une vive sensibilité qui le porte aux plaisirs ; il manque d'affection, et plus encore de barrières à ses pulsions ou à ses caprices. Sa mère lui offre-t-elle l'appui dont il a besoin ? Possessive, envahissante, dure, exigeante, elle suscite chez le jeune prince un mélange d'attirance et de peur, voire de répulsion. Les historiens de son temps ont dit d'Agrippine, avec une certaine admiration, qu'elle était *semper atrox*, formule évoquant la cruauté au combat, à l'exemple des soldats courageux, et qu'elle manifestait des qualités « viriles ». Le pouvoir politique est la seule vraie passion qu'on lui connaisse ; les hommes sont entre ses mains des instruments ; froide et dissimulée, elle n'en garde pas moins beaucoup de séduction et elle choisit ses amants parmi ceux qui peuvent la servir. Face à son fils, elle se montre surtout une mère « sévère et menaçante », car elle devine que Néron est un garçon influençable, plus doué pour les arts que pour la politique. Il ne saura pas résister longtemps aux cajoleries de femmes habiles, et la mère risque de perdre son emprise.

Avec détermination, Agrippine balaie un à un les obstacles qui entravent sa route. Il lui faut d'abord écarter le jeune Britannicus pour faire de Néron l'héritier privilégié de Claude : elle s'emploie sans pitié à monter l'empereur contre son fils. Puis elle éloigne du jeune prince tous ceux qui le soutiennent, précepteurs et partisans, le privant ainsi de ses alliés légitimes. Comme elle craint la versatilité et la faiblesse de son vieux mari, elle organise rapidement les fiançailles de Néron avec Octavie, fille de Claude, dont elle élimine le fiancé. Ultime précaution, en 50, elle fait adopter Néron par l'empereur, au mépris des droits de Britannicus : la figure de Néron apparaît dès lors fréquemment au revers de diverses pièces de monnaie. Britannicus, lui, se défend comme il peut. Les querelles éclatent parfois entre les garçons : le fils de Messaline feint d'ignorer l'adoption de Néron en continuant de l'appeler du nom de son père biologique, Domitius ! Mais en 53, le mariage princier est solennellement conclu : Néron a quinze ans, Octavie douze ; depuis son adoption, ils étaient juridiquement frère et sœur, aussi la jeune fille se fait-elle vite adopter par une autre famille !

Claude, si influençable et velléitaire soit-il, n'en est pas moins un homme intelligent ; naturellement inquiet, il redoute depuis toujours les assassins ; il est bien probable qu'il soupçonne son épouse de vouloir garder le pouvoir pour elle et se méfie de ses agissements. Agrippine alors prend peur ; un retour de tendresse de son mari pour Britannicus n'est pas à exclure ; elle l'a entendu prononcer dans l'ivresse des propos inquiétants, selon lesquels « sa destinée était de supporter les crimes des femmes et de les punir ensuite ». La position d'*Augusta* pourrait bien se révéler plus fragile qu'elle ne croit sous le regard critique et inquiet du vieil empereur.

La meilleure des mères

Telle est donc la mère avec laquelle doit composer le jeune Néron âgé de seize ans, lorsque Claude meurt la nuit du 12 au 13 octobre 54, après treize années de règne, pour avoir mangé une poêlée de champignons. Claude a-t-il été assassiné ? Si oui, par qui ? Le mystère n'est pas éclairci ; selon Tacite, il aurait pris ses dernières dispositions quelque temps avant le festin. Chacun sait qu'il est un gros mangeur et qu'il apprécie particulièrement les champignons ; sa femme, présente à ses côtés au banquet, grappille avec lui dans le même plat. Après avoir dégusté ce mets, l'empereur se sent mal et commence à vomir. Il est transporté dans sa chambre pour ce qui semble une banale indigestion, et son médecin et sans doute un ou deux serviteurs se précipitent à son chevet : selon Tacite, c'est alors qu'on lui aurait administré une potion ou un clystère empoisonné pour parfaire le travail commencé – à moins que le médecin, pour aider le malade à vomir, lui ait plongé dans le gosier une plume imprégnée de poison. Les champignons ont-ils été empoisonnés ou l'empereur a-t-il été victime de sa gloutonnerie ? Agrippine et les enfants de Claude, Britannicus, Octavie et Antonia, entourent le lit. L'empereur meurt quelques heures plus tard. La culpabilité d'Agrippine ne fait guère de doute pour Tacite, et Suétone évoque la complicité du jeune Néron lui-même. Seul Flavius Josèphe penche pour une mort naturelle ; l'histoire officielle ne parle alors que d'une indigestion – la version du crime est en revanche celle qu'a retenue la postérité.

Prudente, Agrippine garde secrète la mort de son mari, le temps de mettre à l'écart Britannicus et ses sœurs, tandis qu'on proclame bien haut au palais l'amélioration de la santé de l'empereur et que les prêtres prient pour son rétablissement. Elle feint la douleur et embrasse longuement son beau-fils. Au matin du 13 octobre, à midi, les portes du Palatin s'ouvrent selon une scénographie savamment préparée ; la cohorte prétorienne, gardes du corps de l'empereur, entoure et acclame Néron qui sort du palais en litière. Quelques soldats hésitent et cherchent du regard Britannicus qui, retenu au palais, ne paraît pas. Néron est alors mené au camp des prétoriens, puis à la Curie, et proclamé *imperator*. Sénèque lui a préparé un discours destiné à donner des gages à l'armée ; l'après-midi, devant les sénateurs, le jeune homme déclare qu'il est prêt à gouverner selon les principes d'Auguste, en respectant comme son aïeul les prérogatives de chacun, du Sénat et de la Justice ; et il promet à tous des gratifications. Néron est un jeune homme populaire, plutôt beau, aux yeux bleu clair brillants mais un peu myopes, les traits réguliers, les cheveux châtain clair bouclés : son aspect physique parle en sa faveur. Sur les pièces de monnaie, le cou paraîtra plus tard un peu lourd et court et les bustes ultérieurs le présenteront empâté, le visage mou et bouffi par l'accoutumance au plaisir. Mais en 54, il n'est pas dénué de charme et beaucoup prédisent pour Rome un nouvel âge d'or. Quant à Britannicus, il est, lui, orphelin et isolé : on le tient encore pour un enfant – il ne sait pas que le testament de son père a été détruit. Un enfant de près de quatorze ans, plein de promesses, qui pourrait bien attirer des partisans.

Le couple mère-fils semble uni pour faire de grandes choses : Agrippine assume le rôle de régente et Néron sait ce qu'il lui doit. Tous respectent cette femme impérieuse, la plupart la craignent. C'est elle qui règle les affaires privées et publiques en s'appuyant sur un réseau de clients, et en particulier sur Pallas qui contrôle le Trésor. D'elle, son fils dit hautement qu'elle est la « meilleure des mères ». Il commence par se décharger sur elle de ses responsabilités : liberté et puissance le grisent et il préfère écrire des poèmes dont il fait la lecture devant quelques amis, plutôt que s'occuper de politique. Le jour, il partage avec sa mère sa litière et tous deux donnent l'image respectable d'un duo harmonieux : une mère autoritaire mais compétente, un fils reconnaissant et soucieux d'apprendre son métier. Les apparences sont sauves : lors des séances du Sénat, Agrippine prend bien garde à ne pas apparaître publiquement et elle écoute les délibérations cachée derrière un rideau. Parfois elle demande à assister aux banquets et réceptions des ambassadeurs, fière de son prestige.

Dissimulation

Sous la façade cependant, les lézardes se creusent. Sénèque, autrefois apprécié par Agrippine, s'inquiète des ambitions que poursuit l'impératrice mère soutenue par Pallas, et du tour autoritaire que prend le régime ; le peuple romain ne peut en effet admettre qu'une femme possède l'autorité sur l'armée, sur l'administration ou sur le culte. Néron de son côté supporte de plus en plus mal la tutelle maternelle. Il prend plaisir à provoquer Agrippine et il chasse Pallas qui a pris trop d'importance. Surtout, il profite de son nouveau statut pour jeter sa gourme : ses nuits se passent en beuveries, orgies et violences, entouré de prostituées et d'« invertis ». La ville est son théâtre : sous un déguisement d'esclave, il court les mauvais lieux de Rome et se livre à toutes sortes de provocations sous la protection d'une bande de mauvais garçons qu'il paie. Au milieu de ses débauches, il s'éprend d'une jeune affranchie, Acté, qu'il rencontre en secret. Lorsque Agrippine découvre la liaison, elle devient folle de rage, tant elle redoute l'influence de l'intruse : mère jalouse, dépitée d'avoir pour rivale une affranchie, elle est bien consciente que Néron peut lui échapper et que son pouvoir ne tient qu'à un fil. On a prétendu qu'elle aurait alors cajolé son fils en lui suggérant des relations incestueuses pour écarter des maîtresses dangereuses et affermir son emprise ; rien n'est impossible. Néron a sûrement été sensible à la beauté de sa mère ; mais les auteurs de ces rumeurs avaient tout intérêt à les amplifier, l'inceste étant un crime infamant et impardonnable : une telle accusation, si elle n'est pas une plaisanterie de banquet arrosé, disqualifierait aussitôt et pour toujours les coupables.

Britannicus, alors âgé de quatorze ans, a-t-il été un pion dans cette querelle entre mère et fils ? La dissimulation s'est installée dans les relations mère-fils. Agrippine, retorse et dont l'ambition s'aiguise chaque jour davantage, laisse entendre qu'elle pourrait bien soutenir son beau-fils contre son fils, tandis que Néron, s'abandonnant à ses penchants d'artiste, songe ou feint de songer à renoncer au pouvoir, pour s'affranchir de la tutelle maternelle. Britannicus a toujours des partisans : sa situation d'orphelin évincé en émeut beaucoup et, en grandissant, il pourrait constituer un vrai danger pour Néron, danger qui semble se préciser en 55. Jaloux, Néron hait son demi-frère, trop populaire parmi la garde prétorienne, et il ne peut tout à fait écarter la menace, bien que peu crédible, que fait peser la puissante Agrippine. Au cours d'un dîner bien arrosé, alors que les rires fusent, un breuvage est servi au jeune prince, qui tombe terrassé. Agrippine et Octavie sont présentes, muettes, épouvantées ; malgré leurs efforts pour refouler leur terreur, les deux femmes ont immédiatement saisi la situation : Britannicus a été empoisonné. Le meurtre deviendrait-il pour Néron l'un des rouages du pouvoir, au sein même de sa famille, et peut-être, un jour, le prélude à un crime plus atroce encore : le matricide ? Après quelques instants de lourd silence, le festin reprend sa gaieté.

Agrippine est devenue, en 55, une mère de plus en plus encombrante. Son fils l'évite ; pour l'humilier et l'affaiblir, il la prive de gardes du corps et l'oblige même à quitter le palais. Elle est surveillée ; son pouvoir s'émiette et son réseau de clientèle se rétrécit. Britannicus mort, elle se cherche une alliée en la personne de sa belle-fille Octavie ; l'argent ne lui manque pas, elle a accumulé une sorte de trésor de guerre pour s'assurer l'appui de ses amis. On murmure qu'elle songe alors à jeter un nouvel adversaire dans les jambes de son fils en se remariant, et qu'elle place partout des hommes à elle, susceptibles de renverser, ou au moins de déstabiliser son fils. Aussitôt le mot de complot est lâché et la diffamation fait son chemin, empruntant la voix d'une fausse amie, Junia Silana. Néron est mis au courant mais la rumeur est cependant démentie. Agrippine se défend bien, en invoquant la force du sentiment maternel, et sans doute dit-elle vrai. À Burrus, préfet du prétoire qui réclame la vérité, elle répond noblement : « Je ne m'étonne pas que Silana qui n'a jamais eu d'enfants ne connaisse pas le cœur d'une mère ; les mères ne changent pas de fils comme une femme sans vergogne change d'amant. » Mère et fils finissent par s'expliquer et se raccommoder entre 56 et 58, mais la confiance est perdue, et chacun se tient sur ses gardes.

Alors qu'Agrippine resserre ses liens avec la vertueuse Octavie, une nouvelle étoile se lève dans l'univers amoureux de Néron : Poppée. D'une grande beauté, séduisante, elle a beaucoup plus de poids qu'Acté et sait ce qu'elle veut : chasser Agrippine, renvoyer Octavie et épouser Néron. Son entrée en scène marque un tournant décisif dans les relations entre mère et fils. Poppée fait partie de ces femmes froides et volontaires qui ne dérivent pas de leur but et se servent de toutes les armes pour parvenir à leurs fins. La coquetterie d'abord : elle utilise ses attraits pour attiser le désir de Néron, à qui elle se refuse aussitôt sous le prétexte qu'elle est mariée et qu'elle ne veut pas davantage partager son lit avec Octavie ou Actée ; Néron s'empresse alors d'éloigner le mari gênant, en le faisant nommer en Lusitanie (Portugal). L'intelligence ensuite : devenue sa maîtresse, elle pousse son amant à se rebeller contre sa mère, qu'il craint toujours. L'élimination d'Agrippine, puis celle d'Octavie sont les préalables indispensables pour assurer sa position et arriver à son but. De fait, jamais le lien entre la mère et le fils ne s'est autant dégradé : vieillissante, Agrippine accable Néron de récriminations ; leurs disputes et les colères sont violentes : elle lui reproche son ingratitude et son inconséquence. Le remariage de Néron ne ferait que pousser Octavie à se chercher un nouveau mari qui deviendrait alors son rival immédiat. Néron de son côté est de plus en plus impatient. Le pouvoir politique ne peut se partager et en 59, les parties sont irréconciliables.

Telle mère, tel fils

La part prise par chacun des protagonistes dans le dernier acte du drame est délicate à mesurer et les récits divergent. Poppée, selon Dion Cassius, aurait joué le rôle décisif en réveillant des fantasmes refoulés de Néron et en flattant ses pires penchants. Selon le même Dion Cassius, Sénèque aurait également poussé Néron au matricide pour le perdre définitivement aux yeux des hommes et des dieux et, ainsi, l'éliminer plus vite de la scène politique ; il n'est pas impossible que Sénèque ait vu dans la mort d'Agrippine la seule issue capable d'éviter à Rome la guerre civile qu'auraient inévitablement déclenchée les ambitions maternelles et la rivalité mère-fils. En tout cas il est probable que Néron, craintif, faible et passionné, a ruminé durant des mois l'éviction de sa mère et que ses conseillers serviles l'y ont encouragé.

Reste à trouver la manière d'opérer. Tout commence par une éclatante invitation à la réconciliation, au printemps 59. Néron possède un domaine à Baïes, où il veut célébrer joyeusement les fêtes de Minerve et il y invite sa mère. C'est dans sa villa d'Antium qu'Agrippine reçoit l'invitation de son fils ; elle accepte, non sans méfiance, mais elle s'embarque ; le vaisseau accoste près de Baules, l'une des propriétés impériales du golfe de Naples, où l'attend Néron, et de là elle doit se rendre en litière jusqu'à Baïes. Au port, mouille un navire somptueusement décoré qui ramènera l'invitée chez elle. Arrivée à Baïes, Agrippine reçoit un accueil très chaleureux, Néron est venu à sa rencontre et lui tend la main ; il n'épargne pas les manifestations de tendresse en public, clamant bien haut « qu'il faut souffrir les mouvements de colère de ses parents et que tout fils doit apaiser ses ressentiments ». Le festin se prolonge tard dans la nuit ; chacun peut croire en la paix retrouvée. Agrippine elle-même se laisse prendre aux caresses. La soirée a été bien arrosée et les adieux sont émouvants, Néron étreint sa mère, embrasse ses yeux et sa gorge sans pouvoir cacher un certain trouble.

Le crime a été soigneusement préparé. Néron a d'abord envisagé le poison – mais écarté parce que jugé trop semblable à la fin de Britannicus – puis le fer. Il faut avant tout maquiller le meurtre en mort accidentelle et c'est Anicetus, l'éducateur de son enfance promu à la tête de la flotte de Mysène, qui aurait élaboré le plan : Agrippine retournera à Antium dans le navire préparé pour elle, dont une partie aura été sabotée ; lorsqu'on se sera éloigné du rivage, le pont supérieur s'écroulera, disloquant les cabines et précipitant Agrippine et sa suite à la mer. Le scénario doit faire croire à un triste accident.

Rien ne se passe comme prévu. Les voyageurs embarquent sous un ciel étoilé ; peu après, au signal donné, le plafond de la cabine chargé de plomb s'écroule et écrase un serviteur. Mais Agrippine et sa suivante sont protégées par les côtés du lit et le fond du bateau ne s'ouvre pas aussi vite qu'il aurait dû ; le naufrage se fait en douceur. La suivante crie qu'il faut sauver la mère de l'empereur, mais aussitôt les marins mis dans le complot tentent de repérer les survivantes pour les assommer à coups de rame. Agrippine échappe aux attaques et, avec l'aide de pêcheurs, elle parvient à gagner le rivage près du lac Lucrin. Tel est du moins le récit de Tacite, que les commentateurs d'hier et d'aujourd'hui ont trouvé manquer de vraisemblance. Les historiens modernes ont mis en doute la réalité du naufrage. Comment une femme de plus de quarante ans, qui a largement mangé et non moins bu, aux vêtements alourdis par l'eau, blessée, pourrait-elle nager assez vite et assez longtemps dans une eau froide pour échapper aux meurtriers, trouver une aide improbable et regagner la côte ? Si Tacite dit vrai, Agrippine comprend en tout cas qu'elle vient d'échapper à un guet-apens dont l'auteur ne peut être que son fils. Elle est non moins consciente que, son fils démasqué, sa vie dépend désormais de son attitude. Aussi, feignant d'ignorer la machination, envoie-t-elle aussitôt un affranchi, Agermus, pour rassurer son fils : par la grâce des dieux, elle est saine et sauve, bien que plusieurs aient péri pendant le naufrage. Paisiblement elle fait panser ses blessures et se donne les soins de toilette nécessaires. A-t-elle alors médité de faire tuer Néron pour prévenir sa propre mort ?

Sur le rivage, raconte Tacite, les curieux affluent rapidement, montés dans des barques ou groupés sur les jetées, discutant avec émotion du naufrage. L'affaire s'est ébruitée et déjà les experts font apparaître que le bateau s'est écroulé par le haut, tout près du rivage, et qu'il n'a pas été fracassé par des vagues ni brisé contre un rocher. L'hypothèse d'un crime ne peut être exclue. Néron est anéanti, incapable d'agir. Il se voit percé à jour par sa perspicace mère qui n'attendra pas longtemps pour se venger en soulevant les armées. Il fait alors réveiller Sénèque et Burrus qui accourent, mais qui restent silencieux. Au fond d'eux, les deux hommes sont convaincus que la besogne doit être terminée, faute de quoi on court à la sédition militaire et à la guerre civile. Burrus proteste cependant que les prétoriens sont trop attachés à la maison des Césars et au souvenir de Germanicus pour s'en prendre à sa fille. Quant à Sénèque, son silence continue d'étonner.

Savoir mourir

C'est encore Anicetus qui prend les choses en main et retourne la situation. Au lieu de recevoir avec reconnaissance l'envoyé d'Agrippine, celui-ci est garrotté, mis aux fers, accusé d'avoir voulu assassiner Néron sur l'ordre de sa mère et passé par l'épée. Anicetus a réussi sa mise en scène, c'est la mère, et non plus le fils, qui devient le commanditaire d'un projet d'assassinat : après avoir échappé à un naufrage accidentel dont elle croit son fils responsable, Agrippine aurait dépêché pour se venger un affranchi surpris l'arme à la main. Telle sera la propagande officielle : Néron doit punir sa mère. Accompagné par le commandant du navire et un centurion d'infanterie de marine, Anicetus fait cerner la villa d'Agrippine par des soldats, et les trois hommes se rendent dans sa chambre ; elle est encore dans son lit ; beaucoup de serviteurs ont fui. Le centurion dégaine ; fièrement, Agrippine découvre son ventre en s'écriant : « Frappe au ventre », ce ventre qui a porté Néron, selon la version Cassius Dion. Et elle expire, transpercée de coups.

La rumeur prétend que Néron a voulu revoir une dernière fois sa mère morte. Tacite le décrit égaré, muet et ne comprenant l'énormité de son crime qu'une fois celui-ci exécuté. Alors que la nuit n'est pas encore achevée, le corps d'Agrippine est brûlé sans cérémonie, sans tertre ni barrière pour marquer le lieu de son trépas. Mais Néron est un remarquable acteur et il lui faut peu de temps pour reprendre le contrôle de son visage. Retiré à Naples, il s'empresse de brosser pour son public le portrait d'une mère indigne et odieuse qui complotait contre lui, qui haïssait le Sénat et voulait détourner l'empereur de ses plus nobles fonctions à l'égard de la plèbe et de l'armée. Néron s'emploie également à noircir ses conseillers pour mieux capter la faveur populaire. Tacite conclut son récit : « Superbe alors et triomphant de la servilité publique, il monta au Capitole, rendit grâce aux dieux, puis se laissa aller à toutes ses passions, mal réprimées jusqu'alors, mais dont le respect à une mère, quelle qu'elle fût, avait retardé le débordement. »

L'historiographie récente tend aujourd'hui à réhabiliter en partie Agrippine. Le sentiment de sa supériorité et la vision claire qu'elle avait des besoins politiques de l'Empire, la nécessité pour le régime de s'orienter vers un équilibre plus juste des pouvoirs l'ont conduite à transgresser sa condition de femme et à traiter son fils en mineur irresponsable. « Elle voulait bien donner l'Empire à son fils, note finement Tacite, mais elle ne pouvait souffrir qu'il en fût le maître. » Mère dominatrice et castratrice assurément ; fils débauché et sans morale, plus porté aux arts et aux plaisirs qu'à l'administration d'un Empire, sans nul doute : le couple mère-fils a cédé aux pulsions meurtrières les plus viles. Agrippine n'était certes pas une stoïcienne mais, en digne fille de Germanicus, elle n'a pas manqué de courage ni de lucidité. Violente, ambitieuse, capable de meurtre, elle avait pour idée fixe, ancrée depuis sa jeunesse, de faire de son fils un grand empereur, jusqu'à accepter sa propre mort ; lorsque les astrologues lui prédirent que son enfant aurait l'Empire et qu'il la tuerait, elle aurait répliqué : « Qu'il me tue, pourvu qu'il règne. »

Quant au fils, alors âgé de vingt-deux ans, son règne fondé sur le crime porte les marques de ses origines et d'une lourde hérédité familiale ; il sacrifie à son amour du spectacle et à ses bacchanales toute raison politique, toute règle sociale et morale, tout sentiment humain. En 62, sous l'influence conjuguée de Poppée et d'Anicetus, il fait condamner à mort Octavie pour adultère et épouse Poppée. Sénèque a quitté la cour et est invité à s'ouvrir les veines en 65. Néron prépare sa glorification en convoquant à son service les artistes, poètes et les écrivains de Rome. Tel un despote oriental, il veut être admiré comme un dieu. L'ambition d'une mère s'achève sur l'avènement d'un tyran.

Saint Augustin et sa mère : le fils des larmes

« Mères qui parfois me faites croire en Dieu. »

Albert COHEN, *Le Livre de ma mère.*

« Nous n'avions qu'une vie à nous deux. » À lire ces mots écrits par saint Augustin en mémoire de sa mère Monique, on pourrait bien croire à une relation fusionnelle entre mère et fils. Une identification, avec tous ses dangers, où la mère possessive garderait sur son fils un pouvoir occulte, où le fils aimant se substituerait au père rival, où le monde se réduirait à l'espace rétréci d'une petite ville presque tranquille de l'Afrique romaine. Or c'est l'inverse qui s'est produit : la relation entre Monique et Augustin est une relation de combat, violente et franche, ouverte sur un monde en effervescence. Deux libertés, deux volontés s'affrontent : la mère, obstinée, déjà vieille, vainquant les peurs de la mer, traverse la Méditerranée pour suivre son fils et le ramener dans le chemin de la foi avec une force qui surprend dans une société patriarcale, où les femmes ont si peu de place ; le fils s'échappe pour se libérer de son étreinte, goûter aux joies qu'offre le vaste Empire romain, faire ses expériences intellectuelles. Deux libertés et deux cheminements spirituels, qui finissent par se retrouver dans une synchronie exemplaire.

Augustin commence à écrire ses *Confessions* en 397, à l'âge de quarante-trois ans, alors qu'il est évêque d'Hippone, et les neuf premiers livres sont l'un des plus beaux chants de l'Occident chrétien dédié au couple mère-fils. Ces *Confessions*, qui s'étendent jusqu'à sa trente et unième année, ne ressemblent en rien à des aveux inspirés par une moderne quête de soi ; elles sont une profession de foi qui s'adresse à des âmes fraternelles pour les associer à une action de grâce. Dans une sorte de va-et-vient entre Dieu et Augustin, entre le passé et le présent, elles livrent dans une langue latine colorée l'histoire d'une longue fuite : fuite loin d'une mère et fuite loin de Dieu.

La douceur du lait des mères

Thagaste (aujourd'hui Souk Ahras en Algérie, aux confins de la Tunisie) est le paysage de l'enfance d'Augustin : la bourgade, municipe de troisième ou quatrième ordre de l'Afrique romaine, occupe un plateau resserré entre trois mamelons qui appartiennent, au sud, au massif des Aurès et, au nord, à la chaîne dénudée de la Medjerda. Le plateau, à six cents mètres d'altitude, est riche en vignes, vergers et oliveraies, environné de prairies et de forêts ; cette plaine fertile de la Numidie sert de marché à la région, station intermédiaire entre les villes du Sud et les villes côtières, au croisement de plusieurs grandes voies romaines. Des thermes pavés de mosaïques, des rues bordées de colonnes, des stèles et des statues, des fontaines alimentées par des aqueducs, tel est le décor urbain d'une colonie romaine florissante, où habitent Patricius et Monique lorsque naît Augustin en 354.

Patricius est un bel exemple d'Africain romanisé. Il appartient à l'ordre des décurions. Son fils nous dit qu'il est pauvre, mais il faut posséder au moins six hectares de terre pour remplir la charge curiale (conseiller municipal), car le curial est responsable des impôts de la ville et, en cas de déficit, il doit combler le trou avec ses propres deniers. Petit propriétaire rural, plus fonctionnaire et administrateur qu'agriculteur, Patricius a des esclaves pour exploiter son domaine et il se consacre à la gestion de son patrimoine ; la famille fait attention à ses dépenses ; on épargne sur les vêtements comme sur l'alimentation, et les ressources dépendent des récoltes : famille « pauvre », si on la compare aux biens du généreux Romanianus, le patron du municipe et mécène du pays, dont les concitoyens apprécient les libéralités.

Patricius est resté païen dans une Afrique où, depuis la conversion de l'empereur Constantin en 312, la christianisation s'implante lentement.

En 361, Julien l'apostat, qui s'était emparé du pouvoir, est revenu au paganisme. À sa mort, en 363, son successeur Valentinien opte pour le christianisme mais il accorde à chacun de « pratiquer le culte dont il est pénétré », à condition de ne pas faire de sacrifices. Dans les provinces éloignées comme la Numidie, l'action du pouvoir central est faible ; les schismatiques du parti de Donat, condamnant les évêques et les chrétiens qui avaient peu résisté lors des persécutions de Dioclétien, font toujours des adeptes, mais la plupart des Africains sont surtout tièdes ou indifférents : ce fut sans doute le cas de Patricius avant que son épouse, en ardente chrétienne, n'ait œuvré à sa conversion.

Monique appartient, elle, à une famille résolument chrétienne, l'une de ces familles austères et même rigides qui se souvient des persécutions et honore ses martyrs. Elle n'a pas honte de participer aux *refrigeria*, ces rituels traditionnels peu appréciés des autorités en raison des désordres qu'ils entraînent, où l'on offre des repas sur la tombe des défunts pour commémorer leur mort édifiante. L'union d'un païen et d'une chrétienne n'a rien d'exceptionnel, d'autant que Patricius – par opportunisme ? – a accepté de s'inscrire parmi les catéchumènes. Mais un mariage mixte implique des tensions au quotidien et il faut beaucoup de diplomatie pour éviter les conflits ; les femmes de ce temps sont fréquemment battues par leurs maris, qui possèdent tous les pouvoirs. La pieuse Monique connaît ses devoirs. Si elle s'efforce de respecter le calendrier chrétien, avec ses fêtes et ses interdits, elle ménage son mari et l'accompagne aux banquets officiels, généreusement arrosés, où se conjuguent ripaille et paillardise. Patiente, réservée, sourde aux commérages et aux malveillances, elle évite de contrarier Patricius et ferme les yeux sur ses infidélités ; sa dignité impose le respect à ses servantes mais aussi à une belle-famille pourtant malintentionnée à son égard.

Le petit Augustin n'ignore pas où est le pouvoir : le père commande, il faut lui obéir. Ce père, dont les *Confessions* parlent avec une sobre délicatesse, est plutôt un brave homme, aimant la vie, irascible et violent à ses heures mais au fond tolérant, même s'il ne se prive pas de railler les dévotions de sa femme. Le couple, qui a eu au moins deux autres enfants, s'entend autour d'un point : préparer l'avenir d'Augustin dont les aptitudes évidentes font présager une belle carrière ; l'enfant fera des études orientées vers l'obtention d'un métier lucratif. Patricius et Monique s'accordent aussi pour ne pas présenter leur fils au baptême, mais leurs mobiles sont différents : pour Monique, il s'agit d'éviter les péchés commis après la réception du sacrement, plus graves que les fautes de celui qui ne s'est pas encore converti. Augustin est inscrit parmi les catéchumènes, béni par un signe de croix sur son front et un peu de sel frotté sur ses lèvres ; mais il recevra le baptême à l'âge adulte, quand il le demandera. Ce choix n'est pas sans conséquence : tombé gravement malade à quatre ou cinq ans, le petit garçon qui a sans doute entendu les conversations des grandes personnes demande lui-même à être baptisé ; le projet est finalement écarté en raison d'une guérison rapide, mais cet engagement précoce est regardé par Monique comme un signe.

Augustin est un garçon sensible et imaginatif, intelligent et fier ; il comprend vite ce qu'on attend de lui, ce qui peine ou ce qui réjouit sa mère. Mais il est aussi indiscipliné, émotif, et ses passions sont fortes. Surtout il déteste les contraintes, et en particulier celles de l'école : il n'apprend que ce qu'il aime et il n'aime que jouer, flâner dans les rues avec de petits camarades, capturer les oiseaux chanteurs, se faufiler clandestinement au spectacle. Le maître, sévère, le punit souvent. Ces corrections à coups de verge qui font rire ses parents sont pour lui aussi douloureuses qu'humiliantes ; elles le terrifient assez pour qu'il se souvienne trente-cinq ans plus tard de sa prière enfantine chaque soir : « Mon Dieu, faites que je ne sois pas fouetté à l'école. » Pour cet élève dissipé, l'école est un cauchemar.

L'évêque et grand théologien qu'il sera et qui met son cœur à nu devant Dieu à quarante-trois ans se penche longuement sur les désirs et les besoins de la petite enfance, et sur un ton tout à fait neuf. C'est, selon lui, au berceau que naissent les premières sensations, les premières joies et les premières fautes : le psaume ne dit-il pas « J'étais pécheur dans le sein de ma mère » ? Les membres du nourrisson sont certes faibles, mais déjà « l'esprit n'est pas innocent » ; et Augustin note quelle haine peut naître entre des jumeaux encore à la mamelle. Pas plus qu'elle n'est pure, l'enfance n'est vraiment heureuse. La torpeur, l'absence de raison, les infirmités sont un effet du péché originel : « Quel est l'homme, écrit-il dans *La Cité de Dieu*, qui n'aurait pas un mouvement d'horreur si on lui proposait de revivre son enfance ? » Augustin évoque cependant aussi les joies du premier âge ; son récit de la petite enfance est dominé par la figure de Monique, et plus largement par celle des femmes, à la source de tout bien-être, dispensatrices des caresses et des rires. La foi dans le Christ, Augustin « l'a sucée, dit-il, dans ce lait maternel ». Le garçonnet devine chez sa mère une détermination, une patience et des ressources mystérieuses beaucoup plus efficaces que les commandements grondeurs de son père ; elle lui enseigne l'existence d'un Dieu de bonté et de justice qu'il faut considérer comme le vrai Père : « Elle faisait tous ses efforts, ô Dieu, pour que vous fussiez mon père plus que lui, et vous l'aidiez à triompher de son mari dont elle était la servante. » La formulation ne manque pas de saveur : la prosaïque image du mari géniteur, brave homme coléreux, disparaît devant celle, spirituelle, du tout-puissant Père des cieux.

Cependant, c'est aux sacrifices de Patricius qu'Augustin doit d'avoir pu poursuivre sa scolarité, et il saura plus tard le reconnaître. Avec l'âge, sa répugnance envers les études diminue. Ayant épuisé les ressources de Thagaste, Patricius l'envoie poursuivre son cursus à Madaure, patrie du grand Apulée ; il y passe cinq années, entre dix et quinze ans. Les parents caressent pour lui toutes sortes de projets : leur fils sera rhéteur ou avocat, les deux filières permettant d'intégrer la haute société. L'enseignement de Madaure commence par l'étude de la grammaire et du langage. Rétif à l'apprentissage de la langue grecque, où il a pris trop de retard à Thagaste, Augustin en revanche dévore les auteurs du programme. Il s'enthousiasme pour Virgile et les aventures de Didon, il se délecte des comédies de Plaute et Térence et des poèmes brûlants de Catulle. Plongées voluptueuses parmi les joyaux de la littérature classique : l'adolescent se rassasie d'émotions nouvelles et il surpasse tous ses camarades dans les joutes scolaires. Ses maîtres sont des rhéteurs païens, méprisants à l'égard du christianisme ; qu'importe. C'est toute la ville, son architecture, ses lumières, son forum, ses statues, sa mythologie qui échauffent l'imagination de l'adolescent, reléguant bien loin les leçons chrétiennes de sa petite enfance. En rédigeant ses *Confessions*, Augustin jettera un regard très sévère sur cet enseignement délétère dispensé à Madaure.

Ce long printemps a une fin : les humanités terminées, il faut rentrer à Thagaste ou poursuivre les études dans une plus grande ville, comme Carthage. Mais la vie d'étudiant coûte cher. Patricius n'y peut subvenir. Augustin revient donc au bercail. Pendant un an, de 369 à 370, le voici à Thagaste, sans travail, sans occupation, en pleine crise de la puberté.

Amoureux d'aimer

« Où est la différence ? Épouse ou mère, en toute femme, il faut se méfier de la tentation d'Ève. » Ces mots sévères d'Augustin sont écrits bien après la rédaction des *Confessions*, dans une lettre à un jeune homme qui se plaint d'une mère dévorante ; on devine qu'ils reposent sur quelques cuisants souvenirs personnels : cette mère qui l'adule et qu'il admire, la voilà comparée à une séductrice ! Monique est sans nul doute une mère possessive et elle a peur pour son fils du retour au pays. À seize ans, Augustin est à l'âge des tentations. Son père qui l'accompagne aux bains constate avec joie « les signes de [sa] virilité naissante », et déjà il rêve à ses futurs petits-enfants. Monique, elle, s'affole : elle avait envoyé un enfant à l'école de Madaure et elle retrouve un petit mâle fanfaron ! Elle connaît les frasques du père et elle surveille chaque geste d'Augustin. Une sexualité mal maîtrisée, des camaraderies faciles, la passion des spectacles, tous les dangers de la débauche guettent un garçon désœuvré. Elle voit son fils tendre et ardent, incapable de résister aux appels amoureux, tel que lui-même se décrira trente ans plus tard à la lumière de sa conversion : « Car je brûlais alors dans mon adolescence de me gorger des infernales voluptés et je n'eus pas honte de m'épanouir sauvagement dans de changeantes et ténébreuses amours. » Monique peut bien sermonner, l'adjurer de se modérer, le supplier d'éviter les courtisanes et de respecter les bourgeoises de Thagaste, du haut de ses seize ans il balaie ces radotages de bonne femme : « Je ne voyais là que conseils de femme que j'eusse rougi de suivre ! »

Réflexe d'adolescent qu'indispose tout contrôle. *A posteriori*, il juge que ses parents si bien avertis auraient dû le marier. En Afrique, on se marie de bonne heure et une sage épouse lui aurait peut-être épargné ses folies : « Qu'est-ce qui faisait mes délices, sinon d'aimer et être aimé ?... Que n'a-t-on réglé mes misères ? » L'explication est évidente : Patricius et Monique, en parents réalistes et ambitieux, veulent d'abord le voir réussir ses études et faire de lui un brillant rhéteur. Or une femme est une chaîne, un mariage prématuré compromettrait sa carrière. « Et ainsi mon père ne s'inquiétait pas, ô mon Dieu, si je croissais dans Ton amour, ni si j'étais chaste pourvu que je devinsse éloquent. [...] Ma mère et lui allaient même jusqu'à me lâcher la bride dans mes amusements. »

Le commentaire d'Augustin montre combien il est lucide ; il a compris aussi que sa mère était peu prête à le partager avec une autre : « Elle aimait m'avoir auprès d'elle comme toutes les mères, mais beaucoup plus encore que bien des mères. » Mère exclusive et passionnée, mère inquiète : l'attente excessive et les espoirs que Monique met en lui, la surveillance qu'elle exerce sur ses faits et gestes pèsent sur l'adolescent comme une charge de plomb.

Grâce à l'aide de Romanianus, mécène et patron de son père, Augustin peut enfin se rendre à Carthage en 370, et poursuivre des études supérieures. Carthage la magnifique est la troisième ville de l'Empire après Rome et Constantinople : il aimera toujours cette cité internationale avec ses larges rues, son port et ses eaux bleues, sa population cosmopolite. Le jeune provincial livré à lui-même est bien déterminé à goûter à tout et, si possible, à y gagner la renommée. Vingt-cinq ans plus tard, la Babylone africaine le fera pleurer sur lui-même lorsque, devenu évêque, il revisite sous l'éclairage de la foi ses souvenirs d'étudiant : « Je vins à Carthage et partout autour de moi bouillait à gros bouillons la chaudière des amours honteuses. Je n'aimais pas encore, j'aimais à aimer. » Dans cette course à l'amour entre aussi un peu de vanité, car l'étudiant cherche l'approbation de ses camarades devant qui il se vante de ses exploits : « J'avais honte d'être le moins corrompu. »

Le jeune homme aime aimer ; toute sa nature l'y porte et il le sait. Mais on se lasse de tout, même des plaisirs, et son regret du mariage n'est pas feint. Ce genre de vie désordonnée ne lui apporte que des déceptions et seul un lien stable pourrait lui procurer un peu de paix. Puisqu'il ne veut pas pour l'instant s'embarrasser d'une épouse, il se choisira, comme c'est alors l'usage, une concubine avec laquelle il vivra maritalement, tout en restant libre de se consacrer à ses occupations intellectuelles et de profiter de la douceur d'un foyer, sans en supporter les charges. Bien qu'il ne le dise pas clairement, il n'a pas cessé de fréquenter les églises de Carthage ; c'est dans leur enceinte, où la mixité permet les rencontres, qu'il avoue avoir désiré « ces fruits vénéneux » de l'amour. C'est là sans doute qu'il fait la connaissance de celle avec qui il passera quinze ans de sa vie : une jeune femme chrétienne, de modeste origine, que le droit romain ne lui permet pas d'épouser car le mariage est réservé aux citoyens. Ce genre de relation, non couverte par la loi, est fréquent dans les milieux intellectuels.

La femme sans prénom

De cette compagne africaine, « dépistée au cours de vagabondages passionnés dépourvus de prudence », les *Confessions* ne disent rien, pas même un prénom : le silence s'explique par la pudeur et le respect qu'il ressent vis-à-vis d'une femme humble, qui lui a voué sa vie et qui veut l'anonymat. Augustin a confié à ses amis plus tard qu'il ne pouvait vivre sans femme ; à celle-ci, il a gardé, dit-il, « la fidélité du lit » et il a connu avec elle l'illusion apaisante d'une famille. Très vite, en 372, la concubine tombe enceinte et met au monde un petit garçon nommé Adéodat, étymologiquement « donné par Dieu » – c'est-à-dire, implicitement, non désiré. Le droit romain ne l'autorise pas à reconnaître l'enfant mais il l'élèvera avec tendresse. À dix-huit ans, voici donc l'étudiant un peu fou de Thagaste rangé, lié à une femme, et père de famille : ses débordements sont canalisés, il peut enfin travailler avec sérieux. En 371 (ou 372), il apprend la mort de son père ; le deuil ne semble pas lui causer un immense chagrin, sans doute parce que Patricius n'a guère joué de rôle dans son histoire spirituelle, et il n'en parle qu'indirectement dans ses *Confessions* ; c'est désormais à la mère veuve d'assurer la tutelle.

Le goût d'Augustin pour l'étude n'est pas moins vif que celui qu'il a pour l'amour. Il veut réussir et il a sa fortune à faire. Une découverte intellectuelle renouvelle alors sa manière de penser : il tombe par hasard sur l'*Hortensius* de Cicéron, un dialogue – désormais perdu – plein de flamme, qui l'invite à trouver la sagesse dans la philosophie plutôt que dans l'art oratoire, le grand art romain : la félicité vient de la seule connaissance de la vérité, qui est connaissance de Dieu. Augustin est ébloui par la simplicité du message ; c'est un degré de plus dans le cheminement de sa pensée, et pourtant, « une seule chose dans une telle effervescence brisait mon élan ; le nom du Christ ne s'y trouvait pas ». Aussi, logique avec lui-même, se plonge-t-il également dans la lecture de la Bible dont il ignore à peu près tout, sa formation chrétienne se bornant à de courtes lectures, brèves homélies et psaumes que lui lisait sa mère. Première conversion ? La déception est immense : sans aide, rebuté par de puériles histoires traduites dans un latin abâtardi et choqué par les récits immoraux, Augustin ne tire de la lecture de la Bible qu'ennui et désillusion.

Le désarroi de l'apprenti orateur-philosophe fait de lui une proie rêvée pour les manichéens. Dans le dualisme de leur maître à penser, Manès (ou Mani), où s'opposent une âme lumineuse et une âme obscure, l'étudiant croit saisir une réponse rationnelle aux questions qu'il se pose sur le bien et le mal, et trouver des explications scientifiques à l'histoire du monde. Il s'avoue fasciné par la doctrine composite des manichéens, d'où sont balayés les « contes de vieille femme » de l'Ancien Testament, ne conservant qu'une figure, revue et corrigée, d'un Jésus impassible qui échapperait à la mort humiliante de la Croix. Augustin est accueilli avec chaleur dans la secte, et s'en trouve à la fois flatté et touché. Cependant, bien que les manichéens le pressent d'accepter un baptême, il se contente d'être « auditeur », c'est-à-dire un fidèle ordinaire, qui n'est pas soumis comme les « élus », les « parfaits », à toutes sortes d'interdits, ni admis à leurs réunions secrètes. À ces nuances près, il prend un grand plaisir aux subtilités dialectiques de ses nouveaux amis et il sort souvent vainqueur des joutes oratoires.

Ses études de rhétorique achevées, Augustin est appelé à rentrer au pays par Romanianus, car celui-ci vient de créer, pour lui, une école de grammaire qui lui fournira un poste stable de professeur de lettres. En 375, il quitte donc Carthage et revient dans sa ville natale où l'hérésie s'est déjà propagée rapidement parmi les païens.

La perte de l'ami

Il n'y a sans doute pas de vraie croissance dans l'amour sans l'expérience de la séparation. La rupture entre mère et fils vient de Monique lorsqu'elle découvre, épouvantée, la honteuse transformation de son fils ; elle refuse de le recevoir sous son toit, ses divagations sont ressenties comme une trahison. Sans doute n'apprécie-t-elle pas non plus la petite famille qu'il a formée, si peu conforme aux ambitions qu'elle a pour lui. En son fils, elle attendait la réalisation d'une partie de ses aspirations, une sorte de contrepoids à son union décevante avec Patricius, et plus profondément elle voulait partager avec lui un choix de vie. Or elle découvre un inconnu qu'elle ne comprend plus. Obstinée, elle ne renonce pas à le ramener dans le droit chemin. Plus jeune, elle était parvenue par volonté à se défaire du plaisir du vin, avec l'aide d'une servante ; en 375, elle est toujours cette même personne constante et douée d'une énergie surprenante, mais aussi capable de repousser son fils s'il prend un chemin contraire à ses vues. Quant à Augustin, pétri de contradictions, il est bien conscient de tout lui devoir, mais pour l'instant, mené par ses émotions et sûr de ses talents, il est plus attaché encore à sa liberté. Comment vit-il ce rejet ? Chassé de la maison, il est fastueusement recueilli par Romanianus, et c'est le début entre eux d'une solide amitié. La prodigalité de son protecteur, la douceur de vivre, les joies intellectuelles endorment les sentiments filiaux. Cruauté de la jeunesse… Il n'est d'ailleurs nullement privé d'appuis ; les amitiés masculines jouent un rôle capital dans son histoire affective en lui offrant des joies sans aucun des risques que comporte une liaison amoureuse : « Causer et rire en commun, échanger de bons offices, lire ensemble des livres bien écrits, être ensemble gais et sérieux, être parfois en désaccord sans animosité comme on l'est avec soi-même », tel est le plaisant programme de l'amitié, « la plus insondable de toutes les séductions de l'âme ». Augustin renoue des liens étroits avec un compagnon d'enfance et avec le cousin de son hôte, le cher Alypius, qui devient son ami pour la vie.

Monique souffre. Non seulement son fils a quitté le chemin de sa foi mais, prosélyte militant du manichéisme, il corrompt la jeunesse ; brillant, charmeur, doué pour l'argumentation et gonflé de lui-même, il convertit par son talent ses jeunes élèves. Déjà elle le voit mort – mort à ses espoirs d'élévation sociale, mais surtout mort à la vie éternelle. Car comment expliquer la lumière à un aveugle ? Monique n'a qu'une bien faible culture, sa foi est enracinée en elle depuis la petite enfance. C'est alors qu'un songe, que relatent les *Confessions*, la bouleverse : « Il lui sembla être debout sur une règle de bois ; et voici qu'elle vit venir à elle un jeune homme tout brillant de lumière et qui lui souriait, tandis qu'elle était plongée dans une détresse profonde. Alors le jeune homme lui demanda la cause de son affliction et de ses larmes continuelles… Et sur sa réponse qu'elle pleurait ma perdition, il lui commanda de bannir toute crainte et de remarquer que, là où elle était, je me trouvais moi aussi. Elle regarda et me vit auprès d'elle debout sur la même règle. » Présage de réconciliation : Monique reprend confiance et demande à Augustin de revenir à la maison. Mais pour lui, c'est à Monique de se rapprocher de sa règle à lui. Impuissante, elle fait appel à l'aide d'un évêque bien informé de l'hérésie pour y avoir autrefois adhéré. Mais le prélat, soit qu'il ne croit guère aux pouvoirs de la controverse, soit qu'il ne se sent pas de taille à affronter un si brillant néophyte, renâcle à se déplacer. Les supplications n'y font rien, et de guerre lasse il lâche ces mots : « Il est impossible que périsse ce fils des larmes comme les tiennes. » Monique se contente de cette promesse. Elle accepte de reprendre la vie commune.

Augustin n'en reste pas moins manichéen pour plusieurs années. Il faut le choc de la mort de son cher ami d'enfance, qui a lui-même voulu rompre avec le manichéisme dans ses derniers instants et recevoir le baptême catholique, pour l'arracher à sa quiétude. Remué jusqu'au plus profond de lui-même, il avoue avoir alors connu un double désespoir, celui d'être abandonné dans son cœur et dans son esprit, privé de « la moitié de son âme ». Aucune joie, commente-t-il, n'a égalé cette communion virile qui allait s'approfondissant. Et voilà que l'ami, dont il tait le nom, l'a trahi en renonçant à la cause qu'ils avaient épousée ensemble et qu'il s'est fait baptiser secrètement avant de mourir. Comme le bonheur est vain ! Sans l'être cher, le monde est muet et vide. La vie à Thagaste devient odieuse à Augustin, et les pressions d'une mère envahissante, insupportables. Chez lui, l'affectivité prime tout, et il a perdu tout espoir de retrouver un peu d'élan dans cette obscure bourgade. Alors il s'échappe.

Fuir la mère

Le bon Romanianus est une fois encore l'instrument de la Providence. À Carthage, grâce à ses recommandations, on propose à Augustin un poste prestigieux, une chaire de rhétorique. C'est là qu'il va aiguiser ses talents, en passant les huit années suivantes aux côtés de sa compagne et de son fils, entre les livres, avec des amis bien choisis et quelques docteurs chevronnés du manichéisme, avec qui il se prépare à de passionnantes discussions. Sa réputation s'affirme : le jeune professeur est vainqueur à un concours de poésie, il élargit ses relations et il fait partie des familiers du proconsul. Sa mère est tenue à distance ; bref, il respire.

Quand Monique le rejoint-elle ? Il n'en dit mot dans ses *Confessions*. Il continue de lire et de réfléchir, il écrit et vagabonde d'une science à l'autre. Mais la vérité qu'il cherche semble le fuir, les polémiques où il triomphe ne le satisfont pas, ses convictions se fissurent, beaucoup de débats avec les manichéens lui paraissent plus oiseux que solides, sans même parler des déboires qu'il rencontre face à des étudiants tapageurs et insolents qui s'appellent eux-mêmes les « démolisseurs » et envahissent à l'improviste les écoles ! Le climat s'est durci à Carthage, le pieux empereur Théodose entreprend une lutte ouverte contre les adeptes de Mani, mis hors la loi. Augustin sent qu'il lui faut à tout prix un champ plus vaste à ses activités : davantage d'argent, plus de considération, des échanges intellectuels plus exigeants, des étudiants plus disciplinés. Mais le véritable obstacle à son envol est Monique qui, inquiète, a fini par abandonner Thagaste pour le rejoindre à Carthage.

Augustin approche alors de la trentaine lorsqu'il décide d'aller à Rome, en 383. Il n'avertit personne de sa décision, ni Romanianus, ni sa mère, ni ses élèves, ni sa compagne qu'il appellera plus tard à le rejoindre avec son fils. Ce départ a tout d'une fuite. Monique devine par une de ses fréquentes intuitions maternelles que le moment de la grande séparation approche et elle ne le quitte plus d'un pas. Elle voudrait le garder auprès d'elle, le ramener à la foi, le contraindre à renoncer aux dangers qui l'attendent dans cette ville glorieuse, mais surpeuplée et malsaine, qu'est Rome. Augustin admirera plus tard cette ténacité que rien ne fait fléchir : « Je ne puis assez dire quel amour elle avait pour moi, et à quel point ses souffrances pour m'enfanter en esprit étaient pires que celles qu'il lui en avait coûté pour m'enfanter par la chair. » Le soir du départ prévu par Augustin (à la fin de l'été), soupçonneuse et en larmes, elle s'accroche à lui pendant qu'ils marchent ensemble jusqu'au quai où sont amarrés les bateaux. La nuit tombe, elle est épuisée. Il obtient d'elle qu'elle aille se reposer quelques heures dans une chapelle, non loin du port ; pour la calmer, il prétend qu'il veut dire au revoir à un ami qui s'embarque : affronter sa réaction est au-dessus de ses forces et il préfère mentir. Dès qu'elle a le dos tourné, il grimpe sur le pont du bateau, le cœur déchiré : « J'ai menti à ma mère, à une mère comme elle ! Et je m'échappai… Au petit matin, le vent souffle, les voiles du navire se gonflent et lentement le bateau s'éloigne des côtes carthaginoises. » À l'aube, quand Monique quitte la chapelle pour retrouver son fils, elle découvre sa trahison. Folle de chagrin, ulcérée aussi : elle s'est réjouie pour les succès de ce fils si brillant, et à présent elle sanglote.

Augustin ne passe guère plus d'une année à Rome, le temps de se faire quelques amis puissants. Ses ambitions se réveillent et il utilise les recommandations des manichéens pour affermir sa position. Mais Rome ressemble davantage à une ville de province, ou à une ville-musée qu'à une capitale : c'est à Milan que se rassemble la cour impériale, et c'est là que ses espoirs ont une chance de se réaliser. Fort de ses appuis, le voici qui pose sa candidature pour un poste vacant. Symmaque, préfet de Rome, l'agrée après audition. À Milan où il se rend dès 384, il devient rhéteur officiel et il prononce son premier discours solennel pour glorifier le jeune empereur Valentinien II, qui a succédé à son père en 375. Les honneurs sont là et l'avenir se présente sous d'excellents auspices. Ses plus chers amis l'entourent, Navigius son frère, Alypius l'ami de toujours, Nebridius, un jeune disciple de Carthage, quelques compatriotes encore, venus d'Afrique, qui se mettent sous la protection de sa fortune nouvelle. Augustin a loué un appartement dans une maison attenante à un jardin ; sa compagne l'y a rejoint avec le jeune Adéodat. Si ce n'était la pensée de sa mère, tous les ingrédients d'une vie réussie seraient réunis.

C'est ne pas connaître Monique ! Elle ne lâche pas prise et avec courage elle s'embarque à son tour de Carthage vers un monde inconnu au printemps 385 : âgée (elle a plus de cinquante ans), fatiguée, couchée sur le pont du bateau tanguant dans la tempête, elle ne doute pas un instant de sa mission : « Forte de sa piété, elle me suivait sur terre et sur mer… » Son énergie est intacte : convertir son fils, le stabiliser et l'installer dans une vie régulière. Aussitôt sur place, elle prend en main l'organisation du petit phalanstère pour offrir à chacun sa part de liberté et d'étude.

Blessure ouverte

Que peut l'entêtement d'une mère ! À peine installée, Monique travaille à assurer la carrière d'Augustin, qui passe nécessairement par un mariage avantageux. Les succès que son fils remporte dans la société impériale nourrissent ses plus hautes ambitions. Plus question pour le brillant rhéteur d'épouser la fille d'un simple décurion, comme elle y songeait à Thagaste ; il lui faut une riche héritière pour mener un train de vie confortable, favorable à son travail et à sa tranquillité. En moins d'un an, elle déniche l'oiseau rare, une toute jeune fille de douze ans impubère ; il faudra donc attendre deux ans, date légale, pour que la petite fiancée devienne l'épouse. Monique trace son chemin sans hésitation. Pour mener à bien le projet, il lui faut écarter la concubine. La façon expéditive dont elle se débarrasse de cette encombrante compagne est difficile à concevoir aujourd'hui, mais elle suit le droit et les coutumes de l'époque. A-t-elle été un moment touchée par le sort de la mère de son petit-fils ? Veut-elle prendre sur elle ce choix crucifiant pour l'épargner à Augustin ? Elle supporte certainement mal la présence d'une maîtresse, qui de surcroît a sa part de responsabilité dans le fait que son fils ajourne toujours son baptême. Et avec la ténacité qu'elle a toujours montrée, elle le persuade de rompre.

Augustin se laisse faire et il ne dit rien dans les *Confessions* de ses discussions avec Monique. Renoncement devant une mère impérieuse ? Pressentiment que son chemin passe par la séparation ? Ambition ? Il est probable qu'en ce moment de sa vie, il songe à réussir son intégration parmi les dirigeants de la cour impériale. En revanche, il trouve les mots déchirants pour exprimer son désespoir lorsqu'il lui faut abandonner cette compagne de quinze ans qui lui a donné un fils chéri : « Quand on arracha de mes flancs, comme un obstacle au mariage, celle avec laquelle j'avais coutume de coucher, mon cœur auquel elle était attachée fut déchiré et blessé et il restait ensanglanté. » Écrits bien plus tard, ces mots ne laissent pas de doute sur une plaie qui ne cicatrise pas : « La blessure ouverte par l'arrachement de ma première compagne ne guérissait pas et, passé le temps de l'inflammation et des douleurs cuisantes, elle se gangrenait et la douleur était plus froide et plus désespérée. »

À peine arrivée à Milan, la concubine doit donc réembarquer pour l'Afrique. Cette belle et digne figure nous reste inconnue ; exemplaire, elle promet à Augustin de ne plus rencontrer d'homme et de vivre en veuve sous la protection d'une église ou d'un monastère, et elle laisse à Milan le jeune Adéodat, qui sera élevé par Augustin et Monique. Malgré cette union impitoyablement défaite, Augustin ne s'est pas assagi. Il a toujours le feu aux entrailles et il reconnaît qu'il a besoin d'une femme pour attendre le mariage. Il prend donc une maîtresse qui partage encore sa vie lors de la crise décisive d'août 386, mais dont il ne dit rien. À Alypius demeuré célibataire, il avoue son désarroi. À mesure qu'il approche de la conversion, il lui semble qu'il s'en éloigne : « Ainsi mes péchés se multipliaient. » Péché de la chair mais aussi péchés mondains d'un jeune arriviste, goût de la richesse, du succès, des hautes relations ; il s'en accuse devant Dieu : « J'aspirais goulûment aux honneurs, aux gains, au mariage, et toi, Tu riais ! »

Quelles que soient les péripéties de sa vie privée, Augustin poursuit son travail en confrontant ses lectures et en approfondissant sa pensée : non pas un exercice spéculatif, mais une exigence de vérité. Il a fait un long périple depuis la découverte de l'*Hortensius*, l'invitant à la sagesse. Cette fois il a clairement rompu avec les manichéens, mais il lui faut à présent résister à la tentation sceptique. À Milan, il rencontre l'évêque Ambroise, dont il admire l'autorité et la vigueur théologique : chaque dimanche, il vient écouter ses homélies. Ses idées s'organisent. Il reprend inlassablement les textes, s'attaque aux dialogues de Platon traduits en latin et se réjouit de découvrir chez les néoplatoniciens certaines vérités assimilables à celles du christianisme. Si le grand Ambroise ne prête guère l'oreille aux fluctuations de son cœur, du moins ses sermons lui révèlent-ils la doctrine de l'Église. Beaucoup de vérités « incorporelles », éternelles, lui restent incompréhensibles, mais il sait déjà qu'il appartient à l'homme de trouver l'attitude humble et confiante pour capter avec « l'œil de l'âme » la lumière venue d'en haut ; il avance prudemment, à son rythme, bien éloigné encore d'une expérience de l'Homme-Dieu vivant. Quant au mal, c'est la volonté libre de l'homme qui en est la source, et non quelque part de ténèbres enfermées en l'âme, comme le prétendent les manichéens.

Lectures, méditations, rencontres, témoignages, tout est bon pour faire réfléchir Augustin. Le professeur si soucieux de sa carrière a parcouru un immense chemin en six mois, entre janvier et août 386. Il sait à présent que l'intelligence philosophique est un moyen, un instrument à la disposition de l'âme dans sa recherche des réalités invisibles. Saint Paul est son livre de chevet. Au fond de lui, il entend les appels pressants à une autre vie. Mais il résiste encore à la pensée qu'il devrait abandonner ces plaisirs sensibles où il est englué. Il l'avoue sans fard : « Donne-moi la chasteté et la continence, mais ne me les donne pas tout de suite. Je craignais en effet d'être trop vite exaucé. » Sous ses yeux, l'exemple de sa mère, une faible femme surmontant patiemment les obstacles, lui montre sans cesse le pouvoir de la grâce. Monique a rencontré Ambroise et lui a offert ses humbles services. Elle est discrète, fidèle, à l'écoute : « C'est par tes prières, reconnaît-il, j'en rends témoignage sans hésitation, que Dieu m'a donné cette pensée de mettre au-dessus de tout la connaissance de la vérité, de ne rien vouloir, de ne rien souhaiter, de ne rien aimer d'autre. » Mais trop de tentations, trop d'agitation se mettent encore en travers de son chemin.

À Milan, Augustin décide de constituer un petit groupe d'amis intimes, partageant les mêmes préoccupations, une dizaine en tout, dont son frère Navigius, deux cousins, Romanianus et son fils, Alypius et Nebridius, tous venus de leur chère Afrique natale. L'idée est de fonder une petite communauté loin de la foule, dans un lieu un peu retiré, où ils vivraient dans la paix et l'étude, mettant en commun les ressources, chacun gérant à tour de rôle l'intendance. La maison de Milan est entourée d'un jardin, cadre rêvé pour abriter leurs échanges. Une question d'ordre pratique, mais non sans conséquences, est soulevée : accueillera-t-on les femmes dans le groupe ? Certains sont mariés, d'autres y songent, et les avis divergent. Augustin tergiverse, il n'est pas prêt à la radicalité de la conversion : « Je t'ai déjà dit depuis longtemps que je ne puis vivre sans femme », répond-il à Alypius, que ses hésitations étonnent. L'obstacle est de taille et il fait échouer le projet. Augustin aspire à une vie de travail, de recueillement et d'ascèse, mais la sexualité et les douceurs d'une vie facile l'enchaînent : « À petits coups, elles me tiraient par ma robe de chair et murmuraient à mi-voix : tu nous congédies ? Et : dès ce moment, ne te sera plus permis ceci et cela, plus jamais ! »

Conversions

Toute conversion est un mystère, marqué d'un sceau individuel. Elle se fait parfois en douceur, comme une sorte d'évidence progressive, et parfois rapidement, comme une fulgurance. La conversion, quand il s'agit de rompre avec le passé et avec un certain bonheur terrestre, est déchirement, et Augustin est le terrain de bataille d'une lutte entre l'esprit et la chair. Cette sagesse qu'il a cherchée dans les lumières platoniciennes et tenté d'harmoniser avec le message biblique ne le délivre pas. La foi ne relève pas d'une construction intellectuelle et elle n'est pas non plus le fruit d'une inspiration imaginaire ; elle est grâce et confiance dans une réalité invisible. Peut-être la rencontre d'un mendiant ivre dans les rues de Milan, qui chante généreusement sa joie parce qu'on lui donne une piécette sans se soucier du lendemain, le met-elle sur la bonne voie, mieux que tous les discours : la joie s'éprouve, elle relâche les défenses, anime l'espérance.

Un jour d'août 386, rongé par ces pensées contradictoires, Augustin marche de long en large dans le petit jardin de la maison, en compagnie du fidèle Alypius. La tension nerveuse qu'il a éprouvée ces dernières semaines devient une crise d'une rare violence ; il s'arrache les cheveux et se tord les mains, puis il éclate en sanglots : « Elles me retenaient ces bagatelles de bagatelles, ces vanités de vanités, mes vieilles maîtresses [...]. Quelles ordures elles me suggéraient, quelles ignominies... Toute cette discussion se passait dans mon cœur. Ce n'était qu'un duel entre moi et moi. » Alypius assiste, silencieux, à la scène. Augustin s'écarte pour retrouver sa respiration et se laisse tomber à l'ombre d'un figuier en murmurant des bribes de phrases au milieu des larmes : « Encore combien de temps ? Encore combien de temps ? Pourquoi pas tout de suite ? Pourquoi ne pas en finir sur l'heure avec mes turpitudes ? »

C'est alors que d'une maison voisine s'élève la voix fraîche d'un enfant, qui chantonne une ritournelle : « Prends et lis ! Prends et lis. » Est-ce la voix claire du petit voisin, ou une incantation intérieure qui le transporte ainsi dans un état de pure réceptivité et met fin à la souffrance que donne l'hésitation ? Augustin se rend vers la table près de laquelle est toujours assis Alypius et il y prend le livre posé, les Épîtres de Paul ; la page s'ouvre sur un verset de l'Épître aux Romains : « Revêtez-vous du Seigneur Jésus-Christ et ne vous faites pas les pourvoyeurs de la chair dans les convoitises. » Cette parole de la Bible, il l'a souvent entendue ou même prononcée, mais une inflexion neuve la décape, la réchauffe. Et de commenter : « Le verset lu, ce fut dans mon cœur comme une lumière sereine qui dissipa toutes les ténèbres de mon incertitude. » Devant un tel signe, ce puissant imaginatif qu'est Augustin s'abandonne à la joie. Il exulte et, accompagné d'Alypius, il court raconter à sa mère le moment béni qui lui promet un nouveau départ. Non pas une impression furtive et instable, mais une joie sûre, profonde, calme, l'envahit : « Seigneur, c'est Toi que j'aime », peut-il enfin dire. Il est épuisé ; il sait bien qu'il n'en a pas fini avec les tentations, mais il sait aussi qu'avec l'aide de Dieu il aura raison de ses faiblesses.

Prières et larmes maternelles sont enfin exaucées. Reste à changer de vie. Et c'est au tour de Monique de faire sa conversion, en renonçant d'avance à ses légitimes désirs de mère. Son fils ne sera pas ce puissant gouverneur de province qu'elle espère, ni ce père heureux de multiples enfants de sa chair qu'elle pourra câliner. Tout de suite, Augustin renonce au mariage et aux brillantes espérances du siècle. Et elle accepte avec bonheur la volonté de Dieu, un Dieu qui veut la purifier d'un amour trop charnel. Mère et fils sont désormais debout ensemble sur cette « règle de foi » dont elle avait rêvé.

Surmené, épuisé, les poumons malades, la voix éteinte et encore bouleversé, Augustin décide de fuir la chaleur milanaise à la fin de ce mois d'août, lorsque commencent les vacances universitaires. Un ami lui prête une maison à la campagne où il fait frais, à une trentaine de kilomètres de Milan, à Cassiciacum ; la maison s'ouvre sur une prairie riante, parfaite pour préparer son baptême et mener une vie simple. Augustin se fait accompagner de ses amis chers, de son frère Navigius et de son fils Adéodat, alors âgé de quinze ans. Il tient la place du maître, s'occupe du domaine et des récoltes. La vaillante Monique, malgré son âge, joue le rôle d'intendante, ou de sœur économe. Les journées se passent en lectures, en discussions philosophiques, en jeux dialectiques, et le travail est entrecoupé de longues promenades sous les châtaigniers rougeoyants des premières montagnes lombardes. On est déjà au temps des vendanges. Augustin se rétablit lentement, mais il est encore en proie à de fréquentes crises de larmes, parfois à des accès de colère devant l'ignorance ou la paresse de certains de ses interlocuteurs. Les tentations de la chair n'ont pas tout à fait disparu et il prie pour vaincre sa faiblesse.

La femme forte

La vie paisible de Cassiciacum ressemble à celle d'une noble famille. Monique, hôtesse au grand cœur, est partie prenante de ces réunions de travail qui tiennent du cénacle. Elle n'est pas seulement la femme pieuse et austère qu'ont décrite les *Confessions*, mais une compagne souriante, aimant deviser et parfois plaisanter. Augustin la retient souvent dans leur petit groupe tandis qu'elle s'active aux tâches domestiques. Il y a chez cette mère une concentration et une attention qui le surprennent :

« Tu as pour la vérité un plus grand amour que pour moi, et je sais de quel amour tu m'aimes. » Il a remarqué que s'opère en elle, sous sa modestie persistante, une transformation en profondeur, et il admire autant sa sûreté de vue que son exigence intellectuelle. Avec fierté, il en parle à ses compagnons : « Le pouvoir de son esprit me frappa et je réalisai qu'il ne pouvait pas mieux convenir à la véritable philosophie. Je décidai alors que toutes les fois qu'elle en aurait la possibilité elle serait présente lors de nos discussions » (*De l'ordre*). Monique se révèle parfaitement à l'aise dans les débats au point qu'il leur semble à tous « oublier tout à fait son sexe, voir quelque grand homme siéger parmi eux » *(De la vie heureuse)*.

Dans l'anthropologie de l'évêque d'Hippone, telle que son œuvre ultérieure la construira, la femme a davantage les traits d'une mère que d'une épouse. Monique est à l'évidence son modèle, et non une composition abstraite. Les *Confessions*, ainsi que de nombreux passages éparpillés des *Dialogues* écrits à Cassiciacum, tracent d'elle un portrait de la chrétienne exemplaire : la femme forte de l'Évangile, capable de « maîtriser ses passions », douée d'énergie et de raison. Ainsi Monique a-t-elle pris le voile des veuves ; elle vit presque en religieuse, dans la charité et l'abstinence. Mais, elle a aussi connu en son temps le mariage : Augustin ne déprécie pas le bonheur conjugal, ce premier lien naturel de la société humaine, et il prendra même nettement ses distances avec l'ascèse prônée par saint Jérôme. C'est Dieu, dans la tradition de la Bible, qui a décidé de ne pas laisser l'homme seul et qui a créé la femme en donnant l'ordre à Adam et Ève de croître et se multiplier. Mais non moins clairement, Augustin ne cesse de se méfier du désir sexuel dévoyé par le péché originel ; ses réticences lui viennent de son expérience : « Il n'est rien à mon sentiment qui puisse jeter l'homme au bas de sa citadelle mieux que les caresses d'une femme et ce contact des corps sans lequel il n'est pas de possession d'une épouse. » Le désir sexuel paralyse la volonté ; il est nécessaire de l'enfermer dans les limites de la seule génération des enfants.

Monique, bonne épouse et mère exemplaire, a élevé deux fils et une fille qui a pris le voile dans un couvent. Elle a donné également beaucoup de temps à ses petits-enfants qu'elle « enfante chaque jour », « lorsqu'ils s'écartent de Dieu ». Elle est à la fois homme par sa force et sa volonté, et femme par sa soumission et son humilité. Ainsi Augustin la décrit-il « avec un extérieur de femme, une foi d'homme, l'assurance de l'âge, une tendresse de mère, la piété d'une chrétienne ». Dans l'éloge funèbre qu'il fera d'elle, il n'hésite pas à louer sa « vertu virile ». Homme et femme sont différents dans leur corps, mais ils sont égaux devant Dieu par leur âme. Cette vertu virile qu'il reconnaît à Monique est celle des martyrs qui ont fait l'Afrique chrétienne : « La couronne est plus glorieuse quand le sexe est plus faible, et l'âme se montre assurément plus virile dans le corps d'une femme, lorsque celle-ci ne succombe point sous le poids de sa fragilité » (Sermon 281).

À la fin des vacances, au début de l'année 387, Augustin décide de rentrer en ville où ses amis sont rappelés par la reprise du travail. Lui-même a renoncé à son métier de professeur qui ne le satisfait guère, et il veut recevoir le baptême à Milan, en même temps que son fils Adéodat et son ami Alypius. Après tant de secousses intérieures, il reprend pied et aborde son nouveau chemin dans la sérénité ; l'évêque Ambroise, à sa demande, lui dispense les premières leçons de catéchisme. La date du baptême est fixée au jour de Pâques, dans la nuit du 24 au 25 avril 387. Augustin a trente-trois ans.

La mort d'une mère

Vivre jusqu'au bout la conversion, c'est changer de regard et de vie, oublier les ambitions mondaines. Le retour à Thagaste, où la famille a toujours un peu de bien, s'impose progressivement à Augustin ; né africain, le nouveau baptisé veut s'enraciner dans la terre maternelle et partager son expérience avec ses frères d'Afrique : il pourra fonder là-bas une communauté et s'exercer à l'humilité dans la retraite. Un autre événement le pousse à quitter Milan : la péninsule italienne vit des moments tragiques, l'empereur Maxime s'apprête à descendre en Italie pour chasser Valentinien et la paix publique est menacée. D'un commun accord, le petit groupe décide de s'embarquer dès que les circonstances seront favorables. Ils se mettent en route dans le courant de l'été 387, et traversent l'Apennin pour attendre à Ostie un bateau à destination de Carthage.

La famille trouve pour se reposer une petite maison au bord du Tibre, non loin de la zone portuaire d'Ostie. Les fenêtres donnent sur un jardin intérieur. Monique, quoique fatiguée, est toute à la joie, comblée dans ses vœux les plus chers. Les échanges avec Augustin sont devenus simples et intimes, les griefs et les peines sont effacés. Un jour, ils sont accoudés à l'embrasure de la fenêtre et ils parlent librement. La louange de Dieu leur monte aux lèvres ; nulle exaltation dans leurs échanges, mais une douce sérénité ; il leur semble que leurs âmes s'éveillent ensemble devant un paysage inconnu soudainement découvert, telle une région d'inépuisable abondance où « l'on se rassasie éternellement du pain de Vérité ». Étreints par l'émotion, ils tiennent le même langage : « Pendant que nous parlions, que nous aspirions à cette sagesse, nous l'atteignions un instant dans un suprême élan du cœur. » Symbiose parfaite dans la contemplation hors du temps, épanouissement ultime de la relation où mère et fils font ensemble l'expérience d'un espace et d'un temps nouveaux.

Cinq jours plus tard Monique tombe malade. Elle sait que son histoire s'achève et elle n'attend plus rien : « Mon fils, pour moi, il n'y a plus rien qui me charme en cette vie. Qu'y ferais-je désormais et pourquoi y suis-je encore ?... Une seule chose me faisait désirer de vivre encore un peu, c'était de te voir avant ma mort chrétien. Mon Dieu m'a accordé cette grâce surabondamment... » L'état de la malade s'aggrave rapidement ; autour d'elle enfants et amis sanglotent. Paisible, Monique ne se soucie même pas d'être rapatriée dans son Afrique natale. « Ensevelissez mon corps où bon vous semblera et ne vous en inquiétez pas. Je vous demande de vous souvenir de moi devant l'autel du Seigneur. » Si zélée à honorer les morts dans les *refrigeria,* si attachée aux rites des sépultures, Monique se détache doucement de toutes ses racines terrestres. Au neuvième jour, elle expire, âgée de cinquante-six ans. Son fils lui ferme les yeux. Sans pleurer, il enterre sa mère en Italie comme elle l'avait voulu, les larmes viendront plus tard.

Augustin renonce alors à poursuivre dans l'immédiat le voyage jusqu'à Carthage et il retourne à Rome sans en donner les raisons. La guerre, les tempêtes, la mauvaise saison retardent-elles son voyage ? Il passe en tout cas encore une année à Rome. Ce n'est qu'à la fin de l'an 388 qu'il reprend le chemin d'Ostie, avec Alypius et Adéodat, et qu'il regagne Carthage. Il s'est détaché de tout le poids de son passé. La main de la Providence se fait lourde en coupant les liens : en 390, la mort lui arrache les deux êtres qui lui sont les plus chers après sa mère : son fils Adéodat, âgé de dix-huit ans, et son ami Nebridius. L'histoire charnelle s'allège.

Augustin s'engage dans une vie de prière sur le modèle monachiste, et il distribue ses biens aux pauvres.

Mais une autre histoire l'attend : sa réputation de controversiste le précède dans sa patrie. Un jour où il s'est rendu à Hippone pour un bref séjour, alors qu'il assiste à la messe, il est retenu, séquestré par les habitants qui l'acclament avec fougue. Il est ordonné prêtre presque malgré lui en 391 ; cinq ans plus tard, en 396, il devient évêque coadjuteur d'Hippone (Bône). C'est alors qu'il écrit *Les Confessions*, témoignage exceptionnel sur sa conversion. Ses fervents disciples l'entourent ; il prêche, débat, baptise, confesse, enseigne, siège aux conciles, administre, compose des traités, met au clair sa doctrine de la Grâce, écrit des lettres : trente années d'un gigantesque travail pour attirer les âmes vers leur vraie Cité. Alypius est, lui, nommé évêque de Thagaste. En ce début du ve siècle, le monde occidental est bouleversé par les invasions et l'Empire romain vit ses derniers moments. En 410, a lieu le sac de Rome par le Goth Alaric. Les secousses n'épargnent pas l'Afrique. Augustin a une conscience aiguë de l'avenir tragique. Il meurt en 430, dans sa ville assiégée par les Vandales.

Saintes sentinelles

Sainte Monique et saint Augustin : deux figures inséparables. L'éducation religieuse chrétienne, durant les siècles qui suivent, se référera à ce couple exemplaire mère-fils, miroir du modèle sacré de Marie et Jésus. La mère est une veilleuse dont la lumière ne s'éteint pas, elle comble les premiers besoins de l'enfant, perçoit ses premières émotions, se charge de sa première instruction, suit sa croissance et lui transmet sa foi. À ce pouvoir discret et informel, Augustin a rendu un hommage immortel.

L'héritage ne se perdra pas : Guibert de Nogent, jeune moine du XIIe siècle, écrit son *Autobiographie* et il témoigne à son tour de la tendresse attentive d'une mère chérie et pourtant illettrée : « Que d'avertissements, que de prières elle instilla quotidiennement dans mes oreilles pour m'empêcher d'écouter des paroles corruptrices. Chaque fois que les soins de la maison lui laissaient quelques loisirs, elle m'enseignait comment et à quelles fins je devais Te prier… » Il la représente belle, chaste, grave, pudique, attentive, bonne maîtresse de maison, ouvrant sa porte aux pauvres et consacrant des heures à la prière. Au XVe siècle, Élisabeth la Chardenière adresse plusieurs lettres à ses fils Nicolas et Jean Gerson, qu'évoque plus tard le fils devenu chancelier : « N'oublie pas les lettres qu'elle t'écrivit pour t'instruire et qui la font telle à ton égard que le fut la mère d'Augustin. »

La figure de la mère chrétienne se dessine peu à peu à partir des vertus de Monique et elle triomphe dans l'image d'une reine, Blanche de Castille, mère de saint Louis et gouvernante du royaume après la mort de son époux Louis VIII. Les chroniqueurs utilisent les mêmes mots qu'avait choisis Augustin pour dresser son portrait. Par ses vertus, Blanche a préparé les conditions pour que son fils devienne un roi juste et courageux ; elle s'est montrée à ses côtés *tota virago*, c'est-à-dire une femme-homme, forte et guerrière, une femme qui « apportait naturellement à son esprit et à son sexe de femme un cœur d'homme » (Vincent de Beauvais, *De l'instruction des fils nobles*). Point de douceur inutile, qui tourne à la faiblesse, mais une vigilance aimante et exigeante ; tous les chroniqueurs notent cette image virile de la mère responsable : « elle prit courage d'homme en cœur de femme et administra vigoureusement, sagement, puissamment et droiturièrement et garda les droits du royaume… » (Guillaume de Saint-Pathus, *Vie de saint Louis*, cité par Jacques Le Goff). Blanche exerce le pouvoir, mais seulement un pouvoir provisoire, en occupant une fonction de médiatrice sur le modèle de la Vierge. Forte, courageuse, autoritaire, trop autoritaire parfois, elle a appris à son fils la fermeté. Elle n'est pas exempte de défauts, où se retrouvent les tentations et les erreurs de la mère toute-puissante. Comment ne pas songer à l'impérieuse Monique séparant sans pitié Augustin de sa concubine, lorsque la possessive et insupportable Blanche règle les visites de son fils à sa jeune épouse, Marguerite de Provence, et qu'elle écarte le roi au moment tragique où Marguerite accouche et tombe « en péril de mort » ! Saint Louis a lutté non moins qu'Augustin contre les appels du monde sensible.

Sainte Monique est la patronne des mères, fêtée le 4 mai. Toutes les mères vénèrent en elle, sinon la sainte, du moins cette femme forte, présente et disponible qui aime son fils en faisant don d'elle-même ; elle joue le rôle de passeur qui transmet culture, histoire familiale et foi. Son héritage si souvent revendiqué au Moyen Âge devient plus discret dans les siècles suivants, mais il inspire tacitement bien des vocations pieuses. L'empreinte de Monique surgit encore dans ces lignes écrites par Henri de Lacordaire à sa mère : « Élevé par une mère chrétienne, courageuse et forte, la religion avait passé de son sein dans le mien comme un lait vierge et sans amertume. » Lors de sa première communion, avant de perdre la foi pour plusieurs années, Lacordaire garde le souvenir lumineux de son enfance : « Ce fut ma dernière joie religieuse et le dernier coup de soleil de l'âme de ma mère sur la mienne. »

De tous les hommages aux mères, de toutes les piétés filiales, celle, vibrante, d'Albert Cohen, s'adresse à la plus modeste d'entre elles, une femme humble et timide ; sa royauté est silencieuse ; assise à toute heure au bord de la fenêtre, elle guette le retour du fils prodigue et il la salue ainsi, sur un ton de prière biblique : « Je vous salue mères pleines de grâce, saintes sentinelles, courage et bonté, chaleur et regard d'amour, vous aux yeux qui devinent, vous qui savez tout de suite si les méchants nous ont fait de la peine, vous seuls humains en qui nous puissions avoir confiance et qui jamais, jamais ne nous trahirez, je vous salue mères… qui ne vous lassez jamais de nous servir, de nous couvrir et de nous border au lit même si nous avons quarante ans, qui ne nous aimez pas moins si nous sommes laids, ratés, avilis, faibles ou lâches, mères qui parfois me faites croire en Dieu. »

Louise de Savoie et François Ier : régner à deux

« Mon roi, mon seigneur, mon César et mon fils... »

LOUISE DE SAVOIE, *Journal.*

« Ce n'est qu'un cœur, un vouloir, un penser
De vous et moi en amour sans cesser,
Mon très cher fils... »

Rondeau, attribué à LOUISE.

Quel genre de confiance et de force faut-il à un fils pour donner les clés du royaume à sa mère pendant son absence, sans se sentir par la suite entravé ? Louise de Savoie fait partie de ces femmes fortes qui, à la suite de Blanche de Castille, la mère de saint Louis, ont posé leur marque sur le caractère et le cœur de leur fils. Elle n'est ni fille de roi ni femme de roi. Mais elle a su faire de François, son « César », une sorte de prince idéal, chevalier valeureux, souverain généreux, ami des artistes, poète à ses heures, mécène. La réputation du vainqueur de Marignan s'est transmise de génération en génération ; il faut attendre le règne de Louis XIV pour trouver sous la plume des panégyristes un souverain, ou une idole, capable de surpasser l'image du Valois.

Louise de Savoie n'a pas été seulement une remarquable éducatrice ; régente à deux reprises alors que son fils est majeur, elle a su avec habileté gouverner le royaume ; pour autant, elle n'est pas une sainte ; l'ambition d'une mère peut passer par toutes sortes de stratégies et d'intrigues pour atteindre son but. Elle a eu de nombreux détracteurs : on l'a dite avare, dominatrice, dissimulée, opportuniste et, assurément, elle a exercé sur son fils une influence exceptionnelle. Mais son amour pour lui éclate à chaque page de son *Journal* : éperdue de bonheur devant ses succès, elle s'effondre s'il lui arrive un accident : « Si cas fortuit m'eût si soudain privée de mon amour, j'eusse été trop infortunée. » François lui rend bien sa tendresse : devenu roi, il la couvre de bénéfices en lui donnant le duché d'Anjou, le comté du Maine, la baronnie d'Amboise et bien d'autres cadeaux.

Le passage des comètes

Louise, petite-fille de Philippe de Bresse, duc de Savoie, née en 1476 dans le triste château de Pont-d'Ain, a tôt appris à profiter des leçons de la vie : orpheline de mère, l'enfant est envoyée à sept ans au château d'Amboise, chez « la moins folle des femmes de France », Anne de France, fille du roi Louis XI et épouse de Pierre de Beaujeu. Son avenir est déjà fixé par la politique des alliances : elle a été promise au berceau à Charles d'Angoulême, branche cadette de la maison royale des Valois. Chez sa tante Anne de France, Louise est à bonne école. Car sa protectrice est devenue, à la mort de son père, la tutrice du nouveau roi, son frère Charles VIII, et la régente du royaume. Anne est une femme belle et froide, d'une intelligence supérieure ; la fillette, accueillie sans élan, découvre à ses côtés la vie de cour, le pragmatisme de la politique ou les subtilités de la diplomatie, et beaucoup de choses encore, tout sauf la chaleur d'une mère. Dès 1488, alors qu'elle a juste douze ans, son contrat de mariage est signé au Châtelet de Paris, et l'adolescente doit rejoindre son mari, de trente ans plus vieux qu'elle, au château de Cognac. Elle mène une vie discrète sur les bords de la Charente. Charles est un homme dissipé mais cultivé, dont l'immense bibliothèque lui offre de grandes joies ; lorsqu'il se rend à Paris, pour assister le 8 février 1492 au sacre de la nouvelle reine à Saint-Denis, Anne de Bretagne, dont le mariage prépare le rattachement de la Bretagne à la France, Louise est enceinte : elle accouche en avril d'une petite fille nommée Marguerite ; deux ans plus tard, en septembre 1494, elle met au monde un fils, François, un beau bébé joufflu. Louise a dix-huit ans. *Libris et liberis* : des livres et des enfants, telle est la devise qu'elle se choisit en se promenant dans les jardins fleuris du château. Moins de dix-huit mois plus tard, son mari est pris d'une violente fièvre et il s'éteint à l'âge de trente-sept ans. Charles d'Angoulême a nommé par testament sa femme tutrice de leurs enfants ; et cette jeune veuve sage, modeste et douce, désormais vêtue d'une robe noire qu'elle porte comme une cuirasse, cachant son front à la façon d'une religieuse, se révèle en quelques semaines une mère dotée d'une énergie et d'une fermeté redoutables.

Louise d'Angoulême tient par-dessus tout à son indépendance et ne veut rien relâcher de son autorité. Son premier combat est livré contre Louis d'Orléans, le plus proche parent mâle de ses enfants, et l'héritier de Charles VIII si celui-ci vient à mourir : il revendique la garde de ses neveux sous prétexte que leur mère n'a pas l'âge légal d'une tutelle, alors de vingt-cinq ans. Louise se défend bec et ongles et lui oppose une coutume angoumoise ; le Grand Conseil tranche : Orléans sera le tuteur honoraire, mais c'est la jeune femme qui assurera les décisions de la vie quotidienne, sauf en cas de remariage. La situation familiale a d'ailleurs changé : en 1498, Charles VIII est mort sans enfant et c'est ce lointain cousin, Louis d'Orléans, qui lui succède sous le nom de Louis XII. Louis XII invite le petit trio à la cour de Chinon ; l'accueil est chaleureux, les enfants débordent de vie, et il joue volontiers avec eux. Mais une semaine plus tard, il confie leur garde à Pierre de Gié, maréchal de France. Tant que le roi n'a pas lui-même de fils, le petit François est devenu l'héritier du trône.

À dire vrai, les chances pour François de porter la couronne sont des plus minces. En 1499, Louis XII épouse la veuve de Charles VIII, Anne de Bretagne et celle-ci, qui n'a que vingt-trois ans, n'est nullement stérile. Louise se souvient-elle alors de la prédiction du frère François de Paule ? Elle est férue d'astrologie ; son *Journal*, même s'il n'est pas directement écrit de sa plume, est mois par mois un enchaînement de prophéties, d'événements marquants et de signes célestes comme le passage des comètes. Or un ermite italien arrivé en France en 1492 lui a annoncé en 1494 que son fils nouveau né serait un jour roi de France ! Louise s'installe à Amboise en ruminant cet espoir ; elle parvient à se débarrasser de l'encombrant maréchal de Gié dont la tâche se borne à veiller à la sécurité du petit prince et à contrôler sa maison, et c'est elle qui prend les rênes de l'éducation.

Le dévouement, l'intelligence à trouver de bons précepteurs, l'importance d'une formation littéraire et artistique : tout indique que Louise a pris la mesure de ses responsabilités et élève un futur roi. Elle dort dans la même chambre que ses enfants et trie soigneusement les personnes qui peuvent les approcher. Elle est vive, enjouée, cultivée et elle se souvient de sa triste petite enfance ; elle enseigne elle-même à François l'espagnol et l'italien ; pour lui faire découvrir les vertus nécessaires à un prince elle recrute un prêtre savant et humaniste, François Demoulins, futur grand aumônier de France, qui lui enseigne aussi, sans grand succès d'ailleurs, le latin. À Amboise, François se livre à toutes sortes de jeux de plein air, il chasse le gibier à l'arc, il monte à cheval : la mère tremble de peur et doit s'aliter lorsqu'elle apprend rétrospectivement que son fils a été emporté dans les champs par une haquenée déchaînée. Les jeux des garçons sont dangereux, les camarades violents et passionnés, les pugilats fréquents ; mais il règne dans ce petit monde d'adolescents batailleurs une discipline qui ne tolère pas les caprices. Le trio mère, fils et fille vit des moments heureux.

Attendre, tel est peut-être alors le plus grand supplice de Louise. Son fils, qui représente la branche cadette des Valois-Orléans, montera-t-il un jour sur le trône ? Quelle n'est pas son angoisse lorsqu'elle apprend que la reine Anne, qui a eu deux filles, Claude et Renée, est à nouveau enceinte ! Huit grossesses se sont succédé durant sa vie ; quel soulagement lorsqu'elle apprend qu'un petit dauphin est mort-né à Blois et « ne pouvait retarder l'exaltation de mon César, car il avait faute de vie ! ». Louis XII lui-même se rend à l'évidence et renonce peu à peu à ses espérances de paternité. La vie de François alors change : appelé à la Cour, il quitte sa mère ; on l'appelle désormais « Monsieur le dauphin », il est admis au Conseil du roi et en 1512, on lui confie le commandement de l'armée de Guyenne. Les ambassadeurs recherchent ses faveurs. Comme la santé du roi est de plus en plus mauvaise, une nouvelle naissance est devenue improbable. Anne de Bretagne meurt le 9 janvier 1514, et François assied encore un peu plus sa légitimité en épousant, le 18 mai, sa fille, la princesse Claude. La partie semble gagnée !

Pas encore. Coup de théâtre : Louis XII signe un traité avec Henri VIII, roi d'Angleterre, et en gage de paix il épouse sa fille, la princesse Mary. Âgée de dix-huit ans à peine, elle est charmante et en bonne santé, heureuse de devenir reine de France, malgré l'âge avancé de son mari dont elle prévoit que la vie ne sera plus très longue. Le mariage est célébré à Abbeville, le 9 octobre 1514. Selon les chroniqueurs, Louis XII se montre « un gentil compagnon avec sa femme ». Mais sa santé n'y résiste pas. Il meurt le 1er janvier 1515. François d'Angoulême, habillé de deuil, se rend aussitôt au palais des Tournelles et fait prévenir sa mère, alors installée au château de Romorantin. Louise prend la route de Paris.

Le roi et Madame

Les cérémonies se succèdent en janvier et février 1515 : le sacre de François est suivi d'un pèlerinage à Saint-Denis ; puis c'est l'entrée à Paris, sous les acclamations. Dans la cathédrale de Reims, Louise a les yeux rivés sur le manteau aux fleurs de lys d'or et sur le trône où s'assied son César, sceptre en main, et elle rend grâce : « Pour ce suis-je bien obligée à la divine miséricorde, par laquelle j'ai été amplement récompensée de toutes les adversités et inconvénients qui m'étaient advenus en mes premiers ans et en la fleur de ma jeunesse. » La reine Claude, enceinte, est restée à Paris.

Le peuple attend du renouveau, mais Louise a conseillé à son fils de ne pas brusquer les événements et de maintenir en place les dignitaires et officiers de la couronne : le grand trésorier reste inchangé, le fidèle Florimond Robertet ; quelques amis du jeune souverain sont promus, Gouffier de Boisy est grand maître de France, Bonnivet nommé amiral. L'influence de Louise se révèle plus clairement dans la nomination de l'Auvergnat Antoine Duprat, dont elle fera plus tard son chancelier privé et qui lui doit sa fortune : chef de la magistrature, il scelle les ordonnances et lettres royales avec le grand sceau. Semblançay, serviteur de longue date de Louise, tout comme Robertet, prend en 1518 la responsabilité des finances. Les parents et les amis ne sont pas oubliés. Charles de Bourbon, le plus puissant vassal du royaume, dont la femme est la fille d'Anne de Beaujeu et la cousine de Louise, est nommé connétable. Le Conseil du roi, principal organe du gouvernement, compte beaucoup de membres proches de Louise au point que les correspondances des contemporains unissent volontiers « le roi et Madame ».

François Ier est avide de lauriers ; il reprend les projets de Louis XII et descend en Italie avec son armée pour reconquérir le Milanais perdu.

Il passe audacieusement les Alpes, prend Turin et Novare et affronte l'ennemi dans une bataille sanglante près de Milan, où meurent des milliers de Suisses. La chevalerie française fait merveille : le roi se fait adouber par un Bayard « sans peur ni reproche » et l'image frappe les esprits, mais ce sont l'artillerie et les canons qui font la victoire. À Marignan les 13 et 14 septembre, François Ier, paré de toutes les vertus, gagne le titre de « nouvel Hannibal » ou de « nouvel Hercule ». Antoine Duprat fait de ce glorieux épisode militaire un événement politique grâce auquel le règne commence bien, puisque dix mois plus tard un accord de paix est conclu avec le représentant du roi d'Espagne, Charles de Habsbourg, futur empereur Charles Quint : Charles renonce à la Bourgogne. François Ier et le pape Léon X se rencontrent à Bologne et un concordat est signé à Rome, donnant au roi très chrétien la maîtrise de la hiérarchie catholique. Jusqu'aux Suisses, qui signent avec la France un traité de paix perpétuelle.

« Madame » a assuré la régence, mais Antoine Duprat a emporté le grand sceau avec lui pendant la campagne. Le 13 septembre, elle a fait pèlerinage à Notre-Dame-de-Fontaines pour confier à la Vierge « ce qu'elle aime plus qu'elle-même » ; les courriers venant d'Italie la rassurent sur l'issue de la bataille. Le 13 janvier 1516, accompagnée de Marguerite et de la reine Claude, elle part à la rencontre de son fils qu'elle retrouve à Sisteron et « Dieu sait si moi, pauvre mère, fus bien aise de voir mon fils sain et entier après tant de violences qu'il avait souffertes et soutenues pour la chose publique ». François est plus beau et plus vigoureux que jamais. Les fêtes se succèdent, à l'occasion d'une naissance royale ou d'une visite étrangère ; Claude, qui lui a déjà donné une fille, est sacrée reine en 1517. L'avenir s'annonce heureux. Les ambassadeurs italiens jugent le roi un peu trop épris des plaisirs, des chasses, des joutes, des femmes, et sans doute un peu trop soumis à sa mère ! Doué d'un réel courage physique, le jeune roi de vingt ans est, de fait, un grand séducteur qui « pénètre dans les jardins d'autrui et boit l'eau de diverses fontaines » ! Comme Louise, il aime les arts et les lettres, qu'il encourage. Son caractère est gai et léger ; dépensier, il est peut-être aussi paresseux. Il faut dire que depuis sa naissance, sa mère, sa sœur, ses maîtres l'ont persuadé de sa supériorité sur le commun des mortels. On le compare volontiers à son adversaire, Charles (futur Charles Quint), bourreau de travail, qui lui soufflera en 1519 le trône impérial. Indéniablement,

Louise, régente ou non, domine son fils durant ces premières années de règne, comme l'assure l'ambassadeur anglais Fitzwilliam : « Lorsque le roi de France s'obstine pour une raison quelconque et lève la voix, sa mère temporise ; et s'il est fâché et dit non, elle lui parle et il change d'avis, car il est fort obéissant et ne lui refuse rien. » Louise a souvent raison contre son fils ; elle prêche la paix contre son envie de ferrailler et la mort de Gouffier, grand maître de sa maison, la laisse encore plus puissante au sein du Conseil du roi.

Habileté politique ou intérêt personnel ?

Malgré sa légendaire prudence, Louise doit affronter des situations délicates et même parfois dramatiques. Les finances du royaume sont désastreuses du fait des guerres – le coût des fêtes royales et les dépenses excessives sont nécessaires pour assurer le prestige d'un souverain en quête d'un pouvoir absolu. Les dettes s'accumulent et les grands financiers usent de toutes sortes d'expédients pour renflouer le Trésor, ventes d'offices, réduction des rentes, contributions fiscales. Louise de Savoie, épaulée par Semblançay, s'est-elle enrichie personnellement ? Elle reçoit assurément des cadeaux.

Réaliste, la régente tient le gouvernail et donne des conseils à son fils, mais elle se heurte à plusieurs reprises au parlement de Paris. Elle n'est certainement pas étrangère à la trahison du connétable Charles de Bourbon, qui prend le parti du Habsbourg. Lorsqu'en 1521 meurt Suzanne de Bourbon, épouse du connétable et cousine de Louise, son mari hérite de tous les biens de sa femme : des biens considérables puisque le domaine réunit au cœur du royaume l'Auvergne, le Forez, le Beaujolais, les Dombes, et qu'il dispose de son administration et de sa propre cour de justice. Il s'agit, pour Louise, d'empêcher que ce vaste héritage échappe à la couronne par le remariage éventuel de Charles ; aussi conteste-t-elle le testament comme cousine, et le roi fait de même au nom de la couronne. C'est au parlement de Paris de trancher. Mais, avant même que les deux plaintes soient jugées par le Parlement, François fait cadeau à sa mère de terres litigieuses et en place sous séquestre. La réconciliation est devenue impossible. Le connétable de Bourbon, conformément au droit vassalique, négocie alors avec l'empereur et en

1523 il conclut un remariage avec la sœur de celui-ci, entraînant une brouille irréversible avec le roi de France. En fuite, il rallie les armées de Charles Quint qui se battent contre la France depuis 1521.

Les campagnes italiennes dans lesquelles François Ier est enlisé coûtent de plus en plus cher et les caisses sont vides. La corruption règne. Les financiers qui manipulent des fonds d'origine complexe deviennent naturellement les fautifs désignés. « Mon fils et moi, nous fûmes continuellement dérobés par les gens de finances », note Louise dans son *Journal*. Une commission est alors chargée d'examiner les comptes et vise Semblançay ; Semblançay, qui gère les finances du roi et celles de Louise, est accusé d'avoir spolié la reine ; il doit s'expliquer et pour sa défense, il rappelle que sa protectrice avait retenu pour elle l'argent qu'il destinait au roi et aux armées royales : ce dont elle se défend, les sommes dites n'étant selon elle que le remboursement d'un ancien prêt. Échange d'arguments, contrôles des comptes et des prêts, la régente ne peut qu'avoir raison ; la disgrâce du financier est en cours, d'autant que le chancelier Duprat convoite sa place. Exclu du Conseil, soupçonné de malversations, lâché par Louise, le favori finit sa vie trois ans plus tard au gibet de Montfaucon en 1527 ; coupable ou non, la dette que le Trésor royal avait contractée à son égard est effacée.

Le royaume traverse en 1524-1525 une crise sans précédent. François Ier ne pense en effet qu'à reprendre la guerre contre Charles Quint et il part joyeux à la reconquête du Milanais perdu en 1522, en laissant le royaume aux mains de sa mère et du chancelier. La campagne commence par des défaites, mais l'armée française refranchit les Alpes en octobre et assiège Pavie, où se sont retranchés les impériaux. L'opération traîne plusieurs mois. La bataille décisive a lieu le 24 février 1525 lorsqu'une armée de secours impériale attaque pour débloquer Pavie. Très inférieurs en nombre et pris en tenaille, les Français sont décimés ; beaucoup de grands seigneurs sont massacrés et le roi, qui s'est bien battu, est capturé. Le prisonnier est alors conduit dans une forteresse d'Italie d'où il est autorisé à écrire à sa mère : « De toutes choses ne m'est demeuré que l'honneur, et la vie qui est sauve. » L'empereur lui soumet les conditions drastiques de paix : renoncer à la Bourgogne et à l'Italie. Quatre mois plus tard, en août, François est transféré en Espagne. Sa stratégie consiste à gagner du temps, laissant sa mère négocier et conservant ainsi la possibilité de changer d'avis. Comme tous les prisonniers de marque, il propose une rançon. Sa captivité va durer plus d'un an.

La régente s'est installée dans un monastère, près de Lyon. Malgré son inquiétude et son chagrin, elle garde la tête froide et parvient à maintenir l'ordre, soutenue par le chancelier Duprat. Beaucoup de parlementaires, hostiles à Duprat, s'insurgent contre ce pouvoir exercé par une femme, alors que la régence devrait être confiée à un parent masculin, le premier prince du sang. L'autorité royale risque d'être ébranlée ; l'hérésie gagne de l'ampleur, les frontières sont menacées, Henri VIII d'Angleterre envisage le démembrement du royaume en proposant ses services à Charles Quint – l'empereur, heureusement, est retenu sur d'autres fronts. Face aux périls de la guerre et aux remontrances des parlementaires, qui protestent contre la pression fiscale ou l'ingérence royale dans la justice, Louise tient bon en s'appuyant sur Duprat et en imposant des vues audacieuses : il ne faut rien payer au vainqueur et ne faire aucune concession territoriale ; mais elle ne néglige pas de faire « provision d'artillerie, poudres et boulets ». C'est par la souplesse diplomatique qu'elle espère calmer la fronde parlementaire et négocier une paix moins coûteuse. À la recherche d'alliés, elle propose en juin une entente avec le pape et avec Venise, et elle s'efforce de brouiller Henri VIII avec l'empereur. Elle va jusqu'à faire appel au Turc Soliman ! Enfin, elle élargit le Conseil en choisissant des personnes de confiance. Sur la question du concordat, signé en 1516, matière à dispute parce qu'il contrecarre les privilèges de l'Église gallicane, elle gagne la partie : le Parlement échoue à le faire abroger. Dans un contexte aussi difficile, où il s'agit d'abord de parvenir à la libération du roi et de contenir les exigences du Parlement, la régente révèle de réelles qualités politiques.

Mère et sœur

Durant l'été 1525, Louise reçoit des nouvelles alarmantes de Madrid : à bout de patience et de solitude, François Ier est tombé gravement malade en août, au point que les médecins ont perdu l'espoir de le sauver. Louise ne dort pas durant des nuits et des nuits. Charles Quint, qui s'est dérobé jusque-là, vient rendre visite au prisonnier le 18 septembre. Le lendemain, c'est sa sœur Marguerite qui arrive à Madrid, dépêchée en urgence par sa mère, après un voyage hasardeux. L'entrevue est pleine d'émotions : François ne reconnaît pas sa sœur et il souffre d'un violent mal de tête ; bouleversée, elle s'est installée à son chevet, lui tenant la main toute la nuit, et elle a fait dresser un autel dans la chambre où un prêtre dit la messe. Le soir, la fièvre a diminué, l'abcès a été percé. La guérison est possible. Grâce à son excellente constitution, le prisonnier se remet vite – la présence de Marguerite a sans doute hâté sa convalescence. Louise de son côté commande des processions à la Vierge. Toutefois les pourparlers que Marguerite a entamés avec Charles Quint tournent court ; l'offre d'une rançon est rejetée et la jeune femme rentre en France à la fin novembre, les mains vides.

Il est difficile d'imaginer une amitié fraternelle plus forte que celle qui unit François et Marguerite depuis tant d'années. La jeune femme idéalise son roi qu'elle appelle « son second Christ, son père, son frère, son époux ». Son fils aussi. Elle garde précieusement ses lettres, lui écrit régulièrement et à toute occasion lui apporte son appui : « Il n'y a pas une minute perdue pour vos affaires en sorte que votre royaume et vos enfants [la douce reine Claude est morte] ne devez avoir peine et souci. » En apprenant qu'il fait maigre en prison, elle le supplie de songer à sa santé. Elle lui répète son dévouement : « Quoi que ce puisse être, jusqu'à mettre la cendre de mes os pour vous faire service, rien ne me sera ni étrange, ni difficile, ni pénible… » Elle est d'avis qu'il achète sa liberté à n'importe quelle condition pourvu qu'il revienne en France. Puis elle tente de le distraire par les petites nouvelles : « Fait merveille le dauphin d'étudier, mêlant avec l'école cent mille autres métiers ; et il n'est plus question de colère… La petite Margot me ressemble, qui ne veut être malade… » Par certains aspects, frère et sœur se ressemblent ; ils sont de nature joyeuse, amoureux des arts et goûtant la vie de société : François compose de nombreuses poésies et Marguerite s'adonne avec bonheur à l'écriture de pièces de théâtre et de contes et nouvelles (*L'Heptaméron*), où elle se plaît à mettre en scène son frère ! Si Marguerite protège franchement les hérétiques, François se montre au moins tolérant.

C'est par la ruse que le roi captif s'efforce de retrouver sa liberté. Au mois de novembre, il rédige un acte d'abdication en faveur du petit dauphin son fils pour attendrir ou effrayer Charles Quint. La manœuvre s'avère inutile, car l'empereur tient fermement à ses conditions : obtenir la Bourgogne. Madame, qui a cinquante ans, commence à peiner sous le poids des responsabilités ; elle souffre de la goutte et la présence de François à ses côtés lui paraît de plus en plus nécessaire pour contenir les revendications du Parlement. Il faut bien céder devant les exigences impériales. Le 14 janvier 1526, le roi signe l'impitoyable traité de Madrid ; mais quelques heures avant, il rédige une clause secrète annulant par avance la cession de la Bourgogne qui lui est extorquée par la force ! En gage de paix, il promet d'épouser Éléonore, la sœur de l'empereur, et il offre à sa place ses deux fils en otages, à la garde de Charles Quint jusqu'à l'exécution du traité. L'échange a lieu le 17 mars : deux barques sont amarrées de part et d'autre de la Bidassoa, le roi sur l'une et les deux petits princes, François et Henri, sur l'autre. La séparation devrait être courte, mais les adieux sont mouillés de larmes. Louise et Marguerite très émues attendent leur roi sur le sol français.

Derniers hommages

De retour en France, François Ier s'empresse de ne pas tenir sa parole. Il rend hommage à la politique de sa mère, qui demeure régente, et habilement, il confie à son Conseil le soin de repousser le traité de Madrid, aussitôt déclaré non valide. Henri VIII d'Angleterre et plusieurs princes italiens commencent à s'inquiéter de la puissance croissante du Habsbourg, tandis que les États provinciaux de la Bourgogne refusent la cession du duché : François poursuit la ligne politique engagée par Louise et, fort de ses alliances, il ne cède pas. Pour la première fois, en septembre 1527, l'empereur accepte d'entendre parler d'une rançon en espèces, à condition que le roi renonce à ses prétentions en Italie. En attendant, la guerre a repris et les petits otages vivent une captivité encore plus sévère.

Ce sont de nouveau les échecs des armées françaises en Italie qui obligent le roi à reprendre les négociations. Ce n'est pas tout à fait une nouveauté, mais ce seront les femmes qui dialogueront : Madame dirigera les tractations pour la France et Marguerite d'Autriche, gouvernante des Pays-Bas, pour l'empereur ; les séances commencent à Cambrai en juillet 1529, ponctuées de va-et-vient entre les protagonistes absents et elles durent un mois ; François trompe son impatience en chassant tandis que Charles Quint ne cache pas son scepticisme. Mais le 3 août 1529, un accord est enfin trouvé et la trêve, nommée la « paix des Dames », est signée : la gouvernante et la régente en velours noir, qui s'appuie sur sa fille, entrent solennellement dans la cathédrale. Le *Te Deum* éclate accompagné de trompettes ; les trois dames, tenaces, ont eu raison des obstacles. Charles Quint renonce à la Bourgogne en échange d'une rançon de deux millions d'écus, livrée en plusieurs traites, et il libère les petits otages, François Ier perd tous ses droits sur l'Italie et reconnaît la souveraineté de l'empereur sur la Flandre et l'Artois. Le soir venu, le roi « s'en va souper avec sa mère ».

La paix, enfin ? Le roi chasse, insouciant, séduisant, amoureux. Une année passe encore, car il faut rassembler la gigantesque rançon. La régente, épuisée, se plaint que ses petits-fils sont toujours prisonniers, sans serviteurs, à la garde de soudards, ne recevant pas d'éducation digne de ce nom, et elle informe Marguerite d'Autriche de leur triste sort. Tout le pays, clergé, noblesse, villes, est mis à contribution, saigné, pour fournir les millions d'écus, et le 1er juillet 1530, l'or, chargé sur trente-deux mulets, est porté à Bayonne. La dette payée, François retrouve enfin ses fils sur la Bidassoa. Le 7 juillet il épouse Éléonore et la jeune femme vient voir sa belle-mère installée près de Bordeaux. Neuf mois plus tard, le 5 mars 1531, la nouvelle reine reçoit la couronne à Saint-Denis, et Louise est près d'elle, avec Marguerite, devenue reine de Navarre en 1527. Ainsi est scellée l'alliance du roi de France avec son plus grand adversaire, son beau-frère !

Cette fois, Louise peut se réjouir. Mais elle paraît de plus en plus épuisée et sa fille se ronge d'inquiétude. La peste s'est déclarée aux abords de Fontainebleau où elle réside en cet automne 1531. Il faut fuir au plus vite l'épidémie ; malgré sa fatigue Louise monte en litière, en route pour Romorantin. À quelques lieues, à Grez-en-Gâtinais, il faut faire halte car les douleurs sont trop fortes. La fièvre monte, un autel est dressé dans la chambre de la régente ; elle réclame son fils ; il n'arrivera pas à temps. C'est à Chantilly qu'il reçoit la nouvelle : Madame vient de mourir, le 23 septembre. Le roi, accablé, est incapable de bouger.

De Chantilly François Ier envoie ses ordres pour organiser les funérailles, des funérailles exceptionnelles, calquées sur le cérémonial funéraire d'une reine. Le 6 octobre, il va rendre un dernier hommage à sa mère dans l'abbaye de Saint-Maur où le corps embaumé a été transporté. Lorsqu'on soulève le voile qui couvre le visage – ou l'effigie de cire – François est pris d'un malaise et ne peut saisir le goupillon que lui tend le légat ; cet homme si robuste, si endurci, est près de s'évanouir et il doit quitter la salle, aidé par les princes. Il revient un peu plus tard, mais ses larmes sont si abondantes que la cérémonie doit se dérouler sans lui. Le cercueil est porté à Notre-Dame à travers des rues tendues de noir, suivi d'un long cortège. Marguerite de Navarre conduit le deuil. L'inhumation a lieu à Saint-Denis.

François Ier écoute toujours les avis de ses conseillers, mais il doit désormais gouverner seul : « Sa Majesté veut que les autres obéissent à sa volonté », écrit l'ambassadeur Justinio Cavalli. Il règne et aspire à un pouvoir absolu. Le jeune homme, qui, dès le septième jour de son règne, prononçait ces formules célèbres : « Tel est notre bon plaisir », « Ainsi nous plaît-il être fait », a pleinement et publiquement assumé sa dette. Composant l'épitaphe de sa mère à Chantilly, il compare la régente à un homme d'État : « Ô Cœur qui ne sentiez de femme que le nom… »

Louis XIII : ou comment se débarrasser d'une mère sans la tuer

« Mes mots seuls la poignarderont. »

SHAKESPEARE, *Hamlet*, acte III, scène 2.

Il est commode assurément de faire porter aux premières années de l'enfance et aux soins vigilants d'une mère la capacité d'un être à affronter les aléas de la vie. La « bonne mère » soutient et conduit l'enfant par un apprentissage progressif jusqu'à l'autonomie et à la maturité, tandis que la « mauvaise mère » entrave son développement. Dans les deux cas, le rôle de la mère serait décisif. On n'a pas manqué de passer au crible de l'analyse psychologique les relations de Louis XIII à sa mère : Marie de Médicis, la *mamma* florentine, ambitieuse et volontaire, se met au service de ses enfants, mais sous condition de tout diriger et de se mêler de tout ; peut-être se venge-t-elle ainsi d'une jeunesse ingrate et d'un mari dont les écarts l'ont humiliée : la passion du pouvoir, l'orgueil et l'esprit de revanche ont été chez elle plus impérieux que l'amour maternel. À l'inverse, Anne d'Autriche saura offrir au jeune Louis XIV, l'enfant du miracle né après vingt-trois ans de mariage, un climat de tendresse épanouissant ; elle fut assurément une bonne mère pour un fils promis à un destin exceptionnel.

Reines mères ou régentes

Tout fils tient de sa mère, notait Michelet en se penchant sur le rôle difficile de ces reines de France issues d'un pays étranger. Les reines ne sont pas des mères comme les autres. Leur première fonction est de donner un héritier au trône et elles sont littéralement réduites à leurs ventres. Si elles tardent à procréer, leur rayonnement et leur pouvoir disparaissent. Catherine de Médicis a attendu neuf ans pour mettre au monde son premier enfant. Marie de Médicis, sa lointaine parente, en revanche a été enceinte dès la première année de son mariage. Quant à Anne d'Autriche, cette longue stérilité entrecoupée de fausses couches lui a valu l'inimitié de son mari et la peur d'être répudiée – tout comme Marguerite de Valois, dont le mariage avec Henri IV avait été annulé à Rome, faute de progéniture. Par ailleurs, les épouses de rois s'adaptent plus ou moins aisément au pays qui les accueille : l'Italienne Marie de Médicis n'a jamais fait l'effort de bien parler le français et a toujours gardé son accent italien, alors que l'Espagnole Anne d'Autriche a tôt maîtrisé la langue de son nouveau pays. Leur patrie n'est pas leur pays maternel et les enfants le ressentent. La mère reste toujours d'une certaine façon l'étrangère, « l'autre ».

C'est avec l'ordonnance de 1407 que Charles VI, pour éviter les crises successorales, a réglé le fonctionnement des régences et confié aux reines une place prépondérante. Si la loi salique interdit en France aux femmes de monter sur le trône, la mort souvent brutale de leur mari les propulse en première ligne, avec le devoir d'assurer l'intérim lorsque l'héritier est mineur et de le protéger contre les ambitions des princes de sang et des grands seigneurs, potentiellement frondeurs. Sacrées et couronnées avant ou après leur mariage, les reines ne sont pas ointes avec la sainte ampoule et elles ne prononcent aucune formule d'engagement envers la nation : intronisées, elles n'ont pas la sacralité de leur époux et elles ne portent pas le sceptre qui matérialise le pouvoir de commandement ; mais elles se distinguent des autres personnes royales par le rite qui les place symboliquement au-dessus de la société. Leur pouvoir est éphémère : exclues de la couronne, elles ne peuvent prétendre à l'héritage et ne constituent donc pas une menace pour le jeune roi. Leur rôle, souvent contesté, est d'autant plus difficile à jouer qu'aucune loi ne définit leur place lorsque le roi n'a pas fait connaître sa volonté avant de mourir. À la fois sujettes et souveraines, elles ne bénéficient pas de l'impunité réservée au roi. En laissant libre cours à ses ambitions, Marie de Médicis a déstabilisé l'équilibre institutionnel.

Les déboires d'une épouse

Il n'y eut guère de mari plus égoïste que le Vert Galant ; Marie de Médicis le découvrit vite à ses dépens. La jeune Florentine, qu'Henri IV épouse l'hiver 1600, un an après la répudiation de sa première épouse, la reine Margot, est une belle femme bien en chair, au teint splendide et aux cheveux châtains qui tournent vers le roux, les yeux un peu trop saillants et sans expression, le nez délicat. Ainsi la peint Scipion Gaetano, princesse douée de grâce, dans une toilette de brocart rouge décolletée en carré où brille un quadruple collier de perles fines rattachées par une barrette de diamants. Elle a vingt-sept ans, son futur mari vingt ans de plus. La famille des Médicis n'appartient pas au cercle étroit des princesses d'Europe mais elle apporte une grosse dot ; ses ennemis l'appelleront « la banquière ». Elle ne manque pas de culture et la cité florentine a formé son goût de l'art.

Après un mariage célébré par procuration à Florence, en octobre, Marie se rend à Lyon où Henri IV la rejoint en décembre. Le 9 décembre au soir, Marie est en train de souper au palais de l'archevêché, seule selon le protocole. Le roi, qui mène des opérations militaires en Savoie, entre dans la ville et se rend au palais ; encore botté, sans faire la moindre toilette, bouillant de curiosité, il se glisse en cachette dans la salle derrière le public amassé, pour jauger à loisir celle qui lui est destinée et qu'il ne connaît pas encore. Marie n'est pas lente à comprendre l'origine du mouvement des gardes ; elle se lève aussitôt, rougissante, et interrompt son repas pour gagner sa chambre. Quelques instants plus tard, le roi de France, sans attendre la bénédiction solennelle du légat, qui aura lieu le 17 décembre, est couché dans le lit nuptial. Marie découvre un homme râblé, à la barbe blanche et au grand nez busqué, l'œil pétillant, le rire aux lèvres, en tenue négligée. Nuit de noces très satisfaisante, déclare l'émissaire italien. Le roi n'est pas moins content, il le dit bruyamment à son entourage. Il faut à tout prix que la nouvelle reine donne vite à la France un dauphin. Dès le mois de janvier 1601, Marie lui confie qu'elle présente les premiers signes de la grossesse. La confidence fait aussitôt le tour de la Cour.

La jeune femme qui se plie sans préambule à la nuit de noces avec un mari qu'elle n'a jamais vu et dont elle ne parle pas la langue connaissait du moins, par de nombreuses lettres, son aptitude à la galanterie. Que sait-elle de plus ? Elle n'ignore pas les aventures amoureuses du Béarnais et les enfants bâtards qui sont nés de ses liaisons. En revanche, lorsque le roi la quitte dès le 21 janvier pour rentrer à Paris et, dit-il, lui préparer l'accueil qu'elle mérite, elle ne pense pas que le but immédiat du voyage est le lit de la marquise de Verneuil, Henriette, la favorite du moment. Marie reçoit d'ailleurs des mots bien tournés de son époux comblé par la grossesse de sa femme : « Mon cœur, si je n'eusse su votre guérison que votre mal, j'eusse été bien en peine. [...] Ordonnez vos journées pour n'arriver que lundi, car j'irai dimanche au soir vous retrouver à Nemours... » Après quelques jours de bon temps, Henri IV est de retour au Louvre, laissant Henriette dans le même état intéressant que la reine. Les enfants naîtront à quelques semaines d'intervalle. La reine accouche le 5 septembre 1601 du petit dauphin, nommé Louis. Le roi est fou de bonheur, et la vie de famille s'organise à Saint-Germain où l'air est meilleur qu'à Paris.

Une vie de famille pas tout à fait comme les autres. Henri IV aime les enfants et il goûte sans se lasser leur compagnie : il prend plaisir à jouer avec son fils, à partager un repas, à écouter les comptes rendus du gouverneur, à former le futur roi. Marie est une bonne génitrice ; elle lui donnera encore trois filles et deux garçons, entre 1602 et 1610. Elle règne assez placidement sur la maison et les serviteurs. Mais si placide qu'elle soit, il lui vient des coups de colère lorsque le roi étale sans pudeur ses liaisons avec ses maîtresses. Il a logé la venimeuse Henriette dans le palais du Louvre et il l'a imposée à Marie, en lui demandant même de lui faire bonne figure. Il se vante que quatre femmes ont été enceintes de lui en même temps et il adresse à son « cher cœur », à « sa mie », les mêmes millions de baisers, mignardises et protestations d'amour qu'à ses maîtresses. Consentir à tout ce qu'il veut, explique-t-il à sa femme, « c'est le vrai moyen de me gouverner ». Désarmant d'égoïsme et d'inconscience, il fait monter la favorite dans le même carrosse que la reine et il s'apprête à sauver son demi-frère impliqué dans la trahison du maréchal de Biron, sous prétexte qu'Henriette est prête à exhiber une promesse de mariage que l'imprudent Béarnais lui avait faite : « La cour du roi de France est un vrai bordel », dit crûment le nonce !

Alors, Marie parfois explose devant le ballet de ces dames. En 1602, elle avertit le roi qu'elle ne veut plus voir la favorite qui se répand en insolences à son égard et elle écarte de son entourage une fille d'honneur vers laquelle lorgne le roi. Elle est amère, humiliée et jalouse, comme reine, comme femme et comme mère : devant une noble compagnie, Henri a montré le fils de la marquise de Verneuil en disant : « Voyez comme ce fils est aimable et comme il me ressemble. Ce n'est pas un opiniâtre comme le dauphin ! » Et il ajoute que Louis « ressemble aux Médicis, étant noir et gros comme eux ». Les querelles sont violentes entre les époux ; Sully, en serviteur dévoué à son maître, évoque longuement « les petites brouilleries domestiques » ; elle a l'esprit de contradiction, au point d'oublier le respect et la reconnaissance qu'elle doit à son illustre époux. Henri IV est un grand roi qui a réunifié le royaume par son courage et son intelligence, et nul ne doit entraver sa volonté. « Il ne pouvait non plus souffrir, ajoute Sully, qu'elle lui grognât et rechignât quasi toujours lorsque, revenant de la ville, il la voulait baiser, caresser, rire et s'éjouir avec elle. » Les scènes de ménage deviennent si fréquentes qu'on ne les voit jamais « huit jours sans querelle » ; une fois même la reine ayant levé le bras, le roi craignant qu'« elle ne passa outre » le rabattit si rudement « qu'elle disait par après qu'il l'avait frappée » (*Mémoires* de Richelieu).

Un père et quatre mères

Le roi est le maître et il veut être obéi. En 1604, il décide de réunir sa nichée d'enfants, légitimes et illégitimes, au château vieux de Saint-Germain et de les faire élever ensemble : les liens de fraternité seront ainsi resserrés autour de l'héritier du trône ; le dauphin fera l'apprentissage du commandement avec ses compagnons de jeu, tout en apprenant lui-même à obéir ; il échappera aux courtisaneries et flatteries de la Cour. La reine Marie n'a pas voix au chapitre et elle doit accepter que ses enfants grandissent avec les bâtards, les trois Vendôme, enfants de Gabrielle d'Estrées qui sont plus âgés, et les deux Verneuil plus jeunes.

L'harmonie ne va pas de soi et la situation a de quoi troubler le petit dauphin, car tout en comprenant vite sa supériorité sur ses demi-frères, il sait qu'il n'est pas le premier dans l'affection paternelle. Le médecin Héroard, qui lui est attaché, note au jour le jour les menus événements de sa vie et de sa santé, ainsi que ses réparties. À « Féfé Vendôme », qui lui présente sa chemise, il lâche : « Vous n'avez pas été dans le ventre à Maman comme moi. Qui est votre maman ? » Quant au petit Verneuil, il le rabroue : « Oh, il n'est pas le fils de Maman. » Henri IV s'amuse avec tous ces marmots, sans chercher à ménager la sensibilité de l'enfant, à l'évidence impressionnable ; lorsque la « nursery » accueille pour quelque temps le fils de la comtesse de Moret, il lui présente ainsi son demi-frère : « Mon fils, j'ai fait un enfant à cette belle dame ; il sera votre frère. » Et Louis de rétorquer, rougissant : « C'est pas mon frère. » Les répliques de l'enfant sont souvent méprisantes et brutales. La crudité de ton, la grossièreté font partie des mœurs du temps. Comme il dort dans la chambre de sa nourrice, Doundoun, il lui arrive d'entendre les ébats de la bonne dame et de son mari ; il est témoin de plaisanteries égrillardes et de jeux de grandes personnes qui ne sont pas tout à fait innocents : mais ces jeux font partie d'une éducation sexuelle, dont le but est de mettre l'accent sur les capacités procréatrices du futur roi.

Henri IV, lorsqu'il est délivré des accablantes charges royales, assiste aux récréations et aux disputes de sa progéniture sans soupçonner les peurs et les dégoûts que donne cette « foire d'amours » au petit garçon. Louis d'ailleurs voue une passion à son père ; il tire sur sa barbe, lui saute au cou, grimpe dans son lit le matin, entre dans son bureau en tapant sur son tambour – les chambellans ont la consigne de le laisser passer –, court tout joyeux à sa rencontre lorsqu'il arrive au château vieux. Le roi, de plain-pied avec la marmaille, ne cache pas son plaisir à retrouver son fils. Il le taquine volontiers, le chatouille, l'exerce au dialogue et à la répartie, il le regarde étudier, danser, sauter, donner du pain aux cygnes ou tenir la barre d'une petite galère construite pour lui, il l'entraîne pour se baigner dans le plus simple appareil dans la Seine. Déjà, il l'initie à son futur métier en l'emmenant au Conseil et il lui fait prononcer quelques mots devant les ambassadeurs ; un père gai et aimant, qui a toujours quelque cadeau dans ses poches : peu de pères sont aussi près de leur progéniture.

Ce qui n'empêche pas les accès de mauvaise humeur et les scènes, parfois violentes. Henri IV est confronté aux colères de son fils, qu'il ne supporte pas. Comme Louis a refusé d'ôter son chapeau, il l'humilie publiquement : « Ce fut une petite tragédie. Il est emporté par Mme de Montglat, il crève de colère, porté à la chambre de Mme la nourrice où il crie encore longtemps sans se pouvoir apaiser. » Héroard compte ses crises – d'où la nécessité d'apprendre au dauphin à se maîtriser. Il arrive aussi au père d'exploser soudainement si l'enfant lui résiste ; ses railleries deviennent alors de pénibles sarcasmes, ses commandements sont sans appel. Mais l'enfant opiniâtre ne cède pas ; congédié brutalement, il s'en va sangloter seul dans sa chambre. Le fouet fait partie des procédés traditionnels d'éducation ; Henri le recommande à la gouvernante Mme de Montglat, « toutes les fois qu'il fera l'opiniâtre ». Lui-même n'hésite pas à donner de violentes fessées ; la reine veut intercéder et faire adoucir la correction, mais elle est à son tour rabrouée. Les scènes se terminent généralement dans les baisers, parfois dans le lit du roi ; reste que Louis, rancunier, a parfois peur des sautes d'humeur de son père.

Louis, si proche de son père, a-t-il manqué d'amour de la part de sa mère ? La mère biologique est peu présente dans le journal d'Héroard – le médecin n'a pas accès à la chambre royale. Sous ce mot de mère, l'enfant dénomme quatre femmes de son entourage qu'il appelle « maman » : la première est assurément Marie de Médicis, la reine ; puis vient la reine Margot, première épouse d'Henri IV, venue habiter le Louvre, qu'il appelle « maman ma fille » et qu'il aime beaucoup, car elle lui fait de nombreux cadeaux ; puis la gouvernante Mamanga (Mme de Montglat), avec qui les relations sont contrastées, en fonction des punitions qu'il reçoit ; enfin et surtout « maman Doundoun », la nourrice chaleureuse, la vraie mère sans doute, avec laquelle les rapports sont très libres et très crus : l'enfant est jaloux du mari Bocquet au point de s'exclamer – il a quatre ans : « Je veux coucher avec Doundoun » ; et il prétend avec sérieux qu'il lui a fait un enfant : « Doundoun, vous avez deux enfants dans votre ventre, j'en ai fait un et Bocquet l'autre. » Il lui arrive parfois aussi d'imaginer qu'il est le fils de sa nourrice : « Ce n'est pas dans le ventre à Maman que j'ai été, cé dans le ventre de maman Doundoun, cé ma mère » (27 juin 1605) ; le processus de la procréation ne lui pose pas trop de problème : « J'entrerai par votre bouche Doundoun, puis j'irai dans votre ventre vous dire que vous êtes grosse, et puis vous me fairez. » Face à un père écrasant et à une mère lointaine, c'est auprès de Doundoun qu'il vient apaiser ses angoisses.

L'histoire récente tend à rendre justice à Marie de Médicis, reine et mère. En fait, jusqu'à la mort d'Henri IV, elle n'a d'autre pouvoir que de mettre des enfants au monde. Dans la vie quotidienne, elle est assez maladroite, plutôt cassante, incompétente sur les soins qu'exigent les enfants, comme la plupart des grands de ce monde, mais elle n'est certainement ni une mère indifférente ni une mère sotte. Dans le mois qui suit la naissance de Louis, elle voit son fils tous les quatre jours. Elle est très attentive à sa santé, surveille les nourrices, fait des cadeaux ; elle prend parfois l'enfant à sa table, rarement dans sa chambre : les visites sont réglées par le protocole. Henri IV aurait confié à Sully – mais Sully n'est pas un témoin impartial – qu'il trouvait la distance de la reine « étrange » et il l'accusait de « peu de sentiments envers ses enfants ». Le lien entre mère et fils existe sans conteste, mais il y manque cette spontanéité chaleureuse qui sait conjuguer rudesse et affection, et qui est si naturelle au père : on trouve l'enfant plus souvent dans le lit de Doundoun que dans le lit maternel – il est vrai qu'entre 1602 et 1609, Marie est enceinte à cinq reprises. Louis se moque volontiers de l'accent italien de sa mère et il a d'évidence compris que le roi, son père, avait fait d'autres enfants à d'autres mamans.

Selon le journal d'Héroard, le nombre de jours passés par Henri IV et Marie de Médicis à Saint-Germain auprès du dauphin, entre 1601 et 1608, donne un léger avantage au roi. Mais le temps de l'un et l'autre ne se mesurent pas à la même aune. Henri IV doit d'abord gouverner son royaume, maintenir l'équilibre pacifique en Europe, contenir les risques de guerre avec l'Espagne, consolider la fidélité des nobles. Dans ce calendrier chargé il n'oublie jamais son fils, qui l'attend en trépignant d'impatience. Quant à ses sentiments conjugaux, ils n'ont pas changé : Henri IV se montre affectueux tant que Marie obéit, mais il se méfie de l'influence de la camarilla italienne de son entourage. C'est après bien des hésitations et des lenteurs qu'il accède aux désirs de la reine, en décidant qu'elle sera solennellement sacrée et couronnée à Saint-Denis le 13 mai 1610 : mesure de prudence à l'encontre des Grands. Bien qu'il n'ait pas une haute idée de ses capacités politiques, il veut qu'elle participe aux séances du Conseil, pleinement, légitimement. Elle assurera ainsi la continuité de l'autorité monarchique pendant la campagne militaire qu'il projette, assistée d'un conseil de quinze personnes pour prévenir les troubles possibles des remuants princes du sang.

Une adolescence douloureuse

Coup de tonnerre dans un ciel chargé : Henri IV est assassiné par Ravaillac, le vendredi 14 mai 1610. Héroard note avec pudeur l'immense chagrin du jeune Louis, âgé de presque neuf ans : bouleversé, il pleure et ne veut pas coucher seul ; la première nuit, sa mère le prend dans sa chambre avec le petit Verneuil, mais il dort mal et pas longtemps, et il n'a aucun appétit. Une âme d'enfant se referme vite. Sans transition, il lui faut être roi. Le lendemain de l'assassinat de son père, il doit apprendre par cœur le texte que son gouverneur M. de Souvré lui a remis, et qu'il prononcera devant le Parlement. Des bouffées de chagrin surgissent brutalement au milieu des longues cérémonies qui accompagnent les obsèques, puis lors des premières manifestations publiques, pendant son sacre à Reims, le 17 octobre ; son emploi du temps s'est alourdi en instructions, leçons et représentations publiques. Bien qu'il n'échappe pas aux punitions, l'enfant roi découvre cet appareil solennel autour de sa personne sacrée, qui fait de lui un être à part, au centre de tous les regards.

Marie fut assurément une mère « suffisamment bonne » du vivant du roi, mais il lui manque cette tendresse qui enveloppe et rassure. Richelieu rapporte dans ses *Mémoires* une repartie d'Henri IV à sa femme, lui prédisant les difficultés qu'elle aura avec son fils : « Étant l'humeur où je vous connais, Madame, et prévoyant celle dont il sera – vous entière, pour ne pas dire têtue, et lui opiniâtre –, vous aurez assurément maille à partir ensemble. » Clairvoyance paternelle !

Marie de Médicis est vite tout absorbée par sa nouvelle vie : proclamée régente devant le parlement de Paris, dès le 14 mai, elle est confirmée le lendemain par un lit de justice tenu par le petit Louis XIII. Séance de pure forme : vêtue en grand deuil d'un crêpe noir qui la couvre jusqu'aux pieds, « naturellement magnifique et somptueuse » et « désireuse d'honneur », la voici, à trente-sept ans, détentrice d'un pouvoir dont elle n'a aucune expérience et dont elle ne voudra plus se dessaisir. Grâce à la prudente gestion d'Henri IV et de Sully, qui ont laissé les caisses du Trésor pleines, elle s'assure des fidélités et achète provisoirement la tranquillité du royaume. Sully répugne à ce qu'il juge dilapidation, et il est écarté du pouvoir. Plus grave, la reine s'est livrée à un couple d'aventuriers italiens, Léonora Galigaï, entrée à son service lorsqu'elle avait onze ans, et son mari Concini, qui l'ont suivie depuis Florence et la manipulent. Les intrigues pullulent, l'argent coule, les places et les offices font l'objet d'un trafic et les grands seigneurs sont les plus âpres à la curée.

La régence de minorité doit durer en principe jusqu'au 2 octobre 1614, lorsque l'enfant aura atteint les treize ans réglementaires. En 1614, la réunion des états généraux pourrait fournir l'occasion de mettre un frein aux dépenses et de dénoncer un gouvernement qui a vidé les caisses. Mais la séance a été soigneusement préparée, verrouillée par les proches : Marie, agenouillée devant son fils, lui remet solennellement les rênes du pouvoir ; le jeune roi répète la leçon apprise : d'une voix ferme, sans bafouiller, il la remercie de son bon gouvernement et la nomme chef de son Conseil. Voici la reine confirmée dans sa tâche.

L'adolescence est un temps difficile. Louis a connu l'épreuve tragique de la mort et de la séparation ; son caractère s'en ressent : on le trouve parfois en train de pleurer sans raison, écrit Héroard, il dort mal et « craint les esprits depuis la mort du roi ». Un an après la disparition de son père, son frère puîné, Nicolas, qu'il aime tout particulièrement, meurt à l'âge de quatre ans ; la même année son demi-frère, Vendôme, part pour Malte. Héroard témoigne de son chagrin : « C'était grande pitié d'ouïr ses plaintes et ses larmes [...]. "On me veut ôter tout ce que j'aime." On ne le pouvait apaiser. La reine arrive. Il redouble ses pleurs... » Pontchartrain dans ses *Mémoires* note qu'il souffre du climat d'intrigues et de soupçons qui règne à la Cour, qu'il est négligé par sa mère, abandonné des princes et de la noblesse, écarté des affaires, livré à lui-même : il s'amuse avec « trois ou quatre domestiques... à des exercices vils et de néant ». Le jeune garçon est timide et émotif, discret jusqu'à la dissimulation ; il bégaie, ce qui l'humilie ; faute de confiance en lui, il se familiarise de préférence avec des gens de basse condition et, pour compenser, il prend un ton hautain et péremptoire qui s'accuse avec l'âge – sa dureté est l'envers de sa faiblesse. Aux lectures, il préfère les exercices manuels, travailler le bois, fondre le fer et le limer ; il fabrique de petits canons. Si sa culture intellectuelle est limitée, en revanche, il est doué pour la peinture et la musique, et il aime danser.

De nombreux témoins constatent que le jeune roi devient sombre (La Mothe Le Vayer), mélancolique, irritable (Richelieu), et même sournois (Pontchartrain), traits de caractère qu'il conservera toute sa vie. Selon la Grande Mademoiselle, il perdait toute contenance lorsqu'« il voyait quelqu'un à qui il n'était pas accoutumé » et Mme de Motteville souligne avec justesse dans ses *Mémoires* l'insécurité affective : il « ne s'aimait pas lui-même ». Ne s'aimant pas, il n'est guère plus aimable pour les autres, dont il se moque volontiers, car il a le trait incisif rapide. Comme beaucoup de mélancoliques, il a le goût des activités solitaires, l'équitation, la chasse, à laquelle il se livre avec passion et sans doute avec excès. En contrepartie, « il a toute son inclination à la guerre, ne prenant plaisir qu'aux armes et aux chevaux ».

Durant ces années, Louis XIII n'a guère de secours à attendre de sa mère ; elle a pris goût au pouvoir, en s'appuyant de plus en plus sur Concini et Léonora. Sa sensibilité maternelle se tourne de préférence vers sa fille la petite Henriette, puis, davantage encore, vers son dernier garçon, Gaston, né en 1608. La tendresse qu'elle accorde au vu de tous à Gaston a-t-elle suscité chez Louis de la jalousie ? Il ne s'en plaint pas ; le jeune roi sait parfaitement l'obéissance et le respect qui lui sont dus par son frère et par les princes : alors qu'il n'a que dix ans, il se fâche parce que Condé est resté assis en sa présence. Son précepteur d'Yveteaux dit de lui qu'il « avait une cuisante jalousie de son autorité ». Mais la Cour a tôt fait de remarquer que le cadet est plus vif, plus curieux, plus déluré que son aîné : le gouverneur de Gaston, Savary de Brèves, veille à lui donner de bons professeurs et à le former aux bonnes manières ; avec tant de dons, Arnauld d'Andilly dit qu'il « gagnait le cœur de tout le monde ». Bref, Gaston est un enfant charmant, docile et tendrement déférent avec sa mère ; il a les qualités que Louis n'a pas, essentiellement « les agréments mondains ». Marie de Médicis s'entend beaucoup mieux avec ce fils cajoleur et docile qu'avec le roi, ombrageux et « inégal ». L'avenir montrera que le séduisant Gaston n'en fera jamais qu'à sa tête : ingrat, comme les enfants trop aimés, il a un besoin d'action qui le poussera aux complots, et même aux trahisons.

La régente, déçue et blessée dans sa vie privée d'épouse, prend sa revanche durant ces années de pouvoir. Elle incarne dans son imposante robe de deuil la majesté monarchique, dont Rubens célébrera bientôt la gloire sur les murs du palais du Luxembourg. Elle ne manque pas de bonne volonté, mais elle est rigide et « sottement glorieuse » (Tallemant) ; à la fois opiniâtre et influençable, elle se laisse mener par son favori, le vaniteux Concini qu'elle a fait maréchal d'Ancre au grand dam de l'aristocratie. Marie manque surtout de jugement ; elle gouverne le royaume comme elle se gouverne elle-même, selon ses impulsions. Elle ne fait guère de cas du jeune roi au caractère sombre et difficile, qu'elle tient éloigné des affaires parce qu'elle le juge benêt. Entre eux l'incompréhension grandit, mutisme du côté du fils, mépris à peine dissimulé de la part de la mère qui fait siens les méchants ragots sur ses déficiences. L'ambassadeur de Venise, Contarini, ajoute crûment que la régente s'accommode de l'ignorance de son fils : « Tous ceux qui l'assistent dépendent absolument de sa mère, qui les choisit de capacité médiocre, d'esprit modéré, pour qu'ils ne suscitent point chez le roi des pensées trop vives. » Mère et fils se voient plusieurs fois par jour, plus souvent que ne le réclame le protocole, sans que les contacts s'améliorent. Contarini note d'ailleurs que la régente s'inquiète de la détérioration de leurs liens, qui pourrait mettre en péril son autorité dans les affaires de l'État. Solitaire, Louis XIII rumine ses griefs ; il ne manque pas d'intelligence et a une haute idée de la responsabilité royale.

Noces

Pauvre petit roi constamment rabaissé, tenu pour quantité négligeable ! Père disparu, mère lointaine, frère adulé, cousins ambitieux et intrigants, comment s'étonner qu'il cherche où il peut des amitiés fidèles et que, faute d'être aimé et reconnu, il devienne renfermé, méfiant, sournois, dissimulé ? La mélancolie le gagne irrémédiablement et il calme ses tourments à la chasse. En 1611, un gentilhomme provençal de petite naissance est entré à son service comme maître du Cabinet des oiseaux, chargé de la volière royale : Charles d'Albert de Luynes. Luynes a trente-trois ans, il est bel homme et il a l'élocution facile. C'est la Providence qui l'envoie : ils parlent ensemble chiens et oiseaux et ils partagent le même goût de la chasse. Louis se prend d'une véritable affection pour cet aîné attentif et respectueux qui, n'ayant aucune attache dans les grandes familles, est prêt à défendre énergiquement son maître : à ses côtés, il prend de l'assurance et il se laisse aller à des confidences. Voici bientôt le favori installé au Louvre, au-dessus de l'appartement du jeune roi ; le soir, Louis vient deviser régulièrement avec lui avant de se mettre au lit, et parfois même, s'il ne parvient pas à dormir, il se rend dans sa chambre pour reprendre la conversation. Lorsqu'il souffre d'une de ces violentes crises intestinales qui le rendront malade toute sa vie, Luynes couche dans un lit de camp dans une pièce voisine. La promotion de Luynes déplaît aux Grands mais pour cet affamé d'amitié qu'est le roi, il arrive au bon moment.

Louis XIII, bien qu'ayant renouvelé sa confiance à la régente, chef de son Conseil, prend peu à peu conscience du rôle qui lui incombe. On parle alors beaucoup de son mariage – avant tout politique. Les négociations avec l'Espagne remontent à trois ans : la petite épouse qu'on lui destine est Anne d'Autriche, infante d'Espagne ; il est également prévu que sa sœur chérie, Mme Élisabeth, s'unira à l'infant, futur Philippe IV ; cette double alliance franco-hispanique est la clé de la stratégie politique de Marie de Médicis. Une stratégie pacifique qui a le mérite d'éloigner la guerre : après avoir suivi la ligne choisie par Henri IV et ménagé les huguenots et les alliances protestantes du Nord, la régente se tourne à présent vers l'Espagne, la rivale de toujours, pour assurer la paix extérieure par l'union des deux puissances catholiques. Les deux mariages doivent sceller l'amitié et définir le nouveau paysage européen.

Le 22 novembre 1615, l'infante Anne d'Autriche rejoint Louis à Bordeaux. Ils ont le même âge à cinq jours près, tout juste quinze ans, et ils rayonnent du charme de la jeunesse. Ils semblent se plaire. Le jeune roi, habillé de satin blanc brodé d'or, et sa jolie épouse portant la couronne et le manteau royal sont bénis le 25 novembre, à la cathédrale Saint-André de Bordeaux, par le cardinal de Sourdis, et acclamés par la foule. La reine mère, imposante dans sa robe noire éclairée d'un collier à trois rangs de grosses perles, enveloppe le couple de toute son attention : pour souder sans retour l'union, elle veut que le mariage soit consommé le soir même ; peu lui importent l'âge, le goût, le désir des intéressés, elle invite Louis à rejoindre le lit nuptial. Héroard relate la scène avec une sobre concision : quelques jeunes seigneurs l'entourent et lui racontent des histoires grasses pour le rassurer ; « il avait de la honte et une haute crainte, [...] il va à la chambre de la reine à huit heures où il fut mis au lit auprès de la reine sa femme en présence de la reine sa mère ; à dix heures un quart il revient après avoir dormi environ une heure et fait deux fois à ce qu'il nous dit ; il y paraissait le guillery rouge ». Après cette première nuit toute diplomatique, mais jugée satisfaisante, ou du moins suffisante, les adolescents sont séparés. Il faudra attendre quatre ans pour que le roi ose de nouveau rejoindre le lit de sa femme ! Le 25 janvier 1619, Luynes l'y met presque de force. Jusqu'en 1624, Héroard consignera en note de marge de son journal les rapports conjugaux, peu fréquents.

Marié, Louis XIII passe dans le monde des adultes ; le voici avide d'autorité et conscient de ses responsabilités. Encouragé par Luynes, il ne veut plus être un simple figurant et il s'entoure, en 1616, d'un petit conseil personnel, amical et respectueux mais pas toujours expérimenté, qu'il réunit le soir avant d'aller se coucher pour réfléchir librement. Un cerveau se dégage du groupe : Claude Déageant, secrétaire de la reine mère et bon observateur du « ministère Concini ». Déageant a le sens pratique et l'intelligence politique, et il donne au roi ses premières vraies leçons d'économie et de finance ; à ses côtés, figure également un juriste compétent et honnête, Louis Tronson. Tout se passe dans la plus totale discrétion ; les échanges tournent autour de la politique de Concini, maréchal d'Ancre, qu'il faut à tout prix écarter.

Échec à la reine mère

Concini est alors universellement détesté pour sa rapacité et son arrogance ; étranger et parvenu, il veut mettre au pas les Grands. Plus entreprenante encore, sa femme, Léonora Galigaï, le pousse, forte de la confiance de la reine mère : c'est elle qui comble les trous de la cassette de Marie de Médicis par des expédients plutôt douteux. Les époux se disputent souvent, en même temps que le Trésor se vide, et la régente est éclaboussée par l'impopularité du couple : n'est-elle pas elle aussi italienne ? Pour prévenir les orages, un nouveau ministère est instauré où Concini ne tient officiellement aucune place, mais dont il manie les ficelles en y installant des hommes à lui. Le maréchal d'Ancre se croit invincible : ceux qui veulent se mettre en travers de ses ambitions sont écartés, les « barbons », fidèles à Henri IV, limogés, Condé bientôt embastillé en septembre. Un homme nouveau entre au Conseil comme secrétaire d'État aux Affaires étrangères et à la guerre : Richelieu, évêque de Luçon.

La régente finit par prendre peur : le parlement de Paris lui a fait remontrance sur sa politique ; les princes s'agitent, Condé soulève les nobles du Languedoc et de la Guyenne, et elle s'inquiète de l'engouement du roi pour son favori. Habilement, elle propose alors à Louis de lui remettre les clés du pouvoir et de prendre une retraite méritée. Scène de théâtre où s'échangent les protestations d'amitié et les proclamations de confiance : chacun dissimule et joue son rôle en bon comédien. Louis refuse. En réalité, il bout d'impatience mais il attend son heure, car sa décision est prise. Mais comment agir ? Il a été gravement malade en novembre 1616, et son état pour l'instant semble donner raison à Concini, qui le juge inapte à régner. En protecteur insolent, le maréchal d'Ancre le traite comme un incapable et il n'hésite pas à dire qu'il compte bien le tenir « resserré », à l'intérieur du Louvre, autant dire prisonnier. Rien de pire pour un jeune homme conscient de sa dignité. Luynes de son côté sent sa vie menacée et pousse son maître à quitter Paris.

Le petit conseil, qui a son propre réseau d'information, juge le moment venu pour le roi d'intervenir. Reste à choisir le moyen. Quelques-uns sont partisans d'une solution radicale. Louis XIII préférerait faire arrêter Concini pour le traduire légalement devant le Parlement, mais il ne dispose pas des forces militaires suffisantes : il n'a qu'une petite garde personnelle. Il faudra donc l'arrêter par surprise, en lui tendant une embuscade. Le coup est monté dans le plus grand secret. Réaliste, Déageant ne se fait guère d'illusion sur l'issue du complot : le maréchal cherchera à se défendre et l'exécution sera inévitable. Le roi demeure muet. Il n'a pas seize ans, sa sensibilité est imprégnée de religion et il n'a pas d'expérience du pouvoir, mais il est sûr de son droit et il espère que la justice n'aura pas besoin de la force. Il laisse donc faire.

Le 24 avril 1617, le capitaine des gardes du roi accompagné d'une vingtaine de gentilshommes arrête le maréchal d'Ancre qui s'apprête à entrer au Louvre, en déclarant qu'il le fait prisonnier de par le roi. Concini n'y croit pas : « Moi, prisonnier ! » Il n'a pas le temps de tirer son épée, il est abattu de trois coups de pistolet. Un instant plus tard, le roi paraît à une fenêtre du palais sous les cris de « Vive le roi ! ». Louis XIII envoie aussitôt son premier écuyer à sa mère pour lui annoncer qu'il est résolu « à prendre en main le gouvernement de l'État » : il entend désormais « être le maître ». Quant à Léonora, elle sera brûlée en juillet pour sorcellerie et lèse-majesté.

Comment écarter une mère quand on n'est pas un assassin ? Marie de Médicis a ordre de ne pas sortir de sa chambre et de « ne se mêler de rien ». Louis refuse de la recevoir, interdit aux ambassadeurs de lui rendre visite et destitue ses proches ministres et secrétaires d'État, dont Richelieu, qui offrira tout de même ses services de médiateur. Le pont qui permettait à la reine mère de se rendre de son appartement au bord de la Seine est abattu et il empêche Gaston et ses sœurs de s'approcher d'elle. La peur de céder lui ôte toute compassion. Quatre jours durant, Marie de Médicis reste enfermée. Elle peut prier, supplier, envoyer ses dames d'honneur pour intercéder, la réponse tombe, froide et courtoise : « Elle ne l'avait pas traitée comme fils par ci-devant ; il la traiterait toujours néanmoins comme mère. » La reine doit quitter la Cour, déchue de sa qualité de chef du Conseil.

Le 3 mai, elle est convoquée par son fils pour des adieux publics. Il l'attend dans son antichambre, Gaston à ses côtés. Elle est en larmes, lui impassible, débitant quelques mots d'adieu préparés par Luynes : « J'ai désiré de vous soulager de la peine que vous preniez en mes affaires ; il est temps que vous vous reposiez et que je m'en mêle : c'est ma résolution de ne plus souffrir qu'un autre que moi commande en mon royaume. » Comprenant qu'aucun recours n'est possible, elle se contente de dire : « Or sus ! » Selon certains témoins, quelques paroles glaciales auraient été encore échangées. Marie de Médicis monte dans le carrosse qui l'emmène au château de Blois où elle est assignée à résidence, sans avoir la permission d'emmener ses deux filles. C'est la première des brouilles entre mère et fils, il y en aura d'autres. Mais que de sentiments refoulés surgissent derrière la revanche politique ! Dans un libelle de 1618, Étienne Durand, poète officiel de Marie de Médicis, n'hésite pas à comparer Louis XIII à Néron méditant l'assassinat d'Agrippine (*Riparographie*).

« Je l'ai aimé parce qu'il m'aimait »

On peut admirer le sang-froid du jeune roi. Indiscutablement il a mesuré les dangers que faisait courir Concini à la France et n'a pas agi sur un coup de tête. Mais est-il capable d'exercer lui-même le pouvoir ? Louis se sait sans expérience, et il a besoin d'appuis ; il consulte son Conseil où figurent les vieux ministres expérimentés d'Henri IV, appelés dès la mort de Concini. Ses contemporains le jugent « avisé » et courageux. « Jaloux de son autorité », il assume donc ses choix : « C'est moi qui gouverne », fait-il dire à sa mère, qui tente de se rassurer en rejetant sur Luynes la responsabilité de leur désaccord. Cependant, en manque de lien fort, il déporte sur son compagnon de chasse son besoin de conseils et d'amitié. Luynes préside son Conseil ; il est créé duc et pair, en 1619.

Le favori est un homme modéré, qui temporise et aime les conciliations. Rien ne le destine à ce fulgurant avancement ; s'il comprend l'urgence de consolider la monarchie face aux prétentions des princes et la nécessité de contenir les huguenots, il n'a rien d'un homme d'État et il manque d'esprit de suite. Mais Louis XIII lui voue une sorte de passion, il se précipite chez lui au retour de ses campagnes militaires avant même de se rendre chez la reine son épouse. Il le couvre d'honneurs, de biens, d'éloges : « Puisque les services que le sieur de Luynes m'a rendus sont d'une éternelle mémoire, je veux aussi que les récompenses soient durables à la postérité. » L'ambassadeur Contarini prétend qu'il n'est « plus un favori mais une espèce de roi ». Les ambassadeurs parlent d'« affection extrême », d'« amour extraordinaire ». Inévitablement, l'opinion qui s'exprime à travers les libelles jase sur la nature des relations. Certains évoquent des tendances homosexuelles, ce que reprend à son compte le malveillant chroniqueur Tallemant des Réaux, affamé de ragots. Louis préfère assurément la société des hommes à celle des femmes, dont il a peur. Les beautés faciles de la cour de sa mère ou de sa femme n'attirent même pas ses regards ; ses favoris successifs, Toiras, Baradat ou Cinq-Mars, seront ses seuls confidents. Mais sa piété lui épargne, sinon les tentations, du moins les douloureux cas de conscience ; le nonce rend hommage à sa vertu au milieu d'une Cour adonnée aux plaisirs.

Servir Dieu, faire la justice et soulager le peuple ; telle est la mission dont Louis XIII se sent investi. Rendre les hommages qui sont dus à son épouse fait aussi partie de ses devoirs. Mais il est timide ; on dit qu'il a eu une puberté tardive et, à dix-sept ans, il n'a presque pas de barbe ; pour tout arranger il se méfie beaucoup des duègnes espagnoles qui entourent sa femme et qui ricanent en murmurant à qui veut les entendre que comme mari « il ne vaut rien » : on parle à mots couverts d'impuissance ; on songe à lui trouver une femme un peu expérimentée pour le déniaiser. Les impressions d'enfance, tenaces, refluent-elles sur sa vie d'adulte ? Les amours illégitimes dont il a vu tout jeune les emportements lui font horreur ; les deux passions qu'il aura pour Marie de Hautefort et Louise Angélique de La Fayette sont des passions platoniques. Bien que la jeune reine Anne d'Autriche soit considérée comme l'une des plus belles femmes de son temps, ses visites se limitent à celles du protocole ; il ne prend pas ses repas en sa compagnie, mais avec Luynes, et il dort seul. Au père Arnoux, son confesseur jésuite qui s'inquiète, le royal pénitent finit pas confesser les échecs pénibles de la nuit du mariage et les répugnances qui en ont résulté. Le roi d'Espagne fait dire son mécontentement ; le nonce Bentivoglio s'en mêle aussi.

Le favori prend alors les choses en main en renvoyant au pays natal l'encombrante camarilla de la reine. Pour exciter son amour-propre, il rappelle au roi que sa jeune sœur doit prochainement se marier avec le duc de Savoie et qu'elle procréera avant la reine de France ! L'argument produit ses effets. L'ambassadeur Contarini, bien informé, donne une version du dénouement de l'histoire : Louis assiste à la nuit de noces du duc d'Elbeuf et de Mlle de Vendôme (sa demi-sœur naturelle), le 23 janvier 1619, couché sur le lit même des époux. C'est Mlle de Vendôme elle-même qui l'encourage : « Sire, faites aussi la même chose avec la reine et bien vous ferez. » Luynes, par son insistance, obtient du roi qu'il passe la nuit du 25 janvier chez sa femme. De retour dans sa chambre, devoir accompli, l'époux dort jusqu'à neuf heures du matin et, depuis lors, tout le monde constate qu'il va moins à la chasse et fait plus souvent la grasse matinée. Héroard consigne dans son *Journal* les rencontres nocturnes dans les appartements d'Anne, ajoutant même en latin « *cum voluptate* ». Le roi d'Espagne est content, trois années de lune de miel commencent. Louis fait à Anne « de grandes promesses d'amour et de fidélité ».

Le bonheur malheureusement ne dure pas ; le roi est de caractère défiant et son univers affectif porte la marque d'une jeunesse mal aimée. Il craint le sentiment comme la peste. Anne d'Autriche, gravement malade en 1620, a le malheur de faire deux fausses couches successives, dont l'une est sans doute due à son imprudence ; elle est bien peu préparée à comprendre une nature aussi repliée et dépressive que celle de son époux. Luynes de son côté étale sans prudence ses ambitions. Tout comme Concini, il est devenu très impopulaire et son assurance porte ombrage au souverain en lui ôtant liberté et pouvoir de décision. Jusqu'où peuvent conduire ces premières fêlures ? La Providence en décidera : la page de Luynes se tourne en décembre 1621, car le favori est emporté par une scarlatine, contractée au cours d'une campagne militaire contre les huguenots. Le chagrin du roi est sincère. « J'éprouve une grande douleur. Je l'ai aimé parce qu'il m'aimait, bien qu'il eût quelques défauts », confie-t-il au Vénitien Pesaro.

Une évasion rocambolesque

À vingt ans, le roi est enfin roi. Et cependant, pas encore tout à fait roi. Car après avoir deux ans rongé son frein, Marie de Médicis est de retour. Avec la reine mère, rien ne se passe simplement. Éloignée des affaires, elle est encore dangereuse : elle a des partisans, elle peut lever des troupes, fomenter des révoltes, mettre la main sur les fonds publics, bref employer tous les moyens susceptibles de lui permettre de retrouver le pouvoir et ses privilèges. Le 22 février 1619, elle s'évade à l'aube par une nuit noire de sa résidence de Blois, chargée de bijoux, en enjambant la fenêtre et en empruntant une échelle de corde ; puis elle glisse le long d'un second mur, ficelée comme un paquet de linge par une corde, et récupérée au bas par une escorte commandée par le duc d'Épernon, qui l'emmène jusqu'à la Loire où l'attend un carrosse. La nouvelle de sa rocambolesque évasion parvient au Louvre le lendemain et rend le roi furieux. Les circonstances sont encore un peu floues : la reine mère a-t-elle bénéficié de l'appui occulte des Grands du royaume, ou des huguenots, ou de l'Espagne ? Marie de Médicis écrit alors d'Angoulême une longue lettre à son fils où elle prétend que sa vie est menacée ; elle ne désire, dit-elle, que « la gloire de le voir bien gouverner son royaume par lui-même », c'est-à-dire sans l'intrusion d'un favori, et elle lui propose une rencontre.

Plusieurs courriers sont échangés en mars et en avril. Soit remords, soit méfiance, Louis XIII semble ne pas pouvoir passer un jour sans nouvelle de sa mère : entre plaidoyer et accusation, il lui adresse des lettres de plusieurs pages pour l'acculer à reconnaître ses torts et pour la convaincre qu'il est adulte, responsable et nullement aliéné par « des personnes » auxquelles il aurait donné imprudemment sa confiance. Et de retourner l'argument : la reine mère n'est-elle pas elle-même manipulée par son entourage ? De part et d'autre, plaintes, reproches, accusations et démentis se mêlent aux protestations de respect et d'obéissance. Le roi réunit ses troupes, les factions profitent des divisions, on frôle la guerre civile.

Les pourparlers cheminent lentement entre mère et fils ; Richelieu revenu au-devant de la scène s'efforce d'adoucir la reine mère, et la raison finit par l'emporter. En avril le traité d'Angoulême apaise les rancœurs. Après beaucoup d'atermoiements, les retrouvailles ont lieu près de Tours, au château de Couzières, le 5 septembre 1619, dans la grande allée du domaine. La Cour est présente. Marie de Médicis ôte son masque de velours et embrasse son fils à trois reprises tandis que celui-ci réplique gracieusement : « Soyez la bienvenue, ma mère. J'ai déplaisir de ne pas vous avoir vue plus tôt, car je vous ai toujours attendue. » Et les larmes de couler au milieu des accolades. Amnistie est donnée pour la reine et ses partisans : Louis XIII prie sa mère de reprendre sa place à la Cour. L'émotion et le désir de réconciliation sont sincères. Mais les caractères commandent. Marie de Médicis se montre un peu aigre devant le manque d'empressement de son fils, qui se contente d'effusions convenues.

En fait, les conflits d'intérêts s'accumulent. Quelle sera la place de chacun ? La reine mère, que Louis voudrait cantonner dans un rôle d'apparat, entend bien retrouver l'autorité perdue et tous les avantages qui lui sont liés, l'accès aux caisses royales, les honneurs, le prestige. Elle aime le pouvoir pour lui-même plutôt que pour l'action politique qu'il permet. Elle promet ce qu'on veut, prône la paix, joue la douceur, et elle est obstinée. Son fils ne l'est pas moins : échaudé, il ne lui ouvre qu'une porte étroite au Conseil, dont elle ne sera pas un membre ordinaire mais seulement une invitée ; habilement, il reconnaît son autorité morale et ne lui marchande pas les satisfactions honorifiques. Richelieu, qui mise sur elle pour l'instant, lui conseille patience et prudence. Mais elle se fâche et refuse de reprendre sa vie au Louvre comme une simple figurante. Le retour à Paris est compromis. Au printemps 1620, la reine mère tient sa cour à Angers où l'appuient des seigneurs rebelles et les gouverneurs de province. Comme à Blois, la brouille mère-fils pointe à nouveau, et les Grands prennent les armes : en août, l'armée royale disperse celle de Marie de Médicis aux Ponts-de-Cée. La deuxième guerre de la mère et du fils s'achève par le traité d'Angers, le 10 août. L'évêque de Luçon prêche la paix à une reine mère accablée. Il s'impose par son intelligence souple et il ne fait pas encore peur par son ambition ; sa hauteur de vue et son intelligence n'échappent pas au roi, qui vient de perdre son ami Luynes et doit faire face aux ambitions espagnoles. En 1622, il est élevé au cardinalat.

Excellent officier, Louis XIII ne se sent bien qu'en campagne militaire, entouré de ses soldats, loin des intrigues de palais. La guerre contre les protestants connaît un répit grâce à la paix de Montpellier en 1623, mais c'est l'affaire de la Valteline et les relations avec la très catholique Espagne qui passent au premier plan de la politique extérieure et menacent l'équilibre européen. À Madrid règne un Habsbourg, tout comme à Vienne ; le roi d'Espagne contrôle les trois quarts de l'Italie mais aussi la Franche-Comté et les Pays-Bas espagnols, de sorte que la France est quasiment encerclée ; cette configuration géographique fait des vallées alpines un nœud stratégique, la Valteline étant le plus court chemin pour relier l'Espagne à Vienne. Depuis Henri IV, la France s'efforce de neutraliser le passage ; or en 1622 l'Espagne profite de l'enlisement français sur le front protestant pour faire garder les lieux à son profit par une garnison pontificale, sous prétexte de protéger la vraie religion, catholique. Louis XIII, indécis, laisse faire. La situation est critique ; M. de Luçon mesure aussitôt l'enjeu que constitue la maîtrise du passage des Alpes, et il confie à la reine mère le soin de faire valoir devant son fils une nouvelle ligne politique, la seule position acceptable pour le royaume. Richelieu parle le langage que Louis XIII veut entendre : il évoque la grandeur de la France ; les Espagnols ne vont plus cesser de pousser leur avantage et seule une intervention armée peut mettre un frein à leur expansion. Convaincu, le roi, un beau matin d'avril 1624, entre dans la chambre de sa mère encore couchée pour lui annoncer que Richelieu aura dorénavant sa place au Conseil. Cette fois, la réconciliation entre mère et fils paraît soudée et Marie est publiquement associée aux décisions du roi. Nommé ministre, le cardinal tisse sa toile.

Tiraillé entre mère et épouse

Les relations du roi avec Marie de Médicis sont à nouveau au beau fixe, mais de cette entente cordiale, c'est l'épouse Anne d'Autriche qui est exclue. Tiraillé entre sa mère et sa femme, Louis XIII a choisi sa mère. L'austère époux en veut à la jeune reine de s'être « blessée » en glissant sur un parquet par inadvertance et d'avoir perdu l'espoir d'une maternité. Leurs caractères sont par trop opposés : réserve, timidité naturelle due au bégaiement, maladresse du côté du roi, coquetterie, charme et frivolité du côté d'Anne. Il est soupçonneux et jaloux ; elle a besoin d'être aimée et entourée ; elle goûte la « belle conversation », les fleurs, les parfums et les échanges galants – elle parle d'ailleurs le français aussi bien que sa langue maternelle. On chuchote qu'elle n'a pas été insensible aux compliments de M. de Bellegarde, à la politesse de M. de Montmorency, et qu'elle a accepté avec un peu de légèreté les avances du séduisant duc de Buckingham, venu à Paris en 1625 pour épouser, au nom et en place du roi d'Angleterre, Charles Ier, la princesse Henriette, sœur de Louis XIII. Sans doute a-t-elle même été gravement imprudente en acceptant une entrevue nocturne dans le petit jardin du Louvre, puisque le cardinal de Retz a trouvé là de quoi dramatiser la rencontre et noircir sa vertu dans ses *Mémoires*. La Rochefoucauld est plus élégant, lorsqu'il écrit sobrement qu'« elle ne s'offensait pas d'être aimée ». La jeune reine sait ce qu'elle doit à sa dignité et à sa réputation, et elle est profondément pieuse ; simplement elle est lasse d'essuyer les reproches d'un mari qui méprise les bonnes grâces. Tout est bon pour échapper à un époux intraitable et à un cardinal-ministre qui a établi autour d'elle un étroit filet de surveillance.

Marie de Médicis s'empresse de jeter de l'huile sur le feu. Les cours des deux femmes ont toujours été en rivalité. Priée de faire un compte rendu des événements, elle ne ménage guère sa belle-fille. Mme de Motteville résume la situation : « La paix entre mère et fils brouilla le mari et la femme ; et la reine mère étant persuadée que pour être absolue sur ce jeune prince, il fallait que cette jeune princesse ne fût pas bien avec lui, elle travailla avec tant d'application et de succès à entretenir leur mésintelligence que la reine, sa belle-fille, n'eut aucun crédit ni aucune douceur depuis ce temps-là. » Les sanctions consécutives à l'affaire Buckingham ne se font pas attendre : le roi congédie une grande partie de la suite de la reine, que Richelieu remplace aussitôt par des gens à lui, et il n'adresse la parole à son épouse que lors des visites protocolaires qu'il lui fait. « La passion que le roi avait pour la reine s'était convertie en dépit », témoigne encore La Rochefoucauld. Incompréhension réciproque : Louis XIII n'aime pas l'Espagne et les contacts qu'Anne d'Autriche a gardés avec sa famille lui apparaissent comme autant de trahisons. Attachée à sa première patrie, Anne se laisse entraîner dans d'innocentes intrigues, qui se muent en fautes graves lorsque la guerre se déclare entre la France et l'Espagne.

De son côté, Marie de Médicis jouit de toute la confiance de son fils lorsque celui-ci est en campagne. S'il est à Paris, il prend l'habitude de tenir son petit conseil au palais du Luxembourg devenu la résidence de sa mère : elle est sa « conseillère naturelle ». Marie fait tout ce qu'elle peut pour retrouver son rôle et se rendre indispensable. Les différends cependant subsistent : les rivalités entre factions courtisanes, les intrigues, les mariages des sœurs du roi puis du frère fissurent souterrainement l'entente. Après avoir uni sa sœur Henriette au roi d'Angleterre, le roi a des démêlés avec le jeune Gaston, âgé de dix-huit ans, l'enfant gâté qui demeure l'héritier du trône tant que lui-même n'a pas d'enfant. Or l'indocile cadet ne songe qu'à s'amuser et à élargir sa zone d'influence en profitant des inquiétudes que donnent la santé désastreuse du roi et la stérilité de la reine. Autour de lui, les Grands s'agitent pour miner la politique d'autoritarisme préconisée par le redoutable cardinal, un cardinal ministre doublement puissant puisque, au service de la reine mère, il bénéficie de la confiance du roi. L'affaire de Chalais en 1626, conspiration contre Richelieu où Gaston est gravement impliqué, ne laisse aucun doute sur la détermination du roi et de son ministre à mater les frondeurs : Chalais est exécuté. Mais l'état de santé de Louis XIII, atteint d'une grave entéropathie inflammatoire avec fièvre et diarrhées, fragilise le pouvoir royal. En septembre 1630, le roi est à l'article de la mort, on suppute déjà que sa veuve, la reine Anne, pourrait bien épouser son frère Gaston ! Voici Anne d'Autriche soupçonnée à son tour d'être au cœur d'un complot et invitée à s'expliquer devant un Conseil où siègent le roi, la reine mère et Richelieu. Elle paraît en accusée.

Et pourtant ! Si près de triompher dans son splendide palais du Luxembourg, c'est Marie de Médicis qui est au bord du précipice. Richelieu, celui-là même dont elle a si bien poussé la carrière, a changé de maître. Il a mieux à faire qu'user son génie à épauler une vieille reine capricieuse. Le roi le consulte sur tout, il le soutient courageusement, et parfois contre ses propres inclinations. Ils partagent la même vision politique : rabaisser l'orgueil des Grands, ruiner le parti huguenot, relever le prestige du royaume en mettant un frein à l'hégémonie espagnole, réformer le pays et rappeler les sujets à leurs devoirs. Sur un tel programme, le cardinal peut-il encore s'entendre avec la reine mère ? Richelieu, fort de l'appui du roi, ne fait aucun cas des volontés de sa protectrice, et son rôle de « conseillère naturelle » est peu à peu privé de sa substance.

L'exil d'une mère

Les hostilités sont bientôt ouvertes. Marie de Médicis n'a rien perdu de son caractère orgueilleux et vindicatif ; le cardinal, croit-elle, est sa créature, et son ingratitude, tout comme ses choix politiques dirigés contre l'Espagne, doivent être sanctionnés. Sûre de sa victoire, elle a demandé en 1629 son renvoi au roi, le sommant de choisir « entre un valet et une mère ». En fait, aveuglée par son ressentiment, elle n'a rien vu de l'évolution de Louis XIII : il ne veut plus recevoir d'ordre ; il a donné sa confiance au cardinal qui s'est rendu indispensable en mettant son intelligence et sa capacité de travail à son service.

Lors de la fameuse et décisive « journée des Dupes », le 10 novembre 1630, toute la Cour s'attend à voir triompher Marie de Médicis. La réunion au petit matin est houleuse dans l'appartement de la reine. Bien que non convié, le cardinal s'est introduit dans la pièce et la reine mère, hurlante, crie qu'elle chasse l'odieux personnage de sa maison et qu'elle ne veut le voir dans aucun des conseils royaux, faute de quoi elle-même n'y paraîtra plus. Louis XIII ne dit pas un mot pendant l'orage et laisse sortir son ministre convaincu de sa disgrâce. Marie de Médicis triomphe, la nouvelle se répand à la Cour. Au soir, le roi convoque Richelieu qui lui offre aussitôt sa démission. Coup de théâtre, Louis XIII confirme son ministre dans ses fonctions, quelles qu'en soient les conséquences. En quelques jours, la vieille reine perd soutiens et amis. Ses partisans sont arrêtés. Elle tente de rallier Gaston à sa cause et Gaston, revirement après revirement, éternel conspirateur, rejoint la cabale, toujours persuadé que le roi n'a plus longtemps à vivre.

Louis XIII doit agir rapidement, car une troisième guerre civile peut s'enflammer. Il assure son ministre de sa protection et il invite sa mère à se retirer à Compiègne. Les lettres de docilité que Marie écrit les jours et semaines suivantes n'ont qu'un but : accuser Richelieu, le fomenteur de discorde. Le roi lui propose encore une rencontre le 12 février 1631 pour une explication, mais sa décision est irrévocable : il a besoin de Richelieu et ne croit pas aux promesses de sa mère. Marie de Médicis sera assignée à résidence à Moulins, ou à Nevers. Gaston, lui, s'est réfugié à Orléans. En fait, la reine mère n'a pas baissé la garde et ne songe qu'à se venger. Intraitable et exaspéré, Louis XIII ne veut plus la revoir ni l'entendre, conscient qu'il lui faut cesser d'être fils pour devenir roi : « Je suis obligé à mon État plus qu'à ma mère. » Le pape lui-même juge avec sévérité Marie, confiant au nonce avant son départ : « Vous verrez la reine mère. C'est une personne dont les inclinations vont à l'Espagne, qui n'aime son fils qu'en tant que son intérêt le requiert, et qui est une des personnes les plus opiniâtres du monde. » Opiniâtre, en effet : en juillet, la reine mère s'évade de Compiègne et parvient, avec toutes sortes de complicités, à gagner la frontière des Pays-Bas.

Quant à Anne d'Autriche, l'hostilité qu'elle éprouve pour Richelieu l'avait quelque peu rapprochée de Marie de Médicis, aussi son exil aggrave-t-il un peu plus sa solitude : elle est désormais exposée en première ligne, car tous les mécontents et les ennemis du cardinal espèrent trouver en elle un point d'appui, de sorte que les soupçons royaux se portent spontanément sur elle. Elle vit sous surveillance. Richelieu agit avec souplesse pour ne pas la braquer, mais il place dans son entourage des fidèles chargés de gagner sa confiance. Louis XIII, de son côté, a la rancune tenace ; il parle peu et sait se montrer glacial, car il est toujours convaincu que la reine, Chesnelle, comme il l'appelle avec mépris dans ses billets à son ministre, s'est entendue avec Gaston et qu'elle a trempé dans le complot de Chalais. Il n'a confiance qu'en Richelieu, une confiance plus raisonnable qu'amicale, qui ne ressemble pas à l'attachement qu'il a eu pour Luynes ou qu'il aura pour Cinq-Mars. Les deux hommes s'estiment et s'admirent. Entre eux s'échange une correspondance presque quotidienne, où le roi se montre tel qu'il est : loyal et simple, exigeant pour lui comme pour les autres, courageux, mais aussi hautain, dépressif, sombre. Il y a dans son caractère quelque chose de rétracté qui le rend ennemi de lui-même au point que ses incontestables vertus finissent par ressembler à des défauts.

Le roi a aussi besoin d'être aimé, c'est sa faiblesse. Il s'est épris d'une demoiselle d'honneur de la reine, l'éblouissante et pétillante Marie de Hautefort : il lui voue une passion chaste et brûlante, mêlée de jalousie, et il peut passer des journées à noter sur le papier leurs brouilleries ou leurs raccommodements. Marie de Hautefort reçoit volontiers ses hommages et se laisse entraîner à quelques compliments, tout en déguisant ses refus sous d'aimables railleries. La liaison toute platonique fait souffrir Louis XIII, qui met deux ans à se détacher de la blonde jeune femme. Grâce aux ressources imaginatives de Richelieu, il se console auprès de la brune et dévote Louise Angélique de La Fayette, auprès de laquelle il épanche son cœur mélancolique. Adoration respectueuse, dont La Rochefoucauld note le caractère singulier : « Comme cet amour ne ressemblait pas à celui des autres hommes, la vertu de cette jeune personne ne fut pas attaquée. » Louis le chaste n'est pas un amant ordinaire.

L'année 1637 est la plus douloureuse et la plus triste que la reine Anne ait eue à traverser. Elle se sent délaissée, humiliée, méprisée, surveillée ; cet étalage de sentiments amoureux qu'elle n'a jamais pu susciter chez son misogyne époux réveille sa jalousie ; elle supporte mal d'être tenue dans une disgrâce permanente ; elle craint même, selon Mme de Motteville, « se voyant sans enfant et ses ennemis dans une puissance absolue, qu'ils ne prissent cette occasion pour la perdre en la faisant répudier et renvoyer en Espagne ». Ce réconfort qu'elle ne trouve pas dans sa vie privée, elle le cherche dans la famille de son enfance. Encouragée par l'audacieuse duchesse de Chevreuse, elle échange alors des lettres secrètes avec le roi d'Espagne et le cardinal-infant, ses deux frères, et avec sa tante gouvernante des Pays-Bas, où s'est précisément réfugiée Marie de Médicis. Son valet, La Porte, sert d'intermédiaire, à qui elle a confié les clés de ses chiffres et de ses cachets. Les lettres ne contiennent que « des choses de rien » ; mais, depuis 1635, la France et l'Espagne sont en guerre et même si ces lettres expriment surtout les plaintes et les chagrins de la reine, elles renseignent l'ennemi depuis quatre ans sur les projets de la reine mère, les mouvements de Gaston et de quelques Grands. Anne peut bien en son cœur se dire qu'elle ne veut pas faire de tort à la France et ne songe qu'à la paix, cela s'appelle en temps de guerre intelligence avec l'ennemi. Richelieu ne tarde pas à en être informé par ses espions ; au cours d'une scène dramatique, en août 1637, la reine, après avoir nié contre toute évidence ses rapports avec l'Espagne, affolée et traquée, doit finir par passer aux aveux et signer, comme une petite fille, sa confession.

Dieudonné

Anne peut craindre le pire, exil et répudiation. Elle est faible ; son mari ne lui parle plus. Mais il y a chez Louis XIII un sens profond de son devoir qui dépasse ses sentiments ; le royaume a besoin d'un dauphin, et le confesseur sait faire scrupule au mari de vivre mal avec sa femme. Quelques âmes pures s'efforcent de rapprocher les époux et, parmi elles, la tendre et toujours aimée Louise Angélique de La Fayette, devenue novice au couvent de la Visitation Sainte-Marie. Paris égrène des neuvaines. Et, miracle, les prières finissent par être exaucées. Peu importent les circonstances : un orage qui contraint les époux à partager la même chambre, une épouse qui saisit sa dernière chance de n'être pas répudiée, l'insistance de Louise Angélique, ou simplement la vertu de persévérance ; il est sûr que Louis XIII rejoint la reine dans son appartement durant l'automne 1637. Neuf mois plus tard, le 5 septembre 1638, après vingt-trois ans de mariage, Anne d'Autriche, âgée de trente-six ans, met au monde un petit garçon, nommé Dieudonné, le futur Louis XIV. En action de grâce, le roi voue sa personne et son royaume à la protection de la Vierge.

L'épouse stérile est enfin mère ! Désormais, plus rien ne sera pareil pour Anne. Finis les coquetteries, les bavardages, les intrigues : la reine a pris racine en France, sauvée de la disgrâce, bientôt mère de deux rejetons. Richelieu la ménage. Louis XIII est, sinon un bon mari, du moins un père heureux. Aucun doute ne peut être mis sur sa paternité, car il est bien trop méfiant pour se laisser tromper : « Mon fils », dit-il fièrement. Les félicitations affluent de toute la Cour. Les comploteurs, qui avaient prévu que le roi mourrait sans héritier direct et qui ont courtisé Gaston, doivent se résigner : le cadet a bien perdu le trône. Louis XIII renouvelle sa confiance à son ministre.

Les rapports conjugaux ne sont pourtant pas encore au beau fixe : trop de rancœurs se sont accumulées malgré de réels efforts pour les apaiser. Anne voudrait choyer ses enfants et choisir la gouvernante : ses fils sont désormais tout son univers. Mais ses enfants sont d'abord les enfants de la France et Louis XIII entend bien régler la vie du petit dauphin, selon l'usage, en contrôlant son entourage. Il songe même à écarter une dame d'honneur trop attachée à Anne, et il lui en impose une autre, choisie par Richelieu. Car Richelieu est le confident et le conseiller sans l'avis duquel rien ne se décide : « La reine m'a prié de vouloir donner la charge de la sous-gouvernante de l'enfant qui viendra à Mme du Tot. Je ne lui ai voulu accorder que je ne susse votre avis auparavant », lui écrit le roi (1638). Anne, apaisée, épanouie, fière, se plie à toutes les exigences. La tendresse de la mère pour ses fils frappe la Cour, assez peu habituée à cet intérêt donné aux enfants.

Cette affection, cette « piété » maternelle dont la reine mère avait semblé si dépourvue, ne va pas sans orage domestique. De ce couple mère-fils, le père se sent exclu et il en prend ombrage. Se souvient-il de sa petite enfance et du lien serré qui l'unissait à son père ? Il veut en tout cas faire preuve de fermeté face à une mère trop expansive et à un fils trop couvé par les femmes : « Mon fils est extrêmement embelli mais très opiniâtre. Je ne suis nullement résolu de lui souffrir ses humeurs » (septembre 1640). Le roi doit gronder bien fort car l'enfant pousse des cris d'effroi et se réfugie en larmes dans les jupes de la reine. La scène est aussitôt rapportée à Richelieu : « Je suis bien mal satisfait de mon fils ; dès qu'il me voit il crie comme s'il voyait le diable et crie toujours "Maman" ! » Vexé et malheureux, Louis XIII réagit en multipliant les gronderies : « Il lui faut faire passer ces méchantes humeurs et l'ôter d'auprès de la reine le plus tôt qu'on pourra » (septembre 1640). Anne a dû sermonner le bambin, car le père un peu plus tard se rassure : « Mon fils m'a demandé pardon à genoux et a joué avec moi plus d'une grosse heure. Nous sommes les meilleurs amis du monde… Il me veut suivre partout. » Mais la méfiance transpire encore dans les lettres adressées à Richelieu : « Il y avait des femmes auprès de mon fils, de quoi je n'étais pas satisfait, qui lui faisaient avoir peur des hommes […] si ces mauvaises humeurs continuaient, je changerais tout ce qui le sert […], je voulais qu'il ne vît plus que des hommes. » Lorsque la petite vérole sévit à Saint-Germain, Louis XIII prépare le transfert de ses fils à Versailles, en s'interrogeant sur l'utilité de la présence de leur mère : « J'avoue qu'elle pourrait bien loger à Versailles avec mes enfants, mais je crains ce grand nombre de femmes qui gâterait tout si la reine y allait… » (octobre 1641).

Pauvre Chesnelle, sur qui pèsent constamment le soupçon et la menace d'être séparée de son plus cher trésor. Elle ne demande désormais rien d'autre que de rester auprès de ses deux fils « sans y prétendre aucun pouvoir ni se mêler de leur éducation ». Le roi est de plus en plus malade ; la corde sentimentale, si ténue, semble définitivement rompue et le souci de l'État l'emporte sur toute autre considération. La vieille reine mère vient d'en faire la douloureuse expérience. Réfugiée à Bruxelles, devenue à charge de tout le monde et en particulier des Espagnols, toujours explosive, elle écrit un long mémoire pour tenter de revenir en France. Sûre d'elle, elle réaffirme qu'elle « conserve en son cœur les affections et les sentiments d'une reine envers son roi et les tendresses d'une mère envers son enfant ». Mais le fils, lui, n'a pas changé depuis 1630. L'ordre qu'il donne à Richelieu tombe sans pitié : « Il faut rompre cette négociation, de laquelle ne peut arriver aucun bien, mais au contraire du mal » (avril 1641). Marie de Médicis, mère d'un roi et de trois filles mariées aux plus grands princes d'Europe, meurt à Cologne, le 3 juillet 1642, couverte de dettes et solitaire. Louis XIII lui fait adresser un peu d'argent, qui arrive trop tard. Personne ne s'en émeut vraiment. Seul Gaston pleura... La dépouille fut rapatriée en France et inhumée à Saint-Denis sur l'ordre du roi.

Louis XIV, l'enfant choyé

La naissance de Dieudonné, ce bel enfant joufflu si bien nommé, n'a pas apaisé les tensions et les intrigues. Le chimérique Gaston a le complot dans le sang et voudrait bien faire d'Anne d'Autriche un point de ralliement. Mais Anne n'a aucun goût pour les affaires et elle ne songe plus qu'à l'avenir de ses fils. Richelieu vient de mourir, en décembre 1642 ; il a laissé en héritage un excellent ministre, un Italien, nommé Mazarin, qui a décroché la barrette de cardinal en 1641 et gagné la confiance du roi. Louis XIII se porte de plus en plus mal. Grabataire, en proie à la tuberculose, épuisé par des convulsions d'estomac, ses jours sont comptés, et il le sait : au château neuf de Saint-Germain il a tout juste la force, en ce printemps 1643, de passer de son lit à une chaise longue. Même s'il lui en coûte, il lui faut régler sa succession. Le 20 avril, devant ses ministres, il rend publique sa décision : Anne d'Autriche est nommée régente. Cette disposition est aussitôt suivie d'une autre, qui lui ôte toute substance : un conseil de régence inamovible de sept membres aura le pouvoir de décider à la pluralité des voix de la paix, de la guerre, des finances, des charges. L'autorité de la reine ne sera donc que nominale ; aucun ami ne figure dans le Conseil, à part Mazarin, formé par Richelieu. Gaston, lui, est nommé lieutenant général du royaume. Ulcérée par les restrictions du testament, Anne d'Autriche fait déposer avant l'annonce officielle une protestation indiquant qu'elle a signé la déclaration royale sous contrainte.

Le 21 avril, le petit dauphin d'à peine cinq ans est baptisé en grande pompe – il avait été seulement ondoyé. Le roi a demandé au pape Urbain VIII d'être le parrain ; celui-ci se fait représenter par Mazarin qui, dans l'urgence de la situation, devient parrain à titre personnel. On administre les derniers sacrements au roi, le 23 avril. Anne se rend dans la chambre du mourant et se jette aux pieds de ce roi qui, s'il n'a jamais manqué de grandeur, a trop souvent manqué d'humanité. De l'entretien, nul ne sait rien ; le roi n'aime pas les larmes. Puis, il bénit ses enfants. Il s'éteint trois semaines plus tard, le 14 mai.

L'heure de la revanche a sonné et ceux qui sont assez âgés peuvent faire un parallèle avec la cérémonie de 1610. Le lundi 18 mai, se tient le lit de justice obligatoire pour instituer la régence. L'enfant roi vêtu de violet arrive au palais de la Cité, siège du Parlement, dans les bras du duc de Chevreuse. Tenu debout sur le trône il bredouille la phrase apprise : « Je suis venu pour témoigner au Parlement ma bonne volonté. Monsieur le chancelier vous dira le reste. » Anne d'Autriche, émue et pâle, en grande tenue de crêpe noir, est assise dans un fauteuil à haut dossier à côté du trône. Les plus grands personnages du royaume sont rassemblés. Gaston d'Orléans puis Condé demandent que la régence soit remise à la reine avec pleine autorité. Le chancelier Séguier fait l'éloge de ses vertus. Le Parlement vote à l'unanimité l'annulation du testament royal et confirme à la reine « l'administration libre, absolue et entière des affaires du royaume », jusqu'à la majorité de Louis XIV, en 1651.

Anne d'Autriche a alors quarante-deux ans ; elle est encore belle, fière, aimable, élégante, pleine de bonne volonté ; elle a renoncé à la robe noire et sait donner à la Cour cet agrément et ce lustre dont elle a tant manqué sous le règne de son époux en s'entourant de personnes de qualité. Si elle n'a pas d'expérience politique, elle a du bon sens et ses nouvelles responsabilités lui ouvrent vite les yeux sur ces factieux qui ne servent que leur intérêt personnel. Mère de roi, elle aime passionnément son fils dont elle défend les droits bec et ongles, y compris à l'encontre de l'Espagne, son pays natal. Les premiers mois de la régence sont presque paisibles. En dépit de toutes les récriminations du Parlement, la France connaît un bref état de grâce ; la victoire de Rocroi sur les Espagnols l'auréole de gloire, Gaston d'Orléans soutient loyalement sa belle-sœur et Mazarin fait preuve de prudence. Paix provisoire. Car les caisses sont vides, la pression fiscale sur la bourgeoisie insupportable, les Grands en révolte, le peuple parisien exaspéré par la brutalité des armées, et Mazarin bientôt plus détesté encore que son prédécesseur. En 1648, la Fronde met le pays à feu et à sang. Anne se bat pour le trône de son fils : de là vient toute sa force. Elle le prépare à son métier aussi bien qu'elle peut. Nul doute qu'elle fait aussi des erreurs, mais elle ne cesse pas un instant d'agir en mère responsable.

Le petit Dieudonné est déjà Louis XIV. Il se tient constamment en représentation, parfois des heures durant, devant les corps constitués, les ambassadeurs ou lors des lits de justice. Il est fier, plutôt silencieux, avec un air grave et réfléchi, ce qui ne l'empêche pas, comme tous les enfants, de jouer et de faire des batailles d'oreiller avec son frère Philippe de trois ans son cadet. Les deux garçons se disputent souvent ; un jour, Louis prend un poêlon de bouillie, Philippe s'empare du manche et fait mine de frapper son frère tandis que s'interpose le gouverneur. La reine avertie fait fouetter Monsieur. Mais l'amour ne leur fait défaut ni à l'un ni à l'autre : Anne vient assister à leurs repas et leur coucher. Lorsqu'ils contractent l'un après l'autre l'effrayante petite vérole, leur mère ne les quitte pas. Le médecin Antoine Vallot témoigne : « Ses soins et ses inquiétudes ont surpassé l'imagination, ayant demeuré nuit et jour proche du roi… » À l'âge de sept ans, le petit Louis XIV est remis selon l'usage aux mains des hommes pour son éducation, mais Anne ne cesse de le suivre et d'encourager son développement.

L'amour maternel peut être une prison ou l'apprentissage de la liberté. Anne d'Autriche n'ignorait pas, en recevant le pouvoir, qu'il appartenait à son fils. Louis, de son côté, sait qu'il n'a « rien à craindre de son ambition », et il laisse les rênes du gouvernement à son parrain, Mazarin, qui lui tient lieu de figure paternelle jusqu'à sa mort, en 1661. L'enfant roi a atteint sa majorité en 1651, et il est sacré le 7 juin 1654. L'amour maternel et la prudence habile du ministre ont préparé le miracle du plus grand règne qu'ait connu le royaume de France.

Anne d'Autriche et Louis XIV : ou comment marier « le plus grand et le plus aimable roi du monde »

« L'amour que la reine sa mère avait pour lui occupait tendrement son cœur. »

Mme DE MOTTEVILLE, *Mémoires*, 1651.

« Le roi me fait pitié ; il est tendre et raisonnable tout ensemble ; mais je viens de lui dire que je suis assurée qu'il me remerciera un jour du mal que je lui fais. »

Anne d'Autriche,
citée par Mme DE MOTTEVILLE, *ibid.*, 1658.

Le garçonnet aux boucles blondes et au visage grave qui, à quatre ans, apprenait par cœur un petit discours pour tenir le lit de justice, est devenu un adolescent de belle taille, plein de charme, un peu timide, frotté aux bonnes manières. Lorsqu'il n'accompagne pas les armées royales, il se forme aux affaires auprès du cardinal Mazarin. Ses études n'ont rien eu d'exceptionnel ; il n'aime point trop la lecture, ni le latin, mais il est réfléchi et excellent observateur. Les frondes du Parlement et des princes, les barricades parisiennes, les départs précipités, de nuit, d'un château à l'autre, la guerre, enfin, lui ont appris l'Histoire sur le terrain, mieux que tous les livres. De là lui est venu une maturité précoce. Il a parcouru la

France durant des mois et s'est initié au commandement. Mais, comme la plupart des adolescents, le jeune roi de seize ans aime aussi danser et jouer de la guitare, courir la bague et courtiser les filles dont il attire vite les cœurs. Il a beaucoup de prestance, mais rien de guindé. Il est le roi, il le sait, et il n'a pas besoin d'apparat : « Il portait dans les yeux et dans l'air de toute sa personne le caractère de la majesté » (Mme de Motteville).

Anne d'Autriche, la régente, est devenue la reine mère, en 1651. Elle a les yeux constamment posés sur ce fils qu'elle idolâtre, sans pour autant négliger son cadet, Philippe, le petit Monsieur. C'est une femme épanouie et bien en chair, soigneuse de ses toilettes, qui aime créer autour d'elle une vie de cour chaleureuse, où règnent le bon goût, les arts et les plaisirs. Très pieuse et sincèrement charitable, elle passe beaucoup de temps dans son oratoire et va se recueillir chez les religieuses du Val-de-Grâce. Avec douceur et tendresse, elle a transmis à son fils une grande piété et les qualités de l'âme, dont la bonté et la générosité. La grandeur aussi : plus sensible et plus instinctive que guidée par une froide raison, elle n'a d'ambition et de désirs que pour le jeune roi ; en le surveillant de près, elle continue de l'influencer. « J'ai de bons enfants », confie-t-elle à Mme de Motteville.

Une vie de famille

Le cardinal Mazarin, surintendant de l'éducation des enfants royaux, se sait responsable d'un pouvoir que Louis XIV doit retrouver intact à sa majorité. En homme d'État, servi il est vrai par la médiocrité de ses rivaux et par l'aversion d'Anne d'Autriche pour la politique, il a su exploiter les dissensions entre le Parlement et les princes frondeurs, déterminés à profiter de la régence, les uns pour instaurer de nouvelles règles politiques et les autres pour regagner le pouvoir perdu. La paix ne règne pas encore, ni à l'intérieur ni à l'extérieur ; l'Espagne est toujours en guerre avec la France, conflit qui désespère la reine Anne, en tant que mère de Louis XIV et sœur du roi d'Espagne Philippe IV. L'habileté du ministre, durant ces dix années, entre 1648 à 1658, produit ses fruits : tout dévoué à la reine sans jamais négliger ses propres intérêts – il devient fabuleusement riche –, le cardinal n'a pas empiété sur son rôle et il a su faire preuve d'adresse, de douceur et d'esprit, jusqu'à toucher le cœur de la reine : il a obtenu son estime et sa pleine confiance. A-t-il obtenu plus ? Anne, qui se confesse chaque semaine, est sans doute trop pieuse pour faire fi de la morale ; mais leurs sentiments à l'un comme à l'autre ont largement facilité leur collaboration.

La vie de cour est aussi une vie de famille. Le jeune roi a besoin d'un entourage de son âge. En 1647, le cardinal accueille ses nièces, Laure et Olympe Mancini, qu'il traite en princesses. La reine s'occupe des jeunes filles et elles deviennent les compagnes de jeu de ses deux fils. Puis, c'est au tour d'Hortense et Marie, les plus jeunes sœurs, d'arriver à Versailles, en 1653. Les familles sont étroitement mêlées, les amitiés se nouent sans contrainte, et lorsque meurt leur mère, Mme Mancini, la reine exerce sur ses filles une sorte de tutelle morale. Ballets, musique, théâtre, opéra, bals masqués, les distractions ne manquent pas. La sage Mme de Motteville décrit un bal chez le cardinal Mazarin, où le roi, vêtu d'un habit de satin noir brodé d'or, paré de plumes et de rubans, subjugue son entourage par « les beaux traits de son visage, la douceur de ses yeux jointe à leur gravité, la blancheur et la vivacité de son teint ». Le chancelier Séguier donne également de très belles fêtes. L'entrée en carême et les campagnes militaires en Flandre, aux côtés de Turenne, suspendent les divertissements.

Entre les affaires de la guerre et l'apprentissage politique, le roi trouve le temps de courtiser les femmes. En mère avisée, Anne ne désapprouve pas les galanteries mais elle tient à ce que soient respectées l'étiquette et les bonnes manières. Un jour où il n'a pas voulu offrir un branle à la fille de la reine d'Angleterre, qu'il juge trop petite et maigrelette, il est vertement grondé. À seize ans, Louis semble en avoir dix-huit. En matière d'amour, il se montre précoce, bien que timide, et sa mère, forte de sa triste expérience de jeune mariée, regarde avec indulgence ses amourettes – du moins tant qu'il n'est pas question de mariage. Le jeune roi s'amuse. Olympe Mancini occupe son cœur et devient sa maîtresse. Cette fois, c'est le cardinal qui s'inquiète : il s'empresse de marier sa nièce avec Eugène de Savoie, comte de Soissons, mariage que le roi voit se nouer sans grand chagrin ; il continue d'ailleurs de lui faire de fréquentes visites dans son hôtel, puis les visites s'espacent.

La reine, prudente, veut être informée ; elle apprend ainsi que son fils se montre fort entreprenant avec l'aimable Mlle de la Motte-Argentan, dont les yeux bleus et la finesse de traits ont de quoi séduire. Le cœur royal s'échauffe un peu trop ; Mazarin et la reine tiennent conciliabules et se partagent les rôles : Anne gronde son fils, en lui faisant valoir qu'il offense Dieu. Le roi écoute humblement la réprimande, « avec bonté et respect », tout en suppliant sa mère de ne pas montrer à la Cour un visage mécontent, qui ferait voir à tous qu'elle le désapprouve. Quant au cardinal, il se montre plus tolérant, car il sait qu'il faut que jeunesse se passe. Mais, à l'évidence, Louis XIV est réellement amoureux, prêt à tout. Selon le récit de Mme de Motteville, il résisterait à la reine et au cardinal « si elle voulait l'aimer » ; mais ne voulant pas « choquer la vertu », la jeune fille, sagement, refuse. L'amoureux éconduit se précipite alors chez sa mère pour lui confier son chagrin. Anne s'alarme et elle y va d'un tendre et ferme sermon : « Il gémit, il soupira, mais enfin il vainquit. » Se recueillant alors dans l'oratoire de sa mère, Louis XIV se confesse et promet de renoncer à la bien-aimée. La bataille n'est pas encore gagnée. Deux jours plus tard, le jeune couple se retrouve réuni à l'occasion d'un bal. Mlle de la Motte vient alors chercher le roi pour danser. Louis devient pâle, puis tout rouge ; sa main tremble lorsqu'il tient la sienne. L'intervention du cardinal met fin à la scène : Mazarin fait croire à son filleul que la jeune personne a divulgué leur secret à plusieurs amis. Pure invention du ministre ! Mais Mazarin ne veut point de compagnon ou de compagne attitrés, et Louis s'incline. La jeune fille se retirera au couvent où, conclut rapidement Mme de Motteville, elle « s'est fait une vie fort tranquille et fort heureuse ». À dix-neuf ans, Louis est encore un fils docile, mais il faut vite le marier. Les candidates ne manquent pas.

Marie la brûlante

Avec Marie Mancini, la quatrième des nièces de Mazarin, la situation devient beaucoup plus sérieuse. Marie n'est pas une « jolie » fille pour le goût de l'époque : les cheveux noirs, le teint basané, les manières un peu rustiques, la taille petite et maigre, elle ne ressemble pas aux demoiselles de la Cour, coquettes et apprêtées. Elle a un ou deux ans de moins que Louis et, lorsqu'elle atteint ses dix-huit ans, Louis tombe éperdument amoureux d'elle. La demoiselle a opéré sa mue : d'olivâtre, le teint est devenu d'ambre doré, les formes se sont arrondies, les yeux noirs lancent du feu ; surtout, elle s'exprime avec vivacité, sans souci de l'étiquette. Le sentiment violent qu'elle voit poindre et croître dans le cœur du roi lui donne de l'assurance ; la passion engendre la passion, et Marie ne quitte plus d'un pas son amoureux : « Elle le suivait en tous lieux et lui parlait toujours à l'oreille, en présence même de la reine, sans que la bienséance ni le respect qu'elle lui devait ne l'en empêchassent. » Cette fois, la reine s'inquiète de l'ascendant qu'exerce la jeune femme. Présomptueuse, vibrante, parfois moqueuse, enivrée par son succès, Marie apporte aux soirées une gaieté et une animation inédites ; elle divertit un roi timide et trop sérieux. Il ne peut plus se passer d'elle ; lui, si inquiet de ne pas dire de sottise, devient gai et cause avec tout le monde. Il fait donner des violons, il lui offre un rang de perles que paiera, en grondant, le cardinal, il lui prête ses plus beaux chevaux et lui commande des équipages. Ils sont inséparables. Mlle de Montpensier prétend qu'elle lui fait lire des romans et des vers ! Tout en se rendant peu à peu indispensable, Marie voile sagement ses ambitions.

Anne d'Autriche prend peur. L'amourette n'a plus rien d'un enfantillage. Elle fait dire des neuvaines par les religieuses du Val-de-Grâce. D'autant que son cher cardinal ne semble pas blâmer Marie de son audace. Songe-t-il au fond de lui-même qu'une nièce devenant reine de France comblerait son ambition ? C'est ce que craint Mme de Motteville, et la reine, si aimante soit-elle, n'écarte pas cette hypothèse. Mais l'une et l'autre sont convaincues qu'il leur suffira de chapitrer le roi et de lui faire valoir l'incongruité ou l'impudence d'une pareille situation pour le ramener à la raison. Or la raison commande que le roi se marie. Louis étant tombé gravement malade à Calais en juin, il faut d'urgence un berceau au Louvre et, dans le berceau, un petit dauphin. Des projets secrets s'échafaudent.

La reine mère vise pour son fils un grand mariage : un mariage qui apporte enfin la paix à la France. Mlle de Montpensier, très riche mais trop âgée, est écartée. Le roi du Portugal propose sa fille mais l'alliance est jugée médiocre en France. On songe aussi à une princesse d'Angleterre. Anne d'Autriche est convaincue que seule une alliance espagnole pourrait réconcilier l'Espagne et la France et apporter la paix ; les jeunes gens sont assortis : l'infante Marie-Thérèse, née en 1638, a l'âge de Louis. Cependant, le roi d'Espagne, Philippe IV, ne semble pas entendre, car il regarde du côté des Habsbourg. Il n'a qu'un fils de son second mariage, un fils en très mauvaise santé, et comme son royaume ne connaît pas la loi salique, la couronne d'Espagne pourrait revenir à sa fille aînée, née de son premier mariage, Marie-Thérèse.

Marguerite de Savoie, fille de Madame Royale et donc cousine germaine du roi, est également sur les rangs. Fixer la Savoie dans l'alliance française, à défaut d'Espagne, apparaît une solution acceptable. Mazarin n'y est pas hostile et la proposition aurait, de plus, l'avantage de faire réfléchir Philippe IV ; le calcul est bon, car rien ne vaut un peu de dédain pour faire avancer une négociation. Anne d'Autriche ne cache pas sa tristesse à ses intimes ; son aversion pour Marie augmente et elle ne peut se résigner au mariage savoyard qui ruinerait son rêve de réunir le sang espagnol et le sang français. Cependant, elle se plie à la stratégie du cardinal. Et que dit l'intéressé ? Louis est trop sage pour ne pas se soumettre lorsqu'on invoque la raison d'État ; il veut satisfaire sa mère et son tuteur. À condition que la fiancée soit un peu jolie et lui plaise… La rencontre aura lieu à Lyon, à l'automne ; elle doit être assez solennelle pour attiser l'envie de Philippe IV, mais sans engager encore les parties.

C'est un long cortège qui s'ébranle, fin octobre, depuis Notre-Dame de Paris. Louis a demandé que la reine mère soit du voyage, car il faut que la fiancée lui plaise à elle aussi ; le cardinal, le petit Monsieur, Mlle de Montpensier, la comtesse de Soissons, un essaim de jolies dames, à cheval ou en carrosse, accompagnent le roi qui paraît fort gai. À côté de lui trotte Mlle de Mancini. Aux soupers, il demeure plusieurs heures à causer avec elle ; le jour, ils galopent ensemble par les petits chemins de campagne. Les voici tous enfin arrivés à Lyon, le 24 novembre 1658 ; quelques jours plus tard doit avoir lieu la rencontre.

Le roi ne cache pas son impatience ni son émotion ; les deux carrosses français et savoyard se sont rejoints ; il aborde la princesse Marguerite avec empressement. Selon Mme de Motteville, un coup d'œil lui suffit : après un court salut, il revient brusquement au carrosse de la reine, l'air gai et satisfait : « Elle est fort agréable, elle ressemble fort à ses portraits ; elle est un peu basanée mais cela n'empêche pas qu'elle soit bien faite. » Elle a de la civilité et de la douceur. Une protocolaire et longue entrevue suit ce bon début : la reine mère embrasse Madame Royale et ses filles qui ont mis genou à terre ; on échange des amabilités, après quoi les royales compagnies se retirent, chacune de son côté. L'affaire semble bien engagée. Mazarin, imperturbable, est satisfait de la rencontre, tandis que la reine mère ne cache pas sa mélancolie, malgré les efforts de son fils pour la rassurer. Louis affirme que la jeune princesse lui plaît, qu'il veut se marier et, ajoute-t-il en élevant un peu la voix, qu'« enfin il était le maître ». Anne, qui ne pleure pas souvent, ne se retient plus et laisse alors couler ses larmes. Elle demande à son confesseur de faire dire des prières dans tous les couvents de Lyon.

C'est alors que le miracle inespéré arrive. Le cardinal entre dans la chambre de la reine, tout sourire : « Bonnes nouvelles. J'apporte à Votre Majesté la paix et l'infante. » Le stratagème de Mazarin a fonctionné : l'Espagne, en voyant se concrétiser l'alliance savoyarde, a cédé. Louis XIV, qui ne songe au fond de son cœur qu'à Marie, se plie sereinement au nouveau programme. Quant à Marguerite de Savoie, elle accepte avec dignité son sort, consciente qu'il s'agit là de construire la paix de l'Europe.

Arrachement

Marie, elle, est un peu moins sereine. L'épisode Marguerite de Savoie ne l'a guère impressionnée car, malgré l'agrément que le roi peut lui trouver, elle se sait remplaçable ; l'histoire lui donne raison : fine psychologue, Mme de Motteville note que « pour satisfaire cette fille passionnée, le roi avait paru plus froid pour la princesse Marguerite ». Cette modération a d'ailleurs été remarquée de tous ; Marie peut compter sur la fidélité de son amant. Elle a repris sa place à ses côtés, satisfaite d'être aimée et en retour d'aimer. De l'infante d'Espagne, elle ne se préoccupe pas encore.

Comment détacher un jeune homme d'une passion qu'il croit éternelle ? Le roi ne semble même plus vouloir s'en cacher, et il ne paraît plus devant sa mère qu'accompagné de Marie. La reine voudrait le ramener à la religion, l'aguerrir contre « la hardiesse du tempérament de la fille », et elle songe déjà au triste sort qui attend la petite infante au cœur pur si le mariage se fait. Inquiète, elle se met aussi à douter de l'appui du cardinal, qui paraît embarrassé lorsqu'on évoque Marie et le mariage royal : « Je ne crois pas, M. le cardinal, que le roi soit capable de cette lâcheté ; mais s'il était possible qu'il en eût la pensée, la France se révolterait contre vous et contre lui. » La mère ne néglige rien pour semoncer son fils : elle invoque les enchantements de la magicienne Armide qui ont failli précipiter Renaud dans le déshonneur. Elle assiège Mazarin pour qu'il soit fidèle à l'intérêt du royaume ; enfin, elle rappelle à l'un et à l'autre devoir et raison…

Sa persévérance réussit. Le cardinal promet d'éloigner sa nièce de tous les lieux où se trouve le roi. Mais Louis résiste et se débat de toutes ses forces. Sa douleur, que redouble le désespoir de Marie, fait peine à voir ; il va jusqu'à proposer au cardinal d'épouser sa nièce plutôt que de la voir souffrir. Mais Mazarin tient bon : mariage indigne qu'il regretterait et contraire à sa gloire, rétorque-t-il ; la séparation, si cruelle soit-elle, est nécessaire. Marie, de son côté, utilise tous les arguments en son pouvoir pour influencer son amant, jusqu'à cette éloquente apostrophe que ne renierait pas Racine : « Vous pleurez mais vous êtes le maître ! » Louis, après une violente lutte intérieure, cède : Marie partira pour La Rochelle puis pour le château de Brouage, lieu choisi pour son exil. Le soir du départ, le roi se réfugie comme un enfant malheureux chez sa mère, abattu de tristesse : « Il s'affligea avec elle, il se plaignit non pas d'elle mais avec elle, et se consola, avec son illustre mère, du faux bien qu'elle lui arrachait. » Prenant un flambeau, elle le conduit dans son cabinet privé pour qu'il s'épanche sans témoin. Une heure plus tard, les yeux gonflés, le jeune homme sort, tandis que sa mère confie à Mme de Motteville sa propre peine : « Le roi me fait pitié, mais je viens de lui dire que je suis assurée qu'un jour il me remerciera du mal que je lui fais, et selon ce que je vois en lui, je n'en doute pas. »

Le 22 juin, Louis accompagne Marie jusqu'à son carrosse et les adieux se font dans les larmes ; puis il prend congé de la reine et se retire huit jours à Chantilly, pour y reprendre des forces. Marie raconte dans ses *Mémoires* qu'il lui envoie encore, durant plusieurs jours, courrier sur courrier. On ne guérit pas si aisément d'un amour perdu, et les méchants continueront encore quelque temps à dire que le roi aime toujours Marie. Mais l'accomplissement du devoir apporte aussi sa joie : Louis écrit à sa mère pour reconnaître le bien qu'elle lui a fait et c'est avec une grande impatience qu'il attend de la voir, car « il ne peut vivre content sans ce bonheur ».

Les pourparlers avec l'Espagne sont achevés et « le grand ouvrage » de la paix entre les deux couronnes prêt d'aboutir. Toute la Cour se rend à Bordeaux ; lorsque le cortège traverse la Saintonge en août, le roi ne résiste pas à demander à voir en passant Mlle de Mancini. La reine accepte ; l'entrevue a lieu à Cognac, dans les larmes. Puis le roi continue son chemin vers son destin. La paix dite des Pyrénées est signée, le 7 novembre 1659. Le 9 juin 1660, Louis XIV épouse l'infante Marie-Thérèse, à Saint-Jean-de-Luz. Durant l'hiver, le cardinal, alité, se sent de plus en plus mal ; la reine accompagnée de ses deux fils lui rend visite. Il expire le 9 mars 1661.

Le mariage de Louis XIV et Marie-Thérèse n'a pas été un mariage heureux. La jeune femme, quoique fort agréable à regarder, parle un mauvais français, avec un fort accent, et elle n'a guère d'esprit. Le roi s'ennuie avec elle ; il ne tarde pas à la tromper, en cachant du mieux qu'il peut à sa mère sa liaison avec Mlle de La Vallière. Marie-Thérèse met au monde six enfants, dont un seul survit.

En novembre 1664, la reine mère se découvre une grosseur au sein. Elle se retire peu à peu de la Cour. Durant deux ans de douloureuse maladie, n'exigeant rien pour elle, elle se prépare à la mort dans une retraite calme et pieuse. Louis XIV a toujours pour elle les sentiments d'un enfant, il sanglote, fait porter un matelas près de la chambre maternelle, tandis que son frère reste à genoux près du lit. Le cancer emporte la reine mère, le 20 janvier 1666. Un vibrant hommage lui est rendu, aucun « fils n'ayant jamais davantage honoré sa mort pendant toute sa vie » (Charles Perrault). Anne d'Autriche est à ses yeux le modèle d'une reine, d'une régente et d'une mère.

Mme de Sévigné et son fils : Charles le mal aimé

> « Mon fils me dit qu'il y a un *lui* qui m'adore, un autre qui m'étrangle et qu'ils se battaient tous deux l'autre jour à outrance. »
>
> Mme DE SÉVIGNÉ, 2 novembre 1672.

Le couple qu'ont formé Charles de Sévigné et sa mère a été occulté par l'amour passionnel et exclusif que la marquise a voué à sa fille, la comtesse de Grignan. Peut-on même parler de couple ? Le fils s'est employé toute sa vie à plaire à sa mère en embrassant ses goûts et en répondant à ses désirs. Mais pour plaire à une jeune veuve, brillante et mondaine, il ne suffit pas d'être un bon fils il faut aussi forcer un peu ses talents. Malgré la préférence avouée de la marquise pour Françoise de Grignan, mère et fils ont pourtant joué leur scénario à deux voix dans une apparente et trompeuse sérénité.

Mme de Sévigné, plus blessée qu'elle ne l'a dit par les frasques de son mari, pouvait-elle élever seule un garçon ? Et Charles de Sévigné pouvait-il être un grand homme ? En tout cas, le fils méritait mieux que ces titres sans gloire que la postérité lui a laissés : le « fils de sa mère » ou le « frère de sa sœur ». Étouffé entre deux femmes célèbres, qui le traitent en garçonnet et lui collent pour la vie l'étiquette d'amuseur, comment aurait-il pu transformer ses dons en mérites reconnus par la société ? Il a fallu que tombe le cordon de velours tressé par « maman mignonne » pour que l'homme mûr s'affranchisse et trouve sa propre route.

Des dons, Charles en a beaucoup reçu. D'abord, il est beau. L'abbé Arnauld, frère du ministre Pomponne, avoue dans ses *Mémoires* son émerveillement devant le spectacle de la marquise de Sévigné, encadrée de ses deux enfants éclatants de santé, « tels que les poètes représentent Latone au milieu du jeune Apollon et de la petite Diane ». Le jeune Apollon ressemble, dit-on, à son père, Henri de Sévigné, dont la séduction faisait tourner la tête des femmes et qui finit prématurément dans un duel contre un rival en 1651 – Diane et Apollon ont alors respectivement cinq et trois ans lorsque leur père meurt.

Beau, Charles de Sévigné a le cœur bien placé : s'il n'a presque pas connu son père, il veut se montrer digne de sa lignée. À vingt ans, en 1668, encouragé par le bon oncle de Coulanges, approuvé par le cardinal de Retz et par La Rochefoucauld, il participe en volontaire à l'expédition de Candie, une croisade destinée à délivrer le comptoir vénitien, assiégé par les Turcs. La carrière des armes s'impose aux jeunes nobles, et Charles fait son apprentissage ; il a le sens du devoir, il est courageux, parfois téméraire, et souvent plus soucieux de faire valoir les actions de ses camarades que les siennes. Ses mérites sont reconnus. Un témoin, le chevalier de Nogent, le nomme au roi lors de la campagne de 1676 pour sa détermination à se trouver au feu, « partout où il faisait chaud », là où se gagnent les médailles ; à Aires, « il a fait le fou », il se bat dans les tranchées et sur la contrescarpe « comme s'il eût été chez lui » ! Lors de l'affrontement autour de Mons, début août 1678, il essuie le feu deux heures durant à la tête de son escadron de gendarmes-dauphin, manquant d'être « tué dix ou douze fois ». Mais la gloire n'est pas au rendez-vous : le vaillant militaire n'a pas l'occasion d'une action d'éclat et il n'obtient pas l'avancement espéré.

Une mère chérie

Beau et courageux, Charles de Sévigné a le cœur tendre et l'esprit délié. On compterait sur les doigts d'une main les poussées d'amertume qui le saisissent lorsque les élans de sa mère convergent exclusivement vers sa sœur Françoise, comtesse de Grignan. Il aime, lui aussi, et admire cette merveilleuse sœur de deux ans son aînée, et il plaisante sans jalousie sur la passion maternelle. On le voit jouer les médiateurs lorsque les relations se tendent entre mère et fille et c'est en partie grâce à son enjouement et à sa générosité que l'harmonie familiale survit aux fâcheries et aux mille « dragons » de la vie quotidienne. Modeste, Charles est également un excellent interlocuteur pour ces deux femmes d'exception qui lisent les Pères du désert, Descartes et Nicole, même si sa culture à lui est plus artistique et littéraire que religieuse ou philosophique. Ses goûts sont d'ailleurs moins guindés, plus fins que ceux de sa sœur ; il engage une discussion critique avec le savant Dacier sur l'art poétique d'Horace qui sera publiée en 1698, il aime Homère et Virgile. La marquise de Sévigné reconnaît volontiers à son fils les délicates vertus sociales d'un honnête homme, courageux, galant, lettré ! Une famille pareillement unie, ce n'est pas si fréquent, et la marquise, qui n'a pas voulu se remarier, s'en réjouit ; elle est heureuse avec eux et, dit-elle, « pourquoi craindre de se trop amuser de ses enfants ? [...] Je ne vois ailleurs que des enfants qui haïssent leur mère » (28 juillet 1677).

Aimé, Charles l'a été, même si Mme de Sévigné, dans ses lettres, n'évoque pas de souvenirs d'enfance comme elle le fait pour sa sœur. La marquise tremble de peur lorsque son fils part pour le front, beaucoup n'en reviennent pas ou en reviennent estropiés ; elle se lamente lorsqu'il s'engage dans l'expédition de Candie, tout en sachant que « dans ces occasions-là les mères n'ont pas beaucoup de voix au chapitre ». En temps de paix, elle se délecte de la présence tendre et divertissante de Charles tandis que se font attendre les lettres de Françoise. Mère et fils rient « aux larmes » ensemble, aussi vifs l'un que l'autre à échanger ces petites plaisanteries qui font la complicité d'une famille – « Votre frère est un trésor de folie » ! Avec lui, la vie est toujours plaisante et imprévue ; chaleureuse aussi : « Nous allons avoir une rude guerre ; j'en suis dans une inquiétude épouvantable. Votre frère me tient au cœur ; nous sommes très bien ensemble ; il m'aime et ne songe qu'à me plaire : je suis aussi une vraie marâtre pour lui et ne suis occupée que de ses affaires » (8 juillet 1672). La marquise est trop intelligente pour ne pas peser ses mots, elle espère bien exciter un peu la jalousie de la sœur en vantant les qualités du frère.

Charles, lui, veut avant tout plaire à sa mère. Il lui voue un amour infini ; compagnon délicieux, il la « mitonne » lorsqu'elle est malade, il lui fait tout haut la lecture, il lui sert de secrétaire lorsqu'un rhumatisme l'empêche d'écrire, il lui prépare des fêtes surprises, il joue de son charme, voire de ses faiblesses pour retenir son attention et obtenir ses grâces. Et il est récompensé. Quelle mère ne serait émue par ce dévouement qui touche à la dévotion ? Il n'a au fond qu'un objectif, exister aux yeux de « maman mignonne » : si Françoise est bien la préférée, il obtiendra, lui, par une prévenance de tous les instants, ce regard amoureux qu'il espère ; c'est pour elle qu'il se bat si vaillamment, et c'est peut-être aussi pour l'impressionner qu'il lit autant et développe une vaste culture. Jusqu'à ses maux de santé calqués sur ceux qu'éprouve la marquise, laquelle ironise aussitôt sur cette « cuisse bleue » due au rhumatisme dont ils partageraient la particularité – mais la marquise ne s'étonne pas de ressentir, par empathie, la grossesse ou le torticolis de sa fille ! Charles, jusqu'à son mariage et son installation en Bretagne, se comporte en miroir fidèle et complaisant de sa mère, dont il souhaite satisfaire tous les désirs.

L'équation est simple : Charles aime passionnément Mme de Sévigné qui aime passionnément la comtesse de Grignan. On a là le schéma classique des tragédies de Corneille ou de Racine. Ces passions ne se recoupent pas. Si Françoise est la « divine », le *frater* n'est que « le petit garçon », « le pauvre baron » (par modestie il garde le titre de baron), « le compère », « le petit frère » qui parfois « brillote ». Dans cette configuration familiale aussi inégale, il reste toujours « l'enfant », rieur ou fripon selon les heures. L'histoire que les lettres de la marquise nous livrent année après année entre 1671 et 1696 est celle d'un éternel adolescent incapable de grandir. Charles pourtant ne manque pas de bon sens ni d'intelligence ; il se sait plein de contradictions, et sa mère n'est pas dupe : « Mon fils me dit qu'il y a un *lui* qui m'adore, un autre qui m'étrangle et qu'ils se battaient tous deux l'autre jour à outrance », rapporte-t-elle (2 novembre 1672). La marquise en sait long sur les faiblesses des hommes ; elle se dit « tendre aux larmes » mais elle n'est pas particulièrement charitable, et elle est sans nul doute déçue par le chemin tortueux qu'a emprunté son étourdi de fils. On sent même sourdre parfois l'exaspération sous l'enjouement des lettres – « Il a le don de rendre mauvaises les meilleures choses ». Se met-elle en cause ? Nullement. Selon elle, les dépressions de Françoise sont causées par les exigences sexuelles de son époux et subsidiairement par les charges de Grignan, tandis que les mésaventures bouffonnes de Charles tiennent à la légèreté de son caractère. Non seulement la marquise ne cherche pas à opérer la séparation affective nécessaire entre eux mais, veuve à vingt-cinq ans, elle a déposé en ses enfants et ranime sans cesse ses propres désirs, conscients ou refoulés, d'amour, de bonheur et de gloire

Charles et les échecs amoureux

La marquise de Sévigné en bonne mère se soucie de bien marier ses enfants. Françoise a épousé le comte de Grignan en 1668 : un mariage en grande pompe, qui unit une très jolie et très sérieuse jeune fille de vingt-trois ans à un aristocrate de trente-neuf ans, deux fois veuf, que le roi nomme six mois plus tard lieutenant général en Provence. La joie de la radieuse belle-mère, bien vite devenue grand-mère, est affectée par l'inéluctable séparation d'avec sa fille qui rejoint son mari à Grignan en février 1671 : c'est en mesurant sa perte qu'elle découvre l'intensité de son amour ; une douleur poignante la prend au corps, que seule peut atténuer une correspondance presque quotidienne.

L'année du mariage, 1668, est précisément celle où Charles s'engage dans l'escadron du comte de Saint-Paul pour aider les Vénitiens à Candie. L'expédition a tourné au désastre, la moitié de la troupe a été anéantie, mais Charles s'est vaillamment conduit. À son retour, la marquise achète pour lui au marquis de la Fare une charge militaire de guidon du roi afin de compenser la dot donnée à Françoise ; le jeune soldat est envoyé à Nancy, occupé par les troupes françaises depuis la prise de possession de la Lorraine ; il y séjourne en quartier d'hiver avec sa compagnie, que commande son parent le marquis de la Trousse. En février 1671, il quitte Nancy où ne le retient plus une petite intrigue amoureuse nouée avec une jeune femme surnommée ironiquement Mme de Madruche, déformation probable de Madruce – Mme de Sévigné excelle à donner des surnoms malicieux. Il rejoint Saint-Germain où est le roi : il faut se montrer et pavaner un peu pour obtenir de l'avancement. Après avoir marié sa fille, la marquise de Sévigné nourrit l'espoir de trouver un riche et noble parti pour son fils ; mère et fils ne se quittent plus pendant les quatre mois qui précèdent juillet 1671.

Les conquêtes amoureuses, autant que les faits d'armes, forgent un homme. Héritier de la séduction de son père et de l'esprit de sa mère, Charles est brave, drôle et galant, il plaît aux femmes et il a vingt-trois ans. Les jeunes gens se font une gloire de fréquenter les cercles des femmes à la mode, comme Mme de la Sablière ou Mlle de Lenclos. La religion, certes, condamne les liaisons et amourettes, mais il faut bien que jeunesse se passe, et il est naturel qu'après s'être vaillamment affranchi de la tutelle maternelle à l'armée, le jeune baron veuille éprouver sa virilité. Il a un visage de chérubin, et il plaît à la femme la plus libre, la plus spirituelle, la plus libertine de son temps, Ninon de Lenclos. Ninon a alors cinquante et un ans ; elle fréquente le beau monde, elle est encore belle à grand renfort de pommades. On ne peut imputer au hasard le fait qu'elle compte à son palmarès le mari volage de la marquise, Henri de Sévigné, et que vingt-cinq ans après avoir été la maîtresse du père, elle prenne dans ses rets le fils ! La gageure ne manque pas de piquant, mais pour une fois le proverbe « tel père, tel fils » ne semble pas justifié : en ce début de mars 1671, le fils n'a pas la vigueur attendue dans l'alcôve de la rue des Tournelles. Charles, plus galant qu'amoureux, est victime d'un mirage et s'empêtre comme un nigaud. Un nigaud candide, dont la railleuse Ninon clame qu'il a « la simplicité de la colombe » !

La colombe, ou l'étourneau, n'est pourtant pas tombée du nid. Il lorgne volontiers les femmes et à la fin de ce même mois de mars 1671, inquiet de ses capacités, il a noué une autre liaison avec une tragédienne de six ans son aînée, sinon jolie, du moins sublime lorsqu'elle récite les vers de Racine, Marie de Champmeslé. Il échange avec elle des lettres passionnées ; dans son cercle, il rencontre des poètes, Racine, Boileau, et généreusement il paie les soupers. Mme de Sévigné, devenue la confidente de son fils, n'appelle plus l'actrice que « sa belle-fille » ou la « petite Chimène ». Voici Charles embrouillé entre deux femmes bouillantes, et il ne se montre à la hauteur ni avec l'une ni avec l'autre, il songe même à prendre les conseils du docteur Pecquet pour qu'il le « restaure » ! Mme de Sévigné, qui n'a rien d'une prude, commente avec une drôlerie féroce les trébuchements de son fils : « Son dada demeura court à Lérida », « Le cavalier en désordre sortit en déroute », allusion aux échecs de Condé, en 1647, battant en retraite devant Lérida ! Mais Ninon est si furieuse qu'elle exige de lui qu'il lui sacrifie sa rivale et lui remette les lettres d'amour de l'actrice ; le pauvre et pitoyable amant s'exécute ; il ne sait pas se défendre, il n'a point de volonté et en l'occurrence peu d'honneur. Mme de Sévigné gronde, l'enfant récupère de justesse la correspondance que sa mère jette aussitôt au feu.

Car maman mignonne n'ignore rien des frasques de son fils. Charles est venu tout penaud lui ouvrir son cœur et il veut son absolution. Il lui avoue drôlement qu'il voudrait se faire bouillir dans une chaudière avec des herbes fines pour se ravigoter et satisfaire ses maîtresses. Que faire de ces confidences ? Se fâcher, se scandaliser ou écouter et rire avec l'amoureux déconfit pour mieux le contrôler ? Indulgente à l'égard de la talentueuse Champmeslé, qu'elle est allée applaudir, Mme de Sévigné redoute le cynisme libertin de Ninon dont elle garde un cuisant souvenir. La courtisane est plus dangereuse par son impiété que par son goût du plaisir. Mme de Sévigné en digne petite-fille de sainte Jeanne de Chantal prend vite sa décision : il faut à tout prix soustraire Charles à l'ensorceleuse et l'emmener vers de plus sains paradis, au château familial des Rochers en Bretagne. La marquise n'a rien d'une dévote ; si elle se moque volontiers des conversions de façade, elle a de vrais amis à Port-Royal et elle démêle fort bien ce qui relève d'une faiblesse passagère ou d'une soumission de la conscience « aux lois de Ninon ». Que Charles oublie ses devoirs de carême, il n'y a là rien de grave ; mais il risque bien plus gros pour sa santé morale comme pour sa santé physique : « La dame a gâté le père », et elle peut gâter le fils.

C'est une assez étrange relation qui unit la marquise à ses enfants. Les fredaines et « accidents » sexuels de Charles ne la bouleversent guère et ils font durant tout le mois d'avril 1671 le régal de Françoise, alors enceinte de six mois. Lettres crues et drôles où se déploie le talent de l'épistolière. Charles ne sait pas ce qu'il veut, il pleure, il meurt et il rit en même temps ; et la marquise de s'amuser follement en rapportant les sarcasmes de Ninon qualifiant son jeune et incertain amant d'« âme de bouillie » : « c'est un corps de papier mouillé, un cœur de citrouille fracassé dans de la neige ». De tout cela, on peut rire, et Charles lui-même ne manque pas de se moquer de ses mésaventures ; il va jusqu'à raconter ses folies à l'ami de la famille, M. de La Rochefoucauld : « Nous rîmes de tout cela, et avec mon fils même, car il est de très bonne compagnie et dit *tôpe* à tout. Nous sommes très bien ensemble, je suis sa confidente [...] ; il me prie que je le redresse : je le fais comme une amie. » Rire et sermonner, telle est la médecine maternelle coutumière.

À dire vrai, la perspicacité de la marquise est prise en défaut et le pénétrant La Rochefoucauld y voit plus clair lorsqu'il affirme que Charles n'est pas fou de la tête mais fou du cœur, plus amoureux de l'amour même que d'une femme. Ses sentiments sont des sentiments de théâtre : le pauvre garçon donne le change en amusant mère et sœur, mais il souffre de ses contradictions, et « se fait mal au cœur lui-même ». Et Mme de Sévigné de raconter gaiement à Françoise les conséquences de la débâcle amoureuse : « Il lui a pris un dégoût de tout cela qui lui faisait bondir le cœur ; il n'osait y penser, il avait envie de vomir. Il lui semblait toujours de voir autour de lui des panerées de tétons, et quoi encore ? [...] Il était comme les chevaux rebutés d'avoine. » Charles, gavé jusqu'à l'indigestion, est mécontent de sa vie. On peut s'interroger sur la psychologie d'une mère si proche de son fils qu'elle connaît les détails intimes de sa vie sexuelle et que, réciproquement, son fils ose lui dire qu'il tient d'elle sa frigidité ! Car Charles, dans sa déroute, n'hésite pas à reprocher à sa mère de lui avoir transmis « sa glace » ; il se passerait bien de cette ressemblance et s'en prend à son éducation en ajoutant qu'en fait de ressemblance, mieux eût valu que la frigidité fût du côté de Françoise – celle-ci en est à sa troisième grossesse en quatre ans. Mal aimé, le fils laisse transpirer pour une fois une amertume enfouie, que la mère relate à la fille avec légèreté pour lui assurer qu'elle est bien sa préférée : « Il me donne mille attaques en riant de l'attachement que j'ai pour vous : je vous avoue, ma bonne, qu'il est grand, quand même je le cache. » Deux poids deux mesures. La sexualité de son fils amuse la marquise, celle de sa fille l'inquiète. Regrettable passe-temps pour le premier, risque mortel pour la seconde : car les hommes peuvent certes mourir à la guerre, mais les femmes meurent en couches ! En plaisantant sur les déconvenues de Charles, Mme de Sévigné règle peut-être aussi ses comptes avec sa propre histoire d'épouse malmenée : durant leurs courtes années de vie commune (six ans), Henri de Sévigné l'a largement trompée ; si l'on en croit Bussy-Rabutin, le mari galant semble s'être plaint de la froideur de sa femme qui, déjà mère de deux enfants, se refusait à une nouvelle grossesse.

Charles et sa mère quittent Paris à la mi-mai 1671 pour gagner la Bretagne où se tiennent, à Vitré, les états généraux. Toute la noblesse bretonne est rassemblée autour du gouverneur, le duc de Chaulnes. La vie est paisible dans le vieux château des Rochers. Les promenades sous les charmilles et dans ces belles allées que la marquise a fait planter offrent de délicieux moments de fraîcheur. Mère et fils roulent en calèche à six chevaux, visitent leurs fermes, composent des chansons, applaudissent à une bourrée, bavardent et rient ; quand il pleut, ils lisent Rabelais et le Tasse, et ne manquent pas de se moquer de concert de quelque provinciale gourmée. On s'amuse de petits riens. Avantage non négligeable, le séjour ne coûte pas cher grâce aux produits de la terre. Charles semble y prendre plaisir et recouvrer la santé. L'air de la campagne et une bonne confession devraient lui nettoyer le corps et l'âme : « Il entre avec douceur et approbation dans tout ce qu'on lui dit », se réjouit la marquise. Sauf que le garçon s'ennuie un peu et que sa conversion aux plaisirs bretons est fragile. Les grands repas donnés pour les États, les assemblées des députés lui font regretter la société de Paris. D'ailleurs il doit partir pour la Lorraine et Mme de Sévigné s'avoue toute chagrine. Le 5 juillet, le *frater* a quitté les Rochers ; le 15 il est à Paris.

Une carrière qui piétine

La guerre a rappelé les militaires. En janvier 1672 Charles marche sur Cologne ; l'hiver est froid, la vie pénible dans les campements. Les courriers sont rares, et presque toujours porteurs de tristes nouvelles, un mari, un fils tombé au feu. Mme de Sévigné tremble comme toutes les mères, mais sa correspondance, tout entière vouée à sa fille, s'en fait peu l'écho, au point que Françoise elle-même se plaint de ce silence et qu'il lui faut se disculper : « Vous dites que je ne vous dis rien de votre frère. Je ne sais pourquoi ; j'y pense à tout moment et j'en suis dans des inquiétudes extrêmes » (2 juin 1672). En attendant les nouvelles, les pensées de la marquise sont rivées à la santé de sa fille, qui se remet alors lentement d'une forte angine : n'est-elle pas « plus en danger que si elle était à l'armée » ? Jour et nuit elle rêve de rejoindre la chère enfant à Grignan. Enfin en juillet 1672, le calendrier s'assouplit ; le *frater* devenu « le petit glorieux » annonce que la campagne s'achève et la mère soulagée peut se mettre en route pour la Provence. Elle s'y installe pour plusieurs mois et se promet d'en profiter. Mme de Grignan est enceinte pour la quatrième fois. Le séjour si bien commencé menace cependant de tourner au cauchemar. L'accouchement le 27 mars 1673 se passe mal et Françoise est pendant plusieurs heures entre la vie et la mort.

Que comptent les soucis d'argent, face à ces angoisses maternelles – qui s'achèvent, heureusement, par la naissance de la petite Pauline ?

Les soucis financiers sont pourtant bien là, et depuis longtemps. Mme de Sévigné raisonnablement s'en inquiète, car elle a beaucoup emprunté : emprunté pour fournir à Françoise une dot confortable de trois cent mille livres, dont deux cent mille payées comptant, puis, sur une moindre échelle, pour financer l'équipement militaire de Charles en 1668. Il lui a fallu au début de la campagne de 1672 « se presser les côtes » pour pourvoir à nouveau à son équipage. Elle sait que Charles est prodigue, pareil à un creuset où l'argent se fond. Mais combien plus lourdes sont les dépenses du gendre ! Le comte de Grignan a des dettes considérables, le train de vie du château est quasi royal, on y reçoit des hôtes illustres, on donne des festins, on paie des musiciens et une armée de valets ; le gouverneur de la Provence doit faire briller son blason, et il lui faudra sans doute encore agrandir le château, le meubler à neuf et restaurer les écuries. Programme ruineux qui inquiète l'économe marquise. Mme de Sévigné donnerait sa chemise pour aider Françoise ; elle lui a envoyé en témoignage de sa tendresse un tour de perles de douze mille écus, elle vit elle-même avec frugalité par souci d'épargne, et elle n'hésite pas à tenter des démarches peu agréables auprès de Colbert pour défendre les intérêts de son gendre. La voilà même prête à donner à sa fille des avantages sur sa succession, assurée qu'elle est de la générosité du *frater* et de son abnégation.

Mme de La Fayette s'en indigne. Charles passé dans l'armée de Condé a besoin de chevaux et d'armes qui coûtent cher, et il a chargé la meilleure amie de sa mère de plaider sa cause : « Votre fils sort d'ici ; il m'est venu dire adieu et me prier de vous expliquer ses raisons sur l'argent. Elles sont si bonnes que je n'ai pas besoin de vous les expliquer fort au long […]. Il est impossible que votre fils ne fasse pas un peu comme les autres, et de plus, la grande amitié que vous avez pour Mme de Grignan fait qu'il en faut témoigner à son frère » (27 février 1673). Grignan est un gouffre, le petit *frater* ne doit pas payer les frais de la prodigalité maternelle, insiste avec franchise Mme de La Fayette.

La marquise, ainsi rappelée à ses devoirs, se veut équitable. Une semaine après avoir reçu la lettre de son amie, elle emprunte six mille livres pour son fils, destinées « à renouveler son équipage de guerre pour la présente campagne ». Elle espère ainsi que le jeune guidon brillera et recevra les récompenses qu'il mérite. Charles a rejoint l'armée en Franche-Comté, mais déjà on parle de paix et il obtient un congé en mai. La vie militaire est ainsi faite d'appels et de démobilisations, d'adieux et de retrouvailles. « Ils ne sont pas encore débottés, et les revoilà dans la boue. » Lorsque la marquise revient de Provence en octobre 1673, après quatorze mois d'absence, son fils est à nouveau reparti pour l'armée, toujours bouillant de tirer l'épée. Cette fois non plus, la chance n'est pas au rendez-vous. Le petit glorieux est envoyé à Charleroi en janvier 1674, mais les adversaires, de même force, refusent de risquer le combat et l'armée doit se replier. Déception, ennui, argent et temps perdus. À dire vrai, guidon depuis cinq ans, Charles commence à se dégoûter de sa charge. Au printemps 1674, après quelques semaines de repos à Paris, il rejoint Condé et en août il est à la terrible bataille de Seneffe : une vraie boucherie où sont tuées des centaines de jeunes gens. Il en réchappe de peu, légèrement blessé à la tête. Puis, après la mort du grand Turenne en 1675, Charles passe sous le commandement du maréchal de Luxembourg qui se bat aux Pays-Bas, mais la campagne à nouveau s'enlise. N'est-ce pas le moment de demander un congé ? La marquise écrit au marquis de la Trousse et au maréchal de Luxembourg pour obtenir que son fils puisse se rétablir aux Rochers – elle songe alors à vendre le maudit guidonnage pour acheter une charge plus brillante.

On peut à bon droit se demander si Charles est vraiment fait pour la vie militaire. Il a de la bravoure, il sait faire son devoir – beaucoup d'autres sont restés à l'arrière – mais il languit dans un grade subalterne au-dessous de sa naissance et de sa fortune. À l'évidence ses dons le portent plutôt vers les lettres, les arts, la vie sociale, là où il réussit bien : Mme de Coulanges, cousine de Mme de Sévigné, le prend sous sa coupe pendant que sa mère est à Grignan et elle fait un joyeux tableau de leur vie mondaine à la cour de Saint-Germain, au théâtre où ils vont applaudir *Mithridate*, aux soupers fins : « Nous dinâmes chez Mme de Richelieu. Il est aimé de tout le monde presque autant que de moi. » Si l'on tente de dresser un bilan de la carrière militaire de Charles, force est de constater que « le petit glorieux » ne resplendit pas. Ses campagnes connaissent de longues interruptions. En avril 1676, il rejoint l'armée du roi en Flandre qui se bat contre le prince d'Orange, mais l'occasion d'un grand affrontement est manquée. En juillet, Charles se rattrape à Aires où son détachement passe du commandement du maréchal de Schomberg à celui du maréchal d'Humières et il se signale par son courage un peu fou. En octobre, tandis qu'on l'envoie sur la Meuse, un rhumatisme à la cuisse lui fournit le prétexte de se reposer à Charleville, et sa mère sollicite pour lui un congé que Louvois demande au roi en son nom ; la campagne est quasiment arrêtée. Charles boitille, il espère bien passer l'hiver auprès de maman mignonne ; mais Louvois ne cache pas que la requête fera mauvais effet et risque fort d'être refusée. Charles quitte l'armée le 22 octobre sans attendre la réponse. Le voici en situation irrégulière et, comme il préfère rire de tout, il en plaisante avec sa sœur : « Je suis un pauvre criminel que l'on menace tous les jours de la Bastille ou d'être cassé » (28 octobre). Le « clopineux » en goguette est obligé de se montrer discret et il s'interdit de se rendre à Paris. Vie délicieuse de promenades et lectures auprès d'une mère aux petits soins ; la marquise se réjouit de savoir le petit compère loin de « la gueule du loup », non sans une pointe de regret à la pensée que s'éloignent les lauriers.

La comtesse de Grignan séjourne alors à Paris, et la correspondance de Mme de Sévigné s'arrête, de sorte qu'on perd la trace de Charles pendant quelques mois. On le retrouve en juin 1677, encore en congé, handicapé cette fois par une blessure au talon. Le guidon a du mal à monter à cheval, mais le roi a fait savoir qu'il n'était pas très content ; de son côté, l'ombrageux oncle de la Trousse rappelle le jeune homme à son devoir : « Venez, venez boiter avec nous. » On apprend alors que le prince d'Orange a investi Charleroi le 6 août et qu'il faut à l'armée du maréchal de Luxembourg des renforts. Une bonne nouvelle dénoue alors la situation qui s'enlisait, l'affaire du malheureux guidonnage est enfin résolue : un gentilhomme épris des salons littéraires, La Fare, quitte le service et vend sa charge à Charles, lequel a lui-même cédé son guidon ; le jeune homme devient sous-lieutenant des gendarmes-dauphin. Quoique réellement souffrant, il part rejoindre ses hommes en chaise, le 11 août ; quand il arrive, le siège a été levé. Encore une occasion manquée.

Du courage de Charles de Sévigné, les preuves sont multiples, car il en a à revendre. En août 1678, à Mons, il participe au sanglant combat que le prince d'Orange a engagé en feignant d'ignorer la paix qui vient d'être signée : un carnage, où le baron se conduit héroïquement et qui lui vaut d'être signalé aux officiers du prince d'Orange par le maréchal de Luxembourg. Mais, au fond, l'armée avec ses temps morts et ses interruptions l'ennuie ; il est trop modeste pour faire des courbettes à la Cour et il aime avant tout sa liberté, liberté de lire, causer, aller et venir selon sa fantaisie, sans compter que les chaînes de son esclavage coûtent fort cher. En fait, Charles songe de plus en plus à orienter autrement sa vie, « n'être plus attaché comme le loup », mais il sent bien que cette décision déplairait à sa mère – et non moins à sa sœur. Il a alors trente-deux ans, un âge critique où, pour bien des choses, il est déjà trop tard…

Un mariage qui n'avance pas

Comme sa vie de soldat, la vie amoureuse de Charles est faite de flottements, de risques inconsidérés, de faiblesses, et peut-être les deux sont-elles étroitement liées. Pas plus que de chaîne militaire il ne veut, semble-t-il, de joug conjugal. Il multiplie les aventures, façon d'affirmer sa liberté d'adulte et d'affronter indirectement ces deux femmes de poigne que sont sa mère et sa sœur. À peine reçoit-il un congé de l'armée, le voici prenant la route des écoliers et s'arrêtant en chemin pour nouer une liaison au hasard de sa marche. Ni ses bandages ni son talon douloureux ne l'empêchent de courir des aventures. Sa mère, complaisante et libérale, ne s'inquiète pourtant pas trop de ces fredaines « parce que ce n'était point pour épouser » (26 janvier 1674) ! Amoureux transi, il est amoureux de l'amour, faisant dire ironiquement à La Rochefoucauld que son ambition était de mourir d'un amour qu'il n'avait pas. Mais, à sa décharge, quelle femme pourrait rivaliser en charme et en esprit avec « mère Beauté » ?

La marquise de Sévigné, sans doute aiguillonnée par Françoise, a la tête sur les épaules lorsqu'il s'agit d'établir son fils. De la demi-roture de ses origines, côté Coulanges, elle a gardé un grand bon sens de sorte qu'elle n'écarte point un parti avantageux sans y regarder de près. En 1675, elle penche pour une demoiselle d'Eaubonne, mais assez vite, les parents de la jeune fille lui préfèrent un homme de robe plus riche. En août de la même année, elle songe à Mlle Rouillé de Meslay, fille d'un intendant de Provence ; il faut à nouveau y renoncer, car « sa mère a de plus hautes idées ». L'affaire n'est pas tout à fait perdue puisqu'elle est reprise en main par l'active Françoise, qui règne en gouvernante sur la région ; « le petit garçon », consulté, s'en remet à ses deux anges gardiens, mais la proposition est encore repoussée – la partie adverse trouve sans doute l'avancement du guidon à la barbe grise un peu trop poussif ! En octobre 1675, plus crûment encore, la marquise a repéré « une petite fille qui est un peu juive de son estoc mais [dont] les millions nous paraissent de bonne maison ». Comme dira Françoise plus tard en mariant son fils, les meilleures terres doivent bien être fumées, et qu'« importe d'où vient l'engrais ». La jeune fille n'a que quinze ans et le mariage échoue : « il n'était pas cuit ».

La marquise et sa fille : il faut les écouter deviser, mi-rieuses, mi-greffières, lorsqu'elles se racontent l'une à l'autre leurs démarches respectives. Le garçon semble fuir comme une anguille. En novembre 1675, au retour de l'armée, il est introuvable durant trois semaines ; Mme de Sévigné ne s'y trompe pas, « assurée qu'il chante vêpres auprès d'une jolie abbesse » ; pour se faire pardonner sa lenteur à regagner le nid familial des Rochers, Charles apparaît un beau matin comme un ange au bout de l'allée du château, et il se met à genoux aussitôt qu'il aperçoit sa mère, en chantant mâtines. Comment se fâcher ? « J'avais bien résolu de le gronder, et je ne sus jamais où trouver de la colère ; je fus fort aise de le noir ; vous savez comme il est divertissant. Il m'embrassa mille fois, il me donna les plus méchantes raisons du monde, que je pris pour bonnes. » Et « l'honnête garçon » ajoute un post-scriptum désarmant à la lettre de sa mère à Françoise : « Voilà ce que c'est que d'être trop charmant ; ah mon père ! Pourquoi me faisiez-vous si beau ? » (4 septembre 1675).

La liaison avec Mme du Gué de Bagnols, sœur de la spirituelle Mme de Coulanges, est moins innocente. Charles en est tombé amoureux en juillet 1677 ; la dame est mariée. Un jour le mari surprend une conversation très secrète, il se fâche et parle à sa femme rudement ; l'affaire aurait pu se terminer tragiquement si le baron n'avait « tout raccommodé par son adresse ». Le soupçonneux mari se laisse berner par les belles manières de Charles rappelé à la discrétion, mais qui n'en reste pas moins assidu ; la dame part pour Lyon, les tourtereaux échangent des billets tendres trois fois par semaine, dont Charles fait le rapport régulier à sa mère. La matière est romanesque et Mme de Sévigné en voit tous les ridicules. En vérité, la marquise rit jaune : la légèreté de son fils aussi peu préoccupé d'un établissement stable que de l'avancement de sa carrière la fait trépigner d'impatience.

D'autant que les années passent et rien ne s'arrange. En 1678, Charles semble enfin s'être épris d'une jeune fille plus conforme à ses goûts, pieuse, fine et artiste, Jeanne Françoise de Garaud. Son amour est payé de retour et, ce qui n'est pas rien, elle apporte cent mille écus dans la corbeille. Mme de La Fayette cependant obtient de mauvais renseignements sur elle et, de plus, son père la destine au marquis d'Alègre, un meilleur parti qu'elle épousera l'année suivante. Le pauvre Charles est très malheureux, « prêt à se pendre ». Maman mignonne ne comprend pas grand-chose à son chagrin, et elle raille sans pitié. Le baron est resté un étourneau. Il picore çà et là, s'envole pour ne réapparaître que plusieurs semaines plus tard. « Mon fils est perdu », ironise la marquise, il faut dire une messe à saint Antoine de Padoue pour le retrouver. En octobre 1679, il tente de se consoler avec une nouvelle fiancée, un peu montée en graine il est vrai : Mlle de la Coste a trente ans, elle n'est pas très jolie, elle a peu de biens et son propre père dit lui-même qu'elle ne serait pas un bon parti pour M. de Sévigné. Mais, voilà, Charles veut être amoureux. Pis encore. L'année suivante, au printemps 1680, il a fini par se rendre à Fontainebleau, où séjourne la Cour. Mais on ne le voit guère aux solennités, il préfère l'intimité de la grosse duchesse de Villeroi, dont il est devenu l'amant. Ces liaisons absurdes mettent la marquise hors d'elle, qui après avoir toléré ce qu'elle ne pouvait empêcher lâche des mots cruels : « Je voudrais que vous vissiez combien il faut peu de mérite et de beauté pour charmer mon fils ; son goût est infâme ; c'est ce qui me fait toujours croire qu'il ne nous aime point. »

Mme de Sévigné est en colère, au bord des larmes. Elle vieillit, ses plus chers amis disparaissent, le cardinal de Retz en 1679, La Rochefoucauld en 1680. Il faut dire que Charles accumule les bêtises. Elle apprend qu'en mai 1680 il a fait abattre les magnifiques bois de la terre du Buron qu'il tient de son père, pour quatre cents malheureuses pistoles dont il ne reste pas un sou un mois plus tard : terre saccagée, paysage profané, argent envolé, vie gâchée. M. de la Trousse sans indulgence s'impatiente : quand Charles rejoindra-t-il son corps ? Or ce dernier ne songe qu'à se débarrasser de sa lieutenance, prêt à vendre à perte, en oubliant que sa mère a mis la main à la poche ; mauvais négociateur, il est décidé à quitter la Cour sous le prétexte qu'il n'a pas les moyens d'y tenir son rang. Mais il y a plus grave. Charles ne se porte pas bien. L'été 1680, maigre et fiévreux, il rejoint les Rochers : il ressemble presque à un gueux, pitoyable, desséché, abattu. La dame de cœur, la duchesse de Villeroi, lui a transmis une maladie vénérienne, une vérole qui le laisse en piteux état. Comment le marier dans de telles conditions ? Le beau militaire n'est plus un parti très enviable. L'étourneau bat de l'aile : il est plus que probable qu'il n'aura pas d'enfant, sans compter que sa vie militaire est bien compromise, le roi déteste ceux qui quittent le service. La dépression n'est pas loin. Reste la plaisanterie, les petits mots tendres et repentants pour se faire pardonner, remèdes éternels où sa mère excelle à lui donner la réplique, en lui conseillant de traduire *L'Eunuque* de Térence pour apprendre à vivre ! La fin de l'été 1680 et le début de l'automne se passent doucement en convalescence au nid, sa mère à son chevet : « Il descend tous les matins de sa chambre et se met au coin du feu, avec sa robe de chambre et un bonnet fourré, la barbe d'un capucin avec de grands yeux et des traits si réguliers... » (16 octobre 1680).

Trois pigeons s'aimaient d'amour tendre – pour reprendre les mots d'un contemporain, La Fontaine... Sous les protestations de tendresse, les tyrannies se font parfois pesantes. Le frère et la sœur règlent leurs relations selon les émois de leur mère : la dépression de Françoise donne à Charles de l'assurance et il ne craint pas alors d'asséner à sa sœur quelques leçons. À son tour, la sœur juge avec sévérité son frère lorsqu'il se comporte en enfant immature face aux projets de mariage. Alors que la marquise est alitée par un rhumatisme invalidant durant l'hiver 1676 puis l'été 1677, les mains si gonflées qu'elle ne peut tenir une plume, le fils devenu secrétaire s'empresse de souligner l'absence de la « petite sœur » : « Je ne comprends pas que vous puissiez balancer ; vous donnez des années entières à M. de Grignan. On est sûr de votre cœur ; mais ce n'est pas toujours assez : il faut des signifiances » (4 novembre 1676). À nouveau en 1680, comparant leurs attachements respectifs, Charles conclut à la faiblesse de sentiment de Françoise : « L'éloignement où vous allez être ne vous coûte pas, à beaucoup près, ce que coûterait [à elle] une nouvelle séparation. » Quant à la mère, elle sait glisser, mine de rien, des mots cruels à sa fille, bien faits pour la culpabiliser, en louant la patience du frère : « Il m'a été d'une consolation que je ne puis vous exprimer ; j'avais de la confiance en tout ce qu'il me disait ; il avait pitié de toutes mes douleurs. » Charles, devenu le compagnon indispensable, surenchérit, mi-souriant, mi-perfide : « J'ai présentement de grands avantages sur vous... »

L'horizon cependant s'éclaircit : la comtesse de Grignan promet de venir à Paris à la fin de l'automne et la guérison du *frater* se fait lentement. Le trio est réuni en décembre 1680, cette fois pour plusieurs années, et la correspondance cesse. Ces années sont années de répit. Charles a fini par vendre sa charge en 1683 et la fin de sa carrière militaire sonne « le commencement de ses espérances ». La famille passe des jours heureux entre Paris et Livry. Un événement nouveau surtout devrait apporter de la sérénité, où la marquise voit la main de la Providence : le mariage de Charles.

Le goût breton

En dépit de tant d'échecs et d'orages, Sévigné a mûri. La grande découverte qu'il a faite durant ces années est son peu de goût pour la vie de représentation et son amour pour le vieux château de ses pères. Ce que sa mère appelle avec ironie son « goût breton » ou son « fichu goût ». Non que la marquise prise beaucoup la Cour, mais elle aime le roi et la vie de province lui paraît une réelle « dégradation ». Tant d'efforts pour si peu de résultats : « J'ai bien voulu m'embarquer et me presser les côtes pour faire sa fortune, et je ne le veux pour l'envoyer à Quimper. » C'est pourtant là que Charles trouve le genre de vie qui lui convient et qu'il a vu pratiquer chez les amis Tonquédec. Il aime les Rochers, si inconfortables soient-ils, les promenades sous les bois, la gestion du domaine, les heures paisibles au coin du feu, les bourrées paysannes, les échanges avec les artisans et petits seigneurs à mille lieues de cet étrange pays qu'est Versailles. Sa mère reconnaît d'ailleurs du bout des lèvres qu'il a su « brilloter » aux états généraux et se faire aimer, qu'il est « de toutes les affaires » et qu'on a pour lui de la considération. C'est là, après bien des feux de paille, qu'il va rencontrer en 1683, sans l'aide de sa mère ni de sa sœur, l'épouse qu'il a cherchée si longtemps, Jeanne Marguerite de Mauron.

Une épouse sur mesure, fine, délicate, sage… et riche. Mme de Sévigné, si souvent envahissante, ne semble pas avoir contribué au projet matrimonial mais en mère avisée, elle apprécie l'alliance avantageuse dont elle fait part fièrement à Bussy-Rabutin, trop contente d'exhiber les qualités de son fils souvent déprécié par son cousin : « Si vous saviez, mon pauvre cousin, ce que c'est que de marier son fils, vous m'excuseriez d'avoir été si longtemps sans vous écrire. Je suis dans le mouvement d'un commerce fort vif avec le mien, qui est en Bretagne et sur le point d'épouser une fille de bonne maison, dont le père est conseiller au Parlement, et riche de plus de soixante mille livres de rente. Il donne deux cent mille francs à sa fille : c'est un grand mariage en ce temps-ci. Il y a eu beaucoup de choses à ajuster avant que d'en venir à signer les articles, comme nous avons fait il y a quatre jours » (4 décembre 1683).

En réalité, les accordailles ont demandé beaucoup de tractations et il a fallu lever toutes sortes d'obstacles pour que soient signés ces articles. Le mariage a manqué d'être rompu à plusieurs reprises. M. de Mauron, en bon père soucieux de bien établir sa fille, s'est fâché en prenant connaissance des conditions du contrat. Nul n'a jamais mis en doute le désintéressement de Mme de Sévigné, qui a donné jusqu'à ses derniers sous à ses enfants mais, sans même se l'avouer, elle a toujours fait pencher la balance en faveur de Françoise au détriment de son fils. À son mariage, la comtesse de Grignan avait reçu trois cent mille livres de dot, cent mille étant encore impayées ; la nue-propriété du château de Bourbilly en Bourgogne, en complément, avait été évaluée à soixante mille livres (quinze fois son revenu). En contrepartie Charles doit recevoir pour son mariage la terre de Bodégat, héritée de son père et estimée à cent vingt mille livres. Mme de Grignan crie à l'injustice ; se considérant comme lésée, elle refuse de donner sa procuration pour la signature de l'accord, au risque de faire capoter l'union. M. de Mauron proteste à son tour : Bourbilly a été sous-évalué, il faut compter pour sa valeur vingt-cinq fois le revenu, et non quinze fois, soit cent mille livres ; il veut légitimement que sa fille puisse mener une vie à l'abri des soucis. Disputes d'épiciers, mais les questions d'argent cachent les blessures plus graves d'amour-propre. Le Breton se sent méprisé par l'arrogante comtesse, Mme de Grignan se dit outragée. Mme de Sévigné pince les lèvres et refuse d'écrire à M. de Mauron une lettre de civilité comme le veut l'usage. Chacun trouve que l'autre manque de l'élémentaire politesse, et la marquise prend spontanément le parti de sa fille ; c'est tout juste si elle ne soupçonne pas Charles de jalousie.

C'est dans ces moments de crise que la gentillesse intelligente de Charles donne ses preuves. Il veut un dialogue à cœur ouvert avec sa mère, sans arrière-pensée, en lui rappelant que derrière ces histoires de dot, il s'agit de son bonheur, dont sa sœur ne fait alors pas grand cas : « Elle est mal contente de M. de Mauron ; elle ne sait pas bonnement pourquoi ; et là-dessus elle ne veut point écrire deux lettres qui me sont très nécessaires et qui me causent des désagréments infinis dans une famille où je suis trop heureux d'entrer. » Et de reprendre les arguments de Mauron pour en montrer le bien-fondé. Mais Charles ne veut point en rester à ces calculs mesquins, l'argent n'est pas son fort, c'est du côté de la tendresse et de l'honnêteté qu'il triomphe : « Ne parlons donc plus d'outrage, et considérez, s'il vous plaît, que moi, par un très profond respect que j'ai et que je dois avoir pour vos volontés, qui connais la droiture de vos sentiments, la bonté de votre cœur, la justesse de vos raisonnements, quand vous mariâtes ma sœur ; qui suis d'ailleurs pénétré de reconnaissance de ce que vous faites pour moi dans cette occasion, qui est beaucoup plus que ce que vous avez fait pour ma sœur, vu la différence des temps et des angoisses où vous êtes, j'ai toujours ôté à ma sœur tout ce qu'il pouvait y avoir d'amer dans la proposition toute juste et toute raisonnable que lui faisait M. de Mauron… »

Le 8 décembre, la marquise témoigne de sa bonne volonté et se résigne à écrire une lettre de félicitation au comte de Mauron en mettant les retards sur le compte des déplacements de Mme de Grignan. Ce mariage providentiel ne peut que la réjouir. Cependant, elle ne s'y rendra pas et s'en excuse auprès du futur beau-père : « Je vous supplie très humblement de croire, monsieur, que j'irais le plus agréablement du monde en Bretagne pour être témoin de la chose du monde que j'ai toujours le plus souhaitée, si je n'étais attachée à mon oncle l'abbé de Coulanges dont l'âge de soixante et seize ans passés ne lui permet pas de faire ce voyage en cette saison. » Derrière l'amabilité, la marquise en veut toujours un peu à la basse Bretagne. Elle ne sera pas présente à la cérémonie du 8 février 1684, la vraie raison est sans doute qu'elle ne veut pas quitter, ne fût-ce que quelques jours, sa fille demeurée à Paris ; mais elle reconnaît que ce mariage est un miracle de la Providence et elle n'a pas hésité une seconde à se dépouiller de ses biens pour faciliter les arrangements : les Rochers et les terres sont désormais la propriété de son fils. Reste que Charles est profondément affecté par ces mois de tractations qui ont jeté entre eux un froid. Il aime sa mère plus que tout, il admet volontiers qu'il n'est pas le préféré et qu'il a moins de mérite que sa sœur ; mais il tremble que maman mignonne n'ait plus envie de revenir aux Rochers. Quelle mère ne serait émue de recevoir pareille déclaration : « J'ai le cœur fort serré de ce que vous appelez votre chambre des Rochers : votre défunte chambre. Y avez-vous donc renoncé, ma très chère madame ? Voulez-vous donc rompre tout commerce avec votre fils après avoir tant fait pour lui ? Voulez-vous vous ôter à lui, et le punir comme s'il avait manqué à tout ce qu'il vous doit ? Mon mariage ne réparerait pas un tel malheur, et je vous aime mille fois mieux que tout ce qu'il y a au monde. Mandez-moi, je vous supplie, quelque chose là-dessus ; car j'ai en vérité le cœur si gros, que s'il n'y avait du monde dans ma chambre à l'heure qu'il est, je ne pourrais m'empêcher de pleurer. » Il faudrait être aveugle et sourd pour ne pas reconnaître la qualité de cœur de ce grand enfant de trente-six ans.

Le mariage de Charles fut une magnifique cérémonie, relatée par *Le Mercure galant*. La noblesse bretonne sous les armes, des cavaliers, des carrosses, des trompettes, les notables de Vitré accompagnèrent le cortège aux Rochers où une collation somptueuse attendait les invités. Marié et bien marié, il reste à Charles à apprendre à grandir.

Le bon port

Il est difficile de plaire à la marquise de Sévigné sans avoir été doué par la nature d'un esprit vif et d'un tour de langage amusant. Et combien plus difficile encore pour une belle-fille tremblante, timide, provinciale, avertie de l'esprit incomparable de sa belle-mère ! Mme de Sévigné n'entend bien que ce qui la divertit ou qui la touche : Mme Scarron, Mme de Coulanges, Mme de La Fayette, Mme de Lavardin ont su au cours des années la charmer et la faire rire et, à vrai dire, il n'y a que Mme de Grignan capable de la faire pleurer. Le mariage de Charles a comblé ses souhaits maternels : elle est soulagée que son fils soit enfin bien établi ; peut-être vit-elle leur séparation avec un brin de nostalgie : nostalgie de se sentir vieillir – elle approche des soixante ans – et de laisser à une autre ce joyeux et dévoué compagnon qui l'a si souvent consolée. Sa belle-fille ne lui inspire point un enthousiasme excessif, mais elle parvient tout de même à lui trouver quelques qualités négatives : la jeune femme n'a point l'accent de Rennes et elle a l'esprit raisonnable – « C'est beaucoup de n'avoir pas l'esprit *fichu* ni de travers. » Il faudra plusieurs années à la marquise pour admettre que son fils est heureux auprès d'une épouse fine et généreuse.

Six mois après le mariage, en septembre, Mme de Sévigné se rend aux Rochers. Le séjour commun se déroule dans une paix plutôt morne – Charles souffre encore beaucoup de furoncles, séquelles de sa maladie, tandis que sa mère, séparée de Françoise, songe surtout aux affaires de Grignan. Le portrait qu'elle fait de sa belle-fille est un petit chef-d'œuvre de démolition feutrée, bien de sa façon : « Ma belle-fille n'a que des moments de gaieté, car elle est tout accablée de vapeurs ; elle change cent fois le jour de visage sans en trouver un bon ; elle est d'une extrême délicatesse ; elle ne se promène quasi pas ; elle a toujours froid ; à neuf heures le soir, elle est tout éteinte, les jours sont trop longs pour elle ; et le besoin qu'elle a d'être paresseuse fait qu'elle me laisse toute ma liberté, afin que je lui laisse la sienne ! » (27 septembre 1684). Bref, effacée et insignifiante, mais non importune. Autant dire que le portrait est le contraire de celui de Mme de Sévigné, vive, alerte, mondaine, solide, aimant les longues promenades et la société des amis, bien différente également de la cérébrale et tourmentée Mme de Grignan. Avec quelle douceur les mères savent parfois détruire leur fils !

Cependant, peu à peu, au bout d'une année de cohabitation, la belle-mère découvre que sous sa fragilité et sa réserve, sa bru a beaucoup de cœur ; la jeune femme a vite compris les tournures d'esprit, les goûts ou les « folies » des Sévigné, et elle fait de son mieux pour ne point prendre une place qui ferait du tort à la marquise douairière ! Jeanne Marguerite aime Charles, elle admire Mme de Grignan, elle feint même de nourrir une passion vive pour le comte de Grignan, voilà des qualités précieuses. Par sa piété, elle a une excellente influence sur son mari : « Il lit sans cesse des livres saints, il en est touché, il en est persuadé… Sa femme entre dans ses sentiments. »

Charles de Sévigné mène la vie dont il rêve. Une vie d'anachorète, avec des lectures, des promenades et quelques affaires à traiter à Rennes. Il a quitté l'armée et gardé un petit appartement à l'hôtel Carnavalet pour ses rares séjours à Paris. Sa mère, elle, passe de longs mois aux Rochers. En 1685, elle y est immobilisée par un éclat de vitre qui l'a blessée à la jambe lorsque son carrosse a versé dans un étang. Repos forcé. La jambe enfle, la marquise s'ennuie un peu malgré quelques visites de son amie la duchesse de Chaulnes, dont le mari gouverneur de la Bretagne peut être pour son fils un puissant protecteur ; fils et belle-fille sont aux petits soins pour elle et elle doit reconnaître que Charles porte « une tendresse infinie pour sa femme, dont il est aimé de la même façon, ce qui en fait en tout l'homme du monde le plus heureux, parce qu'il passe sa vie à sa fantaisie ». Elle-même change insensiblement, atteinte par une sorte de satiété de vie mondaine ; tant qu'elle peut se servir de sa plume, sa vitalité résiste ; mais l'âge se fait sentir. Les relations avec sa fille ont perdu de leur caractère passionnel et tendu ; en 1688, la comtesse de Grignan a regagné son château, après beaucoup de temps passé à faire sa cour et défendre les intérêts de sa famille à Versailles, car les soucis financiers ne lui laissent pas de répit. La marquise passe seize mois en Bretagne. Outre le repos qu'elle en attend, elle veut faire de l'ordre dans ses affaires en menant une vie frugale. Ses vieilles amies, Mme de La Fayette, Mme de Lavardin, la pétulante duchesse de Chaulnes s'inquiètent de la savoir, avec ses rhumatismes, dans ce pays humide : « Vous êtes vieille, les Rochers sont pleins de bois ! » Mais elle leur oppose « sa santé triomphante » et refuse de s'attendrir ; l'hiver passe ainsi doucement au coin du feu dans la paix familiale auprès d'une belle-fille qui fait tout pour lui plaire, et d'un fils serein, plein de goût et d'esprit, qui lui fait la lecture avec la même voix charmante que quinze ans auparavant.

Charles se plaît toujours plus en Bretagne. La guerre malheureusement n'obéit pas à ses vœux de militaire rangé : le prince d'Orange menace les côtes bretonnes et il doit reprendre du service. En juin 1685, le roi appelle l'arrière-ban, six cents gentilshommes de Bretagne qui choisissent Sévigné pour les commander ; colonel malgré lui, un tel honneur ne se refuse pas, mais la dépense est proportionnelle au branle-bas : tenir grande table, monter son équipage. L'alerte heureusement ne dure pas ; quelques semaines plus tard, le régiment est dissous et Sévigné regagne les Rochers avec satisfaction.

Non qu'il ait abandonné toute ambition, mais il a d'autres vues. Peut-être poussé par sa mère, il nourrit l'espoir, avec l'appui amical du gouverneur, d'obtenir la députation. L'affaire se présente bien : à Rennes, le duc de Chaulnes a fait son éloge, il est uni à l'une des plus vieilles familles du pays, il est estimé de toute la noblesse, sa réputation est excellente ; tous enfin apprécient son humeur bienveillante. Mais le destin en décide autrement : Sa Majesté envoie le duc de Chaulnes en ambassadeur à Rome où le pape Innocent XI est à l'agonie ; il doit donc se rendre toutes affaires cessantes à Versailles pour y recevoir les ordres. Mme de Sévigné surestime-t-elle le pouvoir du vieil ami ? En huit jours de séjour et malgré trois conférences avec le roi, l'ambassadeur n'a pas trouvé « le moment de dire un mot en faveur de [son] fils ». La marquise est affectée, Sévigné déçu mais vite résigné, et sans rancune. Tout n'est pourtant pas perdu. En 1692, dans une lettre au ministre Pontchartrain, Charles, se plaignant d'une « vie inutile » à la patrie, se propose d'acheter la charge héréditaire de lieutenant du roi qu'il obtient pour cent quatre-vingt mille livres, et le roi l'envoie commander à Nantes en 1693. Chaulnes finit également par lui obtenir la députation.

La vie de Charles se déroule doucement entre sa femme et sa mère, qui finissent par s'entendre fort bien : la jeune marquise de Sévigné est jugée à présent « fort vive, fort jolie » et « spirituelle » ! D'ailleurs un beau projet anime le trio en 1690, se rendre à Grignan pour y retrouver Françoise. Une lettre de la marquise à Bussy-Rabutin nous apprend qu'ils sont tous réunis en juillet 1691 à Grignan. Mère et fille ne se quittent plus guère. Les soucis de santé néanmoins obscurcissent le ciel de Provence La comtesse de Grignan est affaiblie par des pertes de sang, languissante, épuisée après avoir marié deux de ses enfants, Louis Provence et Pauline ; on craint même pour ses jours. Quant à la femme de Charles, si délicate, elle ne se porte pas bien, elle non plus, mais elle est trop modeste pour faire parler d'elle.

Avril 1696 : c'est au tour de Mme de Sévigné d'être clouée au lit à Grignan, atteinte d'une forte fièvre ; il semble qu'elle ait très vite compris la gravité de son état, mais elle pense que mieux vaut ne pas troubler la convalescence de sa fille en l'alarmant. Françoise n'est donc pas prévenue. Épargner Françoise et préparer en chrétienne sa « sortie » sont probablement, en cette heure critique, les seules préoccupations de la marquise de Sévigné. Mondaine, frivole, croquant la vie avec bonheur, jouissant des dons que la Providence lui a faits, sensible à toutes les beautés, courageuse dans les difficultés et ne transigeant pas avec les devoirs, elle n'a jamais cessé de regarder « au-delà », au-delà des émotions qu'elle ressent et des ambitions qu'elle nourrit ; elle connaît la part d'idolâtrie qui entre dans son amour pour sa fille et elle n'ignore pas les zones d'ombre dans ses rapports avec son fils. Mais elle est sincère et, devant l'approche de la mort, en chrétienne janséniste, elle veut s'arracher du monde. Elle fait le sacrifice de sa tendresse et choisit de se recueillir dans la solitude ; depuis longtemps, elle pense à ses derniers moments : « Je suis embarquée dans la vie sans mon consentement ; il faut que j'en sorte, cela m'assomme ; et comment en sortirai-je ? Par où ? Par quelle porte ? Quand sera-ce ? En quelle disposition ? Comment serai-je avec Dieu ? » Au bout de deux semaines, la maladie a raison de sa résistance, elle s'éteint à Grignan le 17 avril 1696, sans avoir revu aucun de ses deux enfants.

De la douleur des amis, de l'absence de Françoise anéantie, de la nature de la maladie, les proches n'ont parlé qu'à demi-mot, avec pudeur et discrétion. Dans une lettre de mai 1696, M. de Grignan évoque sa fermeté et sa soumission dans ses derniers moments : « Cette personne si tendre et si faible pour tout ce qu'elle aimait n'a trouvé que du courage et de la religion, quand elle n'a cru ne devoir songer qu'à elle. » On ignore comment Charles apprit la tragique nouvelle, mais on devine comment il l'a reçue. Des années plus tôt, seul aux Rochers, il s'était mis à pleurer dans la chambre maternelle en songeant à sa mort future. On sait en tout cas ce que lui dicta sa tendresse : respecter à la lettre toutes les volontés de sa mère pour offrir un dernier témoignage de leurs liens. Avant de se rendre à Grignan pour la dernière fois, la marquise avait laissé au lieutenant civil Le Camus une cassette contenant des recommandations sur sa succession, où elle avantageait sensiblement sa fille. Averti, Charles écrivit aussitôt à sa sœur une lettre splendide pour la rassurer sur ses intentions : « Ma mère m'a toujours fait un secret sur ce qui s'était passé entre vous, depuis l'accommodement qu'elle eut la bonté de faire en faveur de mon mariage. Je n'ai jamais été bien connu d'elle à ce sujet : elle m'a quelquefois soupçonné d'intérêt et de jalousie contre vous pour toutes les marques d'amitié qu'elle vous a données. J'ai présentement le plaisir de donner des preuves authentiques des véritables sentiments de mon cœur. […] Quand il serait vrai qu'il y aurait eu dans son cœur quelque chose de plus tendre pour vous que pour moi, croyez-vous, en bonne foi, ma très chère sœur, que je puisse trouver mauvais qu'on vous trouve plus aimable que moi ? […] Jouissez tranquillement de ce que vous tenez de la bonté et de l'amitié de ma mère. »

Humilité, tendresse, générosité, pudeur : les qualités de Charles éclatent dans ces lignes. Il a péché par légèreté, par faiblesse et peut-être par goût de la provocation ; il est certainement velléitaire, ses aspirations sont complexes et brouillées par les désirs maternels, mais le fond de son cœur est noble. Il « se contente de son état », en acceptant de ne pas briller comme la marquise l'aurait voulu, en renonçant aux vieilles ambitions et aux trompeurs succès du monde, en refusant d'exhiber ses mérites. Les préférences de sa mère ont développé en lui un surcroît de générosité. En 1696, il se sait « aux trois quarts de sa course », et comme il n'a point d'enfant, il ne souhaite rien d'autre que d'aider ses neveux qu'il aime tendrement pour assurer leur situation : « Tout ce qui pourra vous faire plaisir sera une loi inviolable pour moi », écrit-il à Françoise.

Charles de Sévigné atteint doucement le bon port, accompagné par une épouse qui partage ses vœux et ses résolutions. La jeune femme disparaît de la société mondaine pour s'établir en 1703, au faubourg Saint-Jacques, dans une maison avec un grand jardin, qui fait face au séminaire de Saint-Magloire. C'est là que son mari la rejoint : « Il me paraît qu'ils vont changer et de vie et d'amis », écrit Mme de Coulanges à Mme de Grignan. De la vie du couple, on devine qu'elle s'est orientée vers l'étude, la lecture et un idéal chrétien de dépouillement. Charles passe ses dernières années dans une cellule de séminariste où il meurt, en 1713, à soixante-cinq ans ; il a dicté les modalités de son enterrement, qui a lieu dans l'église de Saint-Jacques-du-Haut-Pas : ni pompe ni modestie affectée. Quant à ses biens, il laisse à sa très chère épouse le soin d'en disposer. Sa sœur l'avait précédé, en 1705. Sa femme s'éteindra en 1737.

Le fils de Mme de Sévigné a achevé son parcours dans la paix intérieure : il fut un grand homme à sa façon, généreux, dévoué et capable de chasser l'amertume du mal-aimé. La marquise, sa mère, était trop fine pour se laisser aveugler par son amour écrasant pour Françoise, et trop profonde pour ne pas deviner la bonté et les vertus de Charles. Mais l'attrait de la Cour et du monde, une ambition secrète, le plaisir de rire et de faire rire par ses traits d'esprit, la pente naturelle de son cœur l'ont éloignée, malgré elle, de cette figure filiale un peu trop pâle, qui lui était déjà tout acquise.

DEUXIÈME PARTIE

Apothéose

À mesure qu'avance le siècle des Lumières, les joies intimes de la famille et les bienfaits de la bonne mère sont célébrés sur un mode de plus en plus lyrique. Une brochure de Marivaux, qui s'adresse aux honnêtes gens pour leur raconter des petites histoires de tous les jours, donne le ton de la sensibilité française autour de 1720 : *Le Spectateur français* met en scène la mort d'une mère qui a su créer un lien unique avec son fils, en étant pour lui une confidente et une amie. C'est la mère qui crée le climat de confiance dans le foyer. Les peintres, Chardin, Greuze, Carmontelle, Moreau le Jeune, Mme Vigée-Lebrun et bien d'autres composent des tableaux de familles heureuses, avec des intérieurs où tout reluit, des portraits de garçonnets joufflus et souriants jouant sous les regards attendris d'un père qui travaille, d'une mère qui ravaude ses chausses ou d'une aimable grand-mère. Cette paix « bourgeoise » finit par plaire même à l'aristocratie et à la Cour : en embellissant la réalité, les artistes suggèrent un idéal capable de combler la sensibilité sans contredire la morale. Le règne de l'enfant roi commence : *L'Enfant gâté* est ainsi le titre d'une comédie de Mme de Genlis.

Si le *pater familias* inspire toujours le respect – il détient le droit de correction –, la mère de famille, par son amour, fait entrer dans les mœurs quelque chose de nouveau et qui tient du rêve : un bonheur innocent, réparateur et durable, loin des passions dissolvantes du monde. Combien de mémoires ou de lettres écrites par des hommes célèbres à la fin de leur vie rendent hommage au rôle bienfaisant de la mère ! Dans cette moisson de souvenirs, le récit de Jean-François Marmontel enchante par sa simplicité. Ce provincial de vieille famille bourgeoise devenu homme de lettres raconte sa vie « pour l'instruction des enfants » à la demande de son épouse. Il évoque le foyer heureux que formaient ses parents, grands-parents et grands-tantes dans la maison corrézienne ; l'argent manque, mais le jardin nourrit la maisonnée. Né en 1723, Jean-François, l'aîné de nombreux enfants, est le préféré : « Mon père avait pour [ma mère] autant de vénération que d'amour. Il ne lui reprochait que son faible pour moi et ce faible avait une excuse : j'étais le seul de ses enfants qu'elle avait nourri de son lait… » Si le père prend les décisions, c'est en réalité l'influence de la mère qui est déterminante ; contre les souhaits de son époux, elle insiste pour que son fils fasse des études et elle vient à bout des résistances : le jeune garçon entre au collège jésuite de Mauriac. C'est à sa mère qu'il avoue sa première émotion amoureuse à quinze ans pour une demoiselle du village ; c'est encore sa mère qui l'aide dans le choix de son métier : « La volonté de ma mère, tant qu'elle a vécu, a été ma suprême loi. » De vingt ans son cadet, également écrivain et moraliste, Joseph Joubert conserve toute sa vie le même attachement à sa mère Anne Marie. À côté de ces hymnes filiaux, les conseils d'Arouet-Voltaire résonnent bien platement : « Aime tendrement, sers avec joie la mère qui t'a porté dans son sein et qui t'a nourri de son lait, et qui a supporté tous les dégoûts de la première enfance… »

Ces joies simples qu'évoquent beaucoup de mémoires de l'ancienne société reposent sur les aptitudes naturelles de la mère, plus sûres que toutes les lois et les conventions sociales. Rousseau les célèbre dans l'*Émile* : la mère participe à une sacralité qui lui vient de la Nature ; mère et enfants sont unis par un lien plus légitime que celui créé par l'autorité légale, et de ce lien charnel et affectif découlent pour l'enfant force et vertu. Dans le cadre idyllique de la maison familiale de Clarens, Rousseau dessine en Julie, l'héroïne de *La Nouvelle Héloïse* (1761), un portrait idéal de la bonne mère qui aime, soigne, transmet des valeurs, console ses enfants, jusqu'à se jeter héroïquement à l'eau et mourir pour sauver son fils de la noyade. Cependant, Rousseau ne lui confie aucun rôle éducatif pour instruire son fils : la famille n'est qu'une société provisoire et Julie reste confinée dans l'espace domestique. Elle n'en gagne pas moins une aura nouvelle, supérieure aux yeux du philosophe à l'autorité et la raison, celle que donne la puissance des sentiments, source de toute connaissance fiable. *La Nouvelle Héloïse* par son succès contribue à construire l'image de la maternité heureuse. Les femmes respirent l'atmosphère du roman même si elles ne l'ont pas lu. La mode est aux démonstrations de tendresse et aux douces larmes de la mère vertueuse, démonstrations qui tournent parfois à la sensiblerie et à l'affectation : Collin d'Harleville nourrit une tendresse proche de l'idolâtrie pour sa mère et, de retour à Paris, il ne peut sans larmoyer croiser une carriole qui passera sous les fenêtres maternelles ! Avec gravité, Joseph de Maistre reconnaît qu'il appartient aux hommes de former des géomètres ou des chimistes, « mais ce qu'on appelle l'homme, c'est-à-dire l'homme moral, il se forme à dix ans ; et s'il n'a pas été sur les genoux de sa mère, ce sera toujours un grand malheur ».

Un écrivain n'en a jamais fini avec son enfance ; l'amour maternel prend peu à peu la place d'une mystique laïque dans l'imaginaire masculin : Lamartine, Hugo, Balzac, Baudelaire, Michelet, Zola et tant d'autres glorifient jusqu'à l'obsession la mère aimante, à l'inépuisable abnégation. La femme peut avoir des désirs troubles, des désirs de femme fatale ou de sorcière, mais non la mère, qui est assimilée à la mère-nature. Le « divin ravissement du premier regard maternel » trouve son apothéose chez Michelet : « Quand penchée sur son fils, palpitante, en extase, elle mire un céleste sourire dans ses yeux incertains, la lueur qui va d'elle à lui transfigure toute chose... » Extase, transfiguration, ravissement, elle est en soi « une religion », ou une mythologie.

Une mythologie qui se banalise et qui sous-tend la vie domestique des ménages bourgeois. Ernest Legouvé, en moraliste défenseur de la famille, consacre un cours au Collège de France, en 1847, au mérite des mères et le cours connaît tant de succès qu'il est aussitôt repris et édité sous le titre *Histoire morale des femmes*. Bien que le Code Napoléon ait fait d'elles des mineures à vie, ces mères de famille ont pris de l'ascendant en l'absence du mari, enchaîné à son travail et à ses affaires ; elles connaissent leurs enfants mieux que quiconque et elles ressentent leurs besoins. C'est la mère, ou parfois la grand-mère, qui apprend à lire à son fils, reste à son chevet jour et nuit s'il est malade ; elle est responsable de son éducation morale et elle retarde autant qu'elle peut le moment de le confier à un établissement public, car « seul celui qui aime peut instruire » ! Ce sont encore les mères qui apprennent à leur fils l'amour de la mère-patrie et de la langue « maternelle », elles qui acceptent de donner leur enfant au combat et qui, inconsolables, pleurent leur mort ; elles enfin qui élargissent leur vision du monde, car elles ont « versé en eux cette âme de la femme sans laquelle il n'y a point de véritable grand homme ». Baudelaire fait écho à Legouvé : « Les hommes qui ont été élevés par des femmes et parmi les femmes, ne ressemblent pas tout à fait aux autres hommes. » La mère est celle qui sait donner naissance et élever des génies.

Mme d'Épinay : l'éducation mise en échec ou les détresses d'une mère

> « J'ai regardé la tendresse, le sentiment, l'instinct d'une mère comme supérieurs à tout ce que la réflexion et la sagesse peuvent suggérer de plus lumineux. »
>
> Mme D'ÉPINAY, *Lettres à mon fils.*

Mme d'Épinay a fait son choix, un choix qui n'est pas fréquent dans son milieu social et qui fait d'elle une devancière : « Depuis que je suis mère, j'ai mis mon bonheur dans le soin de mes enfants » (1756). L'aristocratie parisienne, en effet, privilégie la vie mondaine sur la vie de famille ; elle raisonne en termes de lignée, de dots, d'établissement des enfants, et elle méprise volontiers les épanchements un peu niais de la tendresse maternelle. Comment s'encombrer de poupons criards lorsqu'on a des charges dans la haute société, où est réclamée une présence de tous les instants ? Nombre de préjugés ont la vie dure, même si peu à peu la noblesse tend à rapprocher son mode de vie de celui de la bourgeoisie et si l'esprit des Lumières reconsidère la nature des liens familiaux. Femme de lettres, cultivée, amie des philosophes, Mme d'Épinay est une mère moderne, en avance sur son temps.

Louise d'Épinay a la joie de mettre au monde un garçon, en 1746, puis une fille – elle perd un bébé à sa naissance. Elle veut être une mère excellente et faire de son fils un honnête homme. Intelligente, sensible, entourée d'une famille aimante et d'amis fidèles, mariée par amour à un bel homme riche qui mène grand train : toutes les bonnes fées semblent s'être penchées sur le berceau du petit Louis Joseph et de sa sœur. Depuis la fenêtre du château familial, Diderot brosse un tableau charmant, en septembre 1760, du foyer réuni à la Chevrette, près de Montmorency : l'ami Grimm se fait peindre et Mme d'Épinay l'observe en s'appuyant mollement sur le dos de la chaise de l'artiste, sa belle-sœur Mme d'Houdetot joue aux échecs, l'écrivain Saint-Lambert lit une brochure. La mère de Mme d'Épinay, la vieille et bonne baronne d'Esclavelles, surveille ses petits-enfants et cause avec leurs gouverneurs. Deux jeunes femmes brodent, une autre joue une pièce de Scarlatti au clavecin. Le déjeuner réunit les convives à qui sont servies de délicieuses glaces. M. d'Épinay est l'affabilité même ; on fait encore un peu de musique après le repas. Pouf, le petit chien de la maîtresse de céans, dort sur de moelleux coussins et dans le bassin, au loin, glissent des cygnes.

Harmonieux spectacle ! Comment ne pas être heureux à la Chevrette ? Le parc à la française déploie ses parterres ornés de beaux orangers et la forêt de Montmorency est toute proche. Mme d'Épinay reçoit à merveille, chacun jouit de la compagnie tout en conservant sa liberté. Sans être une beauté, l'hôtesse est pleine de grâce, avec de grands yeux noirs, des cheveux bruns bouclés et une peau très blanche, même si Rousseau la juge un peu maigre, avec « de la gorge comme sur ma main ». C'est sous la plume de Mlle d'Ette qu'on lit le portrait sans doute le plus juste : « C'est une séduisante créature. Elle n'est point jolie, elle est au milieu de quatre femmes qui font du bruit par leur beauté, elle les efface toutes. » Il faut dire que Louise a de l'esprit comme quatre, qu'elle est gaie et qu'elle tient table ouverte pour ses amis, en leur offrant des divertissements de qualité. Son beau-père, le fermier général M. de Bellegarde, a fait construire dès 1749 une scène de théâtre, où se succèdent des représentations très variées, depuis Shakespeare jusqu'aux dernières œuvres de Rousseau, et les invités sont les acteurs. La musique compte aussi beaucoup ; le jeune Mozart vient jouer avec sa sœur à la Chevrette et sa famille couche au château à son retour de Londres. Théâtre, concerts, conversations, débats, l'ambiance, égayée par les feux d'artifice du pétillant Duclos, est bien faite pour nourrir les esprits.

Le fils de la maison, Louis Joseph, s'est pris de passion pour la musique, qu'il préfère à l'évidence à l'étude. Un jour, Rousseau et Duclos assistent à l'examen que lui font subir ses parents ; on l'interroge sur Cicéron, l'histoire romaine, l'*Énéide*. Le garçon répond bien ; il revient un peu plus tard, triomphant, vêtu d'un bel habit de velours cerise que son père vient de lui offrir en récompense, au grand scandale de Rousseau qui n'aime pas les enfants gâtés ! Louis, en tout cas, a autour de lui les plus grands esprits du temps, philosophes et hommes de lettres, de quoi stimuler son cerveau.

Et pourtant ! Ce tableau de la vie de château tient beaucoup du trompe-l'œil. Derrière le décor idyllique, des petits mensonges, des jalousies fermentent ; les couples se défont, l'argent manque, les mots d'esprit tuent les sentiments, les dettes étranglent les châtelains ; la plus charmante des épouses a aussi ses faiblesses et l'innocence des enfants n'est qu'une illusion. Ce fils si choyé, à qui Louise consacre une part de sa vie, ne s'intéresse qu'aux manchettes de dentelle et aux équipages ; les bons amis parfois complotent et se font secrètement la guerre. Lucide, Louise d'Épinay n'hésite pas à dévoiler les dessous de l'histoire dans les quelque deux mille feuillets des cahiers qu'elle s'amuse à écrire, où elle se met en scène avec sa famille et ses amis en utilisant des noms d'emprunt. Le manuscrit, confié quelques mois avant sa mort (1783) à Grimm, a été confisqué à la Révolution, mais il a fait l'objet, au XIXe siècle, de plusieurs publications : en 1818, l'éditeur Brunet en livre de premiers fragments à partir d'une copie du manuscrit sous le nom de *Mémoires et correspondance de madame d'Épinay* ; il y rétablit les noms véritables, tout en prenant beaucoup de libertés avec le texte. La publication connaît un succès immédiat.

Mme d'Épinay n'a pas caché qu'elle a voulu écrire un « roman » *L'Histoire de madame de Montbrillant* ; tout n'est donc pas exact dans son récit : des épisodes, des dialogues sont le fruit de son imagination ou peut-être d'un besoin de justification. L'examen du manuscrit révèle ratures, collages, découpages, altérations opérés par Grimm et Diderot après la mort de leur amie. Deux historiens, Perey et Maugras, à partir de ces documents et d'archives familiales, se sont efforcés en 1883 de reconstruire une biographie précise de Mme d'Épinay, sans pour autant dissiper toutes les zones d'ombre. Par la suite, plusieurs versions des *Mémoires* ont été publiées. Quels que soient les déguisements d'un roman à clés et les retouches apocryphes, la chronique des mœurs y est étonnante de vérité et les événements strictement familiaux, avec les notations psychologiques qui les accompagnent, sont corroborés par les lettres et par divers témoignages. Ils constituent un document rare sur les épreuves et les sentiments d'une femme du XVIIIe siècle, épouse, amante et mère, qui cherche son autonomie dans l'écriture à une époque où la plupart des femmes sont soumises à une tutelle masculine.

Ce paquet qui sent le lait aigre

En 1745, l'année de son mariage, Denis Joseph de La Live d'Épinay est un jeune homme lancé ; fils d'un fermier général, il est bien de sa personne, élégant, doué de nombreux talents, et il dépense sans compter ; il a vingt et un ans ; il aime sa cousine Mlle d'Esclavelles, une jeune fille de quelques mois sa cadette, d'excellente naissance, et elle est follement amoureuse de lui. Les parents des jeunes gens refusent longtemps leur consentement : le père de Denis, M. de Bellegarde, parce que la demoiselle apporte une médiocre dot, et la mère de Louise, veuve, parce que la famille de son futur gendre n'appartient pas à la vieille aristocratie. Les familles finissent pourtant par céder devant la détermination des amoureux. L'union est célébrée le 23 décembre 1745.

Les jeunes époux s'adorent au moins huit jours ; au bout de quoi, Denis d'Épinay reprend la vie galante d'homme séduisant et dissipé qu'il menait avant les épousailles. Deux mois après son mariage, il s'affiche avec une femme légère, Marie de Verrière, maîtresse en titre de l'illustre maréchal de Saxe, qu'il a rencontrée dans un souper. La Live d'Épinay n'est pas un méchant homme mais il n'a pas de sens moral, ou plutôt il a le sens moral de son temps : la fidélité conjugale ne fait pas partie des mœurs du grand monde et l'on ridiculise volontiers les couples unis, comme ces petits ménages « bourgeois » empêtrés dans leur foyer. Louise, innocente et crédule, vit encore au septième ciel. Les jeunes époux veulent concilier devoirs mondains et intimité familiale : ils vont au spectacle, ils dansent, fréquentent la société galante, ils s'embrassent, elle farde de rouge ses joues. Au point que Mme d'Esclavelles, en mère d'autrefois aux idées plutôt jansénistes, se dit choquée par les caresses et les baisers que se donnent publiquement les jeunes mariés ! Louise a toutefois des motifs de chagrin car son mari rentre souvent tard le soir après souper, et il se montre un peu trop gai. Mais, après quelques larmes versées, elle se contente des explications qu'il veut bien lui donner, et il est si tendre… Une fâcheuse histoire de médaillon finit par lui déciller les yeux : en visite chez un bijoutier du Palais en compagnie de sa cousine Mme de Maupeou, elle découvre que l'artisan travaille à monter des perles autour d'un petit portrait, où elle reconnaît le visage de son mari ; la commande est destinée à Mlle de Verrière ; le doute n'est plus possible malgré les protestations du mari, qui raconte une invraisemblable histoire pour se justifier, puis qui joue l'homme insulté et enfin qui fait le mari penaud mais sincère, plus étourdi que coupable. Louise veut bien croire à tous ces boniments. Ses illusions ne tardent pas à s'effondrer un soir où son mari, déguisé en fille pour rejoindre secrètement la dame, est arrêté par la police et retenu au bureau du magistrat ; son père, M. de Bellegarde, vient l'y délivrer après une sévère algarade.

Louise est enceinte, à la fois heureuse et inquiète, car son état lui interdit d'accompagner d'Épinay dans ses tournées en province. L'époux absent, la mélancolie la gagne à mesure que le terme approche ; plusieurs de ses amies sont mortes en couches et elle est persuadée que ce destin l'attend ; elle est rongée par ses doutes conjugaux, sa tristesse devient dépression et menace sa santé ; elle se complaît dans la solitude. Vainement sa cousine de Maupeou l'incite à sortir de chez elle. Son cher tuteur, M. d'Affry, lui suggère de se préparer à nourrir son bébé pour éviter à l'enfant les accidents et risques de maladie, et peut-être plus encore pour stimuler son intérêt. Le remède est bon : la voici remise sur pied, prête à rendre visite à son accoucheur. Louise écrit aussitôt à M. d'Épinay, timidement : « Si tu savais avec quels délices je m'occupe des détails qui concernent mon enfant ! Il te ressemblera. Je pense qu'il ne faut négliger aucun des moyens qui peuvent l'attacher plus fortement à moi... Il y en a un bien sûr ; peut-être te paraîtra-t-il bizarre ? Cependant il a tant de douceur... Ce serait de nourrir moi-même mon enfant... Ma santé s'en trouverait peut-être mieux, au moins est-ce un remède sûr pour éviter les suites dont nous avons vu de si funestes exemples... »

À Paris, la plupart des enfants de l'aristocratie sont mis en nourrice. Les nourrices sont des femmes de la campagne que des bureaux de placement recrutent ; elles habitent souvent fort loin et les accidents sont fréquents lorsque les familles n'ont pas les moyens de payer un berceau individuel et une nourrice saine et propre – la mortalité des nourrissons est impressionnante. Au milieu du siècle, les médecins commencent à recommander aux mères la tétée. Le grand succès de l'*Émile*, publié en 1762, où Jean-Jacques Rousseau stigmatise les mères qui confient leurs enfants à des « femmes mercenaires », met à la mode le sein maternel, et Tronchin, médecin en vogue, apporte la caution de la science. Mais un livre et un médecin ne suffisent pas à changer les habitudes. L'allaitement reste un acte vulgaire, indigne d'une grande dame ; il déforme les seins, perturbe les maris exposés aux cris des nouveau-nés et empêche les rapports intimes car on croit pendant longtemps que le sperme gâte le lait. Or une grande dame a des devoirs d'état : beauté et parure, réceptions et représentation. Des devoirs conjugaux aussi à l'égard des exigences du mari, pour lui éviter de chercher son plaisir ailleurs que dans son foyer.

Le 25 septembre 1746, Louise accouche d'un fils, Louis Joseph ; l'enfant est baptisé le lendemain de sa naissance, à l'église Saint-Roch. M. de Bellegarde, le grand-père, annonce l'heureuse nouvelle au père, alors en tournée pour les besoins de sa charge. La Live d'Épinay, qui oublie aisément sa « petite femme » lorsqu'il visite les provinces, ne s'embarrasse pas de sentiments pour un paquet de langes qui sent le lait aigre. Sa réponse à la lettre émue de Louise est moqueuse, un rien cynique : « Que voilà bien une de ces folles idées qui passent quelquefois dans la tête de ma pauvre petite femme ! Vous, nourrir votre enfant ? J'en ai pensé mourir de rire. Quand même vous seriez assez forte pour cela, croyez-vous que je consentisse à un semblable ridicule ? Non assurément. […] Quelles sont les caillettes qui vous ont donné cette idée ? » Le désir de la mère est balayé, tourné en ridicule. Louise d'Épinay ne jouit pas longtemps de son fils, qui lui est enlevé immédiatement après le baptême et confié à une nourrice. Sa mère et son beau-père s'efforcent d'arranger les choses au mieux en choisissant une bonne nourrice, à dix lieues de Paris.

La convalescence de la jeune mère est assez longue, le retour de l'époux ne suffit pas à lui rendre sa joie de vivre. Son amour pour son mari a subi des atteintes, ses infidélités la font souffrir et l'humilient. Car Denis Joseph d'Épinay poursuit ses fredaines et rentre de moins en moins souvent au logis. La belle Marie de Verrière qui a commencé par résister à ses avances cède, se reprend et finit par proposer à son soupirant sa sœur Geneviève, non moins ravissante qu'elle. Les hésitations de la dame attisent le désir. La Live d'Épinay se ruine pour satisfaire les caprices des deux belles et pour leur offrir un somptueux hôtel à la Chaussée d'Antin. Il vit dans le tapage « des marchands d'étoffe, d'instruments, des bijoutiers, des décrotteurs et des financiers » et, à ce rythme, sa fortune fond. Denis ne se contente pas de délaisser sa femme, il lui emprunte de l'argent, multipliant les dettes. Rien ne le retient sur la mauvaise pente : il mise sur l'indulgence de son père dont il escompte rapidement la succession. Mais en 1750, une lettre, tombée accidentellement dans les mains du vieil homme, lui apprend qu'il est traité pas son fils de « bonhomme, d'avare et d'imbécile ». On ne badine pas avec l'autorité paternelle : les désordres de Denis Joseph menacent toute la famille. Le ministre, averti par le père, et indigné, signifie au jeune fermier général qu'il a vingt-quatre heures pour quitter Paris et prendre la route de l'exil jusqu'à Poitiers.

La Live d'Épinay se convainc aisément que tous les maris lui ressemblent, et même sont pires. Bien qu'il la trompe, il aime sans doute encore sa femme. Le voici à genoux devant elle, lui demandant pardon, en larmes. Une fois parti, il lui écrit de belles lettres raisonnables et touchantes. Mais Louise ne croit plus en ses serments ; elle s'est détachée au fil des mois et le mépris a remplacé l'amour. Elle vient de perdre une petite fille, née en 1747 ; il lui faut protéger son fils contre les folies et les dettes de son mari. Un oncle vient en effet de l'instituer sa légataire universelle, et son beau-père inquiet, M. de Bellegarde, en butte aux demandes répétées des créanciers, décide de lui faire une donation de treize mille livres de rente viagère, pour assurer sa sécurité. La séparation de biens est prononcée, en mai 1749, par sentence du Châtelet. Cadeau empoisonné, le mari a de surcroît légué à sa jeune épouse une maladie vénérienne, très probablement la syphilis.

Compromis

Cette vie séparée s'organise cependant assez paisiblement ; elle est fréquente au XVIIIe siècle dans les milieux aristocratiques, et nul ne s'en offusque, tant que l'infidélité conjugale reste « décente ». À Paris et au château de la Chevrette, Louise d'Épinay reçoit un cercle d'amis qui aiment le théâtre, la poésie et la musique. Elle est spirituelle et gracieuse, et malgré une santé misérable, elle passe des moments pleins de charme en heureuse compagnie. Elle emmène son petit garçon dont elle s'occupe avec bonheur. Elle se découvre une nouvelle amie, Mlle d'Ette, qui lui prêche le plaisir plutôt que la fidélité et lui donne des conseils hardis.

Un bel homme cultivé et aimable, compositeur, écrivain et acteur à ses heures, curieux de toutes les sciences, la console de ses mésaventures conjugales, Dupin de Francueil, fils de fermier général. En 1748 ou 1749, elle met au monde une petite fille, Angélique, dont il est très probablement le père. Plus tard, elle se jugera avec lucidité : la faiblesse, le besoin d'aimer et d'être aimée font partie de son caractère, mais ses intentions sont droites. Si elle n'était aussi souvent malade, Louise jouirait sans trop de remords de sa nouvelle vie entre ses enfants et ses amis.

Douée de toutes sortes de qualités d'intelligence et de finesse, Mme d'Épinay n'a que vingt-quatre ans en 1750 ; c'est une femme sensible, assez timide, indécise et peu préparée à résister aux conseils persuasifs de personnalités fortes et brillantes. Mlle d'Ette dit d'elle qu'elle est étonnante de naïveté et Rousseau, qui la connaît bien, la critique sans ménagement tout en reconnaissant sa générosité : « Vous tâtonnez sans cesse pour trouver le bien, pour fuir le mal, et toutes vos actions [sont] incertaines et contradictoires… Vous êtes vraie sans être franche. » Louise aime plaire, mais elle est bonne, et parfois imprudente ; elle dit d'elle-même : « Mon cœur a besoin d'appui. » Cet appui, elle ne le trouve pas chez son mari, mais à sa façon elle est fidèle à son passé : lorsque l'exilé lui fait savoir, par l'intermédiaire de Duclos, qu'il veut rentrer à Paris où son père, M. de Bellegarde, est gravement malade, elle écrit aussitôt au ministre pour qu'il autorise son retour. Le vieil homme décline en effet lentement et sûrement. Il faut régler sa succession, protéger les enfants car les créanciers « sortent de dessous terre » et assiègent le logis. La fortune d'un fermier général est considérable. Conscient des dangers que fait courir son fils à sa famille, le vieux Bellegarde lègue à sa bru cinq cents livres par an pour chacun de ses enfants sans qu'elle ait besoin de l'accord de son mari. La clause la plus importante du testament est la substitution des enfants comme héritiers, La Live d'Épinay ne conservant que les revenus de la fortune qui lui échoit, dont il épuise rapidement les ressources par sa prodigalité. Mme d'Épinay, de son côté, refuse le don annuel de cinq cents livres.

La vie commune reprend. Soucieux d'apaiser sa famille, La Live d'Épinay s'efforce de plaire à Louise ; il n'ignore rien de ses écarts extra-conjugaux ; tout en feignant le mécontentement, il s'arrange fort bien de la situation qui lui laisse de son côté sa liberté, et il entraîne le beau Francueil dans ses frasques auprès des demoiselles Verrière. L'embellie dure peu ; les affaires d'argent empoisonnent la vie quotidienne. La trahison de Francueil, passé dans l'autre camp, meurtrit Louise, qui l'écarte de son entourage. Une paix froide s'installe entre les époux, le mari incorrigible galope à cheval toute la journée et rentre fourbu au château : il a installé les demoiselles de Verrière sous un faux nom dans une petite maison d'Épinay. Les valets vendent la mèche et le scandale éclate.

Une autre menace pèse sur la jeune mère : ses enfants sont toute sa vie. Or le père, comme le grand-père, veulent pour le petit Louis Joseph, âgé de cinq ans, une éducation conforme au rang de la famille. Lorsque La Live d'Épinay, après une année d'exil à Poitiers, revient à la Chevrette en 1751, l'enfant ne l'a pas reconnu ; vaguement offensé et déçu, le père juge son fils bien polisson et déclare qu'il doit au plus vite entrer au collège. On lui donnera un gouverneur. Les parents mettent la main sur un homme doux et pédant mais inoffensif, qui porte le petit collet et fait l'affaire, M. Linant : enfant et gouverneur logeront, comme c'est l'usage, dans les appartements jouxtant le collège. L'arrachement est un crève-cœur pour Louise, mais elle doit céder devant l'autorité paternelle ; M. de Bellegarde a approuvé la décision avant de mourir, relayé par le conseil de famille. Ainsi en va-t-il des convenances sociales. Le partage des tâches n'a guère changé depuis des siècles : les garçons vivent avec leur mère dans la petite enfance, après quoi ils sont élevés par des hommes. Les filles, elles, restent dans le giron maternel et leur éducation est le plus souvent négligée. En larmes, Mme d'Épinay s'incline donc : « Je m'y attendais ; malgré cela, l'impression que j'ai ressentie de ne plus trouver mon fils en arrivant a été si forte que j'ai passé deux jours sans boire, ni manger, ni dormir. Il me semblait que j'avais tout perdu ! »

Courtisée par de brillants hommes de lettres, dont quelques-uns partagent un temps sa vie, Louise a des dispositions intellectuelles qui valent celles de beaucoup d'hommes. Voltaire l'appellera « ma belle philosophe », et Grimm, qui est resté son compagnon et amant fidèle pendant plus de vingt-cinq ans, la fait participer à la *Correspondance littéraire*, destinée à informer de riches particuliers dispersés en Europe sur les derniers courants d'idées en France. À l'exemple de quelques autres femmes du XVIIIe siècle, Mme d'Épinay s'intéresse à la pédagogie, sujet qui passionne alors les salons. C'est un domaine où les mères peuvent faire des expériences et se croient naturellement compétentes. Moins captives de la tradition que les hommes qui ont subi l'empreinte jésuite, elles ont le temps de réfléchir. Mme de Lambert a écrit de très belles pages pour son fils, Mme du Châtelet veut instruire elle-même son fils unique et lui enseigner la physique pour le rendre un peu moins ignorant que les jeunes gens de son temps. Mme de Genlis qui a élevé des princes du sang consacre une partie de sa vie aux enjeux de l'éducation : l'enfant est passé en quelques décennies, à partir de 1750, au centre des préoccupations intellectuelles et sensibles des femmes.

Lettres à mon fils

Les débats autour de l'éducation, entre une partie de trictrac et un récital de musique, occupent donc les hôtes de la Chevrette, et Mme d'Épinay les encourage. Rousseau mûrit son *Émile* en même temps qu'il écrit *La Nouvelle Héloïse* – son livre déclenchera un petit scandale lors de sa parution en 1762, car personne n'oublie qu'il a abandonné ses cinq enfants. Son hôtesse déteste autant que lui les « soins mercenaires » des collèges où l'on enferme les enfants par troupeaux. Mais si les deux débatteurs s'accordent sur ce point, leurs échanges, rapportés (ou imaginés ?) dans *L'Histoire de madame de Montbrillant*, tournent parfois à l'aigre. Rousseau ne prétend pas que les mères n'ont pas de rôle à jouer : la première éducation leur appartient incontestablement ; mais ce rôle est limité aux soins du premier âge et au lien affectif. Une mère doit enseigner la vertu ; or il faut oublier la vertu pour réussir dans la vie, car si la nature est bonne, la société en revanche est mauvaise. Émile sera donc élevé uniquement par des hommes. Julie, la mère idéale de *La Nouvelle Héloïse,* renonce à éduquer ses enfants car elle s'en juge incapable : « J'espère… que de plus dignes mains se chargeront de ce noble emploi. Je suis femme et mère, je sais me tenir à mon rang. »

La discussion révolte Mme d'Épinay/de Montbrillant. En 1758, ardente et pleine de bonne volonté, Louise croit à une éducation familiale qui, dans un État juste, pourrait être épaulée par une institution publique. Elle s'intéresse de près aux progrès du petit Louis Joseph ; son fils apprend avec facilité et il a de la mémoire ; elle refuse de le gaver d'études inutiles et quelques arts d'agrément, la musique ou le dessin, viendront égayer les premières connaissances. Mais, dit-elle avec fermeté, il faut commencer tôt pour former une conscience et ne pas retarder l'apprentissage intellectuel, car on ne rattrape jamais le temps perdu : « À un certain âge on ne se corrige plus. » Selon elle, l'âme et l'esprit doivent s'exercer en même temps que le corps. Contrairement à Rousseau, pour qui le précepteur est la clé de voûte de toute l'éducation, à partir de douze ans, et qui refuse de développer trop tôt les activités de l'esprit pour laisser faire la nature, Louise n'attend rien de son gouverneur, le médiocre M. Linant, à part un peu d'aide matérielle. En mère attentive, elle compte sur la confiance, la douceur et la patience maternelles pour stimuler le cœur et l'esprit de son fils.

Afin de faire accepter ses leçons par le jeune Louis Joseph, Louise choisit le procédé épistolaire, amical et réactif. Ses douze *Lettres à mon fils* s'adressent à un garçonnet d'une dizaine d'années à qui elle veut donner tôt le sens des responsabilités. Rédigées à partir de 1756 et imprimées à Genève en 1759, elles puisent leur matière dans la vie quotidienne en traçant une sorte de programme moral et philosophique. Les deux premières traitent de l'éducation en général, puis de la flatterie ; la troisième de l'entêtement et de la faiblesse ; la quatrième du mensonge et du besoin de paraître sous un jour flatteur : autant de défauts et de pièges pour un adolescent un peu trop content de lui. Louise veut moins transmettre des connaissances qu'aiguiser le discernement : « Je ne veux point que votre obéissance soit aveugle ; je veux que votre cœur seul me réponde de votre soumission. Je me suis surtout fait la loi de vous parler vrai… » L'enfant pour grandir doit connaître ses faiblesses et ses talents et préférer un avis sincère à de faux éloges : « Faites, je vous en conjure, tous vos efforts pour devenir un juge intègre et sévère de votre conduite. » C'est que Mme d'Épinay connaît les travers de son mari et elle cherche à en prévenir les menaces ; son projet éducatif veut réparer son échec conjugal. Elle sait aussi comment se forgent les réputations, elle l'a appris à ses dépens : sa vie extraconjugale houleuse lui a valu toutes sortes de critiques et de brouilles et son salon sent un peu le soufre. Mais, explique-t-elle, l'estime de soi vaut mieux que l'opinion des autres. Le mot de conscience revient à plusieurs reprises au cours de ses lettres : « C'est le témoignage de notre conscience, fondé sur la vérité et la vertu, qui doit décider du mérite et de la règle de notre conduite. »

Tout au long de ces douze épîtres, se dessine plus largement une éthique où les préjugés mondains et aristocratiques s'effacent au profit d'une intériorisation progressive du jugement. Elle approfondit sa vision philosophique : « Pendant que je cherche à former leur esprit, ils développent le mien. » Louise d'Épinay, quelque peu dégoûtée des mensonges sociaux, professe le respect de la nature et fait l'éloge de la vie paysanne qui produit des hommes sains et travailleurs, capables de s'entraider. Les « arts agréables » eux-mêmes, musique et peinture, à moins de génie et de vocation, ne doivent pas occuper la vie d'un homme qui pourrait mieux servir son pays. Parmi tous les régimes, la république, ennemie du faste et de la prodigalité, a sa préférence : c'est à la République de Genève, honnête et simple, qu'elle songe pour modèle d'une gestion vertueuse. Louise veut le bonheur de son fils. Mais, lucide, elle craint, dans une société corrompue, la faiblesse, la légèreté et le manque de jugement d'un jeune garçon faible, qui est incapable d'autodiscipline.

« J'ai lu avec grande attention, madame, vos lettres à monsieur votre fils. Elles sont bonnes, excellentes, mais elles ne valent rien pour lui. » Avec sa franchise ordinaire, Rousseau laisse tomber sa sentence : trop abstraites, trop morales, trop raisonnables, trop éloignées des préoccupations d'un adolescent. Quelles que soient les péripéties et les responsabilités d'une brouille qui s'amorce en 1758 avec le philosophe, Louise, inquiète, ne songe qu'à l'avenir de Louis Joseph et elle cherche avant tout à l'armer contre les aléas de la vie ; car la situation est devenue critique : d'Épinay dévore les bénéfices de sa charge de fermier général, les réclamations des créanciers pleuvent, les serviteurs ne sont plus payés, les fournisseurs refusent les livraisons, et il ose réclamer l'aide financière de sa femme ! Les enfants, présents malgré eux à des scènes pénibles, ne peuvent rien ignorer de la situation. Pour couronner le tout, la santé de Mme d'Épinay s'effondre. Sur le conseil de Grimm, pressée par ses amis et par Mme d'Esclavelles, Louise décide alors de consulter le meilleur médecin de son temps, le docteur Tronchin à Genève, et de quitter Paris avec ses enfants. À Genève, au moins pourra-t-elle contrôler les dépenses indispensables à la vie quotidienne et prendre soin elle-même de l'éducation de Louis Joseph.

La ruine

La voici donc, en octobre 1757, épuisée de fatigue, en carrosse sur la route de la Suisse, emmenant son fils de onze ans et le gouverneur Linant ; son mari fait partie du voyage. La petite Angélique est restée avec sa grand-mère Mme d'Esclavelles à la Chevrette. Le voyage manque de mal tourner, car lors d'une étape, Mme d'Épinay se trouve brusquement si mal qu'on la croit à sa fin. Mais elle se remet au bout de deux jours. Le cortège repart et arrive à bon port, où un appartement a été aménagé pour recevoir la famille. La vie s'organise. La société genevoise accueille avec bonheur les nouveaux arrivants et déjà les invitations sont nombreuses. Voltaire est l'un des plus empressés : il noue une amitié durable avec sa « belle philosophe ». Comme la santé de Mme d'Épinay s'améliore doucement, le mari retourne dans la capitale dès le mois de novembre 1757. Tronchin fait des miracles, avec l'aide de l'air vif des montagnes.

Le séjour genevois ouvre de nouvelles perspectives à la mère comme au fils. Louise découvre une vie sociale aimable, honnête, simple, entre personnes polies et cultivées qui ne cherchent pas à briller à tout prix, mais où les échanges sont sincères ; elle assimile « la leçon » en se réjouissant de cette saine atmosphère qui ne peut manquer d'impressionner Louis Joseph : « Je trouve que mon fils gagne beaucoup à son séjour ici, écrit-elle à Mme d'Esclavelles. L'exemple a un grand avantage. Il en est une preuve sensible, il ne se soucie plus de son habit de velours ni de dentelles. Il n'en voit pas porter, il en a, au contraire, essuyé des railleries. Il voit que les égards et les distinctions sont proportionnés aux mérites. » Les magistrats ont l'air vénérable, et les citoyens semblent heureux. Linant accompagne l'enfant dans ses promenades et donne de bonnes nouvelles au père qui en retour lui verse une rente. Louise s'applique aux lectures sérieuses et elle fait des économies. Sa santé se stabilise malgré quelques rechutes. Elle écrit régulièrement à sa mère et à la petite Angélique. Ses rapports avec son mari sont courtois et vides. Seule l'absence de Grimm la chagrine vraiment ; celui-ci parvient enfin à se libérer et il la rejoint en mars 1759.

La Live d'Épinay toutefois peut, même de loin, gâcher la vie quotidienne : il ne cache rien à sa femme de sa liaison avec « Mlle Verrière », ni des cadeaux qu'il lui fait, ni des traites impayées, ni des dettes qu'il contracte auprès de ses serviteurs. La santé de la malade ne le tourmente guère, mais son éloignement le dérange ; il a surtout envie de réduire la pension qu'il lui verse ! Et pour donner du poids à ses réclamations, il exige qu'elle rentre au plus vite au bercail et qu'elle lui ramène Louis Joseph : « Je compte toujours que vous abrégerez votre voyage autant qu'il sera possible ; il est temps que vous me rameniez mon fils ; il y a assez longtemps que j'ai la complaisance de m'en priver. » Volage, prodigue, insouciant, égoïste et plein d'assurance, il aime Louis Joseph à sa façon, il a toujours pris plaisir à assister à ses leçons de musique, et il ne doute pas qu'il en est aimé : de fait, sa belle allure a de quoi impressionner un adolescent de quatorze ans, facile à éblouir et que lassent peut-être les leçons maternelles. Louise d'Épinay doit reconnaître que l'austère vie de la République de Genève ne peut rivaliser avec les divertissements de l'enchanteur ! Aussi gronde-t-elle vivement son fils dans sa onzième lettre ; elle lui fait voir que sa fortune est menacée et que, faute de savoir travailler, il risque de passer sa vie dans le besoin. Constatant son échec, la mère dépitée se sent elle-même atteinte, prête à accuser l'enfant : « Il faut que vous ayez l'âme peu sensible, ou du moins un esprit très commun et très borné pour n'avoir tiré aucun fruit de ce spectacle. [...] Je dois du moins renoncer aux espérances que j'avais fondées sur vous ; j'ai trop remarqué combien votre envie de me plaire est médiocre, ou tout au moins momentanée, et combien vous vous souciez peu de contribuer à ma santé par votre conduite. »

La pédagogie et la psychologie modernes trouveraient à redire à de tels reproches et à des conseils qui sont en fait des sermons : pour reprendre la formule de Rousseau, dans sa préface à *Émile*, Louise cherche trop « l'homme dans l'enfant ». Mais Mme d'Épinay assume en même temps les rôles de mère et de père : tâche amère car ses désillusions concernant son mari se répètent avec son fils. Tous ceux qui la côtoient, Grimm, Voltaire, Diderot, ont compris l'importance qu'elle attache à la réussite de Louis Joseph : beaucoup plus que d'instruction, il s'agit d'une formation en profondeur inspirée de l'esprit des Lumières. Ses lettres à Tronchin expriment avec mélancolie ce contraste entre les besoins de la sensibilité et les pouvoirs de la raison, car que peut-on contre les passions ? Louise a pris conscience des limites de ses principes.

Mme d'Épinay, au cours de ces années, traverse bien des orages, conjugaux et financiers, qui ont ébranlé gravement sa santé. Elle n'est pas au bout des épreuves. Son mari a poussé trop loin ses folies financières. En dépit de sérieux avertissements, il n'a cessé de faire des dépenses, et la sentence tombe dans les derniers jours de 1761 : ses dettes, excessives, ne sont plus tolérées ; il est destitué de sa charge de fermier général et il doit se contenter d'une pension alimentaire. Abasourdi, ruiné, effondré, il se démène, promet, éclate en sanglots en présence de ses enfants. Devant la situation catastrophique où se trouve la famille, un adoucissement est cependant apporté à la punition : le successeur de La Live lui abandonnera une part des ressources de sa charge. Louise prend aussitôt des décisions énergiques et courageuses : louer le château de la Chevrette, s'installer dans une petite maison du faubourg Monceau près de Paris, réduire les dépenses, remercier l'inutile et insupportable Linant, ne garder que quelques serviteurs fidèles. Ulcéré, La Live refuse de vivre dans la maisonnette car ce serait, pense-t-il, déchoir et perdre tout crédit. En bonne mère, Louise ne songe plus qu'à l'avenir de ses enfants. Louis Joseph, âgé de seize ans, est confié à un oncle en attendant que son sort se précise ; Angélique reste avec elle et avec sa grand-mère Mme d'Esclavelles.

La vie s'organise à Monceau, modeste et champêtre. L'épreuve est peut-être salutaire ; elle confirme à Mme d'Épinay que le bonheur ne dépend ni de la fortune ni de l'oisiveté, mais de l'indépendance et de quelques amitiés fidèles : « Ma devise est liberté. » Grimm s'est installé non loin, elle collabore assidûment à son travail ainsi qu'à l'éducation d'Angélique. Diderot et le baron d'Holbach lui font des visites ; en revanche, La Live d'Épinay ne s'est présenté qu'une fois. Dans le jardin de Monceau, des poules et des dindons s'ébattent en toute liberté, évoluant à leur gré comme dans une vraie république, commente Louise en souriant ; les récalcitrants sont punis et finissent dans la marmite ! Durant le printemps, des travaux ont été entrepris dans le petit château de la Briche pour accueillir la famille, mais comme le chantier n'est pas achevé en temps voulu, il faut occuper provisoirement une aile de la Chevrette, qui n'a pas encore trouvé de locataire. L'hospitalité y est simple, de longues promenades alternent avec les parties de trictrac et les séances de travail. Mme d'Épinay est devenue une vraie femme de lettres. Seule ombre au tableau, outre les indispensables économies, Louis Joseph ne semble avoir nullement profité des leçons maternelles et Louise reconnaît en lui, avec effroi, bien des traits de son mari – le goût du luxe, le penchant pour la frivolité, le choix de la facilité plutôt que celui de l'effort.

Où les vraies difficultés commencent

Que faire de Louis Joseph d'Épinay, âgé de seize ans, dont les espérances financières ont été ruinées par les folies du père et dont la faiblesse de caractère rend l'avenir incertain ? Il n'y a guère que la musique qui retienne son attention. Le père voudrait orienter son fils vers la magistrature, emploi plein de dignité, mais Mme d'Épinay craint pour lui les tentations de la vie parisienne et la difficulté d'obtenir une charge. À la fin de l'été, une occasion beaucoup plus modeste se propose par l'intermédiaire de Grimm : un ami de ce dernier, appartenant à une famille de banquiers de Francfort, dirige une importante affaire de négoce à Bordeaux ; très riche et très généreux, il pourrait recevoir le jeune homme dans ses bureaux pour lui apprendre quelques rudiments du commerce, l'initier au monde du travail, l'intégrer dans un brillant et utile réseau de relations. M. Bethmann a déjà accueilli un fils de famille, Lersé, qu'il emploie avec succès. Après une discussion houleuse, Louise l'emporte ; leur fils quitte Paris début septembre. Il semble assez content et décidé à bien faire, submergé sous les recommandations épistolaires d'une mère inquiète : « Je ne vous prêcherai pas toujours, mon enfant ; vous devez commencer à vous parler vous-même, rendez-moi compte de tout, bien et mal. »

Le jeune homme « s'applique », reconnaît Mme d'Épinay. Très vite cependant les contraintes d'un travail sans prestige lui pèsent. La journée commence à six heures du matin et se termine à huit heures du soir. Après le travail le souper, et après le souper le coucher : nulle place à l'horizon pour les joyeuses sorties dans la société bordelaise, pour la musique ou les beaux habits à dentelle. La potion est amère, et sans doute trop amère pour un garçon habitué au luxe et au bien-être, à qui son père a surtout appris à « ne pas négliger les arts agréables ». D'Épinay sape les efforts de sa femme en appelant l'employeur, avec une ironie méprisante, « Monsieur le marchand ». Gagner son pain avec son travail ? Faire du commerce ? Quelle humiliation…

Louise d'Épinay, obéissant à de bons principes, n'est pas non plus exempte de défauts : elle a confondu ce qui était souhaitable et ce qui était possible et elle a le tort de se moquer des prétentions naïves de son fils. Car bien qu'il n'ose pas se plaindre ouvertement, le jeune homme se sent humilié « de balayer le comptoir » ; Louis Joseph a grandi dans un milieu protégé ; intelligent et cultivé, il ne peut oublier qu'il est le fils d'un fermier général, qui par ailleurs flatte ses goûts ; aussi se plaint-il à son père plus qu'à sa mère. Il est à Bordeaux depuis moins de trois semaines, et déjà on apprend qu'il est sorti sans permission. Anticipant les étrennes qu'il espère pour la fin de l'année 1762, le voici qui annonce avec candeur à ses parents qu'il va acheter d'élégantes manchettes de dentelle – le colifichet est essentiel pour attirer les regards ! La semonce suit aussitôt, la famille n'a plus d'argent, elle est criblée de dettes. Prétentieux ou hâbleur comme on peut l'être à seize ans, il aime parader et il a une mauvaise influence sur son camarade, le jeune Lersé, en l'incitant à la désobéissance ou en l'entraînant à la dépense. Les sottises s'accumulent, Bethmann perd confiance. Ce ne sont encore que des broutilles, des défis peut-être. Louis n'est pas méchant, il a de bonnes intentions, mais il est léger, inconséquent, tiraillé, et ce ne sont pas les bons principes ni les méthodes tatillonnes de M. Bethmann qui peuvent le remettre sur le droit chemin. Il oublie de répondre aux lettres mi-suppliantes, mi-sévères de Louise. À l'automne 1763, Bethmann fait savoir aux parents qu'il lui est impossible de garder chez lui le jeune d'Épinay. Le garçon rentrera donc à Paris pour y faire ses études de droit et se préparer, comme son père le voulait, à la carrière de magistrat.

Le couple d'Épinay ne se voit plus guère ; le mari courtise toujours les dames Verrière et vivote comme il peut. Louise tient salon au petit château de la Briche ; elle a perdu sa mère, mais elle garde le bataillon fidèle de ses amis. Malade, elle souffre de violents maux de tête. Une bonne nouvelle rapproche un moment les époux : un excellent parti se présente pour Angélique, M. de Belsunce, issu d'une vieille famille de Navarre, et le mariage est célébré à Paris, le 10 mars 1764 alors que la jeune fille n'a pas quinze ans.

Durant trois ans, Louis Joseph ne fait plus parler de lui. Devenu avocat au Parlement grâce aux efforts financiers de ses parents, il a obtenu une charge de conseiller à Pau où l'excellente réputation de son beau-frère Belsunce peut l'aider si besoin ; mais comme il n'a pas tout à fait l'âge requis, il doit entamer les démarches pour lui permettre d'avancer sa nomination et de recevoir sa pension. Insouciant une fois de plus, il compte sur les autres pour se procurer le certificat nécessaire qui doit être signé par le juge royal. Louise lui envoie une lettre exaspérée : « Je vois que je n'ai point de lettre à attendre de vous toutes les fois que vous n'avez rien à me demander. Il y a plus de six semaines que vous ne m'avez donné signe de vie ; cette négligence est impardonnable... » (20 août 1767).

Quel pouvoir a l'éducation sur la nature ? L'image du père embellie et mythifiée a-t-elle dévalué celle de la mère philosophe qui vit en marge des conventions ? À quel ressort psychologique faire appel lorsque toute une partie de la société s'endette en se voilant les yeux et chasse son ennui dans un tourbillon de musique, de théâtre et d'opéra ? Les efforts que Louise fait depuis des années pour redresser la pente, les économies raisonnables qu'elle réclame semblent voués à l'échec, car les penchants de Louis Joseph s'accusent avec le temps. Sans doute commet-elle des maladresses malgré sa vive intelligence. Sans doute le garçon, porté par sa jeunesse heureuse, croit-il toujours que tout s'arrangera ; car en société il est charmant, spirituel, aimable et il force la sympathie. Mais les efforts qu'il promet de faire ne durent jamais longtemps. Sa mollesse, son goût pour les bonheurs faciles en font une proie pour tous les aventuriers et chevaliers d'industrie, dont le métier est d'escroquer les jeunes gens de bonne famille naïfs ou étourdis.

En décembre 1767, une piteuse lettre apprend à Louise d'Épinay comment son fils s'est fait berner et détrousser. Un jour où il était allé serrer la main de son ami le chevalier de Blair, amateur de musique, il rencontre dans son logis un Américain jovial, M. de Sinthey. Le chevalier tient un jeu de cartes à la main et leur propose à tous deux de jouer au pharaon pour un louis la partie. Louis Joseph gagne une, deux, puis trois parties, les perdants réclamant à chaque fois leur revanche. Voici d'Épinay avec vingt louis en poche. Le jeu, croit-il, lui fournira l'argent dont il a besoin pour acheter de jolies toilettes, occupation indispensable de celui qui s'ennuie. Mais les tricheurs aux cartes sont légion, beaux parleurs, experts en arts d'agrément ; à la vingt et unième partie, le trésor est parti en fumée : « La perte de mes vingt louis me piqua ; je voulus jouer et je perdis encore. Puis-je le dire sans honte et sans me regarder avec horreur ? Je perdis quatre-vingt-dix louis ! » Le lendemain, l'Américain, devant quitter Pau, demande à être payé au plus vite. Louis Joseph court aussitôt implorer l'aide de son beau-frère Belsunce et trouve les mots qu'il faut pour le convaincre de son repentir, en lui proposant même un projet de vie et de bonne conduite pour régler ses dettes. Le généreux Belsunce consent à payer : « Voilà, ma chère Maman, quelle est mon aventure dans la plus exacte vérité. Elle est affreuse, je l'avoue ; soyez persuadée que j'en ressens toute l'horreur. Malgré cela, ma chère Maman, j'ose encore lever les yeux vers vous, j'ose encore prétendre à cette indulgence et à ces bontés dont vous m'avez accablé tant de fois. » Et, comme dans beaucoup de lettres, c'est le post-scriptum qui révèle le véritable objet de la missive : « P.-S. Au reste, la chose n'a pas transpiré à Pau ; oserai-je vous prier de faire en sorte que mon père n'en soit point instruit ? » Mme d'Épinay pardonne et envoie secrètement des subsides.

Pendant quelques mois, Louis se tient prudemment, il a peur des colères du père car c'est le père qui détient l'autorité légale ; il passe avec succès l'examen nécessaire pour obtenir la dispense d'âge qui lui permet d'être conseiller au parlement de Navarre. Comme il est plein de charme et bon musicien, proche parent d'un homme estimé tel que Belsunce, il est reçu dans les meilleurs salons. Le conseiller M. de Saint-Pau devient son protecteur. Louis fait même la conquête de sa femme et de ses filles.

Lettre de cachet

Le jeune conseiller est passé maître en acrobaties verbales, en histoires rocambolesques, en regrets et en promesses, réflexes d'éternel enfant qui croit sortir du pétrin en flattant ses interlocuteurs ou en jouant les victimes. On sait à dire vrai peu de chose de lui, car ses lettres sont des plaidoyers habiles, et le portrait qui se dessine à travers la correspondance et l'autobiographie romancée de Mme d'Épinay est un portrait en creux : frivole, paresseux, menteur, égoïste, dissipé, présomptueux jusqu'au ridicule. Ce portrait est fait par une femme excédée, souvent malade, qui a sacrifié en partie sa santé pour s'occuper de ses enfants, et qui est elle-même en proie à bien des contradictions. Parce qu'elle se plaît aux choses de l'esprit, elle est convaincue que les principes de l'éducation peuvent contribuer à l'avènement d'une société nouvelle, mais les principes se heurtent à la réalité quotidienne. Elle a conscience que la passion est le premier danger que chacun doit apprendre à vaincre et elle lutte contre la faiblesse et la sensiblerie par la sévérité, comme si s'opposaient éducation et tendresse. Louise, qui a souffert du mépris où les femmes sont tenues et à qui son indépendance a valu des critiques sévères, veut incarner la figure d'un mentor moral plutôt que celle d'une femme indulgente et faible. Et cependant elle cède presque toujours à ses émotions.

Les pires craintes de Mme d'Épinay se réalisent. Elle apprend que son fils ne travaille pas, qu'il continue de faire des dettes et de signer des billets. La Live d'Épinay, pourtant peu interventionniste, s'alarme à son tour et écrit à Louis Joseph pour le menacer d'un traitement rigoureux s'il ne change pas. Le jeune homme est traversé par des moments de crainte, mais il oublie ses résolutions aussitôt que se présente une bonne occasion de se distraire. Joli garçon, il n'a pas de peine à trouver des cœurs tendres pour s'épancher et il assouvit ses élans amoureux. On le voit passer de délicieuses vacances de Noël à Bayonne en vivant d'argent emprunté. Ses désordres commencent à se savoir. En janvier 1769, il est à nouveau acculé mais il n'ose plus faire appel à sa mère et c'est à sa sœur Angélique de Belsunce qu'il écrit en utilisant les mêmes procédés doucereux : « Je ne m'envisage qu'avec horreur, j'ai manqué à ma parole, j'ai pu violer les promesses authentiques que j'avais faites… Je me suis replongé dans de nouveaux précipices lorsque la bonté de nos parents était sur le point de me tirer des anciens. »

Mais cette fois l'affaire est devenue grave. De retour à Pau, Louis Joseph d'Épinay est convoqué par le premier président. En présence de deux conseillers, il lui est demandé de donner sa démission de conseiller. Force lui est de signer le papier qu'on lui tend ; le premier président l'assure toutefois de sa confidentialité. Blême, d'Épinay marche de longues heures dans la rue, ce qui ne l'empêche pas de finir la soirée dans les salons de son protecteur, M. de Saint Pau, et de faire danser sa fille ! Le secret promis ne peut être maintenu bien longtemps. Les parents sont avertis : c'est l'honneur de toute la famille qui est touché par les manquements du jeune homme. La punition suit aussitôt : elle tombe lorsque Louis Joseph fait le galant chez M. de Saint-Pau, en bel habit de velours noir et cheveux longs.

Car l'autorité paternelle n'est pas un vain mot : quand un fils de famille par ses frasques a lassé la patience des parents, ceux-ci peuvent recourir à une demande d'enfermement sur lettre de cachet et éviter ainsi l'action infamante de la justice ordinaire et le scandale. La lettre de cachet par ordre du roi concilie punition, réparation d'honneur et secret ; elle s'obtient lorsque l'inconduite d'un membre d'une famille est notoire. Le trublion est empêché de nuire et c'est alors aux parents de donner régulièrement leur avis sur son maintien ou non en prison. On ne sait si la décision a été prise de concert ou si Louise d'Épinay, effondrée et pleine de pitié, a plaidé la cause de son fils. En 1769, Louis Joseph, qui a alors vingt-trois ans, est conduit à Bordeaux et enfermé au château Trompette. Ses parents s'efforcent de cacher à l'entourage la triste situation en prétendant que le jeune homme a été contraint de se rendre à Paris pour régler des affaires de famille. Mais tout Pau est au courant de la sanction en quelques jours. Du château Trompette, Louis est transféré au fort du Hâ, « renfermé entre quatre vastes murailles, sous deux grandes portes fermées par serrures et verrous, ayant une sentinelle, ne parlant à personne »...

Le prisonnier gémit sur son sort ; il certifie à sa mère que le calcul de ses dettes est fort exagéré et il écrit à ses protecteurs M. et Mme de Saint-Pau qui lui ont marqué leur attachement pour les assurer de son repentir. Dans son « caveau », Louis Joseph n'a pas perdu tout contact : il achète des livres à crédit, et il reçoit secrètement des billets très amicaux de Mlle de Saint-Pau grâce à des intermédiaires complaisants. Une histoire sentimentale se noue ; on ne sait pas jusqu'à quel point il y croit lui-même, mais il juge de son intérêt d'en faire part à sa mère, sans doute pour l'amadouer et adoucir le courroux de son père. Car la mère souffre autant que son fils de sa captivité et elle finit par obtenir de son mari que la punition se relâche : en février 1770, Louis est autorisé à retourner au château Trompette, où les conditions de vie sont beaucoup plus agréables, où il peut recevoir quelques visites, et sortir de temps à autre du château. Incorrigible Louis Joseph : une de ses préoccupations quotidiennes dans cette demi-captivité concerne des chemises qui lui ont été envoyées et qui sont « fort mal faites, les poignets trop larges et les cols beaucoup trop étroits » ! Enfin, la punition est levée, en septembre 1771. D'Épinay est rappelé à Paris. Sa démission de conseiller est devenue publique.

Il n'y a sans doute qu'un cœur maternel pour ne pas se lasser de ces fautes à répétition, de ces récits truqués, de ces résolutions non tenues, de ces repentirs opportunistes. Que faire d'un garçon charmeur et faible, capable de retourner l'opinion par ses boniments ? L'expérience ne lui apprend rien. Au bout de quelques mois de pavé parisien, la situation est de nouveau tendue et devant la carence paternelle, Louise d'Épinay décide de tenter un nouvel essai : l'armée, grande experte en discipline et en exercices physiques, redressera cet adolescent insouciant. Louis est accueilli comme lieutenant dans le régiment de dragons de M. de Schomberg qui tient garnison à Nancy. M. de Schomberg a interdit les jeux de hasard. L'enfant prodigue sera peut-être sauvé malgré lui.

On imagine alors aisément le désespoir de Louise lorsque, quelques semaines plus tard, elle reçoit cette lettre de son fils datée du 27 novembre 1772 :

> Madame et très chère Maman,
> Ce n'est qu'en tremblant que j'ose prendre la plume pour vous annoncer une nouvelle bien cruelle certainement pour vous, mais peut-être encore plus affreuse encore pour moi par les suites funestes qu'elle peut avoir. Je suis dans un état difficile à vous peindre, toutes les furies sont dans mon cœur, je n'ai de repos ni jour ni nuit. Ah ! ne puis-je vous exprimer à quel point les remords me poursuivent de n'avoir pas mieux profité de vos conseils. Je ne serais pas aussi à plaindre que je le suis maintenant ! Daignez considérer à quel point j'ai été trompé dans cette dernière aventure. Je joue au billard, d'abord une misère, avec un de mes camarades, jeune homme de la figure et de l'extérieur peut être les plus insinuants…

Et l'histoire de recommencer : pertes au jeu, revanches, nouvelles pertes, achats à crédit, emprunts. L'apprenti officier risque bien d'être renvoyé et il supplie sa mère d'intervenir, sans le dire à son père. La sanction pour l'instant demeure mesurée : le jeune homme est mis aux arrêts ; tout pourrait encore s'arranger, mais il est surpris un soir sorti sans permission et dansant dans un bal masqué ; c'est à nouveau la prison. Accablée, Louise cherche de nouvelles solutions ; elle rassemble un peu d'argent pour éponger une partie des dettes, remue ciel et terre tandis que son mari se replie dans le silence ; elle songe alors à envoyer son fils à l'étranger, pourquoi pas les îles, mais Louis-Joseph, plus ou moins sincère, proteste qu'il ne peut vivre aussi loin d'elle. En attendant, par précaution, la famille fait interdire le jeune homme. Angélique de Belsunce se démène de son côté pour soutenir sa mère et elle se rend même à Nancy. Ses sollicitations et la réputation de son mari pèsent fort dans la balance : M. de Schomberg lève les arrêts bien que les dettes ne soient pas remboursées ; les créanciers se contenteront d'acomptes. En octobre 1773, Louis Joseph recouvre sa liberté : il quitte Nancy et se rend à Berne début novembre, d'où il écrit aussitôt à sa mère : grâce au réseau de relations que lui vaut la notoriété de sa famille, il est bien accueilli ; la bonne société ignore son passé, son charme et sa conversation réussissent une fois encore à séduire la compagnie. Il trouve un logis modeste, vit de la petite pension que lui verse Louise ; il finit même par avouer ses fautes à ses hôtes, tout en leur cachant son interdiction. Pour la première fois, l'enfant prodigue de vingt-six ans mène une vie presque rangée.

« *Mon malheureux fils me désole et me ruine* »

Ces quatre années écoulées, de 1769 à 1773, auraient été un calvaire pour Louise d'Épinay si l'amitié solide de quelques fidèles, l'heureux mariage et la grossesse de sa fille et le plaisir d'écrire aux côtés de Grimm ne lui apportaient un peu de réconfort. Un nouvel interlocuteur s'est glissé dans sa vie, gai, facétieux, plein d'esprit et inépuisable en bons mots, l'abbé Galiani, un Napolitain, secrétaire d'ambassade à Paris depuis 1759. L'étendue de ses vues et l'originalité de ses réflexions font les délices des habitués de la Chevrette, c'est un trésor pour les jours pluvieux, dit joliment Diderot ! Il est accueilli à bras ouverts par Louise d'Épinay et lorsqu'il doit repartir dans son pays, une correspondance quasi hebdomadaire s'établit entre le *charmant abbé* et la *belle dame*, où ils échangent les petits potins de la vie quotidienne, les informations politiques, les propos littéraires, les confidences sur le mode tantôt léger, tantôt sérieux, et le plus souvent en sondant les profondeurs du cœur humain.

À Galiani, Louise confie ses chagrins comme à personne d'autre – Grimm excepté. Il la rassure, car la dérive de son fils n'est pas le fait de son éducation mais de l'hérédité paternelle : « Je suis au désespoir des chagrins que vous cause votre fils, lui écrit-il ; mais puisqu'il est bien plus l'enfant de Monsieur que de Mme d'Épinay, c'est à lui, à ce que je crois, à s'en occuper. » Parfois Louise cache ses soucis sous un ton badin, mais l'ami ne s'y trompe pas : « J'étais dans une impatience incroyable d'apprendre de vous les symptômes de votre entrevue avec votre fils, ou plutôt avec le fils de M. d'Épinay ; vous ne m'en dites mot… » Plus souvent, elle s'irrite du sort fait aux femmes, victimes d'une société usée par le plaisir et qu'on traite avec mépris dès qu'elles veulent écrire ; elle se laisse aller à de vraies lamentations dans ces moments si difficiles qu'elle traverse entre 1770 et 1773, car elle est tombée gravement malade et les dettes de son fils menacent de la ruiner tout à fait : « Je me vois dans la malheureuse alternative ou d'abandonner à son mauvais sort celui qui veut se perdre, ou d'achever ma ruine pour le sauver. » « Je ne vois pour le moment aucun moyen de m'en tirer… Mon abbé est à Naples et je suis seule dans l'univers ! Comment voulez-vous que je sois gaie ? » Parfois elle veut croire à la résilience : « Mon fils a fait à présent des preuves qui le mettront à l'abri de la récidive. Il s'est conduit dans cette occasion délicate [il s'agit d'un duel] avec un sang-froid, une prudence et une valeur rares à cet âge… Si vous connaissez un pauvre être plus ballotté que moi, vous me ferez plaisir de me l'indiquer. » Ou encore, plus sobrement : « Mon malheureux fils me désole et me ruine » (18 juillet 1772).

La maladie qui progresse contraint Louise à s'aliter. Elle est prise de douleurs intolérables et se sent très abattue, d'autant que Grimm a dû s'absenter pour rejoindre le landgrave de Hesse-Darmsatdt qui se rend en Russie. Diderot est également en voyage. Depuis Pétersbourg, Grimm s'inquiète, et même Voltaire s'efforce d'égayer la malade par des missives pleines d'esprit : « Mes misérables quatre-vingts ans sont les très humbles serviteurs de vos étouffements et de vos enflures ; et sans ces quatre-vingts ans, je pourrais bien venir et me mettre à côté de votre chaise longue. »

Mme de Belsunce ne quitte pas sa mère et lui sert de secrétaire ; elle a amené avec elle sa fille, la petite Émilie dont la présence sauve Louise : c'est pour sa petite-fille qu'elle écrit les charmantes *Conversations d'Émilie*, où elle abandonne le ton trop didactique des *Lettres à mon fils* et invente un dialogue vif appuyé sur l'observation. L'ouvrage achevé en 1775 est un succès, Catherine II en goûte le charme, et s'apprête à le faire traduire en russe – l'Académie le couronnera plus tard d'un prix « d'utilité ». C'est encore Galiani, avec son habituelle franchise, qui trouve les accents les plus pénétrants pour parler de l'ouvrage : « Ceux qui ne le goûteront point du tout, ce sont des plats bornés sans âme ni cœur… Ceux qui le trouveront parfait ce sont des flatteurs. Ceux qui le trouveront d'une gaieté et d'une naïveté originales, qui en étoufferont de rire et qui ne le trouveront utile en rien, parce que rien n'est utile à l'éducation, attendu que l'éducation est en entier l'effet du hasard, autant que la conception, ce sont des hommes sublimes, Diderot, Grimm, Gleichen et votre serviteur » (28 janvier 1775). Si rien n'est utile à l'éducation, que peuvent faire les mères sur qui repose le bonheur des enfants ?

Enfin, Grimm est de retour et Mme d'Épinay se porte déjà un peu mieux. Elle peut écrire elle-même ses lettres, sa bonne humeur coutumière revient. La vie lui a réservé une agréable surprise. Louis Joseph a quitté Berne pour Fribourg, où il a été chaudement recommandé à une vieille famille patricienne suisse, les Boccard. M. de Boccard est chevalier de Saint-Louis, lieutenant du régiment des gardes suisses. Veuf, il a élevé deux filles. La cadette succombe au charme de l'aimable Louis Joseph qui à son tour s'éprend de la jeune personne. L'amour est au rendez-vous et grâce à la protection du tuteur de Mme d'Épinay, M. d'Affry ami des Boccard, le mariage est décidé. Comme l'argent manque des deux côtés, les époux ne quitteront pas Fribourg et vivront chez M. de Boccard qui leur fournira meubles, vaisselle et ustensiles. L'interdiction de Louis est levée ; sur la pension que ses parents lui font, les remboursements de ses dettes sont prélevés. Aucun membre de la famille d'Épinay n'assiste au mariage, pour des raisons diverses, mais Louise, encore malade, rayonne de joie et écrit de chaleureuses lettres à sa belle-fille : « Ma chère fille, je vous aime… Plus de compliment à la fin de vos lettres. Je suis votre maman, il est vrai, mais je suis, ou du moins je veux l'être, votre amie, votre meilleure amie… »

Faut-il le dire ? Les affaires financières ne peuvent pas s'arranger. Marié, Louis Joseph ne maîtrise pas davantage ses dépenses ; mais, anticipant la ruine complète, c'est lui-même qui sollicite en 1776 la nomination d'un conseil judiciaire pour l'aider et le brider. Malgré cette précaution, les dettes ne font que croître, et une grande partie de ses biens est partagée entre ses créanciers par arrêt du parlement de Paris. Il ne reste de l'immense fortune de Bellegarde que dix mille livres pour subvenir à ses besoins. Tel père, tel fils. Acculé, il cherche des expédients et il recommence à s'endetter à Fribourg, causant dans cette sereine ville suisse un véritable scandale. Boccard n'hésite pas à demander l'interdiction de son gendre, qui est renouvelée en 1777. Louis Joseph écrit à nouveau à sa chère maman pour la supplier de le tirer de ce mauvais pas : « Je n'ai absolument rien à répondre qu'à me jeter à vos pieds. Je ne puis concevoir comment il est possible que j'aie dépensé tant d'argent en si peu de temps... » (20 juin 1778). Et Louise, une fois encore, cède aux supplications. Ses ressources étant épuisées, elle vend ses diamants à l'impératrice Catherine de Russie pour aider son fils.

Louis Joseph est un virtuose en mots de consolation et il exprime à sa mère sa reconnaissance, ses regrets, sa tendresse, mêlant à des sentiments authentiques des ruses enfantines pour parvenir à ses fins :

> Ne vous défaites pas de vos diamants. Je vous ai déjà dépouillée de tout... J'ai pu affliger une mère qui m'a toujours accablé de marques de tendresse, malgré tous mes égarements... Je vous assure, ma chère Maman, que je n'ai jamais éprouvé ce que je ressens dans cette occasion ; jusqu'à présent et dans mes précédents égarements je n'ai fait tort qu'à moi seul ; mais l'idée de faire souffrir par ma faute tout ce que j'ai de plus cher au monde me déchire ; je ne puis la supporter.

Des lettres du même acabit vont se succéder au cours des années suivantes. Sans doute l'enfant prodigue est-il lui-même sincèrement persuadé qu'il va changer. Il a trente-trois ans, il est père de deux enfants, et il écrit encore à sa mère pour lui faire le détail, poste par poste, de ses dépenses domestiques. Sa femme, toute dévouée, lui sert également de censeur, de sorte que l'interdiction est levée en 1782, peu après la mort de Denis Joseph d'Épinay en 1781. En dépit de tout, la famille reste unie : en 1780, la jeune épouse de Louis Joseph vient à Paris pour faire la connaissance de sa belle-mère et les deux femmes s'entendent à merveille...

Années mélancoliques que ce début de la décennie 1780. Louise, épuisée, ne quitte plus son lit, en proie à de vives souffrances ; la rédaction de ses mémoires l'a aidée à vivre toutes ces dernières années ; son récit est rempli de notes intimes, de saillies drôles, de formules et d'observations justes : tiraillée entre les impératifs de la société mondaine et son besoin d'indépendance, elle n'a surmonté ses contradictions que progressivement, et ce sont peut-être sur ces paradoxes qu'a buté Louis Joseph, incapable de trouver son chemin dans un monde en train de changer. Louise d'Épinay succombe à un cancer de l'estomac, le 15 avril 1783.

L'éducation pouvait-elle changer le caractère et le destin du jeune d'Épinay ? L'adolescent a grandi dans la facilité, fasciné par un père brillant et lointain, protégé par une mère tendre et faible. Installé en Suisse, il échappe au drame de la Révolution. On le retrouve en 1807, à soixante ans, à nouveau couvert de dettes, obligé de « fondre la cloche ». Sa belle-famille le contraint à abandonner ses biens à ses enfants, en ne se réservant qu'une petite pension. D'Épinay, qui n'a plus que cinquante louis pour s'habiller et pour ses menus plaisirs, implore sa sœur Angélique de l'aider : « Dans quel sein verserais-je mes chagrins cuisants que dans celui d'une amie… » Mais Mme de Belsunce n'a pas la même indulgence que sa mère car elle sait à quoi s'en tenir. Elle se contente de bonnes paroles. Les relations finissent par se tendre entre la sœur et le frère qui n'a que faire des leçons d'un « maître d'école » ! Louis Joseph se réfugie dans la lecture et il se soustrait aux malheurs du temps en composant à Fribourg, entre 1805 et 1809, de petits poèmes, un opuscule historique et des *Étrennes fribourgeoises*, pleines de charme et de légèreté. Nul doute qu'il ait été doué pour « les arts agréables ». Le frère et la sœur meurent la même année en 1813. Une nouvelle génération se lève, où l'intimité et l'harmonie familiale doivent servir l'épanouissement personnel. Ce triomphe de la vie privée, cette réévaluation du lien mère-fils se présenteront bientôt comme des valeurs que toute la société aura intériorisées et jugera comme la meilleure protection contre les malheurs de l'existence.

Marie-Antoinette et Louis XVII : « la louve et son louveteau »

> « Ne craigniez-vous pas que ces mots : “ils ont enlevé le fils à sa mère” ne dévorassent tous les souvenirs dont vous retraciez la mémoire ? […] La reine existe parce qu'elle aime, parce qu'elle est mère. »
>
> Mme de Staël, *Réflexions sur le procès de la reine.*

Il est difficile d'imaginer un parcours entre deux pôles plus extrêmes, une jeune reine comblée, mère aimante de trois beaux enfants, et une prisonnière dépouillée de tout, à qui ses geôliers font subir le pire des supplices en l'accusant de relations incestueuses avec son fils : la frivole Marie-Antoinette n'a peut-être pas été la meilleure des mères mais, en dépit de ses failles, la postérité lui a reconnu dignité et courage. Quant à son fils, privé de tout ce qui fait grandir un être humain, les fracas de la vie et de l'Histoire ont fait de lui un enfant martyr.

Lorsqu'elle met au monde, le 27 mars 1785, son second fils et troisième enfant, Louis-Charles duc de Normandie, Marie-Antoinette peut penser qu'elle a accompli son devoir qui est de donner un dauphin à la France, et même de lui assurer un second héritier si le premier dauphin venait à mourir. Le roi Louis XVI son époux manifeste sa gratitude et il assiste quelques jours plus tard à un *Te Deum* en la cathédrale Notre-Dame de Paris. Le pays est en liesse bien que les Parisiens se montrent réservés lors de la cérémonie des relevailles : l'affaire du collier alimente de violents pamphlets contre la reine ; ses dépenses excessives et les privilèges qu'elle accorde à ses favoris irritent autant le peuple que la Cour ; enfin, ses relations inconditionnelles avec l'Autriche, sa patrie natale, l'exposent à la critique. Mais la famille royale est une famille unie qui attendrit plus d'un Français. Entre vie publique et vie privée, les liens sont étroitement imbriqués. Au cœur de l'ouragan politique, la maternité est pour Marie-Antoinette une consolation, un refuge, et peut-être aussi une sauvegarde.

Enfin mère

Une reine ne peut être une mère comme les autres. Unie, à quinze ans à peine, au dauphin de France pour consolider l'alliance entre l'Autriche et la France, le mariage de la petite archiduchesse, en 1770, est d'abord un événement politique, et non une affaire de sentiments. Lorsqu'elle arrive à Versailles, elle découvre un mari d'un an à peine plus âgé qu'elle, timide, balourd, pieux, qui préfère la chasse aux caresses et n'est nullement prêt à honorer les devoirs conjugaux ; elle-même est une jeune personne pudique et immature, qui a surtout envie de rire et de s'amuser et qu'effraie la sexualité. Le couple vit sous les yeux d'une cour curieuse et critique ; aussi ignorants l'un que l'autre, ils désertent le lit conjugal, mais ils sont encore jeunes et tout espoir n'est pas perdu.

En 1774, le dauphin monte sur le trône à la mort de son grand-père, Louis XV, et cette fois, la Cour qui attend de la jeune reine de vingt ans un héritier s'impatiente ; un couloir secret a été creusé pour réunir les chambres des époux à l'abri des commérages. Encore faut-il vivre à la même heure et au même rythme ! Louis XVI travaille avec sérieux toute la journée ; Marie-Antoinette aime les escapades nocturnes en compagnie de son jeune beau-frère, le comte d'Artois, et elle se dérobe comme elle peut aux timides avances du roi. Les étreintes sans désir, maladroites, inachevées, les laissent l'un et l'autre frustrés et plus apeurés encore. Chacun fuit autant qu'il peut l'humiliation du fiasco amoureux, le roi dans la chasse, la reine dans les divertissements. Musique, théâtre, bals, toilettes, jeux, elle se perd dans le tourbillon des plaisirs avec des jeunes de son âge. Les relations entre époux finissent par se distendre : de la peur à la répulsion, il n'y a pas loin, même si Louis, complaisant, cède facilement aux caprices de son épouse.

La Cour a les yeux rivés sur le ventre de la reine. Les observateurs comptent les quarts d'heure d'intimité ; l'ambassadeur de Prusse fait valoir l'incompatibilité des goûts ; pendant un voyage à Fontainebleau, en 1777, l'ambassadeur de Sardaigne note que le roi n'a pas couché plus de trois fois avec la reine. L'impératrice Marie-Thérèse, inquiète et grondeuse, comprenant que sa linotte de fille ne tient pas compte de ses recommandations, envoie son fils, l'empereur Joseph II, à Versailles pour secouer sa sœur et son beau-frère. Son parler direct, ses remontrances réussissent là où les médecins ont échoué : le roi est solide de corps et d'esprit mais paralysé par son éducation ; à Marie-Antoinette, le grand frère rappelle l'importance de ses devoirs d'épouse : « N'êtes-vous pas roide ou distraite quand il vous caresse, vous parle ? Ne paraissez-vous pas ennuyée, dégoûtée même ? » La leçon est crue, mais comprise ; Louis XVI se comporte enfin en mari. Marie-Antoinette peut écrire à sa mère quelques mois plus tard : « Il y a déjà plus de huit jours que mon mariage est parfaitement consommé. » Et, fin avril 1778, elle a le solide espoir d'être enceinte.

Après sept années d'attente, la reine accouche enfin, en décembre 1778, d'une petite fille, Marie-Thérèse, Madame Royale. Certes, ce n'est qu'une fille, mais la petite « Madame » a éveillé chez Marie-Antoinette la fibre maternelle. Le bébé dont s'occupe un bataillon de femmes n'est encore qu'un plaisir et une émotion inédite parmi d'autres plaisirs ; à peine rétablie, la reine s'empresse de remonter à cheval et ne se montre pas empressée de reprendre des relations avec son mari. Elle aurait fait, selon Mme Campan, sa lectrice et femme de chambre, une fausse couche en 1779. Les spectacles et les bals occupent des nuits entières cette enfant gâtée, plus belle que jamais ; mais au lieu de donner le ton à la Cour comme son devoir le commande, elle s'entoure surtout de favoris et favorites et elle reçoit les hommages du beau Fersen.

La deuxième grossesse de Marie-Antoinette lui fait pardonner ces coûteuses fantaisies. Le 22 octobre 1781, la reine met au monde, sans incident, un petit prince. Le roi, après que le garde des Sceaux a constaté le sexe de l'enfant, s'approche de sa femme, très ému : « Madame, vous avez comblé mes vœux et ceux de la France. Vous êtes mère d'un dauphin. » Les personnes admises dans la chambre de l'accouchée puis les gouvernantes, puis les courtisans, les délégués des corps de métiers et trois dames de la halle viennent rendre leurs hommages au petit prince, « gage de prospérité et de tranquillité publique ». La joie éclaire les visages. Louis XVI, pourtant peu expansif, pleure de bonheur. Seul, le comte de Provence boude un peu : en tant que frère du roi, il doit céder sa place d'héritier à ce poupon, Louis-Joseph, qui vient d'être baptisé par le premier aumônier. Il y a bien aussi une campagne de méchants pamphlets qui jettent le soupçon sur la paternité royale et font le tour de Paris, mais ils ne suffisent pas à gâcher la fête, et les relevailles, le 21 janvier 1782, se déroulent dans la liesse.

Si l'on excepte une fausse couche en novembre 1783 et les soucis que lui causent les tenaces pressions de son frère pour qu'elle oriente la politique française selon les intérêts autrichiens, la reine se porte bien. Les servitudes de la Cour l'ennuient toujours et c'est dans le cadre bucolique de Trianon qu'elle s'affranchit de ses obligations : elle organise son jardin, sa ménagerie, son hameau, son théâtre ; elle donne quelques fêtes et mène ce qui peut ressembler à une vie de châtelaine libre de ses goûts et de ses activités. Louis XVI achète également pour elle le château de Saint-Cloud, qui abritera dans le bon air les enfants royaux, et en particulier le dauphin dont la santé donne des inquiétudes. Le séduisant Fersen est revenu d'un long périple et il passe quelques mois à Versailles. En 1784, la reine est à nouveau enceinte et elle met au monde, le 27 mars 1785, un second petit garçon, Louis-Charles, qui portera le titre de duc de Normandie. Bien que les médisances, les chansons et les caricatures l'affectent, signes du mécontentement populaire, le ciel de France est encore clair et le lien entre les époux s'est renforcé.

Marie-Antoinette, mère de trois enfants, aurait bien voulu s'arrêter là. Elle a juste trente ans et son corps qui s'arrondit commence à perdre un peu de sa fermeté. Aussi est-ce sans joie qu'elle se découvre à nouveau enceinte, fin 1785. L'enfant, qui naît le 9 juillet 1786, est une grosse petite fille, nommée Sophie, mais la mère est fatiguée. C'est sans doute à ce moment qu'elle prend la décision de ne plus avoir d'enfant et qu'elle persuade son mari de renoncer aux relations conjugales ; elle n'a nullement l'intention de mettre treize rejetons au monde comme sa mère ! La malheureuse petite Sophie, qui tétait encore, meurt de convulsions, âgée de onze mois ; la reine se résigne sans trop de chagrin.

Une éducation privée

L'éducation des petits princes constitue une affaire d'État. À sa naissance, l'enfant royal dispose d'une « maison » d'au moins quatre-vingts personnes sous la responsabilité de la gouvernante, chacune des charges représentant un honneur et beaucoup d'avantages ; la nourrice qui donne à téter est minutieusement choisie pour sa santé, mais aussi pour sa vie passée, sa fécondité, sa vertu ; elle est accompagnée par une « gardienne du ventre » qui rend compte quotidiennement de son état, et par plusieurs remueuses qui changent le bébé. L'étiquette règle les relations : la gouvernante des enfants royaux a le pas sur toutes les dames de la Cour ; elle peut monter dans le carrosse de la reine et s'avancer en chaise à bras jusqu'aux appartements des souverains. Puis, à sept ans, le garçon passe entre les mains des hommes, gouverneur, précepteur, sous-gouverneurs, professeurs. Former un prince chrétien, c'est lui inculquer vertus et savoirs. Le gouverneur, qui reçoit ses instructions du roi, est recruté dans une puissante famille et il lui est demandé autorité, science et piété, qualités qu'il aura à semer chez son élève.

À dire vrai, Marie-Antoinette ne se plie que difficilement à la sacro-sainte étiquette et cette armée de serviteurs ne fait que lui rendre plus difficile l'accès à ses enfants, en brimant sa spontanéité : poser sa fillette dans son berceau relève de la charge de Mme d'Arpajon, qui la prive ainsi d'un modeste plaisir maternel. Elle a elle-même grandi à Vienne dans une atmosphère de liberté et d'intimité familiale, aussi est-elle bien décidée à suivre ses instincts et à placer auprès de ses enfants un personnel de son choix, sans tenir compte de l'ordre hiérarchique. La princesse de Guéméné, née Soubise, a obtenu le poste de gouvernante des enfants royaux, qu'a occupé auparavant sa sœur, Mme de Marsan, mais la reine a pris ses distances avec elle. Dès qu'elle le peut, en octobre 1782, elle intervient directement pour faire nommer en hâte sa chère princesse de Polignac à la place de Mme de Guéméné, que la faillite de son mari contraint à la démission : faveur personnelle, par laquelle Yolande de Polignac passe d'un emploi secondaire à une charge importante. Le 16 juillet 1789, Mme de Tourzel, choisie pour sa sagesse et sa vertu, la remplacera à son tour. Cette rupture dans les usages des nominations offusque la vieille Cour et vaut à la reine des inimitiés considérables.

Dès la naissance de sa première fille, la reine veut entreprendre des réformes de façon à assurer une vie privée aux enfants royaux, et elle s'efforce d'alléger le cérémonial. L'ambassadeur d'Autriche en France, Mercy, qui tient au courant l'impératrice Marie-Thérèse des faits et gestes de sa fille, l'en informe : « On a commencé à retrancher les harangues usitées et on veut éloigner des premiers regards de l'enfant royal toutes les images de grandeur, lesquelles, lorsqu'elles sont aperçues trop tôt, peuvent mettre de grands obstacles aux progrès d'une éducation bien ordonnée. » L'impératrice est choquée par l'initiative de la reine et le lui fait savoir, mais Marie-Antoinette s'entête ; devant Mme de Tourzel, elle se justifiera : « Nos enfants apprennent toujours assez tôt ce qu'ils sont. » Comme la petite Madame témoigne d'un naturel hautain, elle la fait dîner avec une jeune paysanne pour lui apprendre à s'effacer devant son invitée ; la sous-gouvernante des enfants royaux, Mme de Mackau, a la consigne de réprimer les humeurs de la fillette lorsqu'elle fait la fière. À l'égard du dauphin Louis-Joseph, les consignes ne sont pas moins rigoureuses. Mme d'Oberkirch rapporte qu'on le reprenait quand il disait « Je veux » !

Marie-Antoinette, peut-être influencée par l'air du temps, a de solides et modernes principes d'éducation ; comme elle l'explique à Mme de Tourzel, elle veut créer avec ses enfants un rapport de confiance et d'amour, car elle a elle-même souffert de l'absence de sa mère absorbée par la charge impériale : « On a toujours accoutumé mes enfants à avoir grande confiance en moi, et, quand ils ont des torts, à me le dire eux-mêmes. Cela fait qu'en les grondant, j'ai l'air plus peinée et affligée de ce qu'ils ont fait que fâchée. Je les ai accoutumés tous à ce que oui ou non prononcé par moi est irrévocable ; mais je leur donne toujours une raison à la portée de leur âge, pour qu'ils ne puissent pas croire que c'est humeur de ma part. » La mère, intuitive, a compris, avant bien d'autres femmes de l'aristocratie, la place de la confiance et l'importance de la sécurité pour la bonne croissance d'un enfant. Pour être mieux associée à leur vie, elle choisit de rapprocher leur logement du sien. Le château de Versailles, par ses dimensions, n'est guère adapté à une vie intime. Les enfants royaux habitent au rez-de-chaussée de l'aile du Midi, où leurs appartements occupent dix pièces en enfilade, au bout de laquelle loge Mme de Guéméné, qui dort dans la chambre même du dauphin – la princesse de Polignac s'installera, elle, dans une chambre voisine séparée par une glace sans tain. Marie-Antoinette demande que sa fille se rapproche d'elle et l'enfant déménage avec sa sous-gouvernante dans l'aile centrale au rez-de-chaussée – elle réintégrera plus tard l'aile du Midi. Le dauphin Louis-Joseph, de santé fragile, rejoint sa mère lorsqu'elle se fait installer un appartement privé sur la cour de Marbre ; Louis-Charles occupera ensuite son appartement.

C'est au roi assurément qu'incombent les grandes décisions, comme celles de choisir un gouverneur ou de faire inoculer les enfants contre la variole, opération qui n'est pas sans danger. Louis XVI est un bon père, que ses enfants aiment et respectent ; il tient à un enseignement de qualité. C'est aussi lui qui éveille ses fils aux travaux manuels en les emmenant soigner les fleurs, bêcher et ratisser le jardinet privatif aménagé sur la terrasse du château, en haut des Cent Marches. En cette fin de siècle, l'attention des éducateurs se porte sur l'exercice physique, et Marie-Antoinette approuve que ses fils disposent ainsi librement d'une aire de jeu ensoleillée pour apprendre à marcher, jouer, libérer leurs mouvements ou se détendre lors de leurs récréations.

Vigilance, négligences

Comme beaucoup de mères de la haute aristocratie, la reine offre un curieux mélange de bons principes, d'amour maternel et de négligences. Fièrement, elle se fait peindre par Mme Vigée-Lebrun avec sa fille et son fils, et elle envoie leurs portraits à Vienne. Elle suit attentivement les progrès de Madame Royale à qui elle rend visite plusieurs fois par jour, elle note ses premières dents, ses premiers pas, ses sourires, ses babillages, et elle remarque que ses premiers mots sont pour nommer son père. L'ambassadeur d'Autriche en France, Mercy, juge même qu'elle s'occupe un peu trop de la petite Marie-Thérèse : « Depuis qu'elle la tient constamment dans son cabinet, il n'y a presque plus moyen d'y traiter d'aucun objet important ou sérieux qui ne soit à tout moment interrompu par les petits incidents des jeux de l'enfant… » Mercy note aussi que la reine, enceinte, « est occupée à un bon plan d'éducation pour le dauphin » et Mme Vigée-Lebrun écrit qu'elle ne « négligeait rien pour faire acquérir à ses enfants des manières gracieuses et affables ». Aux yeux de tous, Marie-Antoinette est une bonne mère. L'ambassadeur de Parme, lors de la solennelle visite du sultan de Mysore à Versailles, en août 1788, admire sa majesté aimable lorsqu'elle traverse les salles en tenant Madame Royale d'une main et Louis-Charles de l'autre : « Elle avait l'air d'une grosse, blanche et bonne maman. Cette attitude de tendresse maternelle lui a attiré beaucoup d'applaudissements qui ont augmenté lorsqu'elle a pris sur ses bras son fils pour qu'il pût mieux voir la cérémonie. » On sait combien la reine a l'art du geste en public. En fait, elle a eu honte d'emmener à la fête son aîné, de plus en plus malade et difforme, et elle l'a laissé entre les mains de sa gouvernante.

Attentive et bonne, Marie-Antoinette peut cependant rester plusieurs jours, et même plusieurs semaines, sans rencontrer les petits princes ; lorsqu'elle les voit, elle les caresse, joue avec eux, se plaît à les mignoter pour peu que l'humeur soit au plaisir. Lorsque le roi revient d'un périple, elle l'attend depuis le balcon de son appartement, entourée des enfants impatients qui crient « Papa » ! Sa tendresse ne se discute pas, elle ressemble à celle de toutes les mères bourgeoises, mais beaucoup d'activités futiles, le bal ou le jeu, requièrent son attention, et ses bons principes sont alors soumis à ses commodités. Elle ne veut pas déranger ses habitudes ni sacrifier ses plaisirs : pour ne point se séparer de la princesse de Polignac et parce que le dauphin doit rester avec sa gouvernante à Versailles, elle est prête à renoncer à un séjour à Fontainebleau ; et, ajoute le marquis de Bombelles, bien informé par sa belle-mère Mme de Mackau, « on s'est déjà assez permis de blâmer Mme de Polignac sur ce que, pour faire compagnie à la reine, elle n'ait point fait promener et changer d'air Monseigneur le dauphin qui, de tout l'été, n'est sorti qu'une seule fois en carrosse et qui, à l'exception de cette promenade, est réduit à la terrasse qui est devant ses fenêtres » ! Bombelles regrette également que la reine écarte de l'entourage de l'enfant des petits compagnons de son âge.

À coup sûr, les enfants ressentent les variations d'humeur de leur mère. Avec la petite Madame, qu'on a surnommée Mousseline la Sérieuse pour sa mine un peu triste, les échanges ne sont pas toujours excellents, et l'enfant livre malgré elle une autre version des relations familiales à l'occasion d'un fait divers que relate Bombelles. Le 12 avril 1783, la reine raconte en effet qu'elle a failli se tuer en faisant une grave chute de cheval. La petite Marie-Thérèse qui écoute la conversation ne se montre nullement émue : « Cela m'eût été égal ! » L'abbé de Vermond, attaché à la reine, cherche une excuse à la fillette de six ans : « Madame ne sait pas ce que c'est de se casser la tête ! La reine serait morte [...]. Madame ignore certainement ce qu'est la mort ? – Non, monsieur l'abbé, je ne l'ignore pas. On ne voit plus les personnes mortes. Je ne verrai plus la reine et j'en serai bien aise parce que je ferai mes volontés. » Marie-Antoinette, en larmes, se réfugie auprès de la princesse de Polignac, tandis que Mousseline s'explique : « Non, je ne l'aime pas parce qu'elle me gêne et ne fait pas attention à moi. Par exemple quand elle me mène chez ses tantes, elle marche dare-dare en avant et ne regarde pas seulement si je la suis. Au lieu que mon papa me prend par la main et s'occupe de moi. » Mousseline est une enfant intelligente et droite, mais au caractère difficile, fière et peu expansive. Elle adule son père et s'entend bien avec sa tante, Mme Élisabeth. Mais elle ne craint guère sa mère qui reste parfois auprès d'elle une grande partie de la journée et assiste à ses leçons. Mme de Mackau, à qui est confiée la princesse, s'inquiète que « ses défauts deviennent de plus en plus difficiles à corriger », et avec beaucoup de respect, elle s'en ouvre franchement à la reine. La fillette a fort bien compris les points faibles de sa mère ; comme le dit le marquis de Bombelles, elle sait « tout ce que cette tendresse lui donne d'empire sur sa mère et en mésuse singulièrement ».

Marie-Antoinette est bien consciente que ses enfants sont ses vrais trésors : face au peuple français, la maternité est un gage de popularité en un temps où tant de méchants pamphlets s'élèvent contre elle. Mais elle manque de jugement et s'accroche à ses illusions. Le petit dauphin, Louis-Joseph, à trois ans, est un enfant délicat et sensible, de santé fragile ; en 1784, il se rétablit difficilement d'un rhume et souffre de fièvres violentes. Les médecins se montrent assez optimistes et Marie-Antoinette ne demande qu'à les croire : « Mes enfants se portent à merveille », écrit-elle à son frère Joseph II ; au fond d'elle-même, elle pressent bien la fragilité de son fils, mais sa frivolité se refuse à le reconnaître. Un an plus tard, le petit prince est inoculé contre la variole, à Saint-Cloud, et l'opération nécessite des soins très pénibles car la fièvre est accompagnée d'éruptions. Puis, comme il paraît se rétablir, il est ramené à Versailles et la reine s'empresse de rassurer son frère : « Mon fils se porte à merveille. » En réalité, l'organisme du petit Louis-Joseph a été très secoué par la variolisation, il ne grandit plus beaucoup, mais sa mère refuse l'évidence et impute sa souffrance au travail des dents. Bombelles, lui, dès 1784, anticipe la gravité de la situation : « En tout, on s'occupe moins de cet enfant si précieux qu'on le devrait. » Le roi, en voyant son fils enflé et fiévreux, laisse couler de grosses larmes. Marie-Antoinette n'est pas moins affectée, mais elle se voile la face : « La reine ne sait combien cet enfant, si précieux pour l'État et pour elle, a été en danger, écrit encore Bombelles. Elle a le cœur très bon, aime beaucoup son fils et sa fille, mais une grande dissipation nuit nécessairement à la sensibilité, et on s'étourdit souvent sur ce qui devrait nous affecter le plus. »

Le deuil d'une mère

La monarchie traverse alors une grave crise économique et financière, et une non moins grave crise de confiance. L'affaire du collier n'est certes qu'une escroquerie d'aventuriers, mais par sa vraisemblance même, elle souligne la légèreté de la reine ; ses retombées politiques n'ont pas fini de pourrir ses relations avec le peuple qui la rend responsable des malheurs de royaume et se déchaîne contre « Madame Déficit ». Elle n'ose plus se rendre à Paris où elle se fait siffler et elle se replie sur son cercle de favoris. À Versailles, elle a le spectacle navrant de son petit garçon qui s'étiole.

L'année 1787 est cependant marquée par une rémission : Louis-Joseph, passé entre les mains d'un gouverneur et d'un précepteur dans sa septième année, est examiné par les médecins qui ne décèlent aucune anomalie ni signal de maladie : « Avons trouvé ce prince jouissant d'une bonne santé, ayant ses vingt dents… » Son nouveau gouverneur, le duc d'Harcourt, est un homme bon et médiocre qui ne trouve rien de mieux à faire que de donner quelques fêtes pour l'amuser. Cependant tous ceux qui ont des yeux peuvent constater que le dauphin ne grandit pas et qu'il est triste. Marie-Antoinette, écorchée vive, voit bien que sa taille se déforme, que le dos s'affaisse, qu'il devient bossu, courbé comme un vieillard, avec des hanches inégales ; ses articulations n'ont plus aucune flexibilité et l'anatomiste Antoine Petit contraint l'enfant à porter un corset orthopédique pour redresser la colonne vertébrale, véritable torture pour son corps amaigri. Louis-Joseph est envoyé au château de Meudon, où l'air est meilleur ; on lui fait faire de l'exercice, mais bientôt il ne peut presque plus marcher et ne sort que monté sur un âne. En avril 1788, la reine s'illusionne encore : « Mon fils aîné qui est depuis un mois établi à Meudon se remet à vue d'œil. Il n'a plus que de légères bouffées de fièvre ; la gaieté et l'appétit sont revenus. » Pitoyable spectacle qui fait pleurer Bombelles. Le dauphin se soutient à peine et ne veut pas se montrer en public tant il a honte de son corps difforme. Un fauteuil mécanique avec accoudoir et marchepied mobiles lui permet de se relever ou baisser à volonté. Sa mère passe la plus grande partie de son temps à Meudon à tenter de le faire manger, avalant elle-même « plus de larmes que de pain » et à le distraire. Louis XVI lui rend quotidiennement visite et cache sa peine à la chasse.

Le deuil d'une mère contient toutes les douleurs. Marie-Antoinette se confie à sa sœur, la duchesse de Teschen : « Que deviendrai-je s'il fallait, après l'avoir vu souffrir, courir le risque de le perdre ? » Mère et fils sentent qu'ils seront bientôt séparés ; la maladie du petit prince les a fait mûrir l'un et l'autre. Malgré quelques courts répits, le printemps 1789 est pour le dauphin une longue agonie. Sa mère, au pied de son lit, cache difficilement ses larmes. Quels sentiments animent un petit garçon de huit ans qui lutte contre la mort ? Peut-être lui reproche-t-il de ne pas l'avoir assez protégé ? Ou pense-t-il qu'elle lui a préféré son joyeux petit frère Louis-Charles, comme le rapporte Mme Campan ? Les pleurs maternels sont probablement un baume qui adoucit sa souffrance. C'est ainsi qu'on a pu interpréter ces mots étranges qu'il prononce lorsque le duc d'Harcourt, son gouverneur, veut s'interposer entre lui et sa mère pour leur épargner à chacun le spectacle de leur douleur : « Éloignez-vous, monsieur le duc, afin que j'aie le plaisir de voir pleurer ma mère », réplique-t-il. À d'autres moments, la tendresse de l'enfant déborde : « Jamais il ne fut si aimable, écrit Bombelles ; il a voulu qu'elle dînât hier près de lui ; il s'est occupé de lui servir les mets qu'il sait lui être le plus agréable. »

En ce début de printemps 1789, Marie-Antoinette est épuisée, tourmentée de pressentiments. Au chagrin profond qu'elle éprouve se mêlent l'anxiété d'un avenir incertain et la conscience qu'elle est détestée. Son amour-propre souffre : tout en la jugeant foncièrement bonne, Bombelles analyse avec lucidité ses erreurs du passé : « Il n'est pas aisé de lui prouver que la plupart de ses chagrins ne viendraient pas l'accabler si, contente du beau rôle de reine de France, elle ne voulait pas être roi. » Louis XVI, qui commence à mesurer la force de l'opposition mais qui ne voit dans les troubles qu'une simple sédition, se résigne à convoquer les états généraux pour le mois de mai ; il est influençable, indécis quant aux réformes, et il ne cesse de temporiser parce qu'il a toujours peur de mal faire. Le mécontentement gronde à Paris, que le recours à Necker ne suffit pas à apaiser. Le comte d'Artois anime une cabale contre le ministre et élabore des projets secrets de reprise en main. Sans culture politique, la reine ne comprend ni les enjeux des révoltes des parlements qui refusent d'enregistrer les édits royaux, ni l'ampleur de la crise, ni les aspirations du pays. L'avenir est des plus incertains lorsque les états généraux se réunissent solennellement le 5 mai, à Versailles, au Jeu de paume ; déjà les députés se disputent sur la vérification des pouvoirs et sur la question du vote par tête ou du vote par ordre.

Lors de la cérémonie d'ouverture, la reine a pu mesurer le froid glacial qui a accueilli son arrivée ; elle n'attend rien de bon de la réunion des représentants de la nation. Son inquiétude, sa nervosité sont cependant balayées par la tragédie familiale : le 2 juin, le dauphin est dans un état désespéré, tombé dans un semi-coma, et Marie-Antoinette sanglote à son chevet ; l'enfant meurt à une heure du matin dans la nuit du 3 au 4 juin 1789. Le roi n'est prévenu qu'au petit matin, vers six heures et il ne peut revoir son fils : l'étiquette interdit aux souverains de pénétrer dans la chambre du défunt ; en présence du gouverneur, médecins et chirurgiens procèdent à l'autopsie du corps et préparent l'embaumement : ils confirment une tuberculose pulmonaire disséminée aux vertèbres. Louis XVI souhaiterait se recueillir dans la solitude mais il est harcelé par les députés, qui l'attendent à sa porte pour obtenir audience, peu sensibles à la douleur d'une famille ; le 6 juin, pendant qu'il reçoit les députations, l'enfant est embaumé, puis exposé à Meudon, dans une chapelle ardente, le 9 juin, où défilent pendant plusieurs jours la Cour, les parlementaires, le peuple. Louis-Charles, duc de Normandie, devient dauphin et doit emménager dans l'appartement du petit disparu : il fond en larmes en apprenant la nouvelle.

Les émotions familiales n'arrêtent pas le cours de l'Histoire. Le 9 juillet, les députés se déclarent Assemblée nationale constituante. Le roi a renvoyé Necker le 11, remplacé par Breteuil, et il fait se rassembler des troupes autour de la capitale pour prévenir tout coup de force. La tension monte et l'insurrection menace. La foule parisienne brûle les barrières, s'empare des armes déposées aux Invalides et, le 14 juillet, prend la Bastille, symbole du despotisme royal. Soucieux de ne pas faire verser le sang, ordre est donné par Louis XVI aux troupes de se retirer. Les députés escortent triomphalement le roi jusqu'à la cour du château, tandis que la reine, émue et courageuse, se montre au balcon en tenant la petite princesse de onze ans par la main et en portant le dauphin de quatre ans dans ses bras. Les vivats et les applaudissements fusent : dernière et trompeuse image d'une monarchie déjà minée.

Au-delà des grilles du palais, la fièvre monte. À Paris, une liste de proscriptions circule qui porte les noms des proches du roi, le comte d'Artois, le maréchal de Broglie, les Polignac, etc. L'opinion publique se déchaîne contre la reine dont on dénonce les accointances avec l'Autriche et dont la tête est mise à prix. Faut-il alors, comme elle en supplie le roi, quitter Versailles pour gagner une place forte proche de la frontière d'où pourrait se mener le combat contre la sédition ? Déjà elle a rassemblé ses bijoux et brûlé des papiers, mais Louis XVI, partagé, décide de rester sur le conseil du comte de Provence, et il rappelle Necker. La peur est omniprésente. Versailles est déserté, le comte d'Artois a pris la route de l'exil, les courtisans abandonnent leurs appartements et beaucoup gagnent la province ou émigrent. L'inquiétude populaire se nourrit de fausses rumeurs ; tout l'été, de petites émeutes éclatent ici et là, occasionnées par le manque de vivres. L'Assemblée nationale, en votant l'abolition des privilèges dans la nuit du 4 août, peut-elle rétablir un peu de confiance dans le pays ?

Le boulanger, la boulangère et le petit mitron

Cet été 1789 laisse la famille royale dans le plus complet désarroi, repliée dans ses appartements ; le château n'est plus qu'un décor : « Un roi sans cour, sans armée ; un château sans gardes ouvert au tout venant ; deux seuls ministres qui n'osent proférer un seul mot ; les autres pas encore remplacés ; personne qui ose se mettre sur les rangs ; un peuple armé, audacieux, ivre de ses succès, capable de tout entreprendre, n'ayant confiance en personne, n'obéissant à rien », tel est le résumé laconique que fait de la situation le comte de Salmour, représentant en France de l'électeur de Saxe.

Le temps des frivolités est bel et bien achevé. La vie de famille en revanche se resserre. « La tendresse de la reine pour ses enfants lui faisait désirer d'être fréquemment avec eux », écrit la marquise de Tourzel, la nouvelle gouvernante qui a remplacé la princesse de Polignac. Le roi part à la chasse. Marie-Antoinette ne sort pas de l'enceinte du parc, car elle se sait haïe. Elle fait de la tapisserie pour tromper son inquiétude, se promène à Trianon, reçoit les épouses des ambassadeurs, écrit à la princesse de Polignac, joue avec ses enfants : « Quand je suis triste, je prends mon petit garçon avec moi… » Louis-Charles est son « chou d'amour », confiant et tendre, qu'elle serre dans ses bras.

Le petit dauphin, âgé de quatre ans et demi en juillet 1789, est un bambin éclatant de santé, joyeux et tendre ; son visage est joli, encadré de boucles blondes. Il aime la nature et cueille des fleurs tous les matins dans le jardinet que son père lui a fait aménager, pour les porter à maman reine. « C'est un vrai enfant de paysan, grand, frais et gros », écrit Marie-Antoinette. À l'intention de la nouvelle gouvernante, Mme de Tourzel, la reine analyse avec finesse le caractère du dauphin dans une longue lettre de plusieurs pages. Les faiblesses de l'enfant y sont évoquées : récalcitrant à l'étude, il ne sait toujours pas lire, et il est « trop étourdi pour s'appliquer » ; doté d'un « amour-propre démesuré », il a beaucoup de mal à demander pardon. Ses nerfs sont fragiles, il sursaute au moindre bruit inhabituel et il a peur des chiens ; son amour-propre est facilement froissé et sa vivacité s'accompagne d'une promptitude à la colère, mais l'enfant est sensible et loyal, et on le ramène vite à la raison : bref, un garçonnet vif et fier, déjà capable à quatre ans de « dévorer ses impatiences et ses colères pour paraître doux et aimable ». Marie-Antoinette se plaint certes qu'il soit facilement « indiscret » ou bavard, car il répète ce qu'il a entendu dire, au besoin en arrangeant les mots selon les caprices de son imagination, mais sa nature caressante lui fait tout pardonner. Mme de Tourzel, de son côté, trace de lui un portrait charmant : aimable et curieux des choses, intelligent, actif, doté d'une mémoire étonnante. Puis la reine jauge l'entourage du dauphin, le médecin en qui elle a toute confiance mais qui se montre trop familier, la sous-gouvernante trop prompte à le gâter, l'abbé qui apprend bien les lettres mais un peu envahissant, une femme de chambre insupportablement bavarde : le tout est bien vu, par une mère intelligente et lucide lorsqu'il s'agit de son intérieur.

Les époux se parlent plus souvent et plus longuement qu'autrefois. Marie-Antoinette, ignorante du monde politique, femme de cœur et de caractère plus que femme de tête, s'inquiète des hésitations de son mari. À ses yeux, la cause de la monarchie absolue est trop légitime et trop sacrée pour qu'elle puisse envisager le moindre compromis, ou même pour qu'elle ait seulement des doutes quant aux moyens de transmettre au dauphin un trône intact. Elle n'intervient pas ouvertement, mais se réjouit lorsque le régiment de Flandre est appelé à Versailles pour rétablir l'ordre et assurer la sécurité du couple royal. Le 1er octobre, les officiers des Gardes du corps donnent un grand banquet en l'honneur du régiment de Flandre, et le banquet bien arrosé tourne au délire : les convives éméchés acclament le couple royal qu'ils sont allés chercher à la sortie de l'Opéra et lâchent des propos inconsidérés sur le rôle de l'Assemblée ; un officier suisse s'approche de la reine pour lui demander de lui confier le petit dauphin et lui faire faire le tour de la table. L'enfant, comme un trophée, est hissé, applaudi, souriant et, devant les officiers euphoriques et attendris, il dit avec gaieté quelques mots charmants que rapporte Mme de Tourzel : « Je suis bien aise, messieurs, d'être au milieu de vous tous. » Le lendemain, un nouveau repas est offert. Ces démonstrations bruyantes de fidélité monarchique réchauffent le cœur, mais rapportées à Paris elles sont aussitôt commentées et déformées : les journaux dénoncent des orgies, on prétend que les officiers ont conspué la nation et détruit les cocardes tricolores ; les rumeurs de complots ou d'invasion étrangère se propagent. Ces agapes versaillaises scandalisent les Parisiens alors qu'on commence à y manquer de pain.

Le lundi 5 octobre, la fièvre semble retombée et le roi part tranquillement à la chasse. Vers onze heures du matin, la reine est prévenue qu'une horde de femmes en colère marche sur Versailles, suivies par la garde parisienne. Le roi, aussitôt alerté, revient vers treize heures au palais. Il écoute les avis : aller à la rencontre des émeutiers pour les persuader de retourner à Paris, barrer les routes et les ponts ? Ou quitter le palais et se replier sur Rambouillet ? Marie-Antoinette penche pour ce choix, mais elle ne veut pas se séparer de son époux, et Louis XVI, obstinément confiant dans la raison des hommes, choisit de rester pour ne pas donner l'impression de fuir. La famille royale attend donc. Une délégation de manifestantes est reçue en fin de journée, des vivres leur ont été distribués, et la soirée s'annonce calme. Les enfants royaux sont installés au premier étage à côté de leurs parents ; puis, le danger écarté, Mme de Tourzel ramène le dauphin dans sa chambre au rez-de-chaussée. La reine, épuisée, finit par s'endormir.

À cinq heures du matin, le 6 octobre, un groupe d'individus armés de sabres, de piques et de haches parvient à ouvrir les grilles et à pénétrer à l'intérieur du palais. Les portes sont enfoncées, les gardes qui résistent sont massacrés ; on entend des cris et des coups de fusil. Une femme de chambre a le temps de prévenir la reine épouvantée, qui se réfugie dans la chambre du roi, avec sa fille enveloppée dans une couverture. Mme de Tourzel a pris dans ses bras le dauphin qu'elle emmène au plus vite chez ses parents ; pour cacher leur peur, les enfants jouent, Louis-Charles tire les cheveux de sa sœur et demande à manger. Mme Élisabeth, le comte de Provence et sa femme les ont rejoints un peu plus tard. Le jour s'est levé. La foule surexcitée, entassée dans la cour, s'impatiente et vocifère : « Le roi, à Paris ! » La Fayette, commandant de la Garde nationale, parvient avec ses grenadiers à refouler les émeutiers ; Louis XVI, qui ne manque jamais de courage, se montre au balcon. La reine paraît à son tour avec sa fille et son fils, mais un hurlement monte de la foule : « La reine seule ! Point d'enfants ! » Pâle et digne, les cheveux en désordre, elle fait rentrer les enfants qui sanglotent et n'hésite pas à se montrer seule face aux piques et aux fusils pointés vers le château, tandis que La Fayette lui baise la main et improvise un petit discours sur l'amour de la reine pour son peuple. Les acclamations fusent.

Conscient de la tension et d'une nouvelle explosion possible, le roi accepte de se rendre dans la capitale avec l'espoir de ramener la paix. La Fayette donne des ordres. Le cortège se met lentement en marche. Louis XVI et sa famille s'entassent dans un carrosse ; ils font route vers Paris et le château des Tuileries. Les harengères crient victoire, elles ramènent avec elles le roi, « la reine et le petit mitron ». La foule entoure le carrosse royal, plus curieuse qu'agressive, en criant « Vive le roi ! ».

Demain est-il encore hier ?

Le processus de décomposition de la monarchie a commencé. Encore hantée par les affreuses journées de juillet et d'octobre, la famille royale s'organise au château des Tuileries. « Est-ce que demain est encore hier ? », demande le petit dauphin en se réveillant le 7 octobre, sur un lit de camp monté en hâte, dans une chambre improvisée dont la porte a été barricadée par un meuble. Le palais n'a pas été habité depuis Louis XIV, tout est délabré et sombre, des échelles traînent dans les couloirs et le nécessaire manque. Une banquette, un fauteuil ont servi de lit aux dames et aux serviteurs qui ont accompagné le couple royal. « Tout est laid ici », dit encore l'enfant habitué aux beautés de Versailles. Au petit matin, une foule bruyante et curieuse se presse dans le jardin ouvert au public. Les députations viennent saluer Leurs Majestés. Le dauphin est présenté à l'assistance et les ovations fusent. Aujourd'hui n'est pas comme hier, mais il faut inventer demain.

Les hôtes des Tuileries vivent en semi-captivité et, malgré leurs efforts pour simuler une vie de cour, la tension ne se relâche pas, qui pèse inévitablement sur les enfants. Le roi occupe trois pièces au rez-de-chaussée sur le jardin, et sa chambre est au premier étage ; la reine a ses appartements à côté des siens au rez-de-chaussée. Le dauphin et sa sœur habitent à l'étage de la chambre du roi, au-dessus des appartements de la reine. Les époux désormais partagent une étroite intimité. Marie-Antoinette prend le parti de « se renfermer sur son intérieur » ; elle se livre à des travaux d'aiguille et consacre de longues heures à l'éducation de ses enfants. Louis-Charles grandit sous le regard constant et tendre de Mme de Tourzel, qu'il surnomme Madame Sévère ; il s'est vu octroyer un lopin de terre dans le parc, à l'extrémité de la terrasse du Bord de l'eau qui surplombe la Seine, où il cultive ses fleurs sous la surveillance de gardes nationaux. Il est toujours poli et aimable avec ceux qui l'approchent, et il a promis de savoir lire pour Noël. « Le chou d'amour est charmant, et je l'aime à la folie, écrit sa mère à la princesse de Polignac. Il m'aime beaucoup à sa manière, ne se gênant pas. Il se porte bien, devient fort et n'est plus colère. » Lorsqu'on lui demande s'il ne regrette pas Versailles, il répond crânement : « J'aime mieux Paris parce que je vois davantage Papa et Maman. » Durant ces quatre terribles années, la sève maternelle apporte à Marie-Antoinette des joies inédites : « Si je pouvais être heureuse, je le serais avec ces deux petits. »

Quant au roi, il est plus taciturne encore que de coutume ; faute de parties de chasse, il joue au billard avec sa femme et enseigne la géographie à son fils. Son appétit n'a pas diminué malgré le manque d'exercice : résigné, il mange, il boit, il dort et, à son habitude, il attend en pensant que le temps est son allié. La famille a repris les soupers en commun, rejointe par Mme Élisabeth et le couple de Provence : une sorte de vie de famille, volontairement claustrée pour échapper à un contrôle de tous les instants. Lors de la fête de la Fédération, le 14 juillet 1790, qui réunit vingt-cinq mille fédérés et une foule compacte au Champ-de-Mars, le roi, arrivé à huit heures, prête le serment d'observer et de défendre la Constitution, et il est largement applaudi. Lorsque la reine, installée dans la tribune au-dessus du trône, soulève et présente le petit dauphin, les ovations montent de la foule. L'espoir est encore grand de faire revenir le bon peuple à la raison ; Louis XVI n'est certes plus roi de France mais le roi des Français, et il affecte la confiance, en s'opposant avec fermeté à toute menée contre-révolutionnaire qui pourrait compromettre le retour à l'ordre ou faire couler le sang. Ne rien faire d'imprudent, telle est sa ligne de conduite : s'il reçoit secrètement Mirabeau qui lui expose son rêve d'une monarchie constitutionnelle, il ne croit pas à ses hasardeuses stratégies ; il n'écarte cependant pas l'idée d'un départ hors de Paris pour y chercher l'appui des provinces et des troupes françaises. La reine, elle, soupèse les chances de succès et met tout son espoir dans les secours étrangers, en provenance d'Espagne et d'Autriche.

L'été offre un peu de répit : la famille royale a obtenu l'autorisation de passer les mois chauds au château de Saint-Cloud et le grand air fait du bien à tous. Louis XVI reprend la chasse, Marie-Antoinette apprend à monter à cheval et reçoit son chevalier servant, Axel de Fersen. Un répit qui s'apparenterait à de la torpeur si la reine ne multipliait les initiatives secrètes pour enrayer l'effrayante descente aux Enfers. « Il faudra bien s'enfuir », confie-t-elle à sa fidèle femme de chambre.

D'innombrables projets d'évasion, plus ou moins fous, ont été échafaudés durant l'hiver et le printemps 1791, tandis que les contrôles se resserrent toujours plus autour de la famille royale. Le plan finalement adopté sera celui du général de Bouillé, qui choisit la route de Varennes pour se rendre à Montmédy, petite ville fortifiée, proche de la frontière luxembourgeoise. Le départ, toujours retardé, est enfin décidé dans le plus grand secret. Dans la nuit du 20 au 21 juin 1791, le roi, la reine, les deux enfants, Mme Élisabeth et la gouvernante Mme de Tourzel quittent le palais, avec l'aide de l'indispensable Fersen. Le dauphin a été réveillé en plein sommeil : sa mère lui explique qu'ils vont partir pour « une place de guerre où il y aura beaucoup de soldats » et, très excité par l'aventure, il accepte d'être habillé en petite fille, les cheveux cachés sous un bonnet. La berline a été conçue pour que la famille royale puisse sans inconfort vivre plusieurs jours sans mettre pied à terre. Malgré un retard de deux heures, le carrosse passe Châlons sans encombre. Le roi a bien été déjà reconnu, mais il n'a pas été dénoncé, et il poursuit sereinement le voyage. Les chevaux sont changés aux relais, et les voyageurs commencent à s'endormir.

À l'arrêt de Sainte-Menehould, le maître de poste Drouet a remarqué la figure d'un passager, un gros homme avec un nez aquilin dont le signalement, comparé à l'image d'un assignat, est vite identifié comme celui du roi, et il enfourche son cheval pour prévenir les autorités des bourgs suivants. Les voyageurs repartent sans s'inquiéter davantage. Il est onze heures du soir lorsqu'ils arrivent à Varennes. La berline est arrêtée par des municipaux qui contraignent les fugitifs à descendre, sous bonne garde, tandis qu'une foule s'amasse dans les rues ; le procureur de la commune, l'épicier Sauce, a été réveillé ; les enfants exténués sont portés dans sa maison voisine et ils sont couchés dans le grand lit conjugal, où ils s'endorment aussitôt. Retenu dans l'arrière-boutique, le roi explique qu'il a quitté Paris pour se soustraire aux injures et qu'il se rend à Montmédy pour surveiller les mouvements des étrangers ; la reine, elle, est dans « un état d'extrême agitation ». Le général de Bouillé et ses renforts n'arrivent pas, force est donc d'attendre. À Paris, la nouvelle de la fuite s'est répandue comme une traînée de poudre au petit matin. Deux messagers de l'Assemblée, porteurs d'un décret d'arrestation, transmettent l'ordre de ramener la famille royale dans la capitale et de veiller à sa sécurité.

Les enfants royaux sont réveillés à sept heures. Sous un soleil de plomb, entre les cris, les crachats et les insultes d'une population hostile, la berline entame le trajet du retour en roulant au pas. Ceux qui veulent apporter du secours ou un témoignage de respect aux captifs sont écartés, malmenés, voire assassinés. Sinistre et interminable trajet. Près d'Épernay, l'atmosphère se détend un peu, car trois députés sont venus à la rencontre de la famille royale pour la protéger des forcenés ; le petit prince qui ne comprend pas grand-chose à la situation « enchante tout un chacun par son amabilité », mais il voit sa mère oppressée ; la nuit, il rêve que des loups l'attaquent dans un bois et il est pris de délire. Le retour prend encore deux longues journées ; dans la berline, les voyageurs sont entassés, le député Barnave glissé entre le roi et la reine, le député Pétion entre Mme Élisabeth et Mme de Tourzel, sur qui se serre la petite Madame. La reine a pris le dauphin sur ses genoux et elle le berce pour le distraire et le calmer. La traversée de la capitale se fait au milieu des huées.

Le bonnet révolutionnaire

Bien que le roi déclare fermement n'avoir jamais voulu passer la frontière ni quitter la France, le retour à Paris modifie profondément la situation de la famille royale. Louis XVI est compromis aux yeux de ses sujets ; ceux qui l'ont aidé dans son équipée sont arrêtés et incarcérés. La monarchie a certes encore beaucoup de partisans, mais les émeutiers savent exploiter la panique générale. L'Assemblée a décidé de suspendre provisoirement le roi ; les Tuileries sont gardées par des sentinelles et le jardin est fermé au public. Louis XVI reçoit des députés venus entendre sa déposition : la version officielle explique qu'il a été enlevé malgré lui ; personne n'y croit, mais les modérés restent attachés à la monarchie.

Le 4 septembre, le roi réaffirme qu'il accepte la Constitution à laquelle il prête serment ; le 7 octobre, il ouvre solennellement la séance de la nouvelle Assemblée, plus jacobine que la précédente, et son allocution s'efforce de rassurer le pays, en commençant par la mise au pas des contre-révolutionnaires. Le comte de Provence est sommé de rentrer en France, sous peine de perdre le droit à la régence : l'agressivité des princes en exil et des émigrés, alliés à Vienne, constitue une sérieuse menace pour l'avenir du nouveau régime. Malgré les efforts de Louis XVI pour se démarquer de ses deux frères, la confiance fait défaut : le roi et la reine sont tacitement accusés de n'adhérer qu'en apparence à la Constitution et d'avoir des complicités avec l'étranger ; aussi le palais des Tuileries fait-il l'objet d'une garde plus étroite que jamais : les sentinelles sont postées aux entrées, dans les escaliers et jusque sous les toits ; des tentes sont dressées dans le jardin, les portes sont verrouillées et tous les visiteurs fouillés. La famille royale vit en captivité.

Tant que Louis-Charles a ses parents auprès de lui et qu'il sent la tendresse omniprésente de sa mère, la vie quotidienne garde un peu d'humanité. Il rit comme tous les petits garçons de six ans, il est aimant et confiant ; il veut épouser plus tard Pauline de Tourzel, la fille de sa gouvernante âgée de vingt ans, à qui il demande d'attendre qu'il soit grand, et son plus grand plaisir est de faire tirer des petits canons dans son jardin ou de revêtir une armure confectionnée à sa taille, avec casque, cuirasse et lance en se présentant devant sa mère en chevalier Bayard. Il aura sept ans en mars 1792, et le roi commence à lui chercher un gouverneur. Il se plaît à regarder les soldats, et les soldats sont souvent attendris par sa frimousse aimable et rieuse. Les deux enfants royaux peuvent encore sortir et se promener en voiture, sous escorte. Mais qui peut dire ce que ressent vraiment le petit prince depuis l'arrestation à Varennes ? Il vit, joue, travaille dans un climat de peur et dans un perpétuel état d'alarme. Il a vu sa mère pleurer. Il a entendu sans les comprendre les injures contre la « bougresse », la « coquine ». Malgré les efforts que ses parents font pour cacher leur inquiétude, ils sont minés nerveusement, suspendus aux nouvelles ; Marie-Antoinette est persuadée qu'on veut l'assassiner, ses cheveux grisonnent et elle a maigri. Par les fenêtres, on entend vociférations et chansons obscènes. Les portes de sa chambre doivent rester ouvertes. Pressée par Mme de Tourzel, elle accepte de dormir dans la chambre du dauphin en passant par le discret petit escalier intérieur, faisant ainsi deux heureux : Louis, « enchanté de la voir coucher dans sa chambre, courait à son lit dès qu'elle était éveillée, la serrait dans ses petits bras et lui disait les choses les plus tendres et les plus aimables ».

Tout l'espoir de la reine se concentre à présent sur l'engagement des armées étrangères commandées par le duc de Brunswick, dont le fidèle Fersen lui donne des nouvelles par messages chiffrés. L'empereur, le roi de Prusse et l'électeur de Saxe se sont en effet rencontrés en août à Pillnitz et ils ont fait une déclaration menaçante contre les insurgés ; ils ne cherchent plus qu'un prétexte pour déclencher un conflit armé. La guerre est souhaitée en France par les deux camps : elle galvanisera les révolutionnaires, tandis que le roi y voit un moyen de s'imposer. Nommé ministre des Affaires étrangères, le 15 mars 1792, le général Dumouriez fait adopter par l'Assemblée la déclaration de guerre et prépare l'offensive contre l'Autriche. Mais l'armée française désorganisée par l'émigration essuie immédiatement ses premières défaites : rentrés en Belgique, les Français refluent en désordre. Leur échec attise les haines, il suffit d'une étincelle pour mettre le feu aux poudres. Le feu prend début juin, lorsque

Louis XVI met son veto à deux décrets émis par l'Assemblée qui heurtent sa conscience, et qui concernent la déportation des prêtres réfractaires et la levée de vingt mille fédérés pour maintenir l'ordre dans la capitale. Le voici aussitôt déclaré ennemi de la Révolution. Redoutant un coup de force militaire, les Jacobins décident de profiter de l'anniversaire du serment du Jeu de paume pour organiser une vaste manifestation populaire et forcer les hésitants.

Le 20 juin, près de vingt mille citoyens se sont attroupés de bon matin pour une pacifique procession qui présentera des pétitions à l'Assemblée. Chauffés par les sections révolutionnaires, des groupes de sans-culottes armés de fourches et de piques se dirigent vers les Tuileries au son de « Ça ira » ; la garde constitutionnelle, composée d'hommes dévoués au roi, a été licenciée début juin de sorte que les factieux ne rencontrent aucune résistance. Ils enfoncent la porte qui sépare le Manège du jardin des Tuileries, envahissent les cours, franchissent les escaliers, traversent les salons, brisent les serrures. Le roi, alors retiré dans son cabinet, entend les clameurs ; il passe dans sa chambre de parade et, sans perdre son sang-froid, il invite les émeutiers à dire ce qu'ils veulent. Près de trois heures durant, un flot d'hommes, l'insulte à la bouche, défile devant lui en criant « À bas le veto » ; à leur demande, il accepte de coiffer le bonnet révolutionnaire et de se montrer à la fenêtre, mais il ne cède pas sur le veto. La reine cachée dans ses appartements entend les cris et les injures : « L'Autrichienne, où est-elle ? Sa tête, sa tête ! » Elle comprend que son refuge sera forcé et elle rejoint son mari, sous la protection de quelques gardes, avec sa fille et son fils ; c'est au tour du petit dauphin, qui se tient serré à côté d'elle, de se laisser poser sur les cheveux le bonnet phrygien.

Le pire est évité. La horde, impressionnée par le calme royal, se retire peu à peu sous l'ordre des meneurs. Les appartements et les salons ont été mis à sac. Louis-Charles est resté silencieux devant la scène, traumatisé : « Monsieur le dauphin, relate Pauline de Tourzel, malgré sa jeunesse qui l'empêchait de sentir toute l'horreur de la situation, était touchant à voir ; ses yeux étonnés se portaient sur ses parents ; il ne parlait point ; il ne pouvait se rendre compte des émotions dont il était entouré et de celles qu'il ressentait ; mais par ses caresses au roi, à la reine, il prouvait qu'il devinait leur souffrance, qu'il cherchait à les consoler. » Madame Royale, quant à elle, « perdit tout ce qui tenait à son enfance ». Prisonniers durant deux ou trois heures, ils sont sains et saufs, mais pas plus que l'Assemblée, ils ne sont sérieusement défendus contre les émeutiers. Marie-Antoinette écrit des lettres pressantes à Fersen, à son frère l'empereur. Elle redoute que son mari soit assassiné et, se sentant de plus en plus menacée, elle abandonne son appartement au rez-de-chaussée pour s'installer entre la chambre du roi et celle du dauphin.

La journée la plus longue

Exaspérée par l'échec du 20 juin et par l'annonce de la suspension de Pétion, maire de Paris, la poussée révolutionnaire prend encore de l'ampleur : à partir du 8 juillet, les fédérés arrivent massivement de leur province pour fêter le 14 Juillet. Le 11 juillet, la patrie a été « déclarée en danger ». L'intempestif manifeste de Brunswick du 25 juillet, connu à Paris début août, qui menace de détruire la capitale si les révolutionnaires s'en prennent au roi, sert de détonateur. Les patriotes réclament la déchéance de Louis XVI. L'Assemblée ne peut que constater son impuissance.

Dans la nuit du 9 au 10 août, vers minuit, le roi est informé que les gens du faubourg Saint-Antoine marchent vers les Tuileries. Le tocsin sonne. Une marée vociférante et haineuse atteint le palais à l'aube ; vers huit heures, Louis XVI décide de chercher protection au sein de l'Assemblée législative pour éviter un bain de sang. La famille royale, accompagnée des grenadiers de la Garde nationale, traverse la terrasse sans un mot, sous les injures et la menace des piques, et s'abrite dans la salle du Manège où se réunissent les députés – le roi, digne et assuré malgré sa fatigue, la reine au bord de la crise nerveuse affichant une fausse sérénité, Madame Royale, pleurant, le petit dauphin, jouant à pousser du pied les feuilles mortes, Mme Élisabeth, calme et résignée. On entend les coups de fusil et les canons tonner dans le jardin. Pendant que les insurgés pillent et font une chasse sanglante aux gardes suisses, une Commune insurrectionnelle, maîtresse de la capitale, s'est formée.

La journée est longue et épuisante sous le chaud soleil d'août ; la famille royale a été conduite et enfermée dans la loge étouffante du logographe, pendant que l'Assemblée délibère longuement. Les orateurs défilent à la tribune ; derrière le rideau qui sert de cloison, le roi entend prononcer la suspension de son autorité et son internement. Dehors, les insurgés sont amassés et il n'est plus question de sortir. Louis-Charles pleure de fatigue, il réclame Pauline et se jette dans les bras de Mme de Tourzel, puis il s'endort sur les genoux de sa mère, qui ne retient plus ses larmes. Au début de la nuit, la famille royale épuisée est transférée dans les cellules du couvent des Feuillants qui jouxte le Manège ; le petit garçon est couché auprès de sa gouvernante. « Qu'ils sont méchants », murmure l'enfant. « Non, mon fils, ils sont égarés », répond le père.

Il n'y a plus de monarchie, plus de palais, mais une Commune qui veut châtier les coupables. Le 13 août, vers cinq heures, le roi et sa famille sont emmenés dans leur nouvelle demeure, le Temple, sous la garde des municipaux Pétion et Manuel. Le donjon, à l'abandon, étant inhabitable, ils sont installés dans un logement attenant, composé d'une grosse tour de quatre étages et d'une tourelle ; un mur d'enceinte percé d'une seule porte entoure les divers bâtiments. Les aménagements durent plusieurs semaines. Le roi loge au-dessus de la reine, au troisième étage, à côté d'un espace réservé à un corps de garde, le dauphin habite au deuxième étage, face à sa mère, Mme Élisabeth est installée dans une cuisine, Madame Royale à ses côtés. Quelques serviteurs dévoués sont restés auprès des prisonniers. François Hue, attaché à la personne du dauphin, est arrêté et remplacé par Jean-Baptiste Cléry. L'inspection des appartements est quotidienne, la surveillance de tous les instants, les murs d'enceinte ont été surélevés. Le 19 août, on vient chercher Mme de Tourzel et Mme de Lamballe pour les mener en prison.

Une apparence de vie de famille s'organise pourtant, à laquelle un reste d'étiquette permet à chacun de retrouver sa dignité. On se réunit chez la reine, qui dispose de la pièce la plus vaste. Les femmes cousent, raccommodent ou lisent ; elles se changent pour le repas. Le dauphin fait des pages d'écriture, apprend la géographie sur les genoux de son père, l'histoire avec sa mère, et il joue au palet ou au ballon dans l'enclos avec Cléry, sous la surveillance de plusieurs gardiens ; on a même pu lui commander quelques jouets, un damier, un bilboquet. Marie-Antoinette donne des leçons de clavecin à sa fille. Le roi lit dans sa bibliothèque et joue aux échecs ou au trictrac avec sa sœur. Parfois, on fait une lecture à haute voix. Les promenades dans le jardin sont écourtées car elles soumettent les Capet aux insultes et chants révolutionnaires, plus pénibles que la réclusion – au moins peut-on tenter d'apprivoiser les geôliers. La reine fait souper son fils, puis dire la prière, et elle l'embrasse lorsqu'il est l'heure de se coucher. Les rituels familiaux aident à vivre.

Avec les victoires des armées austro-prussiennes, qui franchissent les frontières, et les perspectives d'une invasion, la captivité se fait plus rigoureuse. Des municipaux entrent dans la chambre de la reine pour confisquer papier, encre, plumes, crayons, puis les petits couteaux, ciseaux et instruments tranchants, et les fouilles se font plus fréquentes. Début septembre, les sans-culottes se déchaînent, en se livrant dans les prisons à des massacres sanglants. La tête de Mme de Lamballe se balance au bout d'une pique, promenée jusqu'aux fenêtres du donjon au milieu d'injures, et elle est présentée à la reine, qui s'évanouit d'horreur. En entendant sangloter sa mère, et malgré le silence revenu, Louis-Charles comprend que quelque chose d'irréversible s'est produit. Il n'a pas vu le hideux spectacle mais il a vu les traits de sa mère se décomposer. Cette fois, son univers protégé bascule. L'enfant ne reconnaît plus le visage maternel ; il apprend à dissimuler : il baisse la voix dans ses prières, pour demander à Dieu de protéger Pauline, sa mère, sa famille, et il ne peut pas toujours s'empêcher de pleurer.

L'exécution des ennemis de la République

Les événements qui se succèdent sont bien connus : le 21 septembre, la Convention vote l'abolition de la monarchie et la république est proclamée. Il n'y a plus de famille royale, mais une famille Capet. Pour une plus stricte surveillance, le roi a été transféré dans le donjon, où les siens le rejoignent quelques semaines plus tard ; les pièces sombres sont dotées de fenêtres à barreaux, des guichets fermés à clé séparent les étages et de lourdes portes barricadent les appartements. La reine obtient que la famille soit réunie à l'heure des repas. Le service est assuré par le ménage Tison, qui rapporte les moindres faits et gestes des prisonniers. Il est décidé que Louis-Charles âgé de sept ans couchera à côté de son père et ne verra sa mère qu'à l'heure des promenades, avant le repas du déjeuner ou au moment du repos, autour de quatre heures. Cette séparation bouleverse Marie-Antoinette ; d'une maigreur extrême, le teint couleur de cire, elle a désormais une santé chancelante.

Le 3 décembre, Louis Capet est cité à comparaître devant la Convention. Le procès commence le 11 décembre. Dans la matinée, Louis XVI échange librement quelques mots avec sa famille, tandis que le petit Louis-Charles lui demande de faire avec lui une partie de siam : brève détente où la tension se relâche. Les municipaux viennent chercher l'accusé à onze heures pour une journée d'interrogatoires. Il est ramené au Temple, à six heures et demie du soir. Malgré ses protestations, on lui interdit de rejoindre sa famille – on attend les ordres de la Convention. Il comparaît encore le 26 décembre. Confiné, il reçoit ses avocats, lit et prie. La reine est tenue dans l'ignorance bien que Cléry, au service du roi, parvienne à lui faire passer quelques billets. Le petit prince, inquiet, va dormir trois nuits sur un matelas dans la chambre de sa mère ; la petite Madame est tombée malade.

Le verdict est notifié à Louis XVI, le 20 janvier 1793, vers quatorze heures. Marie-Antoinette espère encore le bannissement. Le soir, on permet au condamné de revoir sa famille. Il s'entretient longuement avec son confesseur et fait ses adieux aux siens. Moment pathétique, sous la stricte surveillance des gardes : le roi les tient embrassés et leur donne sa bénédiction, puis il prend sur ses genoux son fils pour lui faire promettre sous serment de ne pas penser à venger sa mort. Le dauphin obéit et lève la main en fondant en larmes. En remontant au troisième étage, il se jette aux pieds des municipaux pour qu'on lui permette de demander pardon « pour obtenir que son Papa ne meure pas ». Louis XVI ne reverra plus sa famille. Le 21 janvier au matin, peu après neuf heures, il est conduit à l'échafaud. Louis XVI est mort, mais l'enfant sait-il qu'il est désormais Louis XVII, reconnu roi par ses oncles, les frères de Louis XVI, et par la majeure partie de l'Europe ? À partir de cette date, sa mère, sa sœur et sa tante lui « donnent le pas » et le font passer avant elles.

Que faire des derniers Capet, de la louve et de son louveteau ? La nation française, par la bouche des conventionnels, a promis en quelques phrases creuses d'assurer un sort convenable à la famille royale. De fait, les conditions de détention s'adoucissent légèrement, pour s'aggraver quelques semaines plus tard : si l'enfant roi est un otage qu'il faut conserver avec soin, il constitue aussi une menace pour la république, car de toute évidence les royalistes vont échafauder des projets d'évasion. Loin de se calmer, la fureur des municipaux s'en prend à Marie-Antoinette, ce « monstre femelle » que le peuple n'a cessé de détester. Le personnel de la prison est trié, épuré. Un tribunal révolutionnaire est constitué en mars pour juger les ennemis de la république, la reine en tête. « Nous devons vomir loin de nous toute cette famille infernale des Capet », clame le député Duhem. Dans un contexte de crise et d'émeute, les conventionnels craignent que la reine ne jouisse de complicités à l'intérieur du Temple. Les défaites aux frontières, l'insurrection en Vendée, les révoltes girondines, la trahison de Dumouriez, toutes ces nouvelles du printemps et de l'été rendent les révolutionnaires plus enragés que jamais.

Contrecoup de ces mois d'épreuves, Louis-Charles tombe malade, une grosse fièvre et des convulsions, puis une bronchite, et il reste alité plusieurs semaines, sa mère et sa tante se relayant à son chevet ; un médecin le soigne pour une forme de pleurésie. La réclusion, la perte de Pauline et Mme de Tourzel, la mort tragique d'un père respecté et chéri, l'état prostré de sa mère ont fini par détruire sa belle santé. On lui a même ôté le bon Cléry ! À peine rétabli, il se blesse en juin en jouant avec un bâton et souffre d'une grosseur à l'aine : un chirurgien est requis pour lui faire des pansements, et la reine le relaie pour appliquer des pommades – soins qui donneront lieu aux plus ignobles interprétations.

Il n'y a pas de mesure pour évaluer le chagrin d'un garçonnet de sept ans emprisonné qui, huit mois plus tard, accusera sa mère des pires horreurs. L'enfant tant aimé souffre dans son corps et dans son cœur ; privé de son père, il se sent peu à peu relégué à l'écart par ce monde de femmes : il est couché à neuf heures, Marie-Thérèse n'a plus rien d'une grande sœur complice ; elle n'est même plus une adolescente de quinze ans, déjà considérée comme une adulte. Absorbée nuit et jour par le déchiffrage de messages clandestins échangés avec l'extérieur, la reine consacre le peu de force qui lui reste à monter un plan d'évasion – Fersen cherche encore le moyen de la sauver – et elle ne soupçonne sans doute pas la profondeur de la détresse de son fils. Louis-Charles se sent seul, ses repères ont disparu, il vit en guettant sur le visage de sa mère l'espoir ou l'accablement ; il ne parle pas de ce qui fait mal, mais rien ne lui échappe : il reconnaît même parmi les gardiens un des hommes de Varennes. Le pire est encore à venir.

Le 1er juillet 1793, le Comité de salut public décrète que le fils Capet sera séparé de sa mère pour être gardé dans un endroit mieux défendu du Temple, et qu'il sera remis entre les mains d'un instituteur, chargé de lui donner une « éducation républicaine ». Marie-Antoinette l'ignore encore. Le 13 juillet, à vingt-deux heures, tandis que Louis-Charles dort paisiblement et que sa mère et sa sœur ravaudent du linge, des officiers municipaux font irruption dans la pièce : « Nous venons vous notifier l'ordre du Comité portant que le fils Capet sera séparé de sa mère et de sa famille. » Il ne faut qu'un instant à la reine pour comprendre et retrouver son énergie : elle n'est plus qu'une mère ordinaire, pleurant, argumentant, suppliant, défendant bec et ongles le lit de son enfant qui s'est réveillé et hurle de peur ; on la menace d'appeler la garde et d'agir par la force.

Brisée, Marie-Antoinette doit se soumettre ; Louis-Charles est habillé par Mme Élisabeth au milieu des larmes. Le rapport à la Commune se contente de quelques précisions laconiques : « Après différentes instances, la veuve Capet s'est enfin déterminée à nous remettre son fils, qui a été conduit dans l'appartement désigné et remis entre les mains du citoyen Simon qui s'en est chargé. Nous observons au surplus que la séparation s'est faite avec toute la sensibilité à laquelle on devait s'attendre dans cette circonstance, où les magistrats du peuple ont eu tous les égards compatibles avec la sévérité de leur fonction. » Madame Royale est un peu plus loquace lorsqu'elle fait le récit de ces instants poignants : « Ce pauvre petit nous embrassa tous tendrement et sortit en pleurant avec ces gens… Ma mère redemanda plusieurs fois de le voir sans pouvoir l'obtenir ; mon frère, de son côté, pleura plusieurs jours entiers sans pouvoir se consoler. » Désormais, pour voir son fils de loin, Marie-Antoinette devra monter dans la tour et guetter à certaines heures le passage du petit garçon.

Haute trahison

Robespierre veut en finir avec la louve, la sangsue des Français. Dans la nuit du 1er au 2 août, Marie-Antoinette est tirée de son sommeil par quatre commissaires qui lui lisent le décret selon lequel elle doit être transférée à la prison de la Conciergerie et comparaître devant un tribunal extraordinaire ; inerte, sans mot dire, elle fait un paquet de ses quelques affaires qui passent à la fouille, et elle embrasse sa fille et sa belle-sœur. Elle n'a même plus de larmes : en quelques mots, elle recommande à Marie-Thérèse d'obéir à sa tante. Une heure plus tard, elle découvre sa nouvelle prison, une cellule minuscule, sombre et humide, toute proche de la Seine. Elle n'a plus que quelques semaines à vivre.

Semaines interminables d'épreuves pour une morte-vivante : elle est quotidiennement humiliée ; son imagination lui représente l'avenir de son petit garçon orphelin, sous la férule de geôliers chargés de le rééduquer en sans-culotte sans mémoire. Il y a pire, mais cela, elle ne le sait pas encore : surpris en train de se masturber par le cordonnier Simon qui le garde, Louis-Charles prétend que c'est sa mère qui lui a enseigné de telles pratiques ! Simon a transmis aussitôt l'information à Hébert, substitut du procureur : ce trait infâme sera pain bénit pour accentuer la vilenie de l'accusée ! Une commission d'enquêteurs vient au Temple écouter les « révélations » de l'enfant, le 6 octobre. Et Louis-Charles confirme, il insiste même : il est grand, il ne veut pas être traité de menteur. La Commune le confronte ensuite à sa tante et à sa sœur, consternées. On le presse de questions : qui l'a initié à ces manies indécentes ? Cela arrivait-il le jour ou la nuit ? L'enfant ne retire rien de ce qu'il a dit, se troublant parfois dans ses réponses. Le fantasme et le réel se brouillent.

La reine comparaît le 12 octobre, dans la grande salle d'audience, devant l'accusateur public Fouquier-Tinville ; elle est accusée de haute trahison. Les témoins défilent et les séances se déroulent publiquement, suivant un horaire inhumain. Le 14 octobre, Hébert évoque les « pollutions » du fils Capet : « Lui ayant demandé qui lui avait appris ce manège criminel, il répondit que ces deux femmes le faisaient souvent coucher entre elles deux ; que c'était à sa mère et sa tante qu'il était redevable de cette habitude funeste… » Et Hébert de conclure : « Il résulte que là il se commettait des traits de la débauche la plus effrénée… Cette criminelle jouissance n'était point dictée par le plaisir mais bien par l'espoir politique d'énerver le physique de cet enfant, que l'on se plaisait encore à croire destiné à occuper le trône et sur lequel on voulait par cette manœuvre s'assurer du droit de régner. »

Livide, épuisée par des pertes hémorragiques, mais digne dans sa robe noire, Marie-Antoinette ne répond pas. Comme l'un des jurés réclame des précisions, elle se dresse, cette fois cinglante : « Si je n'ai pas répondu, c'est que la nature se refuse à une pareille inculpation faite à une mère. [Ici l'accusée paraît vivement émue.] J'en appelle à toutes celles qui peuvent se trouver ici. » Un murmure approbateur accueille la réponse de la reine ; le « monstre femelle », l'« archi-tigresse » devient un moment la victime aux yeux de toutes les mères présentes dans la salle. Les interminables auditions se poursuivent le lendemain. Son sort est décidé d'avance, bien que le procès repose sur un dossier juridiquement maigre, pour ne pas dire vide : la veuve Capet, « nouvelle Agrippine perverse », est condamnée à mort, ramenée à la Conciergerie à quatre heures et demie du matin. Elle sera exécutée le lendemain 16 octobre, à midi un quart, à la satisfaction d'Hébert qui ponctue d'injures et de grossièretés l'article qu'il écrit pour *Le Père Duchesne*.

Comment Louis a-t-il pu accuser si odieusement sa mère d'actes incestueux ? Connaît-il même les mots que le greffier inscrit en marge du procès-verbal, « copulation », « gonflement de testicules », pour lequel il porte encore un bandage ? La mère et la tante ont sans doute découvert les jeux solitaires de l'enfant ; elles l'ont probablement grondé, mais, prudes, ni l'une ni l'autre n'ont eu envie d'évoquer les manèges d'un garçon traumatisé. Condamné à l'isolement affectif, Louis-Charles doit constamment s'adapter et son imagination, on le sait, est fertile ; il est surtout vulnérable et il a peur : à l'âge de la préadolescence, son père lui manque peut-être plus encore que les baisers d'une mère passionnée et déstabilisée. Le couple des Simon, chargés de le garder au Temple, n'a sans doute pas été aussi monstrueux que l'imagerie royaliste a voulu le présenter ; à leur façon, ils offrent encore au fils Capet une protection et un semblant de famille. Frustes, illettrés, ils ont cherché à le ramener dans un monde ordinaire en lui apprenant ce qu'ils savent, un répertoire de chansons légères et parfois ordurières ; le garçonnet crâne, il n'a plus rien d'un bébé, il en rajoute même en empruntant le vocabulaire qu'il entend désormais autour de lui. Espère-t-il ainsi se concilier son geôlier, se rendre intéressant, gagner la protection des municipaux ? Une fois lancé, il ne peut et ne veut se contredire ; de toute façon, comment imaginerait-il les conséquences de ses bravades ?

La psychologie moderne a montré comment les enfants confrontés à des « traumas délabrants », massacres et crimes horribles où père et mère sont assassinés, demeurent longtemps des enfants « hébétés », et presque indifférents : « La nécessité de déni est vitale pour eux », parce que le déni « retranche du réel la partie insoutenable » (Boris Cyrulnik, *Un merveilleux malheur*). Désert émotionnel, atrophie, retournement de l'amour en haine, ces traumatismes entraînent une désorganisation psychique que l'instabilité des nouvelles conditions de vie imposées au petit prisonnier entretient durablement. Ainsi les enfants isolés perdent-ils jusqu'à leurs souvenirs ; ils ne sont plus capables de choisir dans leur passé des événements mémorables, ni de leur donner du sens. Louis-Charles sait-il même que sa mère est morte ? Il n'en parle presque plus. Un jour, en descendant l'escalier de la tour, il demande à ses gardes de s'arrêter chez sa mère pour la revoir une dernière fois ! Peut-être n'est-elle pas morte, seulement absente ?

Pour les républicains, Louis-Charles demeure un otage précieux : un moyen aussi « d'occuper le peuple » ; pour les royalistes qui le réclament, il est le successeur légitime de Louis XVI. Mais l'enfant, privé de tout ce qu'il aime, est tombé malade dès l'hiver 1793 ; le départ des Simon qui déménagent en janvier 1794 rompt le dernier lien avec son histoire d'enfance. Il est isolé et mis au secret, les députés ayant peur qu'il leur soit enlevé : en fait, il les encombre ! Punaises et puces ont envahi la cellule ; les ordures ne sont pas vidées. Le Comité de sûreté générale ne se soucie pas de lui faire donner des soins et, dans cet enfer, sa santé s'affaiblit tous les jours ; d'une maigreur effrayante, « il végète dans une malpropreté dégoûtante » avec des tumeurs et des infections ; il souffre de troubles physiques et psychiques. Après le 13 thermidor (31 juillet 1794), le régime carcéral s'adoucit, mais il est trop tard : atteint de scrofule, miné par une tuberculose disséminée comme son frère aîné, on attend qu'il soit à la dernière extrémité, au mois de mai 1795, pour envoyer deux éminents médecins à son chevet.

Début juin 1795, son état est considéré comme désespéré : ventre tendu, pouls déprimé, évacuations bilieuses. « J'ai trouvé un enfant idiot, mourant, victime de la misère la plus abjecte, de l'abandon le plus complet, abruti par les traitements les plus cruels », écrit le médecin Desault, horrifié et impuissant. Il se borne à prescrire un régime fortifiant. Le roitelet s'éteint le 8 juin. Petit enfant martyr dont l'existence a été volée, Louis-Charles a dix ans. Sa sœur sera, elle, discrètement libérée cette même année 1795, fin novembre, par un Directoire peu soucieux de perpétuer la mémoire de victimes innocentes.

Dans son calvaire, Marie-Antoinette n'a pas manqué d'admirateurs et d'admiratrices, y compris dans les milieux qui lui sont le plus hostiles mais qui lui ont reconnu la qualité de mère. L'enfant innocent, lui, n'est qu'une pièce sur un jeu d'échecs : personne n'a intérêt à réveiller sa mémoire, ni les révolutionnaires régicides, ni les oncles, frères de

Louis XVI, ni la plupart des royalistes conscients que la monarchie doit évoluer, ni la cour de Vienne, malgré les propos plus stratégiques que sincères de l'empereur François II, qui prend le deuil. À peine le petit roi est-il encore un encombrant symbole. Du martyre d'un enfant, qui se soucie ?

Napoléon et Madame Mère

« C'est à la manière dont elle m'a élevé dans mon enfance que je dois mon élévation. Mon opinion est que la bonne ou la mauvaise conduite d'un enfant dépend entièrement de sa mère. »

NAPOLÉON à O'Meara, *Journal de O'Meara*, 10 juin 1817.

« Celui de mes enfants que j'aime le plus, c'est, vous le savez, celui qui souffre le plus. »

Letizia BONAPARTE, *Souvenirs*.

Être la mère d'un fils promu empereur est un exercice difficile, qui demande un équilibre délicat entre une familiarité tendre ou grondeuse et le respect dû à la plus haute fonction de l'État. Le petit *Napoleone*, que sa mère corrigeait d'une fessée parce qu'il s'était moqué de sa grand-mère, a fait son chemin et il a une haute idée de sa charge et de son rang : « À tous ceux qui [lui] demanderaient de quel temps date la maison de Bonaparte, la réponse est facile : elle date du 18 brumaire. Soldat, magistrat et souverain, l'empereur doit tout à son épée et à son amour du peuple. » Inutile donc d'invoquer les ancêtres corses ou italiens, inutile de rappeler les premiers souvenirs d'enfance, Napoléon est le fils de ses œuvres.

C'est à l'époque de son infortune que Madame Mère, longtemps corsetée par le cérémonial de la cour impériale, redevient *nostra madre*, « maman », l'humble et fière mère corse qui sait depuis toujours que son fils est « oune merveille ». Ce qu'elle n'a pu ou osé dire à Sa Majesté l'empereur, elle saura l'exprimer à cœur ouvert à l'exilé prisonnier ; et comme les mots ne suffisent pas, ses actes parlent pour elle. Elle reste d'abord et avant tout « mère » : le sentiment maternel ne s'émousse ni avec l'âge, ni avec la distance, ni avec les obstacles ; il s'aiguise et voit toujours plus loin et plus clair. Au XIXe siècle, rares sont les mères qui survivent à leurs enfants adultes. Letizia Bonaparte est morte à quatre-vingt-cinq ans, en février 1836 ; elle a survécu de quinze ans à son fils Napoléon, qu'elle a accompagné de ses pensées, la mémoire intacte.

La légende s'est rapidement emparée de la personne de l'empereur et les biographes se sont plu à chercher dans les récits relatifs à l'enfance et la jeunesse les promesses de son exceptionnel destin. Les mémoires, nombreux, sont peu sûrs, apocryphes, inexacts, enjolivés ou partisans selon que l'emporte l'admiration ou le dénigrement ; on a ainsi voulu faire naître Bonaparte en 1768 plutôt qu'en 1769, date de l'annexion de la Corse par la France, pour lui retirer son appartenance à la nation française ! Devenu empereur, Napoléon a lui-même entretenu l'image mythique du « sauveur » qui a protégé les grands principes de la Révolution, et il a également contribué à brosser la figure d'une mère exemplaire, digne de servir de modèle à toutes les mères de France. La légende s'est ancrée de son vivant. Et cependant, pendant ses longues années d'exil sur le rocher de Sainte-Hélène, l'empereur déchu s'est lui-même moqué de toutes ces petites histoires brodées autour de son enfance, tout comme sa mère a beaucoup souri des récits de son accouchement : le futur empereur vagissant aurait été déposé sur un tapis du salon où étaient tissés des épisodes de l'*Iliade*, présage d'un destin de héros ! Napoléon ne se berce pas d'illusions ; il est un homme d'action et sa mémoire est exceptionnelle. Toujours maître de lui, il se méfie de la sensiblerie, mais la piété filiale n'est pas pour lui un vague principe, et il a recherché toute sa vie à retrouver des témoins de son enfance.

L'esprit de famille

Letizia Ramolino appartient à une famille de notables corses d'origine toscane. Elle n'a pas quinze ans lorsqu'elle épouse, en 1764, Charles-Marie Buonaparte, de trois ou quatre ans son aîné. Le jeune homme se prépare à une carrière d'avocat, il est séduisant, un peu frivole et plutôt dépensier. Ses ancêtres génois sont arrivés à Ajaccio à la fin du XVIe siècle et ils ont occupé des charges municipales en s'enracinant dans l'île par des mariages avec des autochtones. Le père de Charles – le grand-père de Napoléon – a obtenu une reconnaissance de noblesse en 1759. Mariage d'amour : Letizia est belle comme le jour, ses traits sont délicats et réguliers, son regard ardent, un visage de médaille couronné d'une splendide chevelure brune. Mais les débuts conjugaux sont difficiles. La jeune femme perd coup sur coup deux enfants l'année de leur naissance en 1765 et 1767, et la Corse est en proie à des événements politiques graves : Louis XV a racheté l'île aux Génois en 1768 et Charles fait partie de ces fervents partisans de l'indépendance regroupés autour du patriote Pasquale Paoli, qui tentent de libérer la Corse de la mainmise française. La défaite de Ponte Novo, en mai 1769, contraint Paoli à l'exil. Charles hésite ; bon gré mal gré, il se soumet aux vainqueurs. Tout en gardant une profonde admiration pour Paoli, le *babbu di a patria*, le père de la patrie, il s'adapte au nouveau régime en profitant des avantages que lui valent ses titres de noblesse confirmés par la France, en 1771. Le comte de Marbeuf, gouverneur et commandant en chef des troupes françaises sur l'île en 1772, le prend sous sa protection et le fait élire député de la noblesse en 1777 – la rumeur prétendra plus tard que Marbeuf n'aurait pas été indifférent au charme de Letizia et que Napoléon pourrait bien être son fils – hypothèse aujourd'hui démentie.

En vingt ans de mariage, Letizia met au monde treize ou quatorze enfants. Autant dire qu'entre les mois de grossesse, l'allaitement, les soucis de la maison, elle n'a guère de temps pour elle. Les aînés élèvent les plus jeunes, les filles restent dans le giron de leur mère. Joseph est le premier de la tribu, né en 1768, le petit Napoléon le suit d'un an ; né en août 1769, le bébé est chétif, et la mère fatiguée, malgré l'aide d'une gouvernante et d'une nourrice. Le décès de deux fillettes l'année de leur naissance en 1771 et 1773 creuse un intervalle de six ans entre Napoléon et son cadet Lucien, qui naît en 1775 suivent Marie-Anne dite Élisa (1777), Louis (1778), Marie-Pauletta dite Pauline (1780), Marie-Annonciade dite Caroline (1782) et Jérôme le petit dernier (1784). Le grand-père Napoléon est mort à Corte, en 1767, mais le clan comprend également l'oncle, Lucien Bonaparte, prêtre et archidiacre d'Ajaccio, et le jeune demi-frère de Letizia, Joseph Fesch, né en 1763, qui entrera dans les ordres. La famille n'est pas exempte de disputes, les successions et la propriété de la maison d'Ajaccio font l'objet d'un long procès entre les Ramolino et les Buonaparte. On se renvoie les arguments juridiques avec une même obstination : l'argent est le souci primordial du foyer ; avec les naissances successives se multiplient les bouches à nourrir.

Parents, enfants, grand-mère habitent la maison de la *strada* Malerba, à Ajaccio. Si l'esprit de famille existe, ce fut à coup sûr au sein de la famille Buonaparte. Letizia est la cheville ouvrière de la *casa*, active, économe, énergique : « Une tête d'homme sur un corps de femme », dira Napoléon. Elle a le caractère rude et courageux du peuple corse : parlant peu mais libre dans ses opinions. Une autorité naturelle émane d'elle. Elle partage avec son mari les soucis du foyer, prête à tous les sacrifices pour que ses petits reçoivent une bonne éducation. En plus des soins qu'elle donne à sa progéniture, elle gère le modeste domaine de Milelli, héritage des Buonaparte, tout proche d'Ajaccio, où une ferme assez délabrée, une oliveraie mal entretenue et une plantation de mûriers lui rapportent plus de soucis que de revenus. Joseph et Napoléon, proches par l'âge, grandissent ensemble. L'aîné passe pour calme et sage, le second pour vif et belliqueux. Leur mère a ôté tous les meubles d'une pièce pour qu'ils puissent se livrer à leurs jeux bruyants, pendant qu'elle pouponne les petits. Napoléon apprend vite à lire. Lorsque naît Lucien en 1775, la famille a retrouvé, grâce à l'appui du comte de Marbeuf, un niveau de vie convenable et tous profitent de cet adoucissement temporaire des conditions de vie.

Napoléon a été séparé de sa mère entre neuf et quatorze ans, le temps de ses études en France, autant dire durant la plus grande partie de son adolescence. Marbeuf a obtenu en effet pour les deux aînés l'admission aux écoles du gouvernement, octroyée aux familles nobles et pauvres, tandis que le jeune oncle, Joseph Fesch, est gratuitement reçu au séminaire d'Aix. Joseph et Napoléon iront donc au collège d'Autun. Le départ a lieu début janvier 1779. On voyage à cheval et à mulet sur les mauvaises routes de l'île mais à Corte, Marbeuf a envoyé sa propre voiture pour transporter la petite famille jusqu'à l'embarquement. Letizia s'arrête à Bastia ; son mari accompagnera ses fils en France car il doit poursuivre le périple jusqu'à Paris pour y obtenir quelques subsides ou une charge auprès du nouveau roi Louis XVI. Les adieux sont émouvants : les uns et les autres savent que les communications seront rares.

Il y a loin de la luxuriante île de Beauté à la froide cité bourguignonne, où les petits Bonaparte doivent s'implanter : ni chaleur maternelle ni douceur climatique. L'adaptation est difficile en raison de leur précarité financière et des difficultés de la langue : les deux garçons parlent français assez mal et avec un accent prononcé. Si Joseph de nature conciliante est plutôt bien accueilli, Napoléon se replie sur lui-même. Il doit affronter une nouvelle séparation douloureuse en avril, car il est appelé à poursuivre ses études à l'École royale militaire de Brienne et doit quitter son frère aîné ; dans ce nouveau collège le dépaysement est plus rude encore pour le « petit Corse » au teint olivâtre et à la stature mince : on se moque de lui, de sa taille, de son accent, de son sérieux, de sa pauvreté ; on l'appelle ironiquement « Paille au nez » (« Napolioné »). Les vexations ne manquent pas, mais le garçon est fier et obstiné, et il regimbe devant les injustices : « Du granit chauffé par un volcan. » Le salut lui vient du travail et de quelques courtes visites à la chapelle. Napoléon se jette avec passion dans la géographie, l'histoire, le français, la géométrie et les mathématiques ; il obtient même un prix. Il ne jouit d'aucun congé et il se forme tout seul, ou presque : dans cet isolement s'aiguise son aptitude à la concentration.

Le cadet Lucien a rejoint son frère à Brienne en 1784 après quelques mois passés à Autun et, cette même année, la petite Marie-Anne est admise à l'école de Saint-Cyr ; la monarchie est généreuse et, grâce à l'allégement du budget familial, l'éducation si importante aux yeux de Letizia est assurée. De cette époque de formation, on ne sait pas grand-chose ; la correspondance se cantonne aux petits événements de la vie quotidienne à l'école. Un enfant ne doit pas se plaindre et le respect dû aux parents altère la vérité des sentiments ; aussi les formules sont-elles banales : « Je finis en vous souhaitant une aussi bonne santé que la mienne », « votre très humble et affectionné fils ». La *madre* accueille fort mal la seule lettre moins conventionnelle et conservée que Napoléon ait écrite à son père pour lui réclamer de l'argent : « Je suis fatigué d'être comme un mendiant et de voir d'insolents condisciples qui n'ont que leur fortune pour toute recommandation. [...] Il n'y a pas un individu qui me soit inférieur par les nobles sentiments dont mon âme est enflammée. [...] Si ma position ne peut être améliorée, retirez-moi de Brienne. » Comme Charles s'est absenté d'Ajaccio, la lettre est remise à Letizia ; le ton provocant et un peu grandiloquent de son fils la scandalise et elle ne mâche pas ses mots pour lui répondre (en italien) : « J'ai reçu votre lettre, mon fils, et si votre écriture et si votre signature ne m'avaient pas prouvé qu'elle était de vous, je n'aurais jamais cru que vous en fussiez l'auteur. Vous êtes celui de mes enfants que je chéris le plus, mais si je reçois jamais une pareille épître de vous, je ne m'occuperai plus de Napoléon... Je lui cacherai [au père] votre lettre, espérant que vous vous repentirez de l'avoir écrite. » Cependant Letizia cède et lui envoie une lettre de change de trois cents francs, non sans terminer : « Je me flatte qu'à l'avenir votre conduite sera plus discrète et plus respectueuse. »

Le manque d'argent a assurément marqué la jeunesse de Napoléon, non moins que le mépris et la vanité des jeunes aristocrates insolents qu'il côtoie à Brienne. L'adolescent est ardent et il veut réussir. La rectitude morale de sa mère l'impressionne, il fait grand cas de ses jugements : elle semble avoir eu une réelle influence sur lui lorsqu'elle le dissuade de s'engager dans la marine et le pousse à choisir plutôt l'armée. Letizia, en effet, fatiguée par ses grossesses, a profité d'une cure aux eaux de Bourbonne pour accompagner son mari en France et elle s'est arrêtée à Brienne. Les retrouvailles sont émues et tendres tout en restant pudiques. La pauvre femme est atterrée par la mine et la maigreur de son garçon : « J'étais en effet très changé, confie-t-il, parce que j'employais à travailler les heures de récréation, et que souvent mes nuits se passaient à méditer sur les leçons de la journée. Ma nature ne pouvait supporter l'idée de ne point être tout d'abord le premier de la classe. – Ma mère avait alors vingt-neuf ans ; elle était belle comme les amours » (Montholon, *Mémoires*).

Le parcours scolaire se poursuit sans incident : d'une carrière de marin, il n'est plus question. Au bout de cinq ans et demi de formation, Napoléon passe ses examens de sortie et est admis à l'École militaire de Paris ; il quitte Brienne et arrive dans la capitale à la mi-octobre 1784 : « C'est un petit jeune homme brun, triste, rembruni, sévère et cependant raisonneur et grand parleur. » Il ne se fait pas particulièrement remarquer à l'École, et il sort quarante-deuxième sur cinquante-huit de sa promotion. Survient un événement majeur dans une vie studieuse : Charles Bonaparte, épuisé par une maladie de l'estomac qui le mine depuis plusieurs années, succombe en février 1785, à Montpellier, où il est allé chercher les conseils d'un médecin réputé. La jeune veuve n'a que trente-cinq ans et elle est très affectée. Le fils éprouve un chagrin profond, mais il retient ses émotions et immédiatement endosse ses nouvelles responsabilités en s'exprimant sur un ton solennel et protecteur : « Ma chère mère, c'est aujourd'hui que le temps a un peu calmé les premiers temps ma douleur, que je m'empresse de vous témoigner la reconnaissance que m'inspirent les bontés que vous avez eues toujours pour nous. Consolez-vous, ma chère mère, les circonstances l'exigent... Je termine, ma chère Mère, ma douleur me l'ordonne, en vous priant de calmer la vôtre » (29 mars 1785). Avec la mort du père, Napoléon, âgé de seize ans, devient un adulte. Affecté à Valence, au régiment d'artillerie de La Fère, il sait que ses modestes appointements doivent aider sa famille à vivre. Si Joseph est bien l'aîné, c'est à lui qu'incomberont les nombreuses démarches à Paris destinées à protéger le patrimoine familial. Il est plus énergique que Joseph, plus ambitieux aussi ; se confirme en lui le goût de l'autorité.

Le mal du pays

Rien ne laisse pourtant prévoir l'ascension du petit Corse. Il obtient son brevet de lieutenant en second en janvier 1786 ; la vie de garnison à Valence l'ennuie. Il lit Rousseau, les écrivains des Lumières ; il sort un peu, suit quelques cours de danse et il écrit un livre sur l'histoire de la Corse où il ne ménage pas la politique française. Au fond, il se voit davantage se faire un nom dans la littérature que dans les armes, et il cultive à plaisir son goût de la solitude, comme il le dit en mots pompeux et déjà romantiques à Joseph : « Toujours seul au milieu des hommes, je rentre pour rêver avec moi-même et me livrer à toute la vivacité de ma mélancolie. »

Napoléon a surtout le mal du pays. Il obtient enfin une permission. C'est alors l'émotion des retrouvailles avec la mère, veuve et affligée, au milieu d'une famille nombreuse dont il ne connaît pas les plus petits, tout à la joie de humer les odeurs du port sous un soleil radieux. Très vite, le jeune lieutenant mesure les difficultés matérielles dans lesquelles se débat la *madre* ; le dernier de la fratrie, Jérôme, n'a qu'un an. L'organisation de Letizia suscitera longtemps l'admiration de son fils : « Restée sans guide, sans appui, ma mère fut obligée de prendre la direction des affaires mais le fardeau n'était pas au-dessus de ses forces : elle conduisait tout, administrait tout, avec une sagesse et une sagacité qu'on n'attendait ni de son sexe ni de son âge. Ah, docteur, quelle femme ! Où trouver son égale ? » (*Mémoires* du docteur Autommarchi). Napoléon choisit de passer désormais de nombreuses permissions à Ajaccio dans la maison familiale, en 1786 et en 1787, puis en 1788, et de septembre 1789 à février 1791 : la Corse est sa vraie patrie. Letizia, clairvoyante, est la seule à penser que l'île, divisée entre clans et en proie à de vieilles querelles, ne pourra jamais suffire aux attentes d'un fils brillant et volontaire.

C'est à Auxonne, où il a rejoint son régiment, que les premiers assauts contre la monarchie surprennent Napoléon, en juillet 1789. Il lit beaucoup, les idées fermentent, parfois contradictoires. Le manque d'argent le taraude, il a ramené son petit frère Louis de treize ans pour alléger les charges de sa mère ; ils font ensemble la cuisine, il s'occupe des moindres détails du ménage, mais il ne s'en plaint pas : « Je n'ai d'autres ressources ici que de travailler. Je m'habille tous les huit jours. Je ne dors que très peu. Je me couche à dix heures et je me lève à quatre heures du matin. » « Cela fait du bien à ma santé », ajoute-t-il pour rassurer Letizia. Il respire avec bonheur ce premier souffle de liberté. Dans la Révolution en marche, Napoléon voit d'abord une juste revanche contre un régime oppresseur qui, loin d'intégrer la Corse à la France, l'a traitée en pays conquis ; s'allier aux révolutionnaires peut être l'occasion de libérer sa patrie et de mettre en œuvre l'idéal des Lumières, tout en lui donnant les moyens de satisfaire ses ambitions. Le moment est venu de faire sa place au clan Buonaparte en Corse, mais les obstacles ne manquent pas. Paoli, revenu de son exil, est nommé président du Directoire départemental de l'île de Corse en 1790 et il ne voit pas d'un bon œil l'ascension et les idées modernes du jeune officier ; porté à la tête des institutions locales, le *babbu* n'a aucunement l'intention de lui servir de marchepied et il fait échouer ses plans. D'ailleurs, végétant au plus bas grade des officiers, Napoléon doit réintégrer son régiment en France s'il veut prendre du galon : en bon fils il sait que sa solde est nécessaire à la famille. En juin 1791, il est de retour à Valence, puis en octobre à nouveau dans l'île, où les paolistes ont peu à peu repris le pouvoir. L'échec de la candidature de Joseph à l'Assemblée législative n'est pas un très bon signe ; en revanche, les promotions sont rapides dans l'armée, car l'émigration a laissé vacantes beaucoup de places, et Napoléon est nommé, en juillet 1792, capitaine d'artillerie. La route s'ouvre pour lui, même si quelques-uns de ses principes démocratiques ne résistent pas devant la violence des émeutes populaires qui embrasent Paris en juin, puis en août 1792.

C'est encore du point de vue de la Corse que Napoléon apprécie les événements. Partisan de la Convention, il est depuis octobre 1792 de retour à Ajaccio où il se heurte directement aux paolistes qui refusent l'entente avec la France et choisissent la protection de l'Angleterre. Cette fois, le conflit est ouvert entre les deux clans. À Toulon, le jeune Lucien Bonaparte, jacobin excité, prend l'initiative de dénoncer Paoli comme un agent des Anglais et l'ennemi de la République ; mais il a sous-estimé la popularité du chef traditionnel de la Corse. Rassemblant ses fidèles, Paoli mène l'insurrection contre les délégués de la Convention en 1793, et le rapport de forces est clairement en sa faveur. La famille Buonaparte est exposée aux représailles et Napoléon, proscrit, est contraint de se cacher.

La nuit du 24 au 25 mai 1793, Letizia est réveillée brutalement : plusieurs hommes pénètrent dans sa chambre en la suppliant de s'enfuir ; les paolistes les suivent de près, décidés à retrouver Napoléon et à faire emprisonner tous ceux qui voudraient l'aider. Après avoir rassemblé quelques affaires, elle réveille les enfants apeurés et les emmène à la ferme des Milelli, où ils font une courte halte pour organiser leur fuite. Le 25 mai la maison de la *strada* Malerba est pillée, saccagée, brûlée. Le lendemain, car le temps presse, Letizia ordonne le départ des Milelli, en pleine nuit ; par des chemins tortueux, accompagnée d'une petite escorte de fidèles, elle s'enfonce dans la montagne ; errant plusieurs jours à travers le maquis et tenant Pauletta et Louis par la main, elle parvient enfin à bout de force à Casella le 29 mai, jusqu'au bord de la mer où peut la repérer la flotte française. Napoléon, caché grâce à des amis fidèles, obtient des renseignements sur sa famille par des bergers ; il frôle la mort, mais il a pu monter sur un bateau et il retrouve enfin les fugitifs en scrutant la côte, pavillon républicain en poupe. Plus tard, Letizia dira à Hortense de Beauharnais que de toutes les joies que son fils lui a procurées, celle-ci fut la plus belle ! À Calvi, le 11 juin, ils embarquent tous sur un navire marchand ; échappant ainsi aux bateaux anglais, ils arrivent exténués, mais vivants, jusqu'à Marseille. La famille tout entière est miraculeusement réunie. Mais le rêve corse est bien terminé.

L'irrésistible ascension

Ce qu'ont pu coûter à la *madre* de courage, d'énergie et de vigilance ces semaines de mai et de juin 1793, Napoléon peut-il le mesurer ? Elle a fait confiance au plus intelligent et au plus résolu de ses fils lorsqu'il a choisi, contre Paoli, le camp français, non sans admirer aussi la hardiesse de Lucien ; l'épreuve passée, elle se réjouit de retrouver tous les siens en bonne santé, échappés à la vendetta. Mais elle a plus de quarante ans et sa vie bascule : sa maison a été pillée, elle a perdu sa ferme et toutes les traces matérielles d'une vie heureuse aux côtés de son mari ; elle ne parle à peu près pas le français et si elle le parle, sa prononciation corse le rend incompréhensible ; il n'y a plus de Buonaparte mais des Bonaparte. Enfin, elle mène une vie de nomade sur le sol français, dépendante des aventures et déplacements de ses fils, passant de logis en logis, réduite au dénuement tant qu'aucune rémunération stable ne vient compléter ses maigres économies ; elle a trois filles à marier et encore deux garçonnets à élever.

De son côté, Napoléon se démène comme il peut pour assurer à sa famille le minimum nécessaire à la vie quotidienne, et les événements lui sont propices : il est réintégré dans l'armée malgré ses absences, et sa réputation de bon officier d'artillerie le signale à son supérieur ; il doit toucher un arriéré de solde, tandis que Paoli, protégé par les Anglais, est déclaré traître à la patrie et exilé. Des rations et des aides provisoires sont accordées aux « patriotes corses réfugiés » ; des voisins secourables, les Clary, pris de pitié devant la détresse de la jeune mère, s'efforcent de la réconforter. Mieux encore, au siège de Toulon aux mains des contre-révolutionnaires et des Anglais, Napoléon se fait remarquer par les représentants du pouvoir en mission ; en septembre il est nommé commandant de l'artillerie, et, le 18 décembre, élevé au grade de général de brigade pour avoir participé à la délivrance de Toulon ! Il reçoit même le soutien d'un éminent conventionnel, le jeune frère de Robespierre. Ascension foudroyante favorisée par les troubles et incertitudes politiques.

Napoléon a vingt-cinq ans et il jouit d'une bonne position ; il réussit à faire nommer aide de camp son petit frère Louis, qui n'a pas encore seize ans, et il fait employer Joseph comme commissaire des guerres. Il peut assurer désormais à sa mère et aux siens un train de vie confortable : il a loué le château Sallé, près d'Antibes, pour que la famille soit réunie. La ravissante Pauletta n'est pas mécontente de se promener en calèche dans une jolie toilette ; les servantes s'affairent dans la maison pour recevoir les ordres de la *madre*, mais Letizia n'aime pas trop qu'on l'aide dans sa tâche de matrone, et l'exil lui est toujours douloureux. Quant à Napoléon, promu chef de famille, il s'inquiète constamment du bien-être des siens, mais il veut qu'on lui obéisse : il tance vivement Lucien lorsque celui-ci annonce qu'il s'est marié en mai sans avoir demandé l'autorisation de sa mère ni de son grand frère. Joseph de son côté s'unit quelques mois plus tard à Julie Clary, la fille des voisins, négociants sérieux et cossus – mariage solide comme les aime la *madre*. Marie-Anne brûle à son tour d'envie de convoler, et la très jolie Pauletta suscite les compliments de beaucoup d'admirateurs. Il semble que l'aisance financière accroisse le goût d'indépendance et l'ambition des enfants Buonaparte. Letizia leur prêche la prudence, et les événements lui donnent raison : la chute de Robespierre le 9 thermidor retourne la situation politique. Napoléon est arrêté le 9 août 1794, il passe plusieurs jours en prison ; libéré, il se retrouve sans emploi à Paris, dans la gêne et ne bénéficiant que d'une demi-solde. Quant à Lucien, ses positions extrêmes et fanfaronnes lui valent beaucoup d'ennemis ; pourchassé, il doit fuir en hâte.

C'est au moment où les Bonaparte semblent avoir tout perdu que la chance revient : après la chute de Robespierre, les royalistes relèvent la tête et tentent une insurrection contre la Convention, le 11 vendémiaire (octobre 1795). Cette période troublée profite aux audacieux. Une commission de directeurs se met en place et, sur la foi de ses succès à Toulon, elle confie la défense de la République au général Bonaparte. Couvert d'honneurs, Napoléon accède alors aux plus hautes charges. La France est en guerre contre les coalisés et le Directoire se rallie à son plan d'attaque contre l'Italie pour affaiblir l'Autriche ; il est promu général de division, commandant de l'armée de l'intérieur. Les campagnes d'Italie, au printemps 1796, lui donnent l'occasion de briller, et son courage à s'exposer, sa popularité parmi des soldats enthousiastes lui assurent un succès qu'il sait aussitôt exploiter : « On devient l'homme de son uniforme », note-t-il. La gloire militaire lui offre prestige et autorité : habile, tenace mais aussi prudent, tirant parti de ses victoires et masquant les échecs de l'expédition égyptienne entre mai 1798 et juillet 1799, le général Bonaparte analyse avec réalisme les faiblesses du gouvernement et il attend son heure. En trois ans, il devient l'homme providentiel acclamé, le nouveau César capable de sauver le régime à l'agonie et de fonder une république nouvelle. Napoléon sait déjà, lui, qu'il sera un homme d'État.

Belle-mère et belle-fille

Les succès de Napoléon rejaillissent sur toute la famille. Letizia s'est installée à Marseille et demeure le cœur vivant du clan ; la bourse bien garnie grâce à son fils, elle vit confortablement avec ses filles auprès d'elle, mais sans dépense ostentatoire ou inutile, car les mauvais temps peuvent revenir. On parle beaucoup mariage autour d'elle : malgré les réticences de Napoléon, Marie-Anne a épousé le médiocre Baciocchi, en 1797, et la pimpante Pauletta se laisse courtiser par le citoyen Fréron, un muscadin qui a un long passé de débauches. Le grand frère se fâche. Tout en reconnaissant l'autorité de son fils, la *madre* corse tient à son rôle et elle s'efforce d'apaiser les disputes.

Sévère pour ses frères et sœurs, Napoléon a lui-même succombé aux feux de la belle Créole Joséphine de Beauharnais. Il l'a rencontrée dans l'entourage de Barras et de Tallien en 1795. Le mari de Joséphine a été guillotiné en 1794, la laissant avec deux enfants à élever, Hortense et Eugène. Elle mène joyeuse vie, entretenue ou au moins soutenue par le banquier Emmery, et elle fréquente les hommes importants du Directoire. Ses manières « vieille France », sa grâce, son élégance naturelle, un titre de vicomtesse ont conquis, après bien d'autres, le petit général obscur qu'est encore Bonaparte. Les méchants disent que sa beauté commence à se flétrir – elle a alors trente-deux ans – et qu'elle est experte pour prendre les hommes à ses filets. Elle l'invite à déjeuner dans son charmant appartement de la rue Chantereine et parvient par sa douceur aimable à le détendre. Après quelque temps de passion torride, Bonaparte se propose comme mari. Joséphine, qui s'appelle encore Rose, ou la veuve Beauharnais, ne se fait pas prier trop longtemps, bien que sans enthousiasme, car son amant en titre, Barras, est en train de prendre ses distances. Petit, maigre, raide, les traits fatigués, mal coiffé et mal habillé, Napoléon n'a rien d'un séducteur, mais son sourire est charmant et ses yeux parlent pour lui. Les observateurs perspicaces devinent que le « général vendémiaire » est en train de devenir un acteur irremplaçable de la vie militaire comme de la vie politique française, et qu'il n'a pas fini de faire parler de lui. Le mariage a lieu le 9 mars 1796 à la mairie du IIe arrondissement juste avant le départ pour la campagne d'Italie – les deux époux trichent sur leur âge, elle se rajeunissant et lui se vieillissant ! Il n'a pas averti sa mère de son union. Fou d'amour, il écrit des lettres enflammées à sa bien-aimée, tandis qu'elle dépense allègrement sa solde à Paris et prend un amant.

Napoléon et les femmes ? Les réponses évoluent avec le temps. Nul doute qu'il réprouve la vie légère de ces « merveilleuses » qui gravitent autour de Thérésia Tallien, prêtes à toutes les liaisons et qui s'enrichissent par des trafics peu avouables. Naïf, il a autrefois demandé en mariage une femme bien plus âgée que lui, Mme Permon, une amie de sa mère qui l'a repoussé en riant gentiment. Il a été aussi vraiment amoureux de la délicieuse belle-sœur de son frère Joseph, Désirée Clary, qu'il a songé à épouser ; enfin, jeune militaire, il n'a sûrement pas ignoré les lieux chauds de la capitale. Mais il y a en lui un mélange de fougue, d'émotivité, de maladresse et de timidité que l'aisance gracieuse de Joséphine a su libérer. Il l'avouera avec simplicité dans ses *Mémoires* dictés à Sainte-Hélène : « Je n'étais pas insensible au charme des femmes. Mais jusqu'alors elles ne m'avaient pas gâté et mon caractère me rendait timide auprès d'elles… Mme de Beauharnais m'a rassuré. » La galanterie n'est pas son fort, il n'a pas assez de temps, et la conversation féminine de salon l'ennuie ; par-dessus tout, il déteste les intrigantes. Aussi reconnaîtra-t-il, devenu empereur, qu'on ne s'amusait guère à sa cour : « Les femmes n'ont joué qu'un rôle mesquin dans cette cour où tout était consacré à la grandeur. » Il veut qu'elles soient belles et parées, mais raisonnables et tendres. Et de conclure dans une lettre adressée de Berlin à Joséphine : « Je suis accoutumé à des femmes bonnes, douces, conciliantes, ce sont celles que j'aime. » Les femmes embellissent la Cour comme une parure de fête mais, pour le reste, il les renvoie à leurs travaux d'aiguille.

À dire vrai, Napoléon est vite revenu du rêve à la réalité. Ses proches ne se sont pas privés de lui faire savoir les infidélités de son épouse tandis qu'il risquait sa vie en Italie. Joséphine est la reine de Paris, insouciante, gracieuse, donnant des fêtes et jouissant sans complexe des triomphes que son mari connaît à chaque victoire. Mais elle est allée trop loin. Au retour de l'expédition en Égypte, déçu de ne pas la retrouver au logis et alerté par de bonnes âmes, le vainqueur est décidé à lui fermer sa porte. La passion retombe et la raison reprend ses droits : finalement, la coquette s'amende, et ses deux enfants en pleurs, Hortense et Eugène, l'entourent pour implorer la clémence d'Auguste. La vie reprend donc, mais rien n'est plus tout à fait comme avant, même si le charme et la souplesse de Joséphine repentie font toujours des miracles. Napoléon est devenu méfiant, il ne croit plus à la fidélité féminine et il ne tolère dans son entourage aucune irrégularité de situation. L'image qu'il se fait de la femme idéale s'enracine profondément dans son enfance. Une femme doit être belle comme Letizia, énergique comme Letizia, courageuse comme Letizia, discrète et modeste comme Letizia, subtile et grave comme Letizia, aimante comme Letizia. Enfin, et surtout, elle doit donner de nombreux enfants à la famille et à la patrie… comme Letizia. Ce modèle maternel règne sur le cœur et l'esprit du fils. Une femme est avant tout faite pour la procréation – le Code civil consolidera encore son statut de mère – et elle n'est que rarement consultée pour ce qu'on appelle les affaires. On ne lui demande pas l'austérité prude des femmes corses d'autrefois, mais une vie réglée, sachant alterner avec douceur les tâches familiales, la vie de société et les belles fêtes, car l'Empire a aussi besoin de brillantes parades.

Napoléon ne semble pas s'être inquiété de l'avis de sa mère lorsqu'il a proposé le mariage à Joséphine ! Étonnée, attristée par l'absence de cérémonie religieuse et par le manque de confiance de son fils, Letizia s'est tue. Le fils cependant a besoin que les deux femmes de sa vie s'entendent. En partance pour l'Italie, il s'arrête à Marseille, dans la maison de la rue Paradis où habite la *madre*. « Ma mère me reçut avec une joie excessive », raconte-t-il dans ses *Mémoires*. Tous deux parlent librement des joies et peines de la famille, des amourettes de Pauletta, de l'exceptionnelle carrière qui attend le général. La conversation évoque assurément la grande absente, Joséphine ; celle-ci vient justement d'envoyer à sa belle-mère une lettre de respect et de tendresse filiale. Letizia rassure son fils, elle répondra avec bonté, comme il le veut : le général peut quitter Marseille l'esprit tranquille. En fait, nullement pressée, Letizia attend neuf jours pour envoyer sa lettre le 12 germinal an IV (1er avril 1796), une lettre sans nul doute recopiée ou au moins inspirée par son fils, car elle sait à peine écrire et ne maîtrise pas la langue :

> J'ai reçu votre lettre, madame, elle n'a pu ajouter à l'idée que je m'étais formée de vous. Mon fils m'avait appris son heureuse union et, dès ce moment, vous eûtes, avec mon estime, mon approbation. Il ne manque à mon bonheur que la satisfaction de vous voir. Soyez assurée que j'ai pour vous toute la tendresse d'une mère et que je vous chéris autant que mes enfants.
> Mon fils m'a fait espérer, et votre lettre le confirme, que vous passeriez par Marseille pour le rejoindre et je me réjouis, madame, du plaisir que me procurera votre séjour ici.
> Mes filles se joignent à moi pour précipiter l'heureuse époque de votre voyage. En attendant, soyez assurée que mes enfants vous ont voué, à mon exemple, l'amitié et la tendresse qu'elles ont pour leur frère.

Lettre plus compassée que chaleureuse : Letizia conforme son attitude à la loi sacrée de l'union familiale. Lorsque Napoléon vainqueur des Austro-Sardes réunit les siens en juin 1797 près de Milan, au château de Mombello, Joséphine sait déployer tous ses charmes pour plaire à sa belle-mère et se concilier beaux-frères et belles-sœurs. À la demande de son mari, elle joue à merveille la souveraine au centre de la petite cour cérémonieuse du château, où sont réunis les aides de camp, des diplomates, des écrivains et des artistes italiens. Le jeune Eugène de Beauharnais est également présent, promu depuis peu par son beau-père sous-lieutenant de hussards. Les fêtes se succèdent, avec valets en livrée, dîners de quarante couverts et toilettes rutilantes. Pour autant la grâce de la belle-fille ne désarme pas si facilement la belle-mère. Tout ce que représente la veuve Beauharnais déplaît à Letizia : son remariage trop rapide, sa légèreté, sa façon de s'habiller, et peut-être surtout le fait qu'au bout de quinze mois de mariage n'apparaisse aucun signe de grossesse ; combien elle aurait préféré une fille d'honnêtes bourgeois comme l'épouse de Joseph, la sage Julie Clary ! Mais la *madre* fait bonne figure : avec patience, elle a fini par obtenir l'approbation de son fils au mariage d'Élisa avec Baciocchi, un vrai Corse celui-là. Napoléon a trouvé un mari pour la ravissante Pauletta, le fidèle et brave général

Leclerc, qui lui fera oublier l'affreux Fréron, et la cérémonie joyeuse a lieu à Mombello. Quelques semaines plus tard, Letizia, qui n'apprécie ni le luxe ni l'apparat, a la joie de retourner en Corse avec Élisa, dans sa maison de la *strada* Malerba, remise à neuf : son plus profond désir est réalisé.

« Ma famille est une famille politique »

9 octobre 1799 : Napoléon, de retour d'Égypte, a débarqué à Fréjus, sous les acclamations ; il est à Paris le 16. La situation de la France est alors périlleuse ; les élections de mars ont envoyé aux Conseils une majorité hostile au Directoire. L'anarchie règne dans la capitale, le faubourg Saint-Antoine s'agite, l'argent manque et les faillites se multiplient. Luxe des uns et misère des autres. L'opinion publique redoute le retour des révolutionnaires jacobins et l'avancée des armées étrangères ; on parle aussi de complots royalistes. Un climat de peur et de lassitude s'installe ; l'ordre est menacé, le pouvoir déconsidéré. La France est prête pour se trouver un sauveur, et le victorieux général prêt pour incarner la défense de la République.

Concocté avec Sieyès, qui veut réorganiser les institutions et renforcer le pouvoir exécutif, soutenu par Cambacérès et Fouché, Bonaparte prépare son coup d'État. Dans la nuit du 18 au 19 brumaire (9 novembre 1799), quatre des directeurs ont démissionné et, sous prétexte d'un imminent complot anarchiste, les Conseils de Paris sont transférés à Saint-Cloud, où se rassemblent cinq mille soldats sous le commandement de Murat. Le lendemain, comme les délibérations traînent aux Anciens et que rien ne se décide, Bonaparte impatient veut intervenir directement, mais son discours, médiocre, ne convainc pas ; le vacarme recouvre les voix ; il entre alors dans la salle de l'Orangerie où sont installés les Cinq Cents, mais là il est pris à partie, bousculé, et même menacé par une gauche excitée qui veut le mettre hors la loi. Il s'en faut de peu pour que l'affaire échoue. Lucien, président des Cinq Cents, sauve la situation en haranguant les gardes parlementaires et en dénonçant les factieux qui s'en prennent au général ; les gardes marchent alors sur l'Orangerie et chassent les députés malgré leurs protestations ; dans la soirée, une poignée d'entre eux, stimulés par Lucien, sont réunis en hâte en comité, et ils votent le remplacement du Directoire par trois consuls provisoires, Bonaparte, Sieyès et Roger Ducos. Sous un apparent consensus, les militaires ont gagné la partie : Bonaparte apparaît comme le réconciliateur rassurant et le garant de la sécurité. Un mois après, le 15 décembre, la Constitution de l'an VIII est proclamée et il est confirmé Premier consul. En août 1802, il sera nommé consul à vie. Moins de deux ans plus tard, le 18 mai 1804, par la Constitution de l'an XII, il est sacré empereur des Français.

Les remous parisiens ont eu leur écho en Corse. En mars 1799, à la demande de son fils, Letizia s'est sagement décidée à rentrer en France, accompagnée par Louis : elle s'installe dans l'hôtel qu'occupe Joseph, rue du Rocher. Prudente, trop souvent échaudée, elle préfère de beaucoup la simplicité au luxe qui l'intimide ; elle a toujours eu horreur du gaspillage et ne s'intéresse qu'à l'établissement de ses enfants. Un portrait de Laure Junot, fille de Mme Permon et future duchesse d'Abrantès, dont les dix volumes de *Mémoires* ne sont pas dépourvus de digressions fantaisistes, présente la *madre* durant ces journées fatidiques de Brumaire digne et courageuse : « Elle était calme, quoique fort inquiète, son extrême pâleur et un mouvement convulsif qui venait l'agiter toutes les fois qu'un bruit inattendu frappait son oreille faisaient presque mal à voir… Elle avait trois fils sous le coup du sort. » Et un peu perfide, Laure Junot poursuit son récit : « Ma mère [Mme Permon] parut étonnée que Mme Letizia n'eût pas été chercher sa belle-fille. “*Signora* Panoria, répondit-elle, ce n'est pas là que je dois aller pour avoir le cœur content ; c'est chez Julie [l'épouse de Joseph], chez Christine [l'épouse de Lucien], mais l'autre, non, non, non.” Et en finissant sa phrase elle serrait les lèvres. »

Les trois consuls habitent durant plusieurs mois le palais du Luxembourg, jusqu'à ce que le général Bonaparte fixe sa propre résidence au palais des Tuileries le 19 février 1800. Le Premier consul propose aussitôt à sa mère de l'y rejoindre mais Letizia n'accepte pas : elle ira habiter chez son demi-frère Joseph Fesch, dans son bel hôtel de la rue du Mont-Blanc. Trop d'honneurs et de faste réveillent ses craintes, comme s'il ne fallait pas tenter la fortune. Elle redoute les attentats : son fils a bien failli être assassiné à Saint-Cloud, lors du 18 brumaire, et mourir dans l'explosion de la machine infernale ! La *madre* ne peut échapper à toutes les cérémonies qui se succèdent, mais elle garde sa modestie et s'habille avec simplicité. À la demande du Premier consul, elle assiste à la revue du Carrousel depuis le balcon des Tuileries, au côté de Joséphine. Puis, c'est le mariage de sa dernière fille, Caroline, avec le beau Murat, le 20 janvier 1800, qui donne l'occasion d'un somptueux repas où elle est placée à la droite de Napoléon.

L'ascension des Bonaparte n'empêche pas les dissensions entre frères. Le Premier consul tient beaucoup à faire respecter l'étiquette, les titres et les préséances, même en famille, et il fait la grimace lorsque Joseph invoque son droit d'aînesse. Quant à Letizia, elle partage équitablement ses visites entre ses enfants, mais elle n'aime pas la vie de cour ; elle avoue avoir honte de son accent et de son mauvais français : les conversations sont trop rapides pour elle ; elle craint de nuire à la carrière du consul en se faisant remarquer par des expressions un peu trop populaires.

Des disputes, il y en a de graves entre les enfants. Si elle admire et vénère son illustre fils en se gardant bien de critiquer ses choix, Letizia défend presque toujours celui de ses enfants qui est en position de faiblesse. Il lui arrive de prendre fait et cause pour Joseph ou pour Lucien. Devenu veuf, Lucien s'est remarié sans l'approbation de son frère avec une jeune veuve, Alexandrine de Jouberthon, et Napoléon ne cache pas sa fureur devant ce qu'il appelle une mésalliance car il nourrissait d'autres projets pour lui. Le conflit larvé entre les deux frères éclate au grand jour. La *madre* s'efforce d'abord d'apaiser la colère de Napoléon. Vainement. Lucien s'est toujours montré indépendant et il refuse de divorcer : il s'exilera volontairement en Italie. La dernière soirée à Paris se passe dans les larmes, en compagnie de l'épouse, de Joseph et de Letizia : on espère jusqu'à la dernière minute un message clément de Napoléon qui n'arrive pas. La *madre* retient ses larmes, mais intérieurement, sa décision est prise : elle ira rejoindre le rebelle à Rome en mars, non sans avoir obtenu de Napoléon une lettre de recommandation auprès du pape et une confortable berline. Ainsi en va-t-il de l'équité maternelle : « Celui de mes enfants que j'aime le plus, c'est, vous le savez, celui qui souffre le plus », explique-t-elle à Napoléon lorsqu'il lui reproche ses préférences de tendresse.

À la plus prestigieuse des places, Letizia s'effraie des aspirations de son fils à restaurer un ordre et une cour quasi monarchiques. Une lettre de Lucien de cette époque évoque ce qu'elle ressent : « Elle croit que le Premier consul a tort de vouloir porter la couronne de Louis XVI. Elle fait de mauvais rêves, qu'elle ne confie qu'à moi. Elle craint tout simplement que quelques fanatiques républicains n'assassinent l'empereur. Elle pense que la République a plus d'amis que Napoléon n'a l'air de s'y attendre... » La santé de la *madre* s'en ressent ; elle est minée par l'inquiétude et par toutes sortes d'incommodités physiques : après la brouille de Napoléon avec Lucien, c'est le petit dernier, Jérôme, qui se marie sans prévenir, en décembre 1803, au cours d'un voyage en Amérique avec la fille d'un riche négociant, Élisabeth Patterson. Il n'a demandé l'autorisation ni de sa mère ni de son frère. Dès que la nouvelle lui parvient, Napoléon, furieux, le somme de quitter son épouse et de rentrer au plus vite en France. Les alliances de la famille Bonaparte sont des affaires d'État : « Ma famille est une famille politique », écrit l'empereur à sa mère. Politique certes, mais qui ne lui fera jamais oublier les liens du sang.

Après dix-huit jours de voyage, Letizia arrive à Rome, le 31 mars 1804, épuisée. Elle est reçue par le pape, en habit de grand gala, accompagnée de Pauletta, devenue Pauline Borghèse. Six semaines plus tard, le 18 mai, Napoléon est proclamé empereur. Le pape Pie VII lui-même vient en France pour présider au sacre. La cérémonie a lieu le 2 décembre, à Notre-Dame, en grande pompe, suivie du couronnement de Joséphine, dont le mariage religieux a été célébré à la hâte, la nuit précédente. La *madre* brille par son absence car sa santé ne lui permet pas de se déplacer ; elle ne rentre à Paris que le 20 décembre – en revanche la vieille et fidèle nourrice a fait le voyage depuis la Corse. Au peintre David sera commandée ultérieurement la représentation du couronnement : involontairement, il y fera figurer Madame Mère, comme si l'absence de Letizia aurait ôté à la cérémonie une part de sa légitimité.

Son Altesse impériale, Madame Mère

En successeur de Charlemagne et de Louis XIV, Napoléon veut créer une cour dotée d'un protocole digne de l'Ancien Régime. Letizia reçoit le titre officiel de « Son Altesse impériale Madame Mère », avec un revenu d'un million pour constituer sa maison, dames de palais, secrétaires, chambellans, écuyers. L'empereur agit désormais en souverain plus qu'en fils respectueux. Madame Mère est placée à sa droite, avant les princes ; il attend d'elle qu'elle serve d'exemple aux dames de la

Cour par sa simplicité grave, par sa réserve aimable et sa soumission à un modèle utile à la patrie, qui dépasse de beaucoup la maternité charnelle. Le modèle patriarcal antique revient souvent sous sa plume car il aime les idées et les images fortes. Si l'empereur est le fondateur d'une « quatrième dynastie », Letizia en est la souche.

Son Altesse impériale accepte ce nouveau rôle : peu à peu, au fil des mois, elle cesse de faire de la résistance et elle épouse les vues de son fils, consciente de sa primauté sur ses frères. Ses lettres ou ses billets commencent par : « Sire, Votre Majesté », et le ton reste déférent, jusqu'à la formule finale aux variantes limitées : « Je vous assure de mon affection qui a commencé avec l'existence de Votre Majesté et qui ne finira qu'avec la mienne » – en revanche elle « embrasse tendrement » ses autres enfants. Elle pousse Jérôme à revenir à la Cour où son mariage est annulé et où lui est préparé un brillant destin, et elle invite Lucien à divorcer – inutilement. Sa mission est d'adoucir les aspérités et de servir de médiatrice dans une famille à la fois éblouie, ambitieuse et querelleuse ; Napoléon a toujours été vindicatif, mais son orgueil n'a pas cessé d'être généreux. S'il régente les siens, il pose aussi des couronnes sur leur tête. Joseph, quant à lui, s'adapte assez bien au nouvel état des choses ; il sera roi des Deux-Siciles. Mais Lucien, nostalgique de la république, s'installe dans l'exil avec femme et enfants.

Madame Mère vit ainsi aux côtés du trône en gardant la simplicité des goûts de toute sa vie. Elle habite son propre hôtel, l'hôtel de Brienne rue Saint-Dominique, où elle reprend un peu d'indépendance, et son fils lui fait donner le château du Pont à la campagne (Aube). Durant l'hiver 1804 et le printemps 1805, la Cour et la ville aiment les fêtes, mais chaque fois que possible elle se dispense d'y assister. Elle a cinquante-six ans et ne change guère ses habitudes en changeant de fortune. Habitué à la vie de camp, Napoléon lui-même préfère la sobriété ; cependant le prestige de la nouvelle dynastie impose de la solennité, de l'élégance et beaucoup de pierreries. On a glosé sur le goût des « économies », l'« avarice », de Son Altesse impériale Madame Mère, et, de fait, animée par une vieille peur de sa vie antérieure, Letizia place son argent un peu partout en Europe, en Espagne ou en Italie, en cachant même à ses fils les lieux de ses dépôts ! Superstition ? Elle ne perd jamais de vue qu'elle doit pouvoir aider ses enfants dans les jours de malheur, et elle tient rigoureusement ses comptes. Une part importante de ses économies passe en bienfaisance : pour ses œuvres, elle sait réclamer des subsides. Elle reçoit le titre officiel de « protectrice générale des Établissements de bienfaisance » et son fils l'encourage dans ce rôle féminin par excellence.

La vie quotidienne, durant ces glorieuses années, se passe entre devoirs officiels et histoire familiale. De sa chère Corse, Madame Mère n'a gardé que la vieille gouvernante Saveria, qui a veillé sur ses enfants petits. On devine par sa correspondance que tous ces honneurs l'effraient plus qu'ils ne la comblent ; si la séduisante Joséphine est infiniment apte au rôle de représentation, elle-même reste un peu raide et manque d'aisance ; mais elle veut plaire à son fils et maintenir un lien de fraternité entre ses huit enfants ; elle échoue cependant à ramener Lucien à Paris, malgré une rencontre des deux frères à Mantoue. À cinquante-six ans, elle est toujours belle, fort soignée de sa personne, un sourire charmant éclaire son visage, que le temps n'a pas gâté. Dans la journée, elle joue au reversi, fait de la tapisserie ou elle écoute quelque lecture que lui fait sa lectrice ; elle reçoit de temps à autre l'impératrice Joséphine dans sa chambre bleue. Laure Junot, sa dame de palais, décrivant sa vie quotidienne, insiste sur sa simplicité et son dévouement ; elle relève aussi sa perspicacité à juger les gens : d'un coup de menton dédaigneux, la *madre* écarte Mme de Chevreuse qui lui est présentée en qualité de dame du palais : « Cette femme ne nous aime pas, j'en suis sûre ! » Mais Letizia est aussi timide, elle redoute la censure des gens de cour et de la vieille société, et son accent l'humilie : c'est à contrecœur qu'elle se rend aux fêtes magnifiques données à Fontainebleau, en 1807, pour le mariage de Jérôme et de Catherine de Wurtemberg. Les ministres viennent chez elle lui présenter leurs hommages le jour de l'An, comme il convient, mais ils font peu de cas de son crédit. Elle ne figure pas dans le Conseil de régence lorsque Napoléon part en campagne.

Madame Mère n'est vraiment heureuse que lorsque son fils revient vivant et victorieux du champ de bataille ; se relâchant de toutes pressions, l'empereur lui fait alors régulièrement des visites affectueuses dans son hôtel ; dans l'intimité, ils parlent librement, en italien plutôt qu'en français ; mais il réclame d'elle qu'elle se conforme à ses lois. Aussi lui rappelle-t-il ses devoirs à l'égard de Joséphine, qu'elle semble oublier :

Madame,

J'approuve fort que vous alliez à votre campagne, mais tant que vous serez à Paris, il est convenable que vous dîniez tous les dimanches chez l'impératrice où est le dîner de famille. Ma famille est une famille politique. Moi absent, l'impératrice en est toujours le chef. Et d'ailleurs c'est un honneur que je fais aux membres de ma famille. Cela n'empêche pas que, me trouvant à Paris, toutes les fois que mes occupations me le permettent, j'aille dîner chez vous.

Votre affectionné fils,
Napoléon

La *madre* se plie aux rites, mais les sources d'inquiétude ne manquent pas : le rêve impérial mobilise tous les frères et sœurs de l'empereur (à l'exception de Lucien) et Letizia tremble de peur pour chacun d'entre eux lors des campagnes militaires ; elle n'ignore pas non plus qu'une opposition vigoureuse, des royalistes aux républicains, agit souterrainement contre l'Empire. Malgré ses émois, elle n'a pas son mot à dire. Pieuse, elle souffre des décisions de l'empereur lorsque le pape Pie VII, qui refuse l'application du blocus continental dans ses États, est enlevé et « mis à l'abri », c'est-à-dire retenu à Fontainebleau, en juillet 1809. En revanche, la même année, la répudiation de Joséphine dont elle a toujours redouté l'influence l'affecte peu. À la nouvelle impératrice, l'archiduchesse Marie-Louise d'Autriche, que Napoléon a épousée le 2 avril 1810, elle témoigne assez d'amitié pour que la jeune femme écrive à son père, l'empereur d'Autriche : « Ma belle-mère est une aimable et très respectable princesse qui m'a très bien accueillie. » Et elle s'associe à la joie de son fils lorsque le canon annonce la naissance d'un garçon en mars 1811 : Letizia est la marraine du petit roi de Rome qui assure la continuité de la dynastie.

« Et maintenant partez, mon fils, et suivez votre destinée »

Le climat politique s'est cependant assombri : malgré quelques brillantes victoires, les défaites françaises se multiplient à partir de 1812, et l'Europe coalisée accentue sa pression. Les nouvelles de l'armée n'arrivent chez Madame Mère que bien après les événements, mais au retour de l'effroyable campagne de Russie en décembre 1812, elle mesure l'ampleur du désastre. Le prestige de la Grande Armée est largement entamé et le mécontentement grandit en France ; la conspiration du général Malet est découverte en octobre. Beaucoup de compagnons de l'empereur, lâches et ingrats, sentent le vent tourner, prêts à trahir. Letizia qui a connu tant d'épreuves dans sa jeunesse demeure la même femme courageuse durant ces deux années cruciales de 1813 et 1814 ; elle réveille les frères et sœurs silencieux pour qu'ils fassent front derrière Napoléon : l'égoïste Joseph, ex-roi d'Espagne qui s'est retiré un peu vite dans sa propriété de Mortefontaine, Louis qui a abdiqué en Hollande et a quitté les affaires « pour n'y jamais rentrer », Jérôme dépossédé de la Westphalie, et même Lucien, offrent leurs services.

Le 21 décembre 1813, les coalisés passent le Rhin et convergent vers Paris ; l'Empire est envahi. Napoléon reprend ses bottes ; il réorganise ce qui lui reste d'armée, mais il manque d'armes, de renforts et surtout de temps. Le 23 janvier 1814, l'impératrice Marie-Louise est investie de la régence, secondée par Joseph. L'empereur espère que la capitale, clé de voûte de son effort, tiendra ferme. Mais Paris ne résiste pas, déjà envahi par les royalistes et nullement préparé à une défense sérieuse. Cent dix mille alliés avancent en trois colonnes. Suivant les instructions de l'empereur, l'impératrice et le roi de Rome quittent les Tuileries quelques heures avant l'arrivée de l'ennemi et la capitulation du 30 mars. Letizia apprend que son château a été brûlé ; confrontée à la dure réalité, elle part le même jour que l'impératrice ; à Tours, elle se fait établir un passeport pour gagner l'Italie, et à Lyon, elle retrouve son frère le cardinal Fesch. Napoléon s'est retiré à Fontainebleau ; les alliés exigent de lui une abdication sans condition et l'exil à l'île d'Elbe, dont ils lui garantissant la souveraineté ainsi qu'une pension de deux millions versée chaque année. L'empereur hésite quelques jours ; désespérément seul, il est peut-être tenté par l'idée d'un suicide. Le Sénat proclame la déchéance de Bonaparte le 1er avril et installe un gouvernement provisoire. Le 20 avril, après les adieux solennels à ses hommes dans la cour du château, le vaincu se résigne à partir.

Letizia, accompagnée de son frère cardinal, a mis le cap sur Rome, où le pape leur offre l'hospitalité et où elle retrouve Lucien ; mais la *madre* n'a qu'une pensée, se rendre à l'île d'Elbe pour soutenir le vaincu. Elle a été la mère des heures heureuses, elle sera celle des jours difficiles. Elle reçoit l'autorisation de rejoindre son fils et, comme lui, elle prend vite ses décisions : elle fait vendre son hôtel parisien de Brienne, se sépare de quelques bijoux et attend les nouvelles de l'exilé qui lui arrivent à la mi-juin ; c'est le général Bertrand qui lui écrit : l'empereur lui a fait préparer un appartement et lui enverra un brick à Livourne. Letizia a soixante-quatre ans, les voyages ne lui font pas peur ; elle quitte Rome le 26 juillet pour l'île d'Elbe et chemine sous le nom de Mme Dupont ; une semaine plus tard, elle serre son fils dans ses bras. Quant à l'impératrice Marie-Louise, elle est partagée : suivre son mari dans l'exil ou attendre auprès de son père, à Vienne ? Celui-ci n'a aucune peine à la persuader de regagner le palais de son enfance. En réalité, redevenue autrichienne, elle ne songe plus à se rapprocher de son mari et elle ne tarde pas à nouer une liaison avec un séducteur, le général Neipperg, que Metternich a jeté dans ses bras pour l'éloigner définitivement de la France.

Comme l'empereur espère encore son arrivée avec leur fils, Letizia a loué une charmante maison voisine, la *casa* Vantini. Trois mois plus tard, débarque à son tour sur l'île la petite sœur préférée, Pauline. Pour distraire l'exilé, Madame tient salon et organise des fêtes ; la conversation est aisée, car on parle italien. Elle prend son parti de cette nouvelle vie, même si elle en mesure le charme illusoire et la vanité. Son fils la comble d'attentions en craignant pour elle le froid de l'hiver ; il la trouve « admirable » : « Son dévouement est sublime. Elle et Pauline me consoleront pour longtemps. »

Cependant la situation est plus grave qu'il n'y paraît : l'argent manque malgré la générosité de Letizia qui offre ses bijoux et participe aux dépenses ; les biens de la famille ont été confisqués, les pensions refusées par le nouveau gouvernement de Louis XVIII, et les alliés se méfient. L'illustre exilé suscite autant de haine que de sympathie ; la rumeur laisse entendre qu'il pourrait être transféré dans un lieu plus inaccessible. Napoléon est préoccupé. Un soir de février 1815, Letizia entend les pas agités de son fils qui se promène dans le jardin ; la lune est claire ; il se rapproche d'elle en hésitant et murmure avec gravité : « Oui, il faut que je vous le dise, mais je vous défends d'en parler à qui que ce soit, pas même à Pauline... Je vous préviens, je pars cette nuit. – Pour aller où ?... – À Paris, mais avant tout je vous demande votre avis. » Suivent quelques instants de silence et Letizia, saisie, répond avec émotion : « Laissez-moi oublier que je suis votre mère. Le ciel ne permettra pas que vous mourriez par le poison ni dans un repos indigne de vous, mais l'épée à la main. Et maintenant partez, mon fils, et suivez votre destinée. » Ce dialogue, peut-être enjolivé, est relaté par Letizia elle-même dans les derniers *Souvenirs* qu'elle dictera à Rome, à la fin de sa vie. À fils exceptionnel, mère exceptionnelle.

Le dimanche 26 février au soir, Napoléon rassemble sa vieille garde et après avoir confié sa mère et sa sœur à quelques amis proches, il s'embarque sur l'*Inconstant*. L'attente des informations commence, et désormais cette attente résumera la vie quotidienne de la *madre*. Attendre, tel est le rôle des mères. Napoléon débarque sans obstacle le 1er mars sur la plage de Golfe-Juan, entouré de plus de mille hommes, à la surprise totale des royalistes. La nouvelle connue, Letizia écrit aussitôt à Lucien et fait partir Pauline pour l'Italie. En trois semaines, du 1er au 20 mars, Napoléon, qui a gardé beaucoup de fidèles, gagne Paris sans véritable obstacle et fait écrire à sa mère à mi-parcours qu'elle peut le rejoindre. Madame Mère quitte à son tour l'île d'Elbe et se dirige vers Naples. De là, elle s'embarque pour la France, le 13 mai : après onze jours de navigation pénible, elle arrive à son tour à Golfe-Juan. En dépit de mille difficultés, elle atteint Paris dans la soirée du 1er juin : le souverain a repris place sur son trône, Madame Mère est à ses côtés, à défaut de l'impératrice.

L'exil à Sainte-Hélène

Trois semaines plus tard, Napoléon est écrasé à Waterloo. La France est militairement occupée. Napoléon doit abdiquer sans condition et, dans l'attente de la décision du gouvernement provisoire sur son sort, il se réfugie une dernière fois à la Malmaison où il passe cinq jours, dans cette résidence déserte qui rassemble tant de souvenirs ; les visiteurs affluent, amis fidèles et famille, Joseph, Lucien, Jérôme, Madame Mère – Joséphine est morte un an plus tôt, en mai 1814. Profondément triste mais non abattu, il est prêt à l'exil et exprime sa résolution de se rendre à Rochefort, dès que les passeports lui seront délivrés et que l'ordre d'appareiller aura été envoyé aux frégates qui doivent, pense-t-il, le conduire en Amérique. Le 29 juin, l'ordre est donné, et Napoléon monte en calèche. Mère et fils ne se reverront plus. Letizia, malade, ne peut pas quitter Paris. Il lui faudra attendre jusqu'au 19 juillet pour enfin prendre la route, munie d'un passeport ; elle ne pense qu'à une chose : rejoindre le malheureux exilé.

Le calvaire est loin d'être terminé. Les sauf-conduits ont été refusés à l'empereur déchu et il est retenu à Rochefort – le gouvernement provisoire a été dissous par Louis XVIII. Attente épuisante : Napoléon a encore l'espoir de trouver protection en se rendant aux Anglais. Le 15 juillet, il s'embarque sur le *Bellérophon*, mais à la fin du mois rien n'a été décidé : sera-t-il renvoyé en France pour être jugé ? ou interné en Angleterre en attendant une décision ? Ce n'est que le 31, dans la rade de Plymouth, que l'ordre est donné par le gouvernement britannique de conduire « le général Buonaparte » sur un rocher perdu, à Sainte-Hélène, malgré les protestations indignées du captif. C'est le 16 octobre que l'ex-empereur, entouré de quelques fidèles, accoste dans cette île éventée qu'il ne quittera plus. Une ancienne ferme agrandie, sans fondations et toujours humide, lui est attribuée : Longwood. Commence alors une vie morne et sans but. Sous une continuelle surveillance, Napoléon reçoit quelques étrangers selon un strict protocole, il échange des propos avec son jeune médecin irlandais, O'Meara, il lit ou dicte des notes dans la salle du billard ou dans son bureau au fidèle général Gourgaud. Piquet et reversi occupent les soirées. L'étiquette est respectée, utile pour protéger l'empereur déchu contre les manifestations importunes. Bertrand, Montholon, Las Cases, Marchand font de leur mieux pour adoucir cette effroyable captivité, que l'arrivée du nouveau gouverneur de Sainte-Hélène, le 14 avril 1816, rend plus sinistre encore : Sir Hudson Lowe est maladroit, ignorant, mesquin, irritable, de l'avis même de ses compatriotes !

Si Napoléon a pu croire que le *Bellérophon* l'emmenait vers les États-Unis où le rejoindraient sa mère et une partie de sa famille – et pourquoi pas sa femme et son fils ? –, Madame Mère de son côté tarde à gagner l'Italie. Elle est l'objet de toutes sortes de suspicions et de surveillances : elle est retenue à Bologne, puis à Sienne ; le grand-duc de Toscane hésite à l'accueillir et avec courtoisie lui refuse l'hospitalité. La chasse aux bonapartistes a commencé. Le Saint-Père en revanche la reçoit avec bonté et elle s'installe avec son frère au palais Falconieri : « Je suis vraiment la mère de toutes les douleurs », écrit-elle au cardinal Consalvi. Elle ignore encore le sort de son fils et les conditions de sa captivité. Lorsqu'elle l'apprend et découvre l'insalubrité du climat de Sainte-Hélène, sa réaction est immédiate : elle veut le rejoindre au plus vite et partager son destin. Les premières démarches nécessaires sont faites. Elle supplie les alliés en invoquant leur « grandeur d'âme ». Napoléon n'en saura rien, la première lettre qu'il reçoit d'elle ne lui parvient que dix mois plus tard, le 29 mai 1816, et elle est arrivée ouverte ! Les précédentes missives n'ont même pas atteint leur destinataire. Letizia envoie à Sainte-Hélène les fonds dont elle dispose, elle accepte de se ruiner : « Je prendrai un bâton et j'irai demander l'aumône pour la mère de Napoléon ! » En 1818, elle écrit à chacun des souverains alliés réunis à Aix-la-Chapelle pour les supplier d'adoucir le sort du prisonnier : « Ne rendez point inutile la démarche d'une mère qui réclame contre la longue cruauté exercée contre son fils… La raison d'État a ses limites. »

Le captif est de plus en plus affaibli et réduit à la solitude : le fidèle Las Cases est renvoyé en raison des lettres qu'il a fait parvenir à Madame, et Montholon, épuisé, cherche à se faire remplacer ; le médecin O'Meara est à son tour remercié, soupçonné de trop de sympathie pour son patient : il a fait connaître en Europe l'indigne traitement que subit le prisonnier et il informe secrètement les fidèles de son état de santé. Le jour de son départ en juillet 1818, il cache dans ses semelles une lettre destinée à Madame Mère. Napoléon physiquement décline, en proie à « des attaques bilieuses », à des nausées et des vomissements. L'Angleterre accepte qu'on lui envoie un ecclésiastique, un nouveau médecin et un maître d'hôtel. C'est à Fesch qu'est confiée la tâche de rechercher les personnalités convenables. Mais le choix s'avère plus que médiocre, opéré à moindres frais, hormis le maître d'hôtel qui est celui de Letizia elle-même. L'ecclésiastique est un homme trop âgé et qui s'exprime mal, accompagné d'un coadjuteur d'une ignorance crasse ; quant au médecin, Antommarchi, prétentieux et insuffisant, il croira que son patient, infirme et mourant, feint la maladie pour des raisons politiques ! Ses *Mémoires*, publiés en 1825, où il se met constamment en vedette, sont sujets à caution. Quand il rentrera à Rome, Madame Mère refusera de le recevoir.

« J'ai donné Napoléon à la France et au monde »

« Les amours des rois ne sont pas des tendresses de nourrice. Ils doivent se faire craindre et respecter », confiait Napoléon au fidèle Roederer. La vie publique de l'empereur a absorbé sa vie privée mais à l'heure des malheurs, le prisonnier, pourtant peu enclin à s'épancher, laisse échapper ses sentiments les plus profonds. Il évoque souvent la Corse et ses premières années. Madame Mère est l'objet de toute son admiration, comme il le dit à O'Meara : « Mon excellente mère est une femme courageuse et de beaucoup de mérite... Elle voudrait tout pour moi. » La pensée de son fils gardé en Autriche l'obsède, et il se fait pressant : « Si vous voyez mon fils, embrassez-le pour moi. Qu'il n'oublie jamais qu'il est né prince français. » Napoléon ne doute pas d'avoir été l'enfant préféré de Letizia, si l'on en croit une confidence faite à Montholon : « Ma mère est une femme de beaucoup d'ordre et de grande vertu. Mais comme toutes les mères, elle aimait inégalement ses enfants. Ainsi Pauline et moi nous étions ses favoris. Pauline parce qu'elle était la plus jolie et la plus gracieuse. Moi peut-être par un de ces instincts de la nature qui lui disait que je serais le créateur de la grandeur de son sang. » Et Antommarchi surenchérit sur les liens mère-fils : « Elle m'a toujours aimé. Elle a été toute sa vie une excellente femme, sans égale. Elle a un courage et une force d'âme au-dessus de l'humanité. »

La vieille dame tient toujours son rôle de chef de famille dans son palais Rinuccini, place de Venise. Fragile, minuscule, vieillie mais encore belle, respectée et chérie par de nombreux petits-enfants, elle demeure sous surveillance policière. Auprès d'elle, Pauline entretient le culte fidèle de l'empereur. Louis a acheté à Rome le palais Mancini Salviati ; Lucien, réconcilié avec son frère lors du retour de l'île d'Elbe, séjourne quelque temps auprès de sa mère, avant de rejoindre sa propriété de Canino : il songe sérieusement à gagner Sainte-Hélène. Jérôme et Catherine viennent également rendre visite à la *madre*, qui accueille cordialement aussi Élisabeth Patterson et son fils, considéré quasi comme un enfant légitime. En revanche, Letizia refuse de voir Marie-Louise lorsque l'empereur d'Autriche, de passage à Rome, pose la question à son entourage sur l'éventualité d'une visite. Comment pardonner sa défection ? Et pourtant, selon Antommarchi, Napoléon pense encore souvent à elle, lui confiant, du moins si on le croit, peu avant sa mort : « Vous lui direz que je l'ai tendrement aimée, que je n'ai jamais cessé de l'aimer. » Épuisé, il écrit son testament le 13 avril 1821, où il tient à régler toutes ses dettes d'honneur et où il adresse les derniers souvenirs de tendre affection à sa mère, puis à ses frères et sœurs. Trois semaines plus tard, un ulcère cancéreux a raison de lui.

La mort de l'empereur, le 5 mai 1821, est connue à Paris le 5 juillet, à Rome le 16 juillet. L'entourage de Letizia s'efforce de lui cacher la vérité. Ce n'est que le 22 juillet qu'elle est informée, mais, bien que la nouvelle l'anéantisse, elle garde sa dignité. Son frère Fesch admire sa résistance : « Son caractère ne s'est point affaibli, il s'est même raidi… » Le 15 août, elle envoie une requête au ministre des Affaires étrangères de la Grande-Bretagne pour que lui soient rendues les cendres de son fils dans une longue lettre pleine de noblesse : « Je ne chercherai pas à attendrir le ministère britannique par la peinture des souffrances de sa grande victime. […] Mon fils n'a pas besoin d'honneur, son nom suffit à sa gloire. Il ne reste donc rien à dire à une mère sur la vie et la mort de son fils ! L'Histoire inflexible s'est assise sur son cercueil… » Avec force, Letizia précise qu'elle ne veut point, de la part des bourreaux, d'hommages tardifs qui seraient à ses yeux « le comble de l'outrage ». Et elle termine par ces mots : « J'ai donné Napoléon à la France et au monde. Au nom de Dieu, au nom de toutes les mères, je viens vous supplier, Milord, qu'on ne me refuse pas les restes de mon fils. » Letizia ne recevra aucune réponse.

Alphonse de Lamartine :
à la recherche de la mère perdue

« Les grandes mères font de grands fils. Il n'y a presque pas d'exception à cette vérité dans l'histoire. »

LAMARTINE, *Cours familier de littérature.*

Un bouquet d'arbres coupés dans un enclos de la maison d'enfance, un mur démoli, des meubles déplacés, et les souvenirs sont bouleversés : les bois, les eaux, les choses ne sont pas des spectacles inanimés mais les témoins d'une jeunesse heureuse grandie au nid. Ils ont pour Lamartine une âme, et cette âme est celle de la mère, Alix de Lamartine, prisme à travers lequel il voit le monde. Absente, elle inspire toujours sa poésie, car « l'homme est un dieu tombé qui se souvient des cieux ». Un dieu qui se souvient du paradis des bras maternels.

Il est peu d'hommes sur lesquels on dispose d'autant d'informations que sur Alphonse de Lamartine : durant vingt ans, sa mère a rédigé son journal où elle raconte avec le talent naturel aux femmes du XIXe siècle les petits faits de la vie quotidienne. Des dizaines de cahiers reliés en carton gris, échelonnés entre 1800 et 1829, remplis de notes sur son fils ; aux notes s'ajoute une abondante correspondance. Quant à Alphonse, c'est en écrivain qu'il rédige ses mémoires et écrit de multiples « confidences ». Tout est chez lui plus ou moins autobiographie, poèmes, romans, critiques littéraires et même écrits politiques. Il nous parle de sa jeunesse, de ses amours, de ses succès, de ses émotions et de ses souffrances. Il dialogue par lettre avec ses amis de collège, avec Marianne son épouse, avec ses sœurs et ses nièces. Il reprend et publie lui-même *Le Manuscrit de ma mère*. Quand il félicite Sainte-Beuve pour ses *Entretiens*, en 1864, celui-ci le remercie, notant aussitôt qu'il a « entrevu » des choses sur sa mère « avec l'âme d'un fils et des divinations de premier coup d'œil ». La mère sacro-sainte, réelle ou symbolique, la sienne ou celle des autres, est partout présente.

Cette référence au « lait maternel », si fréquente chez les écrivains, atteint rarement une telle intensité et une telle constance. Stendhal, son presque-contemporain, a aimé passionnément sa mère et il détestait son père, représentant d'une société bourgeoise et conventionnelle. Chez Lamartine, on a affaire à une famille où n'a pas de place la dissonance. Une famille d'aristocratie récente, que son ascension a maintenue unie et fidèlement royaliste malgré les chocs de la Révolution, la prison et la confiscation des biens. Le père détient l'autorité, et plus que le père encore, Louis, le frère aîné, l'« oncle terrible » resté célibataire à cause d'une mauvaise santé : celui-ci dispose de la plus grande part de la fortune familiale selon le droit d'aînesse de l'Ancien Régime ; de son bon vouloir dépendent aides financières et récompenses. Dans la famille, c'est l'homme qui prend les décisions tandis que la femme aimante, docile, se dévoue à son mari et à ses enfants. Entre les époux, point de conflit : Alix se range presque toujours à l'avis de son mari en intercédant s'il le faut pour aplanir les divergences. Le fils, l'unique fils et l'aîné, Alphonse, trouve dans cette constellation une place de choix, celle de l'héritier sur qui repose la transmission du nom et des valeurs. Un mouton noir pourtant dans ce cercle homogène : un autre oncle, ordonné prêtre malgré lui et défroqué, s'est retiré à la campagne à la suite de la Révolution ; il inspirera à Alphonse l'histoire de *Jocelyn*. Lamartine lui-même fera aussi à sa façon plusieurs pas de côté en prenant ses distances avec l'ordre patriarcal. Mais il ne mettra jamais fin à la relation première nouée avec la mère.

Une enfance « imbibée d'amour »

Alix est une mère conforme à la tradition, tendre, pieuse, active, dotée d'un solide bon sens, mais elle n'est nullement effacée. Fille de la gouvernante des enfants d'Orléans, elle a épousé par amour Pierre de Lamartine, chevalier de Pratz, capitaine de cavalerie au régiment dauphin. Les Lamartine, autrefois puissants, ont gardé en Bourgogne plusieurs domaines, le château de Montculot près de Dijon, le château de Monceau près de Mâcon, des forêts dans le Jura. L'hôtel de Mâcon a été réaménagé. Pierre, le cadet de la famille devenu gentilhomme campagnard après la Révolution, a reçu la vigne de Milly : pour accroître ses revenus, il achète, en 1802, le château de Saint-Point, très délabré, entouré de soixante-deux hectares de terres et de plusieurs fermes. Vie économe d'exploitant, dont l'équilibre dépend du soleil, de la pluie ou du gel, et des largesses de l'aîné. En l'absence de son mari et sous son contrôle, Alix surveille les vendanges, négocie la vente du vin, fait les comptes, ajuste au plus près les dépenses et parfois même réussit à mettre un peu d'argent de côté. Sur sa gestion repose la bonne marche de la maison.

Avec ses six enfants – né en octobre 1790, Alphonse est suivi de cinq petites sœurs –, Alix incarne à la perfection cette mère du XIXe siècle, qui rend grâce pour les multiples bonheurs quotidiens et offre à Dieu ses soucis et ses malheurs. Elle assume de façon exemplaire son rôle d'épouse, de mère et de châtelaine ; attentive à la situation d'une vingtaine de serviteurs qui l'aident dans ses tâches, elle n'oublie pas de s'informer du sort des uns et des autres, distribuant conseils et aides matérielles. Sa grande préoccupation est de faire de ses enfants de bons chrétiens et de bien les marier. Elle ne manque aucun office religieux, se rend à la messe tous les jours et réunit son petit monde pour la prière. Gaie et jeune de cœur, très jolie, elle sait rendre la vertu aimable : sur son carnet sont notées de nombreuses réjouissances, déjeuners, soupers, soirées amicales, musique, danse ; elle aime les parures et les vêtements à la mode – avec un brin de mauvaise conscience ! Plus rare pour l'époque, elle lit beaucoup. Elle a reçu une solide culture au chapitre noble de Saint-Martin en Beaujolais. Ses curiosités sont éclectiques et elle soumet ses plaisirs de lecture à la censure de l'Église : l'admiration qu'elle porte à saint Augustin ne l'empêche pas de se plonger avec délices dans les romans de Bernardin de Saint-Pierre et de Mme de Staël ; mais, en bonne chrétienne, elle s'inquiète de l'influence que peuvent avoir sur la jeunesse des intrigues sentimentales aussi passionnées.

La vie à Milly est une vie de famille « imbibée d'amour », sans luxe, faite de joies simples grâce au contact constant avec la nature et les gens de la campagne. Le curé de Bussières et son vicaire Dumont donnent à Alphonse des rudiments d'enseignement, que complète Alix en lui lisant la Bible. Le dimanche, on va à la messe. Pendant les veillées, Pierre, le père, déclame à haute voix des passages de *La Jérusalem délivrée* et la mère écoute en pleurant d'émotion le retour du héros sous le toit paternel dans la joie des retrouvailles familiales : la Bible et le Tasse fournissent leurs premières images aux rêveries d'Alphonse. Les courses dans les champs et la montagne, les amitiés avec les garçons du village et l'amour de la petite Janette, le voisinage des bergers et des vignerons durant les vendanges, les chevauchées à cru enfin : toutes ces activités lui font aimer tôt la liberté ; écorché, boueux, les cheveux en bataille, heureux, il se sait toujours attendu. Milly est un petit paradis sur lequel veille la mère, qui câline, instruit, panse les plaies, parle à Dieu et n'épargne rien pour le bien-être de son petit garçon. La foi maternelle imprègne les enfants. Ressembler à ce qu'on aime, telle est la première leçon que retient Alphonse : « Je ne savais pas ce que c'était que prier un être invisible et inconnu appelé Dieu, mais je savais que c'était faire comme ma mère. » Il n'oubliera jamais ces réveils matinaux, lorsque le père s'était déjà levé et qu'une servante le portait dans le lit d'Alix qui l'embrassait et lui enseignait à balbutier ses prières (*Mémoires de jeunesse*).

Cette délicieuse vie buissonnière a cependant une fin. L'oncle terrible craint qu'Alphonse ne pousse en plante sauvage et le père voit bien les lacunes d'une instruction dispensée par l'école du village. La mère manque de sévérité, toujours à trouver des excuses à son fils comme toutes les mères : « Quand je gronde mon fils, je me cache et je pleure », lui avouera plus tard la jeune Marcelline Desbordes-Valmore. Malgré les réticences d'Alix, qui avance la santé médiocre et les maux de tête fréquents du garçon, Alphonse sera mis en pension à Lyon, dans une école renommée, la pension Puppier, où il apprendra la discipline et les mathématiques. La séparation est déchirante pour la mère. Plus déchirante encore pour Alphonse, âgé de douze ans, qui se sent vite en cage : la promiscuité du dortoir, l'indifférence et la dureté des maîtres, les grossièretés de certains condisciples, tout lui « soulève le cœur ». Il rêve du « duvet natal » et du grand ciel mâconnais en ruminant des pensées sombres. À peine les vacances de septembre 1802 sont-elles achevées et la rentrée scolaire faite qu'il s'enfuit de la pension avec deux camarades, erre quelques heures dans Lyon avant de trouver la route de Mâcon. Il compte d'avance sur la tendresse et le pardon de sa mère, mais il n'en a pas le temps : un gendarme et le directeur de la pension cueillent les trois oiseaux dans une auberge où ils se restaurent grâce à quelques sous soigneusement épargnés.

Quelle fut la réaction de la famille ? Fraîche, sans doute. Alphonse raconte dans ses *Mémoires* qu'enfermé à double tour sous les toits de la pension il était déterminé à recommencer, refusant tout repentir avant d'avoir pu rejoindre Milly ; il supplie sa mère de le ramener auprès d'elle. Le chagrin de son fils ronge Alix. Cette mère tendre s'est nourrie de Bernardin de Saint-Pierre et des principes éducatifs de Rousseau, qu'elle adapte à ses convictions religieuses : ni règle ni punition, mais un appel à la confiance. L'affectivité domine, ce dont l'intelligent et précoce Alphonse se rend bien compte : « Mon éducation était toute dans les yeux plus ou moins sereins et dans le sourire plus ou moins ouvert de ma mère. [...] Elle ne me demandait que d'être vrai et bon. Je n'avais aucune peine à l'être. [...] Mon âme, qui ne respirait que la bonté, ne pouvait pas produire autre chose. Je n'avais à lutter ni avec moi-même ni avec personne. Tout m'attirait, rien ne me contraignait. » Cette confiance réciproque est une clé du caractère optimiste du fils, que la nature a déjà beaucoup favorisé.

Alix s'informe sur les établissements scolaires à proximité de Mâcon. Sa sœur, de passage à Lyon, lui a écrit qu'elle a vu Alphonse amaigri et l'air triste. Inquiète, Alix décide de lui rendre visite à sa pension quelques jours en mai : « Je crois qu'il est de mon devoir d'aller voir mon enfant », se justifie-t-elle. Elle reste trois jours près de lui et note fièrement dans son *Journal* : « Alphonse m'a beaucoup sollicitée pour le ramener. Je ne l'ai pas voulu. » L'année scolaire se termine en septembre, tant bien que mal. L'enfant ramasse trois prix. La décision est prise de concert par les parents : il quittera la pension Puppier et ira à la rentrée d'octobre 1803 au collège des Pères de la Foi, à Belley, où l'éducation reste douce et presque familiale.

« Je suis le plus grand paresseux de France »

Les cinq années qu'Alphonse passe à Belley, de treize à dix-sept ans, sont des années capitales dans sa formation : années de lectures, années de revendication d'autonomie, années assez heureuses grâce à l'intelligence d'un prêtre souriant, professeur de la classe de seconde à la classe de rhétorique. Les poussées contestataires demeurent superficielles ; les vacances à Milly en octobre sont toujours la récompense tant attendue et de nouvelles amitiés font supporter bien des privations : Louis de Vignet, doué d'une intelligence supérieure, le caustique Aymon de Virieu, de trois ans son aîné, qui partage avec lui le bienfait d'être « l'idole de sa mère et de ses sœurs », et, enfin, le sensible Bienassis.

La première inquiétude d'Alix, de loin la plus grave, concerne le rapport de son fils à la religion : « Alphonse m'a avoué aujourd'hui qu'il a des pensées contre la foi. Cela m'a fait frémir. J'ai bien vu cependant qu'il les combattait très fort. » Viennent ensuite les soucis causés par sa santé : l'adolescent se plaint de fréquents maux de tête et il semble que ses résultats scolaires s'en ressentent. Les professeurs jugent l'élève très doué mais léger ; ils se plaignent de son peu d'application de sorte que ses bulletins sont médiocres. Enfin, Alphonse a le porte-monnaie troué : « Il aime un peu trop la dépense. » Ce reproche revient régulièrement sous la plume maternelle au fil des ans. Mais Alix trouve à son fils chéri toutes sortes d'excuses, elle se met elle-même en cause en s'accusant de trop d'indulgence – « J'ai peur de l'élever trop en grand seigneur ». Parfois la lucidité l'emporte : « La nature ou plutôt la Providence a tout fait pour lui, mais il ne répond pas comme il devrait à tant de ces bienfaits. Il est dissipé, paresseux ; mais je ne veux pas ici transcrire le bulletin ; je le garde pour qu'il le voie quand il sera grand » (11 novembre 1804). Les choses ne s'arrangent pas l'année suivante ; Alix songe même à renoncer à faire venir son fils à Milly pour les vacances, à condition toutefois de ne pas le désespérer !

S'il est un domaine où une mère a peu d'accès, c'est celui de la sexualité d'un fils, là où se loge le danger. On devine par une note de son *Journal* qu'Alix s'en alarme : « Beaucoup de choses qu'on me dit me font grand plaisir, et plusieurs autres m'effraient infiniment… » Les maîtres semblent l'avoir alertée : s'ils louent toujours l'intelligence d'Alphonse, sa mémoire, son imagination – premier prix de dissertation française et de versification latine –, ils le savent aussi aux prises avec de multiples tentations : tentation du jeu, des femmes, tentation d'indépendance, que la piété et la foi parviennent difficilement à endiguer. La liberté des vacances n'a pas que de bons effets. Alphonse lit avec passion les *Confessions* de Rousseau et chez son ami de pension

Bienassis les deux garçons s'intéressent beaucoup aux livres interdits dans la bibliothèque du château dont Mme de Bienassis détient la clé : Helvétius, Raynal, *Faublas*, *Les Liaisons dangereuses*, cachés sous le matelas avec l'aide complice de la femme de chambre. Certains biographes n'hésitent pas à dire que Lamartine aurait eu, jeune, un enfant d'une servante ou d'une fille de la ville. Nul n'en parle ouvertement, les pères de la foi évoquent son « goût pour le plaisir » plus que pour le travail, et ils font silence sur un épisode peu reluisant si celui-ci, du moins, se révèle exact. Ce qu'il y a de certain, c'est qu'Alphonse tombe aisément amoureux et que les femmes répondent à ses élans. Lui-même avouera d'ailleurs, plus tard, à Victor Hugo : « Ma vie, jusqu'à vingt-sept ans, n'a été qu'un tissu de dévergondages. »

Lamartine est à dix-sept ans un magnifique garçon : les yeux d'un bleu-noir très semblables à ceux de sa mère, les traits fins, le front haut sous une souple chevelure châtain clair, il est grand, un mètre quatre-vingt-deux, et mince. Sa personnalité s'affirme, il lui arrive même de hausser le ton ; sa bonne éducation et son charme conquièrent vite ses interlocuteurs, et ses condisciples l'aiment. Sa mère juge qu'il a grandi un peu trop vite et qu'il est maigre, mais non dénué de force. L'amour maternel l'aveugle-t-il ? Il semble à Alix qu'il « fait de grands progrès dans la piété ». Quelles que soient les crises que connaissent tous les jeunes gens, Alphonse s'apaise dans la lecture et déjà aussi dans l'écriture : la nuit, lorsque tous dorment, il écrit des poèmes pleins de sensibilité et empreints de nostalgie où il évoque la tristesse d'être séparé de sa mère et de ses jeunes sœurs qu'il ne voit pas grandir. De son père, il parle peu dans ses poèmes bien qu'il le respecte et l'admire, car la poésie est d'abord un lien privilégié avec les femmes, le moyen d'épancher son cœur. Il l'exprimera crûment plus tard, lorsque les critiques sévères n'épargneront pas certaines de ses œuvres : « Qu'importe ! Qu'on dise tout ce qu'on voudra : j'ai pour moi les femmes et les jeunes gens. » Alix, la toute première à l'écouter, admire sa « facilité incroyable », mais elle se tourmente pour l'avenir ; la poésie fait-elle une carrière ? Que faire d'un garçon si doué mais qui ne s'applique pas ? La famille est restée fervente royaliste et ne peut envisager que l'héritier serve dans l'armée ou dans l'administration de l'usurpateur Napoléon : « Je suis bien inquiète pour savoir ce que nous ferons d'Alphonse, je redoute beaucoup l'oisiveté » (1806).

Languissant, souffrant de légers symptômes poitrinaires, les nerfs à vif, Alphonse se sent captif et il supplie à nouveau sa mère de le ramener au foyer sans terminer l'année scolaire. Le même refrain ponctue le *Journal* de la mère : que faire d'un garçon de dix-huit ans, « entouré de séduction », qui ne peut s'engager dans la vie active ? Elle tremble qu'il soit tiré au sort par les sergents recruteurs de l'armée napoléonienne. Pierre, lui, envisage pour son fils les études de la médecine, au moins apprend-on à soulager son prochain, gratuitement s'entend : le métier n'est pas assez noble pour un grand seigneur ! Le jeune homme de son côté broie du noir. La détestation de l'Empire n'est pas moindre chez lui que chez ses parents et l'inaction ne lui vaut rien : « Je ne peux souffrir cette vie de fainéant », avoue-t-il à son ami Aymon de Virieu ; « Je suis le plus grand paresseux de France… » Et déjà la fuite du temps lui fait horreur : « Je suis un enfant à cheveux blancs. »

Alphonse a pourtant son idée. Il lui faut un état, un métier ou un art, et il parle beaucoup de son avenir avec ses amis. Ce qu'il veut, c'est aller à Paris pour cultiver les arts et les lettres. En attendant, entre 1809 et 1812, il dévore Voltaire, Parny, Ossian. Il s'est remis au grec et au latin et lorsqu'il y prend de l'intérêt, il peut travailler jusqu'à huit heures par jour. Il lit aussi avec passion Montaigne que lui a recommandé Virieu. La famille lui offre un séjour à Lyon pour y faire du droit, mais à Lyon, hors du contrôle des parents, sans discipline et loin de ses livres, Alphonse s'abandonne aussitôt à ses penchants : il cherche les bonnes fortunes, c'est-à-dire les femmes et les salles de jeu. Frasques coûteuses et oisiveté détestable : les notes impayées s'entassent ; elles sont envoyées au père tandis que la mère se désole en voyant « le flambeau de la foi » s'éteindre sous « le vent du siècle ». L'enfant prodigue est donc rapatrié à Mâcon où il trompe l'ennui en écrivant des poésies. Mâcon, Milly, Lyon, Dijon, les châteaux de la famille, Montculot ou Monceau, composent son horizon. S'il n'y avait l'amitié solide et fidèle du compagnon de Belley, peut-être sombrerait-il dans la dépression. C'est à Virieu et non à Alix qu'il peut avouer : « J'ai ma chambre et mon lit fait dans sept ou huit endroits différents… Je commence à mener une vie de garçon. » Et c'est encore avec Virieu qu'il analyse ses états d'âme, lors de ses premières peines d'amour : « Je pleure pour qu'on me console. » Mot d'un enfant qui n'est pas dupe de ses larmes.

Battements de cœur

Alphonse regarde ailleurs, vers l'extérieur, vers Paris, ce foyer lumineux de la vie littéraire. Aymon lui propose de passer des vacances à voyager. Impossible, sa famille le retient et il n'a pas un sou. Son père a eu un accident de chasse et s'est cassé la main : « Mes parents sont malades et bourrus, ils ont besoin de ma présence. » Ce temps perdu l'afflige, ses rêves de poète semblent s'anéantir, les dettes s'accumulent. Et dans ce grand vide que ne comblent pas quelques succès d'écriture pour la Société des sciences et des arts de Bourgogne, dans ce cœur inoccupé si prêt à s'enflammer, ce sont les femmes qui prennent place : Caroline, la fille du médecin Pascal en 1809 puis en 1811 la fille d'un juge de paix, Henriette Pommier. D'autres suivront. Alphonse rêve d'un bonheur simple, naturel, avec une compagne aussi dévouée et aimante que sa mère, capable de comprendre ses aspirations. Son cœur n'a rien d'un champ de bataille : il se laisse volontiers aduler, sa confiance dans la vie réveille toujours la flamme nécessaire à ses élans.

L'idylle semble sérieuse avec Henriette Pommier, et les Lamartine prennent peur : la jeune fille est charmante mais la famille ne plaît pas. Il faut à tout prix éloigner l'amoureux, qui semble avoir promis les épousailles. Montculot où il passe les deux mois d'été auprès de l'oncle abbé ne suffit pas à lui faire oublier la belle. Les Lamartine proposent alors à leur fils un voyage en Italie en compagnie de cousins. Alphonse devrait se réjouir, mais il pleure la séparation, et plus encore le manque d'argent pour vivre à sa guise. Il a toujours des dettes à régler, ses amis Virieu et Vignet l'aident comme ils peuvent et Alix, indulgente aux plaisirs du polisson, vend des bijoux en cachette pour ménager son mari – elle croit avec naïveté que le voyage apprendra à son fils l'économie ! En fait, dans les valises du voyageur s'empilent jaquettes et gilets de soie. L'été 1811, l'élégant jeune homme de vingt et un ans traverse avec enthousiasme la Toscane sur la trace des peintres et des écrivains ; lorsque ses cousins doivent rentrer en France, il reçoit de ses parents la permission de continuer jusqu'à Rome et Naples. Cinq mois de belle vie dans la douceur méditerranéenne, de novembre 1811 à mai 1812 : lorsque l'argent manque, un cousin de sa mère qui dirige une manufacture de tabac, Dareste de la Chavanne, l'héberge chez lui.

La découverte des ruines antiques et les lumières d'Italie émerveillent Lamartine ; l'Orient plus tard aura sur lui de semblables effets. Sa famille veut lui faire oublier Henriette ? Il croque la vie, s'instruit, se jette dans les bras des jolies et faciles Napolitaines, savoure ses plaisirs. Tous les moyens lui sont bons, en particulier les tripots et les femmes. Mais le nerf de la guerre manque toujours : « J'ai tout jeté par les fenêtres et je suis à sec », écrit-il à Virieu. Chez Dareste, où il habite, une jeune gouvernante nommée Antoniella l'aide à s'installer ; elle n'a rien d'une fille de la rue, elle est jolie, souriante, naïve, délicate, et ce bel étranger qui lui fait des avances a vite la maîtrise de son cœur. Alphonse tombe malade, elle le soigne, l'idylle commence. Émotion sincère pour ce fils de famille charmé par tant de grâce et de modestie, passion et bouleversement pour la petite servante. Le temps n'existe plus, Alphonse s'abandonne au plaisir d'aimer. Mais les parents, alertés par les répétitives demandes d'argent, s'inquiètent de « la vie suspecte » qu'il mène depuis quelques mois ; l'ami Virieu est envoyé à Naples pour vite ramener l'enfant prodigue. Les adieux sont déchirants : l'amoureux est contraint de faire ses bagages, laissant Antoniella en larmes, évanouie. Beaucoup plus tard la jeune fille deviendra Graziella dans le récit tragique que Lamartine tirera de cette brève aventure. Antoniella donne ses premiers traits à la figure de l'amante idéale dont rêve le poète, première Elvire pour qui jaillissent des chants d'amour spontanés « comme la parole vient aux lèvres ». De retour à Mâcon, le père pardonne de bon cœur à son fils toutes ses sottises, tandis que sa mère pleure de joie. Mais l'aventure laisse des traces : si le jeune et oublieux aristocrate a pu croire aisé de secouer le joug social, il se laisse vite reprendre par le flux de la vie et il découvre que la passion est cruelle, parce qu'elle s'oublie et qu'elle est mortelle : il apprendra un peu plus tard, en 1816, la mort de la petite Napolitaine, due à une faiblesse poitrinaire.

La deuxième Elvire est, en 1815, une jeune Savoyarde ; même fraîcheur, même simplicité, même exotisme. Le soupirant, qui a un peu vieilli, est toujours en quête d'émotions qui font rêver. En 1814, le retour de Louis XVIII et la chute de l'empereur lui ont ouvert pour quelques mois de nouvelles perspectives. Les Lamartine recommencent à faire des projets, Alphonse obtient une place de garde du corps du roi et il part pour Paris avec la noblesse du pays. Mais l'embellie dure peu de temps. Napoléon est de retour, en mars 1815, aux cris de « Vive l'empereur ! ». Pour échapper au service, Lamartine n'a d'autre issue que s'exiler. Le voici sur les routes du Jura, à Lausanne puis descendant au petit matin vers Genève, face à ce merveilleux paysage d'un lac pur comme un miroir, où se découvrent peu à peu, aux détours sinueux de la route, des criques, des ports, des voiles matinales brillant sous un soleil qui émerge de la montagne : paysage de « création du monde ». D'abord recueilli au château de Vinci, il trouve ensuite refuge en juin sur la rive opposée, dans une maisonnette louée à un batelier savoyard à quelques kilomètres du village de Narnier. La fille du batelier l'y mène : le confort est des plus modestes, elle lui apporte une paire de draps, et chaque jour du poisson, du pain, du fromage et un peu de café. La jeune fille, Geneviève Favre, le séduit par sa bonté spontanée ; jamais il n'a goûté une telle sérénité : Narnier est un Éden où les activités simples s'enchantent sous le tiède soleil du printemps. Silence et solitude de ce mois béni de juin 1815 : les peines d'amour, les dettes effrayantes sont oubliées. Le clapotis de l'eau fixe les sens pour laisser refluer les souvenirs. Mais le rêve a une fin ; la bataille de Waterloo sonne la défaite de Napoléon. Lamartine doit quitter la délicieuse batelière dans les larmes pour rejoindre sa patrie. Point d'autre mort, cette fois, que celle du chien fidèle qui a tenté d'accompagner la barque de son maître en barbotant derrière lui…

La troisième Elvire, l'unique en fait, s'appelle Julie Charles, et leur liaison dépasse de beaucoup la rencontre éphémère des deux premières. Alphonse, de santé toujours fragile, fait une cure à Aix-les-Bains durant l'automne 1816. En octobre, il rencontre à Aix Mme Charles, venue soigner une santé délabrée ; née à Saint-Domingue et emmenée enfant en France par un père veuf, la jeune femme a été mariée à dix-sept ans avec un homme sérieux qui pourrait être son père. La beauté de Julie, telle qu'Alphonse la décrit, est un peu triste, le visage pâle encadré par une chevelure noire, lisse et collée aux tempes, les yeux « couleur de mer claire ou de lapis veiné de brun, la paupière un peu affaissée, la bouche aux coins déprimés » : sa fragilité et sa solitude font écho aux humeurs mélancoliques de Lamartine. Elle est l'âme sœur qu'il cherche. Julie Charles est l'amante et la muse, celle qui lui ouvre les milieux lettrés et l'aidera à se faire connaître. Mais la consomption gagne implacablement la jeune femme ; la mort jette déjà son ombre et l'amour perd très vite tout caractère charnel. Comme les feuilles d'automne s'envolent, la poésie amoureuse s'élève vers le ciel : Julie est l'ange que l'approche de la mort convertit à Dieu. Depuis l'enfance, l'amour humain rejoint en Lamartine le sentiment religieux. L'amante du « Lac » deviendra plus tard la mourante du « Crucifix » des *Nouvelles Méditations* (1823) puis l'héroïne de *Raphaël* (1849). Elle est une vivante métaphore de l'âme et de tout ce que le cœur désire. À l'âme sœur, il peut chuchoter, entre l'automne 1816 et l'hiver 1817, le chaste nom de « mère », car elle est devenue une mère spirituelle.

Tandis que Julie, de plus en plus faible, doit rentrer à Paris, Alphonse est rappelé à Mâcon. C'est au fidèle ami qu'il ouvre son cœur, Aymon de Virieu, à qui il demande d'aller trouver Julie à Paris pour lui dire à sa place l'amour qu'il lui voue : « Nous avons été amants et nous ne sommes plus que deux amis exaltés, un fils et une mère. Nous ne voulons plus être que cela. » La réalité est assurément plus sombre que le poète ne le laisse entendre : les *Lettres d'Elvire* laissent transpercer les mêmes lassitudes et les mêmes jalousies que le commun des couples mortels, tandis que Julie s'efforce de transformer en tendresse la passion qu'elle éprouve pour un amant qui déjà la fuit. Elle endosse ce rôle malgré elle : « Il faut que je sois toujours votre mère. Vous m'avez donné ce nom alors que je croyais en mériter un plus tendre… Je vois bien que ce n'est pas sans réflexion que vous avez senti que vous ne pouviez être que mon enfant… » Mourante, elle peut encore dire : « Je suis sûre que Dieu trouve bon que je calme les sollicitudes d'un enfant qui aime trop sa mère. » La mélancolique rêverie d'Elvire s'achève dans la mort ; pour qu'il soit éternel, l'amour ne peut se vivre que dans l'absence.

Marianne, épouse et mère

Marianne, l'épouse, compte-t-elle parmi les Elvire ? Alphonse est revenu au bercail, au printemps 1817, car il est une fois de plus sans argent. Ses parents connaissent alors de graves difficultés financières, sa pension est réduite, mais ses besoins ne cessent de croître. Il sait, après la douloureuse épreuve qu'il vient de vivre, que la poésie est bien sa vocation. En 1818 et 1819, il se partage entre Milly, Mâcon et Paris où il recueille ses premiers vrais succès en lisant, de sa voix chaude, ses poèmes dans les salons. Autour de lui, ses parents et amis se démènent pour lui trouver un métier. Diplomatie ? Administration ? La Restauration n'ouvre encore que parcimonieusement ses portes, et réserve d'abord ses places aux fils des émigrés. La mère perçoit la souffrance de son fils, elle a eu vent de sa liaison mais, connaissant son caractère émotif et ses nerfs fragiles, elle se montre discrète. Le 4 janvier 1818, quelques jours après la mort de Julie Charles, en décembre, elle note dans son *Journal* : « Alphonse a passé le commencement de cet hiver tantôt bien tantôt mal, mais plutôt par le trouble de son imagination que par des maux réels. J'espère que par la grâce de Dieu, il finira par arriver à l'âge où sa tête plus calme laissera sa santé physique se fortifier. » Une adolescence qui se prolonge, un fils trop gâté, trop doué, trop ardent, trop sensible, telle est la conclusion de la mère indulgente. Sa conviction est faite : il n'y a que le mariage et une activité pour l'ancrer dans la vie.

Cette année 1819, Alphonse, grisé par le bon accueil des milieux mondains et littéraires, s'est laissé séduire par une brûlante Italienne : la comtesse Léna de Larche est une vraie Circé qui a au moins l'avantage de lui faire un peu oublier Julie et de l'arracher à la dépression qui le guette. Une troupe de jeunes admirateurs dont il est devenu l'idole l'entoure ; il flotte dans un nuage et il est urgent de le fixer. Alix s'emploie activement à sonder des partis possibles, mais malgré de nombreux efforts, aucune proposition n'aboutit faute d'argent, faute d'emploi solide, faute de réelle persévérance de la part de l'impétrant. « Je désire de l'occupation à mon fils. L'état d'oisiveté dans lequel il est ici nous tue tous les deux. Je n'ai pu parvenir à rien pour le marier » (4 avril 1819). C'est encore la pauvre Alix qui paie secrètement les dettes avec l'aide de l'oncle terrible, sans rien en dire à son mari.

L'année 1820 est enfin l'année de tous les succès. Alphonse a déjà trente ans ; il vient d'obtenir fin décembre 1819 un poste de secrétaire d'ambassade qui rend ses aspirations matrimoniales crédibles et qui résout en partie ses difficultés financières. Surtout il a de nombreux amis qui croient en son génie et qui l'invitent à donner ses poèmes à un éditeur pour se faire connaître. Les *Méditations poétiques* sont imprimées à cinq cents exemplaires. À dire vrai, l'auteur n'espère qu'un succès d'estime mais, très vite, le recueil passionne le public lettré, véritable révélation pour toute une génération romantique que fait rêver une poésie simple et libre, capable de parler sans artifice d'amour, de la foi, du temps qui passe, de l'inquiétude humaine. Alix applaudit : les vers sont beaux, simples, « sur de beaux sujets et très religieux », dépourvus de ce « bel esprit » de la poésie du XVIIIe siècle. Trois mois d'euphorie sont à peine passés, et Alphonse, couronné de lauriers, sûr de lui, pense déjà à quitter la diplomatie. Sa santé est certes meilleure, mais, écrit-elle avec clairvoyance, « j'ai d'autres inquiétudes car il tient toujours ma tendresse en haleine : je crains son extrême facilité à dépenser au-delà de ses facultés... Je crains cette vivacité d'imagination qui le transporte toujours vers un avenir idéal, qui lui ôte la paisible jouissance du présent... »

Inlassablement, la lucide Alix cherche donc la bonne épouse, capable de stabiliser son fils. La perle enfin se présente. Alphonse a rencontré, durant l'été 1819, une charmante Anglaise, Mary-Ann Birch, d'une bonne famille de la bourgeoisie, fortunée. Elle lui plaît. Lui-même est las des aventures libertines, des emprunts et des trous à combler ; il a besoin de calme, une pneumonie l'a cloué au lit, au début de l'année 1820, si grave qu'il a demandé à un prêtre à faire une confession générale. Rétabli, il est décidé à « ordonner sincèrement une inutile existence » comme il l'écrit à Virieu, c'est-à-dire à faire son devoir d'homme, fonder une famille et servir Dieu. Mary-Ann, Marianne, est modeste, agréable, intelligente, « une perfection morale », elle fera une délicieuse épouse. Elle a vingt-neuf ans ; anglicane, elle s'est convertie au catholicisme ; elle est grande, blonde aux yeux clairs, mais on parle de sa gentillesse et de sa grâce plus que de sa beauté. Le mariage a lieu, en juin 1820, malgré les réticences de la belle-mère anglaise, demeurée dans sa religion, et malgré les réserves de l'oncle terrible qui aurait aimé quelques quartiers de noblesse pour honorer son blason.

Alphonse aime Marianne de tout son cœur, il est heureux et il le lui dit : « Votre doux regard m'a révélé votre âme. » À Virieu, les confidences rendent un son un peu différent : « Je te dirai le fin mot à toi seul : c'est par religion que je veux absolument me marier. » Puis il décrit la nature de ses sentiments : non point « l'entraînement irréfléchi d'une passion tumultueuse mais un penchant que ma raison approuvait et que la réflexion augmentait tous les jours ». À Virieu encore, il avoue : « Je tâche à me rendre le plus amoureux possible. » Et il y réussit. Quelques jours avant la cérémonie, la cause est acquise : « J'aime décidément ma femme à force de l'estimer et de l'admirer, je suis content, absolument content d'elle, de toutes ses qualités, et même de son physique » (30 mai 1820). Alix de Lamartine jubile ; la jeune femme est une perfection : « Elle a tous les genres de talents et d'instruction. Elle est excellente musicienne, elle peint à merveille, elle sait plusieurs langues et elle a avec tout cela une simplicité, une modestie admirables. » Une seconde Alix, en fait, dévouée, pieuse, aimante et soucieuse de bien faire. Que de traits ressemblants ! Les deux femmes s'entendent d'ailleurs parfaitement pour faire le bonheur de leur héros. Alphonse, qui cessait par intermittence d'être un fils en plongeant dans le monde de la sexualité, retourne dans la filiation, en choisissant Marianne à qui il sera fidèle. Les passions libertines sont oubliées, ou refoulées, car l'amour vrai passe par l'âme. Lamartine est le chantre d'un amour purifié, idéalisé à l'extrême, qui a ses racines dans la tendresse de la mère. Cette nouvelle Elvire lui inspire « Ischia » et « Chant d'amour » (*Nouvelles Méditations*).

« La chronologie du cœur est indestructible »

Le ressort de sa poésie, Lamartine le dit expressément à plusieurs reprises, repose sur des impressions et des souvenirs. Ses vers sont inoubliables parce qu'ils éveillent des émotions à la fois familières et neuves. On est las de la poésie galante du XVIIIe siècle et personne n'a encore chanté avec cette sincérité et cette simplicité sous lesquelles se cache une habileté invisible. Sans aspérité, ses mélodies font oublier que Lamartine fut un homme traversé de blessures et d'angoisses autant que d'ambitions. Il perd un petit garçon d'un an et demi en 1822, puis une sœur en 1824. Sa mère succombe à un accident, en 1829. Pour fuir son chagrin et renouveler son univers intérieur, il donne sa démission de diplomate, en 1830, et organise avec sa femme un périple en Orient. Le voyage se termine tragiquement : sa fille, Julia, meurt de phtisie à Beyrouth, en 1833. La famille, qui fut le socle puissant de son histoire, est déchirée. Ces bonheurs brisés altèrent sa vision du monde. Mais Alphonse a toujours foi en lui ; la poésie le console parce qu'elle est souvenir et création.

Poésie de la disparition, ou encore de l'« évaporation » : le critique littéraire Georges Poulet a vu dans l'inspiration lamartinienne « une reconquête du souvenir perdu » par les eaux profondes de la mémoire affective. Se souvenir, c'est revivre les premières émotions de l'amour, se délivrer des choses sensibles pour les transformer en sensations plus intenses, se redécouvrir soi-même tel que les épreuves nous façonnent.

« Ô Hommes ! Ne vous tourmentez pas de vos sentiments et ne craignez pas que le temps les emporte. Il n'y a ni aujourd'hui ni demain dans les retentissements puissants de la mémoire » (*Raphaël*). La mémoire des sens s'émousse, mais la mémoire de l'âme recrée. Une vieille chanson, une odeur, quelques arbres restaurent le paradis perdu. En se fondant sur l'opinion – combattue au siècle des Lumières – que l'imagination des femmes enceintes se répercute sur leur enfant, il est convaincu que le fœtus imprime en lui les pensées de la mère comme les traces d'un poinçon. C'est avec sa mère que Lamartine a éprouvé les premiers bonheurs, les plus belles étreintes au départ de la vie et Alix ne cesse de vivre à Milly, Milly le nid « rembourré de tendresse ». Aujourd'hui, les volets sont fermés, mais le poète revoit et repeint le passé. Des années plus tard, dans son *Cours familier de littérature* (1857), il évoque encore le duvet natal du berceau : « Chaleur du sein de mère où Dieu nous fit éclore, / Qui du duvet natal nous enveloppe encore… » (« La vigne et la maison, dialogue entre mon âme et moi »).

C'est là, dans le sein maternel, que le vieil enfant à cheveux blancs se réfugie à chacun de ses deuils. La maison, les prés et les bois conservent les traces du bonheur. Ce n'est pas la beauté objective du lieu qui l'inspire, mais le souvenir heureux qu'il en garde, car la nature ne fascinerait pas autant si elle n'éveillait quelque chose des émotions les plus enfouies : « Mère paysage », selon l'expression de la psychanalyste Marie Bonaparte. Les souvenirs plus ou moins conscients sont toujours issus de nos amours d'enfance. Dans son travail sur l'imagination, le philosophe Gaston Bachelard voit lui aussi dans l'amour filial le premier principe actif de la formation des images, sur lequel se greffent plus tard d'autres amours sans jamais faire oublier « la priorité historique de notre premier sentiment » : « La chronologie du cœur est indestructible. »

Chaque artiste a son langage. Thème récurrent, l'eau nourrit la poésie lamartinienne : l'eau est féminine, elle est le milieu propre à la vie, à la fécondation ; elle endort comme une mère, ou une amante-mère. La barque entre ciel et eau, oisive et paresseuse, donne « une des plus mystérieuses voluptés de la nature » (*Confidences*) : elle est le berceau reconquis ; point de pensée ni d'imagination qui fermente, mais l'abandon délicieux au mouvement des vagues. L'eau, sa beauté lactée, compense l'absence douloureuse. Antoniella devant la baie de Naples, Geneviève Favre et les eaux du Léman, Julie face au lac d'Aix, Marianne à Ischia : le poète peut bien rester seul sur la rive, abandonné de tous, le paysage du lac et de la mer lui rappelle le rivage maternel : « Heureux les seuls ! Car la pensée de leur mère revient les visiter », écrit-il devant le Léman. L'imagination psychologique fait de l'eau un lait doux et tiède qui nourrit, désaltère, produit une joie sensuelle. Le lait maternel est inépuisable, et la tombe elle-même ne peut le tarir.

Le paysage maternel, c'est aussi l'herbe des prés, le « gazon sacré » sous lequel dorment les morts. « Le tombeau d'une mère » fait partie du troisième recueil de poèmes, *Harmonies poétiques et religieuses*, publié en 1830, un recueil en partie inspiré par le deuil. « La mort de ma mère m'a coupé bras et jambes et j'ai peu de but à rien », avoue Lamartine, car le tombeau est un abîme. Mais malgré la détresse, la présence d'Alix est au cimetière de Saint-Point encore toute charnelle : « Ce cœur source du mien, ce sein qui m'a conçu, / Ce sein qui m'allaitait de lait et de tendresses / Ces bras qui n'ont été qu'un berceau de caresses, / Ces lèvres dont j'ai tout reçu ! » Les derniers vers du poème prennent la forme d'une béatitude : « Heureux l'homme à qui Dieu donne une sainte mère ! / En vain la vie est dure et la mort est amère : / Qui peut douter sur son tombeau ? » L'absente n'appartient pas au néant, mais à l'éternité.

Intermède politique

Écrire, ou réécrire son histoire, quelle tentation lorsque viennent les déceptions et les blessures ! C'est à partir de 1840, à cinquante ans, que Lamartine entreprend de livrer au public des morceaux de sa vie. Même si l'inspiration élégiaque ne s'épuise pas, la mort a brisé bien des élans. Le mariage ne ressemble plus au rêve et l'eau qui berce est aussi l'eau qui noie : déjà en 1822, il décrivait à Virieu son avenir (diplomatique) « empêtré dans les embarras du ménage et dans les filets de [sa] belle-mère, ne pouvant aller ni en avant ni en arrière, un homme coulé, enfin ! » La vie conjugale, après le deuil de la mère, puis celui de la petite Julie, est devenue une vie désenchantée. De la jeune épouse séduisante, dévastée par la mort de ses deux enfants, il ne reste plus guère que la seule beauté du devoir et de la fidélité. Pourtant, Alphonse estime à sa juste valeur le dévouement sans faille de Marianne qui l'épaule et relit à ses côtés les pages des manuscrits. Car il faut écrire et encore écrire pour publier et éponger les dettes. *Jocelyn* et *La Chute d'un ange*, qui paraissent en 1836 et 1838, sont encore de grands poèmes, des épopées ambitieuses avec de sublimes visions, mais l'accueil, enthousiaste pour le premier, est très réservé pour le second.

Le temps a passé, et avec le temps, les ambitions de l'écrivain changent de cap ; sa vie amoureuse ne peut plus lui donner la matière dont il a besoin. Ce qu'il lui faut, pour combattre la fatalité, c'est de l'action. Il a été élu député de Bergues (Nord), pendant son voyage en Orient et, à son retour, il participe aux débats parlementaires. La réflexion politique et sociale prend le relais de la poésie défunte, et il entre dans l'opposition au régime de Louis-Philippe, vers 1839. Sauver ou régénérer la société lui paraît un idéal propre à le faire renouer avec les racines de sa culture, la France des Lumières. Élu conseiller général à Mâcon, le chevalier-poète propose de fonder un « christianisme libéral et social ». Mouvement généreux qui doit quelque chose à cet idéalisme patriarcal dont il a été imprégné dans sa jeunesse : son talent oratoire, son charme simple et altier, son lyrisme, ses mots plus encore que ses idées séduisent son public. Le prêcheur veut toucher les cœurs et créer un grand mouvement dans le pays. Il n'a pas de passé républicain, mais son *Histoire des Girondins* (1847) lui vaut une nouvelle popularité.

En février 1848, la République est officiellement proclamée. Lamartine siège dans le gouvernement provisoire et il défend bravement le drapeau tricolore en amenant les émeutiers à renoncer au drapeau rouge. Ses harangues soulèvent l'enthousiasme. Aux élections d'avril au suffrage universel, le voici acclamé, élu dans dix départements, ministre des Affaires étrangères, à l'apogée de sa popularité, déboursant des sommes faramineuses qu'il n'a pas : cinq mois de triomphe où son ardeur et ses élans trouvent de longs échos chez les Français, qu'il espère souder autour de son nom. De quoi panser bien des blessures ! Cinq mois d'aventure qui s'achèvent par une humiliante défaite : la bourgeoisie d'affaires n'a apprécié ni son évolution vers la gauche ni son programme utopique. Le 10 décembre 1848, au scrutin pour la présidence de la République, il ne recueille que dix-huit mille voix, contre cinq millions et demi de suffrages pour Louis Napoléon. La défaite est sévère et l'amour-propre mis à mal, les dettes sont écrasantes. Ruiné, Lamartine se replie à Saint-Point, et c'est à la vocation littéraire qu'il demande de réparer ce cuisant échec.

Retourné de force à la vie privée, devant faire face à plus de cinq millions de dettes, l'écrivain se remet avec courage au travail. Ses livres se vendent et lui procurent plus de ressources que le difficile négoce du vin. En 1849, il donne au public un volume de *Confidences*, morcelé en feuilleton pour tenir ses lecteurs en haleine. Pour éviter que cet étalage de « notes intimes » ne choque ses admirateurs, il y explique qu'il se fait violence mais que ses soucis financiers le contraignent à ce « sacrifice d'amour-propre », faute de quoi Milly devra être vendu. Il récidive deux ans plus tard, avec *Les Nouvelles Confidences* (1851). Il publie également des œuvres autobiographiques déguisées, *Raphaël* (1849) et *Graziella* (1852). Sans doute prend-il aussi un secret plaisir, à travers tant d'aveux, à brosser de lui un portrait d'homme magnanime, soucieux du bonheur de ses semblables. « Galérien de la plume », il n'a pas renoncé à conquérir les foules et renouer avec le grand succès. À près de soixante ans, il se lance dans le roman populaire et social. Ses héros et héroïnes appartiennent au peuple de la campagne et des bourgs, capables de s'élever par leur vertu au-dessus de leur condition. L'écrivain cède aux préoccupations humanitaires et au sentimentalisme de son temps, dont il partage plus ou moins les illusions. Les thèmes qui lui sont chers resurgissent. *Geneviève*, rédigé fin 1849, roman du sacrifice et de l'abnégation a-t-on dit, donne une place centrale au rôle de la mère et cette mère par-dessus les différences sociales ressemble encore à Alix, avec les mêmes yeux bleus marbrés de noir, l'âme douce et tendre, répondant à tous les appels.

Réécrire la vérité

On a dit que Lamartine arrangeait la vérité à son avantage. Sainte-Beuve le surprend en pleine falsification de dates : la grande passion pour Julie Charles n'est pas une passion de jeunesse, comme il le prétend dans *Raphaël*, puisqu'en 1816-1817, le poète a déjà vingt-six ans passés. Outre ses aménagements avec la réalité, le critique lui reproche sa complaisance à se raconter : « Je ne sais rien de moins intéressant qu'un homme qui se mire et s'adonise » (*Causeries du lundi*). Sainte-Beuve veut bien mettre ces effusions sur le compte d'une mère trop tendre, d'une éducation trop douce, imprégnée de rousseauisme et des idylles de Bernardin de

Saint-Pierre, mais il réprouve les « ruissellements perpétuels » de soleil ou de tendresse. D'autres sont moins aimables : Chateaubriand le traite de « grand dadais » ; Vigny, sans doute un peu jaloux, ironise : « Tout le monde lui a dit : mon petit-fils, mon mignon, en lui donnant des bonbons… » ; Delacroix évoque « son amour-propre qui ne semble occupé que de jouir de lui-même », et Flaubert lui impute une « poésie femelle » qui n'a « ni muscle ni sang ». En dépit de cette sévérité, les critiques contemporains sont nombreux, et avec eux une nouvelle génération de jeunes lecteurs, à reconnaître chez le poète une mélodie neuve, alors même que la pensée est vague et la matière pauvre. Narcisse chéri par une mère trop indulgente, sa langue est la langue maternelle, une langue qui coule de source, indifférente à la raison, et plie à son gré la grammaire et la syntaxe. Théophile Gautier, évoquant son inspiration, parle d'un « demi-dieu qui se souvenait du ciel ».

Alphonse ne manque pas de sincérité, quoi qu'on lui ait reproché. Seulement, il appelle la fiction au service de la vérité. Lorsqu'il décide en 1857 de donner à l'impression *Le Manuscrit de ma mère* (qui ne paraîtra en fait qu'en 1871, après sa mort), il obéit sans doute à la nécessité de se procurer de l'argent. Mais il y entre plus fortement encore le besoin de se réapproprier son histoire et d'exprimer la manière absolue dont il veut être aimé. Des quelque mille trois cents pages écrites par Alix de Lamartine au cours d'une vingtaine d'années, Alphonse tire un petit volume, encadré d'un prologue et d'un épilogue de sa plume, où sont rapportés les sentiments d'une mère de famille à qui incombe la lourde charge de conduire un fils à l'âge adulte, et les réponses d'un fils aux espérances qu'elle porte. Les douze cahiers originaux d'Alix ont été intégralement publiés en 1983 et 1989 : leur confrontation avec la version d'Alphonse est riche d'enseignements, soulignant à quel point le fils veut faire de cette relation une relation idéale : à mère admirable, pareille à un ange, répond un fils favorisé par les dieux. L'hommage est solennel, formulé et explicité à la même époque dans le *Cours familier de littérature* : « Les grandes mères font de grands fils. Il n'y a presque pas d'exception à cette vérité dans l'histoire » (1857). *Le Manuscrit de ma mère* gomme sciemment les passages qui porteraient ombre à leur union de cœur ; toujours émue, la mère a les yeux fixés sur le délicieux enfant blond dont elle a peine à se séparer ; elle devine les joies et les peurs de l'adolescent doué et tourmenté, puis elle s'inquiète des écarts du jeune homme amoureux qui souffre pour la première fois et tâtonne pour trouver son chemin. Mais elle ne cesse de croire en lui, Alphonse le fils unique, incomparable et irremplaçable.

C'est omettre qu'Alix de Lamartine fut une femme lucide. Son *Journal* est sans complaisance. Elle connaît très tôt les faiblesses d'Alphonse et n'est pas dupe des beaux sentiments. Les notations sont multiples, légères au début, puis de plus en plus inquiètes à mesure que l'adolescent grandit. Oubli significatif, Alphonse omet de transcrire deux années du *Journal*, 1812 et 1813, qui sont des années sombres de désœuvrement et s'achèvent à Paris sans argent et sans travail. Alix, dans sa correspondance, dévoile franchement ses inquiétudes lorsque l'oncle terrible refuse son aide financière : « Je ne peux pas te dire, Alphonse, le chagrin que tu me fais en restant toujours dans tes indécisions et en ne songeant pas sérieusement à profiter du moment où tu es pour te placer... Tu n'auras rien. Tu reviendras triste, découragé, cela te rendra malade, cela me mettra au désespoir, tes parents auront de l'humeur, je prendrai ton parti, je me brouillerai avec eux et voilà le joli avenir que tu me prépares » (27 août 1815) ; « Je voudrais te voir ici occupé autrement qu'à faire des vers » (3 avril 1816) ; « Je suis toujours à excuser et à pacifier. C'est bien pénible, je t'assure. » Alix est assurément fière d'Alphonse après le succès des *Méditations*, mais elle juge la réussite à l'aune de la foi et jusqu'à son mariage, elle tremble devant les écarts de son fils.

Une dernière Elvire ?

Le succès de *Raphaël* et des *Girondins*, la publication des *Nouvelles Confidences*, puis des romans et essais historiques n'ont pas suffi à calmer les créanciers. Lamartine vit bien au-dessus de ses moyens dans son hôtel parisien ou dans son château de Saint-Point. Les huissiers sont à ses portes. Après avoir vendu Montculot, il est contraint de se séparer de Milly, en 1861. La participation des bonnes âmes aux souscriptions successives en faveur de ses œuvres, les droits d'auteur ne permettent pas de financer un train de vie qui ressemble plus à celui d'un seigneur de l'Ancien Régime qu'à la vie besogneuse d'un poète professant des opinions démocratiques. Lamartine est resté un hobereau proche de sa terre, fier de ses origines, solidaire d'une famille à l'ancienne dont il a conservé bien des traits. Autour de la décennie 1850-1860 son étoile a pâli ; d'autres demi-dieux se lèvent, suscitant un nouveau public, devenu imperméable aux ritournelles élégiaques d'antan.

Vieillir, Lamartine a à peine le temps d'y penser. Il écrit, il reçoit quelques amis fidèles, des journalistes et les jeunes talents qui émergent. Liszt vient jouer dans son salon. Les emprunts et les dettes s'accumulent toujours : à la vente de Milly succède celle de Monceau. À Saint-Point, on n'a conservé dans l'écurie qu'un attelage de trait. Des loteries sont montées pour venir en aide au vieux poète. Les créanciers n'épargnent pas les vexations. L'âge rattrape le vieil homme. Les deux époux sont tour à tour malades : Alphonse est cloué par des rhumatismes inflammatoires, et Marianne usée par les soucis et l'inquiétude que lui donne son mari. La mort de l'épouse en 1864, après quarante ans de vie commune, arrête la marche du temps. Si les souvenirs remontent toujours à la surface, désormais ils n'éclairent plus l'avenir ; le poète ne comprend plus les mouvements politiques qui agitent la France et les revendications des associations ouvrières lui font peur. Le cœur pourtant reste jeune et fier. Lamartine refuse les aides financières que lui propose Napoléon III. Il ne cesse de travailler et il continue à rédiger son *Cours familier de littérature*.

C'est Valentine, âgée de quarante-deux ans, qui est désormais, telle une tendre fille adoptive, l'ange gardien de cet oncle qu'elle aime et vénère. À la chère nièce, Alphonse a manifesté depuis plusieurs années sa tendresse. Il l'épouse dans la plus grande discrétion, en 1867, sans doute pour lui assurer un statut juridique. Nouvelle et dernière Elvire ? La faillite financière le désespère : « Nous sommes la maison des larmes car mes nerfs sont brisés à la fin. » Le désir de la foi hésite entre scepticisme et soumission. Le républicain a depuis plusieurs années pris ses distances avec les institutions et la hiérarchie de l'Église ; il doute parfois, et n'adore plus Dieu devant les autels. Mais la prière lui revient comme au temps de la jeunesse et il s'incline devant le mystère de la vie. Ancrée dans la piété maternelle, la foi continue d'informer sa vision du monde : « Aimer, prier, chanter, voilà toute ma vie » (« Le poète mourant »). Lamartine s'éteint le 28 février 1869. Sa dépouille repose à Saint-Point, où elle rejoint celles de sa mère et de sa femme.

La mère, vivante ou morte, est la muse qui souffle à l'écrivain en herbe ses rêveries, qui lui inspire ses élans amoureux et aussi ses larmes face à l'absence de l'aimée ; peut-être la littérature n'a-t-elle d'autre fonction que cette quête affective de l'enfance et de la mère perdues, expérience fondamentale du bonheur ou de l'angoisse que livre Proust à son tour : « Je me laissais aller à la douceur de cette nuit où j'avais ma mère auprès de moi. Je savais qu'une telle nuit ne pourrait se renouveler... Demain, mes angoisses reprendraient et ma mère ne resterait pas là » (*Du côté de chez Swann*). Freud, en expliquant que l'enfant découvre son premier plaisir dans la tétée, prototype de toute relation amoureuse, rend à sa façon justice à l'écrivain qui s'abîme dans cette recherche du bonheur perdu. Et retrouvé.

TROISIÈME PARTIE

Soupçons

Des effusions des mères et des fièvres de l'adolescence, la littérature des XIXe et XXe siècles est imprégnée ; mais l'âge d'or de l'attendrissement est passé. Vient l'ère du soupçon. Le maître littéraire et l'ami de Freud, Arthur Schnitzler, écrit en 1913 une dramatique nouvelle, *Madame Béate et son fils*, où est mis en scène le couple mère-fils, à l'âge où la jeune mère veuve peut encore séduire et où le fils de dix-sept ans vit sa première liaison avec une femme plus âgée. Une après-midi, Béate entre dans la chambre de son fils, Hugo ; il dort tout habillé sur son lit, la respiration régulière, la tête abandonnée sur l'oreiller, des livres d'étude ouverts près de lui – instant parfait de bonheur. Elle saisit cette image de l'enfant confiant qui l'a toujours émerveillée. Et tout à coup le rêve se déchire : sur le visage du fils elle voit se dessiner une grimace étrange et douloureuse ; elle ne reconnaît pas Hugo, devenu brusquement un étranger. Intimidée, perplexe, elle referme la porte ouverte par effraction. À quoi pense-t-elle en retournant à ses lectures, et que veut-elle obscurément ? « Que le fils dorme bien, longtemps, seul », répond avec humour Michel Schneider, à propos de Proust et sa mère (*Maman,* 1999) ; tel est le vœu de toute mère qui désire le bonheur de son fils : « Qu'il ne lui arrive rien, ou presque », qu'il ne grandisse pas et que jamais il ne se sépare d'elle. Après ce prologue, Schnitzler tisse le nœud de la tragédie : Béate cède aux avances d'un ami de Hugo et il lui semble avoir trahi leur pacte amoureux – ou incestueux ? La séparation est inacceptable pour la mère comme pour le fils, et seule la mort peut les faire se rejoindre.

Grandir, c'est quitter, conquérir son indépendance, et une conquête se fait rarement sans violence. Arrive un moment où la mère devient importune. Défis, fugues, voyages, ruptures : sortir de l'enfance peut prendre toutes sortes de chemins, jusqu'aux formes symboliques de l'iconoclasme et de la profanation, versant sombre d'un amour et d'une vénération retournés en hostilité. Dans les temps anciens, l'adieu se faisait naturellement et de bonne heure, lorsque le garçonnet était envoyé en apprentissage ou qu'il s'initiait au métier de page, et les rites de passage marquaient l'étape obligée. Certaines séparations même ne se font jamais, l'adulte chassé du paradis s'accrochant au doux monde de l'enfance. D'autres fils choisissent au contraire une barrière infranchissable, un désert ou un océan.

Voyage en chambre ou voyage en pays lointain, il s'agit de circonvenir les attentes inquiètes et le regard inquisiteur de la mère. Au cours du XIXe siècle, en même temps que se propage la liturgie triomphale de l'amour maternel, la part d'ombre et d'équivoque s'étend, dont s'empare l'imagination des écrivains. La famille a des odeurs de « soupe rance » et de sucreries fades, comme le déclare Rimbaud. Otage du désir maternel, le fils n'en a jamais fini de régler sa dette, avec tout ce que cela comporte de rancœur et de dissimulation. L'expérience de la séparation, Rimbaud l'a tentée jusqu'à en mourir. Enfant, il fait des fugues pour échapper à la férule de « la mère Rimb » et à ses idées rigides du bien et du devoir : « Elle avait le bleu regard – qui ment. » Il recommence ses escapades à dix-neuf ans : le petit drôle « n'aurait plus besoin de revenir car je jure bien que de ma vie je ne le recevrai plus », crie la mère furibonde, en 1870. Le voyage est révolte. Flaubert, quant à lui, fait un voyage en Orient, entre 1849 à 1851 ; il a vingt-huit ans et, en seize mois, il écrit cinquante lettres à Caroline Flaubert, sa mère. Mais part-il vraiment ? En fait, ils ne se sont pas quittés. Dans sa correspondance, il lui glisse des baisers et il lui conseille de l'accompagner dans son périple en allant au Louvre contempler les bas-reliefs assyriens : « Tâche ma pauvre vieille de te mettre à ma place. » Le cordon épistolaire annule toute véritable rupture et le voyage n'a qu'un enjeu, le retour.

Voyager rend écrivain, note à juste titre la romancière Chantal Thomas. Écrivain ou épistolier. Peut-être le voyageur du XIXe siècle ne cherche-t-il d'abord rien d'autre qu'à écrire des lettres : lettres à la mère pour lui dire de loin ce qu'il n'ose lui dire en face ; lettres de distanciation, de mise en ordre, de travail sur soi, qui oscillent entre aveux et esquives, apaisement et récrimination. Le passé et le futur s'y croisent : adulte, le fils est toujours l'enfant comme si la marche du temps n'existait pas ; mais, tourné vers l'avenir, il rejette sa dépendance. En revanche, à la mère, il demande de rester ce qu'elle est, ce pivot indéracinable, ce tabernacle de l'amour dont il ne peut douter. La mère change de statut ; elle sera l'amie. Baudelaire, qui appelle sa mère comme on invoque une muse, avoue qu'il a éprouvé pour elle dans son enfance un amour passionné : elle était à la fois « une idole et *un* camarade ». Romain Rolland, de façon explicite, veut effacer toute dimension passionnelle : « Si j'ai paru manquer de confiance en ma mère, c'est que je n'ai pas confiance en ma mère – en une mère : j'ai confiance en toi que je veux regarder comme mon amie la plus intime » (*Penser/Rêver*, 2010, n° 18 : *La Lettre à la mère*).

Séparation plus radicale, la vie sexuelle propulse le fils dans une région secrète, d'où la mère est exclue. Bon gré mal gré, elle doit tolérer l'intrusion ; au titre de la « meilleure amie », elle endosse parfois, pour assurer sa place, le rôle de confidente ou de complice, jusqu'à procurer elle-même au fils ses maîtresses. Mais lorsque la relation amoureuse repose sur des liens durables, la mère cesse d'apparaître comme l'amie nécessaire : le choix d'une compagne, d'une épouse, revient à l'évincer. Comme il est difficile alors, quelle précaution doit prendre un fils pour annoncer à la mère qu'elle a une rivale : « Ma très chère mère, je vais te confier un grand secret, c'est que pour la première fois de ma vie, il m'est venu la pensée que je pourrais me marier », écrit prudemment Edgar Quinet à sa mère, en 1828. Hier, elle était la bienfaitrice, pourquoi n'y suffit-elle plus aujourd'hui ?

Du sevrage au dernier voyage, la séparation est une expérience fondamentale. Elle stimule l'imagination, et parfois la création : « J'ai appris plus que jamais à aimer Maman parce que je sentais qu'elle était absente », reconnaît Baudelaire. Heureux manque qui permet au fils de grandir. Mais la mort de la mère, séparation sans retour, est en revanche une atteinte vitale. « Déchirement d'entrailles », dit Flaubert, elle porte aussi en elle la mort du fils. Baudelaire et sa mère mènent l'histoire extrême d'un couple terrible, qui a connu toutes les phases de l'amour, lassitude, irritation, déceptions et bonheurs ; à la fois farouchement assoiffé de liberté et de protection maternelle, il rend son dernier soupir dans les bras de sa mère, en 1867. Freud écrit, à soixante-quatorze ans, qu'il lui semblait impossible de mourir avant sa mère, qui en avait quatre-vingt-quinze. Et Proust explique que toute sa vie est un entraînement pour apprendre à se passer d'elle. L'hymne d'Albert Cohen, *Le*

Livre de ma mère, est une complainte sur le paradis perdu, et sur ces mots de tendresse qu'on n'a pas dits à temps : « Fils des mères encore vivantes, n'oubliez pas que vos mères sont mortelles ! »

Crimes d'amour

Tout sacré a deux versants et tout amour peut être contaminé par une passion possessive et exclusive. L'amour maternel en tête, dont les bienfaits ont leur versant noir lorsqu'ils empêchent la maturation de l'enfant et que n'intervient pas à temps la fonction séparatrice du père. La mythologie grecque, et d'autres cultures avant elle, ont placé les mères dans cette ambivalence redoutable où se rejoignent la séduction et l'horreur sacrée de l'inceste. Remaniant les mythes, les poètes tragiques du ve siècle avant notre ère ont fait des Atrides les symboles d'une passion extrême et des conflits intérieurs, symboles qui ont perduré dans la littérature et qui, selon les psychanalystes, figurent nos structures inconscientes. Médée la magicienne abandonne par amour sa patrie pour épouser Jason, parti à la conquête de la Toison d'or : lorsqu'il lui est infidèle et s'apprête à la répudier, elle le punit en tuant sa rivale et en égorgeant ses propres enfants. Les infanticides exécutés, Médée jouit de la douleur de l'époux. Terrifiante et destructrice, elle est l'image de la mère trompée, insatisfaite, qui ne cesse de menacer le fils parce qu'il s'agit d'atteindre à travers lui l'époux infidèle. Avec le personnage d'Oreste, le cycle des Atrides met en scène à l'inverse le fils matricide : pour venger la mort de son père, tué par l'amant de Clytemnestre, la mère infidèle, Oreste poignarde la coupable. Il en perd la raison.

Il appartient aux écrivains, aux artistes des temps modernes de fréquenter les gouffres où se sont perdus les Atrides, et de transmettre par une secrète complicité leurs fantasmes et leurs émotions à leurs lecteurs. Stendhal a aimé passionnément sa mère, qu'il perd à l'âge de sept ans ; tout comme la *matrem nudam* troublera Freud, il l'a vue demi-nue enjambant lestement son lit et il évoque crûment ses désirs : « Elle m'aimait à la passion et m'embrassait souvent. Je lui rendais ses baisers avec un tel feu qu'elle était souvent obligée de s'en aller. J'abhorrais mon père quand il venait interrompre mes baisers » (*La Vie de Henry Brulard*, 1836). Pour de tendres et timides adolescents, la première image féminine que donne la mère nue peut susciter un désir équivoque. Parfois la révélation de l'amour incestueux devient beaucoup plus menaçante ; à la tendresse charnelle et refoulée se mêle une agressivité, un désir de meurtre seul capable de mettre fin à des émotions incontrôlables. De ce corps qu'il ne peut obtenir, le fils se protège par l'insulte et la profanation. Qu'est-ce d'autre que le rapport transgressif de Sade à la mère, objet de répulsion et d'amour incestueux qu'il punit en asservissant les femmes et en déchirant leur corps ? Ou de Bataille s'adonnant à une scène orgiaque devant le cadavre de sa mère ? Ou de Proust exhibant des photographies maternelles dans des lieux de prostitution ? Ou du personnage de Faulkner, Cash dans *Tandis que j'agonise*, qui fabrique et rabote le cercueil à coups de marteau qu'entend la mère mourante étendue dans son lit. Naître sans mère, échapper aux souillures d'une matrice, n'être le fils de personne : les fils révoltés s'acharnent contre la toute-puissance de cette figure sacralisée qui porte un poids de culpabilité insurmontable.

Le matricide est statistiquement rare – suffisamment exceptionnel et complexe pour inspirer l'essai de Michel Foucault qui se penche sur le geste fou de Pierre Rivière, ce garçon de la campagne égorgeant, en 1835, sa mère, sous le prétexte que « les femmes ont pris le pouvoir » ! Mince prétexte pour un grand crime. En tuant la mère et en forgeant son récit, c'est son père et lui-même que Rivière veut protéger ; mais il finit par se pendre dans sa cellule en 1840. Le matricide demeure le plus ordinairement un fantasme, un meurtre symbolique caché sous des formes d'expression diverses qui vont de l'agressivité verbale à la rupture sans retour. Le prix de l'amour maternel est trop fort à payer : mères abusives, mères dominatrices, mères si héroïques que leurs sacrifices mêmes imposent à l'enfant de choisir entre l'ingratitude et la dette perpétuelle.

« *Je ne m'habituerai jamais à ma mère. Elle veut que j'étouffe* »

Le siècle du romantisme n'envisage guère l'existence de la mauvaise mère : Médée et Agrippine appartiennent à une lointaine Antiquité, et la marâtre aux contes de fées ; la maltraitance des petits enfants ne devient vraiment une grande cause qu'à la fin du XIXe siècle. Aussi ne faut-il pas s'étonner que la publication de *Jacques Vingtras* (paru plus tard sous le titre de *L'Enfant*) par Jules Vallès, en 1879, ait fait grincer les dents et suscité la désapprobation de très nombreux critiques. Edmond de Goncourt note dans son *Journal* : « Une vilaine et rancunière humanité entre aujourd'hui en scène dans le livre de Vallès qui vient de paraître. La mère jusqu'à présent était sacrée ; la mère jusqu'à présent avait été épargnée par l'enfant qu'elle avait porté dans ses flancs. Aujourd'hui c'en est fini en littérature de la religion et de la famille, et la révolution commence contre elle. *Vingtras* est un livre symptomatique de ce temps. » La mère intouchable tombe de son piédestal et l'idole déboulonnée est promise à un bel avenir littéraire, depuis la trilogie de Vallès à la Génitrix de François Mauriac (1923) ou à la Folcoche d'Hervé Bazin (*Vipère au poing*, 1948) en passant par Rimbaud, Jules Renard et par bien d'autres chez qui les histoires de famille ressemblent à des jeux de massacre. La mauvaise mère, la mère coupable, la mère légère, la mère aux vains sacrifices, la mère autoritaire ou égoïste sert de cible aux adultes révoltés.

Jules Vallès a raconté son enfance dans un roman où l'élaboration littéraire et les écarts avec l'histoire vécue servent à donner plus de poids à la vérité : le fouet, la dureté, les privations, les humiliations sont les méthodes d'éducation de Mme Vintgras, qui veut faire de son fils un « monsieur ». « Quel que soit le sein que j'ai mordu, je ne me rappelle pas une caresse du temps où j'étais tout petit ; je n'ai jamais été tapoté, baisoté ; j'ai été beaucoup fouetté. » Les soins qu'on prodigue au petit garçon sont ceux qu'on donne à un animal : « Tous les dimanches matin, j'avais l'air d'un veau. On m'avait fourbi le samedi ; le dimanche on me passait à la détrempe. » Il est fouetté tous les matins et privé de tout ce qu'il aime, mais c'est la mère qui est jugée dénaturée et non le père, alors que celui-ci n'est pas moins féroce ; pourtant c'est lui qui finit par s'inquiéter : « Un jour où il me voyait pâlir, il eut peur de mon désespoir. » Quant au petit Jules Renard, fils d'un entrepreneur, il admet qu'il écrit *Poil de carotte* (1894) pour se venger de la persécution mesquine que sa mère, « mère la trique », lui a fait subir durant toute son enfance : l'humour et le rire sont ses meilleures défenses contre le ressentiment. Mais dans son *Journal*, il avoue qu'il ne pense à elle qu'avec terreur. L'un des rêves dont il fait le bref récit a la force d'une dramaturgie : en présence de son père indifférent, il prend sa mère qui s'offre à lui et rentre dans ce sein dont il est sorti – « Ma tête disparaît dans sa bouche. C'est une jouissance infernale. » Le rêve se poursuit, de plus en plus douloureux : « De ces bras dont je l'enlaçais passionnément, je la jette à terre, l'écrase ; je la piétine et je lui broie la figure sur les carreaux de la cuisine. Mon père inattentif continue de lire son journal » (1896). Mélange inextricable de désir et de haine, où l'indifférence est impossible. Dix ans plus tard, il a quarante et un ans et sa mère est devenue une vieille dame : « Je ne m'habituerai jamais à ma mère. Elle veut que j'étouffe. »

Mère de quel droit, fils à quel prix ? Par le moyen de l'écriture, le fils prend sa revanche sur la génitrice. Le choix des souvenirs, les chapitres oubliés et réactualisés font partie d'un travail de réparation, ou de reconnaissance. Aimée ou haïe, la mère morte ne peut plus se défendre, mais elle est indélogeable. Balzac, délaissé par sa mère, peut se précipiter un jour chez sa sœur et lui crier, dépassant enfin les traumatismes de la petite enfance : « J'ai une merveilleuse idée, je serai un homme de génie. »

Staline et sa mère : une enfance presque ordinaire

> « Dans l'ombre de la nuit, le chant de l'alouette / S'envole plus haut que les nuages / Et les doux accents du rossignol / Depuis les taillis bercent les enfants. »
>
> Poème de Joseph STALINE.

Ekaterina. – Qu'est-ce que tu fais maintenant, Joseph ?
Staline. – Te souviens-tu du tsar ?
Ekaterina. – Oui.
Staline. – Eh bien, je suis comme le tsar.
Ekaterina. – Tu aurais mieux fait d'être prêtre.

Le dialogue n'est peut-être pas authentique dans sa forme, mais il est fidèle aux sentiments de la mère face à son fils. Ekaterina est une vieille femme pieuse et malade, mais encore assez énergique pour dire ce qu'elle pense. Quelques mois avant sa mort, en apprenant qu'elle décline, Staline lui rend une dernière visite, en 1935. Retrouvailles ambiguës : « Les sentiments sont affaire de femme », répond-il à ceux qui voudraient l'interroger sur son enfance ; il est le maître absolu de l'URSS, sa vie appartient au Parti. C'est du séminaire cependant que vient à Staline la seule formation qu'il ait jamais reçue, et c'est à la ténacité de sa mère qu'il la doit. S'il persécute les prêtres orthodoxes et règle ses comptes, son passé d'enfant choyé n'en conserve pas moins le goût amer de la tendresse maternelle, peut-être même de la piété filiale.

Le « Petit Père des peuples », responsable de millions de morts dus à l'instauration de la terreur policière, a patiemment, tout au long de son existence, gommé les traces de sa jeunesse : dans sa biographie officielle, publiée en URSS après la Seconde Guerre mondiale, les quinze premières années de sa vie sont réduites à cinq lignes. La plupart des mémoires et témoignages écrits par ses contemporains sont des instruments de propagande. Quelques-uns n'ont même pas vu le jour, censurés avant leur parution, corrigés, expurgés ou passés au pilon – ou, plus radicalement encore, leur auteur a été éliminé du paysage politique. Staline a parfois accordé des entretiens à des personnalités proches, comme au maréchal Joukov, mais ces témoignages oraux ont été aussitôt remaniés, destinés à présenter un génial et précoce dirigeant révolutionnaire. Un psychiatre ose-t-il prononcer à son propos le mot de « paranoïa », il meurt empoisonné un peu plus tard. Seuls sont rendus publics quelques souvenirs admiratifs de compagnons d'adolescence fidèles, susceptibles d'alimenter le culte stalinien. Les verrous sont bloqués sur l'histoire officielle jusqu'à la dernière décennie du XXe siècle et il faut attendre le XXIe siècle pour que les historiens puissent récolter sur la jeunesse du « tsar rouge » des documents jusque-là inaccessibles.

Car un fonds de documents a été ouvert récemment en Géorgie et à Moscou, mémoires rédigés en secret et bien cachés, qui commencent à être exploités. Et en particulier, les irremplaçables souvenirs de Kéké, enfermés dans les archives du Parti communiste géorgien : selon l'historien anglais Simon Sebag Montefiore qui les a étudiés (*Le Jeune Staline*, 2008), Ekaterina a accepté à plusieurs reprises de recevoir des journalistes et, en particulier peu de temps avant sa mort, les 23 et 27 août 1935, elle a livré des souvenirs sur la jeunesse de son fils et leurs relations ; Staline, furieux de ces entretiens accordés malgré lui et qui se méfiait de ses opinions, rappela à l'ordre le Politburo : « Je vous demande d'interdire à cette racaille philistine qui a infiltré la presse de publier toute autre interview de ma mère et toute autre publicité grossière. » Volontaire et peu impressionnable, Ekaterina a conservé ces Mémoires, dont son fils n'a sans doute pas connu l'existence. Sebag Montefiore a pu interviewer en Géorgie plusieurs témoins encore vivants mais très âgés, dont une parente de la première femme de Staline, donnant un éclairage direct sur une enfance obscure. Assurément l'enfance n'explique pas tout et le mystère de sa personnalité demeure. Terrorisé par un père alcoolique, maladivement méfiant, le jeune homme apprend le métier de révolutionnaire professionnel à vingt-deux ans, à l'école de Lénine, et il met sa volonté et ses nerfs d'acier au service d'une idéologie fanatique.

Couvé et battu

Le 17 mai 1872 (le 29 selon le calendrier grégorien), la jolie Ekaterina Gueladze, âgée d'une quinzaine d'années, épouse dans une église de la petite ville de Gori en Géorgie un cordonnier de huit ans son aîné, Vissarion Djougachvili, surnommé Besso. Le mariage est célébré selon les rites géorgiens, au milieu des chants, des cierges, des guirlandes de fleurs et d'un cortège d'amis qui participent aux joyeuses festivités. La jeune femme, Kéké pour ses proches, appartient à une famille très pauvre, orthodoxe, asservie à un dignitaire de la région puis émancipée ; le père étant mort jeune, elle a été élevée par sa famille maternelle ; son niveau lettré est assez bas, elle ne parle que le géorgien, mais elle a du caractère. Quant à son mari Besso, il est d'origine géorgienne et, d'une façon plus lointaine, également ossète ; il a appris à réparer des chaussures et il travaille au service d'un Arménien qui fabrique des bottes pour la garnison russe de Gori ; l'homme n'est nullement inculte, il parle plusieurs langues, le géorgien, le russe, l'arménien, et il veut réussir. Un beau mariage pour Kéké, bien qu'on dise le marié de caractère « imprévisible », parfois « morose », voire brutal. Mais il est entreprenant, et il peut bientôt s'installer à son compte avec l'aide d'un protecteur, le marchand Iakov Egnatachvili, et de quelques amis ; il embauche des apprentis et s'enrichit même un peu. Quelques mois après les noces, Kéké est enceinte.

Mais le malheur frappe : un premier petit garçon naît en 1875 et meurt deux mois plus tard. Un second fils suit, en décembre 1876. Kéké et Besso installent l'icône de saint Georges dans leur logis lorsque l'enfant tombe malade, mais il meurt d'une rougeole en juin 1877. La tristesse s'empare de Besso qui commence à boire ; on le voit souvent dans les tavernes ; des clients paient ses services en lui envoyant des bouteilles – car les vignobles sont florissants sous le chaud soleil de Géorgie. La naissance de Joseph en décembre 1878 (la biographie officielle donnera la date de 1879) ne panse pas complètement les plaies. Kéké, superstitieuse, entraîne son mari dans un pèlerinage à Geri, pour obtenir la guérison de l'enfant atteint d'un coup de froid ; le petit Joseph, Sosso, est un bébé malingre et fragile, et les parents doivent quitter Geri sans attendre les bénédictions du pope pour le ramener à la maison. Comme Kéké n'a pas assez de lait, elle se fait aider par une nourrice, qui est l'épouse du marchand et protecteur Egnatachvili. Les rires semblent avoir à nouveau reparu dans le modeste deux pièces où loge la famille : Besso gagne de l'argent, Sosso chante et babille, sa mère le couve des yeux et l'enfant unique apprend dès les premières années qu'il est un petit prodige.

Et pourtant, des rumeurs courent que Besso ne peut ignorer. On dit que toute bigote qu'elle soit, la belle Kéké n'est pas insensible aux avances masculines, et que le père de Sosso pourrait bien ne pas être Besso. Des noms sont chuchotés : Egnatachvili, dont le fils est le frère de lait de Sosso, mais aussi le chef de la police de Gori, Davrichewy, qui aide Kéké lorsque son mari rentre ivre mort au foyer, ou encore le pope, qui vient parfois chercher du réconfort devant une bouteille ouverte sur la table du ménage. Toujours est-il que Besso boit toujours plus, que ses mains tremblent lorsqu'il coud ses chaussures, qu'il a des accès de violence et des crises de jalousie, et qu'il se ruine ; plus tard, lorsqu'on cherchera les ressemblances, la plupart des témoins de l'époque diront qu'en grandissant Sosso ressemblait beaucoup à son père ; mais Joseph Davrichewy, de son côté, reconnaîtra également dans le jeune homme des traits de sa propre famille ! Staline, quant à lui, accréditera telle ou telle version selon ses humeurs. Reste que le foyer subit les secousses des disputes et des beuveries, et la situation ne fait qu'empirer avec le temps. Besso, qui ne manque pas de compagnons de taverne, rosse son fils et maltraite sa femme ; il reçoit le surnom de « Besso le Dingue ». L'enfant grandit, terrifié par les violences de son père, au point de se cacher lorsque celui-ci rentre du travail.

Si Staline reconnaît qu'il a beaucoup pleuré dans sa « terrible enfance », il a déclaré aussi à Emil Ludwig, qui l'interviewait en 1931, qu'il n'avait pas été un « enfant battu ». Sans doute s'agit-il pour lui d'exorciser cette réputation de violence sauvage qui entoure sa vie politique. Pourtant, l'atmosphère du foyer devient si invivable que mère et fils se réfugient un temps chez un frère de Kéké. Besso jure de s'amender. Serment d'ivrogne. Il quitte le foyer et revient. La famille déménage à plusieurs reprises dans l'espoir de recommencer une vie nouvelle, mais l'alcoolisme prend le dessus, les raclées sont quotidiennes et l'atelier en faillite. Kéké doit travailler pour vivre, aide ménagère chez Davrichewy, blanchisseuse chez Egnatachvili, couturière ailleurs. Quant au pope, il souhaite aider l'enfant en poussant sa mère à le faire instruire à l'école paroissiale. Objet de nouvelles disputes : Besso veut que son fils devienne comme lui cordonnier et il refuse tout projet d'instruction.

« Je me tuerais plutôt que d'être cordonnier »

Sosso ne manque pas d'affection, et cependant en grandissant il s'isole, ce qui inquiète sa mère : « Il devient très renfermé, restant souvent assis seul et ne sortant plus pour jouer avec les autres enfants. » Il semble n'avoir d'affection que pour Kéké et se replie sur lui-même ; il aime jardiner, regarder les fleurs, les oiseaux. L'amour maternel est-il étouffant ? À Joukov Staline confiera qu'elle ne l'avait « jamais quitté des yeux jusqu'à l'âge de six ans ». Kéké n'est certainement pas une mère complaisante ; elle ne ménage ni les gronderies ni les rudes punitions ; les voisins diront d'elle qu'elle était une mère sévère et qu'elle avait souvent à la bouche des moqueries, mais Staline, selon sa fille, a toujours pris plaisir à évoquer son souvenir, « bien qu'elle l'ait impitoyablement battu ». C'est en tout cas à la persévérance de sa mère qu'il doit de pouvoir aller à l'école, et de découvrir de nouveaux horizons.

Sosso entre à l'école paroissiale à l'âge de dix ans. Kéké a fait de gros sacrifices pour qu'il s'y présente au mieux, dans de beaux habits, bottes neuves, casquette à visière, ceinture de cuir – ses protecteurs ont dû discrètement apporter leur contribution car Besso, sans domicile fixe, ne donne plus d'argent. Le garçon a des complexes : un pied palmé dès la naissance, les traces sur le visage d'une variole contractée en 1884, des taches de rousseur, le bras gauche estropié à la suite d'un accident, sans même parler des rumeurs sur sa bâtardise. Il est petit, il ne dépassera pas un mètre soixante-deux, et malgré les beaux vêtements, tout n'est pas propice à son épanouissement. De fait, Sosso a un caractère changeant : il travaille bien, il aime lire, dessiner, peindre, jouer la comédie ; il fait partie de la chorale où il chante avec un grand plaisir et, dévot, il ne manque pas une messe. Mais il est indiscipliné, têtu, présomptueux, convaincu d'avoir raison ; il se bagarre beaucoup ; on sent qu'il aime commander et tous les tours sont bons pour y parvenir. La protection de sa mère qui le couve n'est pas sans l'agacer. Gamin dissimulé et parfois brutal, souvent puni, il est aussi ce sage enfant de chœur qui semble adopter de bon gré le projet de sa mère de devenir pope.

Un grave accident interrompt l'école : renversé par une calèche, en janvier 1890, Sosso est transporté à l'hôpital de Tiflis. Il gardera de ses blessures des séquelles à la jambe. La mère est folle d'inquiétude. Quant au père, il apparaît et disparaît selon ses besoins d'argent, plus ou moins violent et éméché. Hostile à l'étude qu'il juge longue et inutile, il interdit à son fils de se faire prêtre et il s'emploie après l'accident à le retirer de l'école paroissiale par la force, pour lui apprendre le métier de cordonnier. Sosso, tiraillé, est embauché comme apprenti ou comme livreur : il transporte les chaussures terminées pour un salaire de misère. Les parents se disputent dès qu'ils se retrouvent ensemble et Besso ne peut plus se passer d'alcool. C'est Kéké soutenue par ses protecteurs qui gagne la partie : Sosso peut reprendre le chemin de l'étude. Que fera-t-il dans la vie ? Il déclare qu'il veut « secourir les miséreux » et tirer sa mère de la pauvreté.

Sosso travaille assez bien pour obtenir une maigre bourse et continuer sa scolarité malgré de fréquents soucis de santé. « Il fut le meilleur élève », dit fièrement sa mère. L'adolescence est une période de rébellion et les sujets de mécontentement ne manquent pas, mère trop protectrice, inspecteurs d'école bornés, éviction de la langue géorgienne au profit de la langue russe, injustices diverses, complexes physiques ; les maîtres ont la mauvaise idée, en février 1892, de faire assister leurs élèves à l'exécution capitale par pendaison de trois paysans pauvres et voleurs qui ont tué un policier dans leur fuite : sinistre spectacle accompagné de roulements de tambours, dont la conséquence prévisible est de faire vaciller du côté des condamnés les adolescents hostiles à l'ordre armé. Sosso, influencé par ses lectures, et peut-être aussi pour secouer l'encombrante sollicitude maternelle, se détache de la foi et de la piété.

C'est précisément à ce moment, en 1892, qu'ayant fini son premier cycle scolaire, il est reçu brillamment à des examens qui lui permettent d'entrer au grand séminaire de Tiflis. Il a treize ans, il n'y a pas trente-six possibilités à Gori pour faire des études et il affirme sa volonté avec force : « Moi, je veux étudier. Je me tuerais plutôt que d'être cordonnier. » Les études coûtent cher, ainsi que les habits de rigueur au séminaire. Mais Kéké est prête à tous les sacrifices pour donner de l'instruction à son fils. Il est probable qu'elle reçoit une fois de plus le soutien de ses bons anges gardiens, Egnatachvili et Davrichewy. Quant au père, il ne fait guère parler de lui et ne donne plus un sou à sa femme : il viendra parfois encore à l'improviste surprendre son fils, mais ses visites s'espaceront et bientôt s'arrêteront.

Lectures interdites

Une nouvelle vie commence pour Joseph. S'il se réjouit d'apprendre et de lire, c'en est aussi fini de sa liberté : les études et les services religieux interminables se succèdent au rythme des cloches. Kéké vient passer quelque temps à Tiflis pour l'aider à s'installer, et, devant son fils en tenue de séminariste, elle ne cache pas sa joie. L'heure est à la séparation ; une correspondance régulière durant ces années maintient le lien, ponctuée de demandes d'argent ou de vêtement de la part de Sosso projeté dans un milieu de jeunes nobles et de fils de notables qui ignorent la pauvreté. Il revient à Gori le temps des vacances : sa mère confiera avec émotion qu'alors, « il se blottissait contre elle comme un enfant de cinq ans » – il ne s'en laisse pas moins pousser la barbe.

Le régime du séminaire est celui de la plupart des internats, discipline, contrôles, inspection des dortoirs, réprimandes et abus de pouvoir, mais aussi joies des amitiés et des lectures. L'adolescent est difficile à saisir, une discipline sévère l'oblige à se masquer et la dissimulation est la meilleure des protections : il se présente comme un étudiant travailleur et modeste, sensible aux arts, membre assidu de la chorale ; il écrit des poèmes et participe aux cérémonies sans broncher. Mais il est aussi ce jeune homme renfermé qui ne supporte pas le système d'inquisition, l'espionnage des mouchards, la surveillance des professeurs et les fouilles incessantes. Volontiers provocateur, il lit en cachette des livres défendus et entraîne discrètement ses camarades à l'indiscipline. Un trait de sa personnalité future se développe dans ce climat feutré et chafouin, où l'adhésion s'obtient par la peur des punitions et où les rituels de confession, avec aveux, repentirs et dénonciations, jalonnent la vie : il en tire la conclusion que la réussite s'obtient par la duplicité plutôt que par la vertu et que nul n'échappe aux intrigues et aux mensonges, pas même les popes et les donneurs de leçon. Sosso apprend à ruser, biaiser, agir en coulisse : il n'affronte pas directement l'autorité et il ne prend pas la tête de manifestations. Mais peu à peu l'apprenti séminariste se détache et perd la foi, tandis que plusieurs de ses camarades, découverts socialistes, sont renvoyés.

Les idées marxistes qui bouillonnent en Géorgie s'infiltrent dans les milieux intellectuels et le séminaire n'est pas épargné : la rébellion y est endémique. Le journal de l'école révèle que Joseph est surpris treize fois à lire des livres interdits : sur ses genoux, la Bible cache Marx, Plekhanov, Victor Hugo et Renan ! Les punitions tombent : rester debout au réfectoire ou passer cinq heures dans une cellule de détention… Il est noté aussi que l'élève se montre parfois grossier et insolent, qu'il arrive en retard en cours et qu'il rit pendant les prières. En cinquième année – il a seize ou dix-sept ans –, il s'installe plus ouvertement dans la révolte : ses notes baissent en même temps que son zèle au travail ; il passe de longs moments en ville pour tenir réunion, pour prendre un verre ou courtiser une fille. Sa mère accourt à Tiflis pour le semoncer ; elle est reçue sans ménagement : « Il s'emporta contre moi. Il cria que cela ne me regardait pas. Je dis : “Mon fils, tu es mon unique enfant, ne me tue pas. Comment serais-tu capable de vaincre l'empereur Nicolas II ?” » La petite scène, relatée dans les *Mémoires*, s'achève tout de même par une démonstration de tendresse : on s'embrasse mais Kéké continue à s'inquiéter. L'odieux inspecteur du séminaire, surnommé « Tache noire », attend le bon moment pour exclure son fils, et il le fait espionner en ville pour le surprendre dans ses frasques.

En réalité, fidèle à sa tactique, Joseph évite la rébellion de front : à la fin de sa cinquième et avant-dernière année, en mai 1899, il choisit de ne pas se présenter aux examens, mettant ainsi fin sans esclandre à ses études. Aux policiers qui l'interrogeront en 1910, il expliquera qu'il n'avait pas voulu, ni pu, passer son diplôme faute d'argent. À ses compagnons de pensée, il dira avoir été victime d'une dénonciation. Il se vantera plus tard d'avoir été un révolutionnaire, renvoyé « pour propagande marxiste ». Les versions changent selon les interlocuteurs et beaucoup de mystères demeurent. Assurément, l'expérience du séminaire a largement marqué le jeune garçon : un certain goût de la clandestinité et de la dénonciation s'est ancré en lui ; il sait ce que peut coûter l'aveu et il préfère l'esquive au combat. Cette disposition pour l'intrigue lui vaudra l'accusation jamais éclaircie d'avoir participé dans sa jeunesse aux activités de l'Okhrana, la police politique tsariste – mais rien n'a été prouvé. Nul ne sait mieux que lui échapper aux poursuites en se déguisant ou en semant les policiers. Quant à la foi, elle a certes disparu, mais il a gardé parfois son langage, ses symboles, et quelques-unes des méthodes de la discipline religieuse : Dieu est la référence inattendue qui surgira à l'improviste en dernière explication, le socialisme est « la Terre promise », les membres du parti « les élus » et qu'importe le passé, car « le passé appartient à Dieu ». Modèles de savoir-faire, les popes lui ont montré comme personne comment obtenir des confessions et traquer les hérétiques masqués – Trotski deviendra ainsi la figure du parfait apostat. Le marxisme se trouve parfois en un curieux voisinage avec le christianisme, et il arrivera à cet athée convaincu de chanter des hymnes religieux et d'évoquer les souvenirs du séminaire ; pour des raisons d'opportunité politique, il rétablira, en 1943, le patriarcat orthodoxe.

Cependant l'abandon des études prive Joseph de ses projets de carrière. Il ne sera ni pope ni professeur, à la grande tristesse de Kéké qui le voit peu à peu dériver sans parvenir à l'influencer. Sosso cherche un emploi. En attendant il vivote de leçons particulières. À la fin de décembre 1899, il obtient une place à l'Observatoire de géophysique de Tiflis ; il travaille souvent la nuit ; le jour, il retrouve des compagnons qui partagent ses idées, séminaristes exclus comme un certain Lado qui a été chassé quand lui-même entrait au séminaire, ou encore des jeunes gens bagarreurs, comme Simon Ter Petrossian, surnommé Kamo, un garçon violent, indiscipliné et d'intelligence limitée, qui a grandi avec lui à Gori et lui voue une admiration sans limite. Le climat général est à la violence. La vie et la culture géorgiennes ont traditionnellement un sens poussé de l'honneur, et la vengeance tourne aisément au pugilat ou au combat de rue, manifestations encouragées par les révoltes nationalistes. Les grèves sont fréquentes : point de meilleur terrain pour semer le ferment révolutionnaire et faire progresser les idées socialistes. Barbu, cheveux longs, foulard rouge, Joseph travaille pour le parti bolchevique, mais son rôle est assez terne. Il commence une nouvelle vie dont la plus grande part appartient à la clandestinité : sa mère n'a aucune prise sur lui, le Parti sera sa famille, même s'il ne participe que de loin aux débuts fondateurs.

Entre complots et coups de force

Joseph ne reste que trois mois à l'Observatoire, et il n'aura plus d'emploi stable jusqu'à la révolution d'Octobre. Les informations sûres manquent pour ces premières années de l'après-séminaire. On sait qu'il échappe à la conscription, peut-être grâce au maquillage de sa date de naissance. L'ami Lado l'introduit dans les cercles ouvriers et fonde avec lui un journal en géorgien. Le jeune homme harangue ses camarades et organise des rassemblements ; il n'a rien d'un chef charismatique ; il préfère monter des « coups », où il n'est jamais en première ligne. Beaucoup ne supportent pas son caractère autoritaire et changeant : Trotski dira qu'il était une « tache grise » dans le paysage révolutionnaire. Lorsque l'Okhrana arrête les manifestants et encercle l'Observatoire, ou lorsque les cosaques chargent les meneurs, il prend la fuite juste à temps, tandis que plusieurs de ses camarades sont arrêtés.

En 1901, convoqué par le procureur et incarcéré dans la prison de Batoum pour sédition, il échappe au pire ; c'est un prisonnier calme, silencieux, peu sociable, qui passe de longues heures à lire ou à écrire, à étudier les langues ou l'économie ; il invoque sa mauvaise santé et sait faire appel à la compassion du gouverneur général en jouant au mélodrame : « Ma toux empire et le sort pitoyable de ma mère âgée, que son époux a abandonnée il y a douze ans et dont je suis le seul soutien, me contraignent à solliciter une deuxième fois une humble libération sous contrôle policier » (novembre 1901). Sa mère, inquiète, vient lui rentre visite à deux reprises. Faute de preuves, il est finalement relâché. Cependant, il continue à fomenter des troubles et la répression se durcit. Lado a été tué et lui-même, à nouveau arrêté, est déporté en Sibérie, en 1902.

Les années qui suivent sont une succession d'arrestations, d'exils et d'évasions. En décembre 1905, lorsque la grève éclate à Tiflis, il est en Finlande où il rencontre Lénine pour la première fois. Tandis que Trotski prend la tête du soviet de Saint-Pétersbourg, il se contente à Tiflis de faire quelques discours et d'évoquer dans d'obscurs articles « les vagues puissantes de l'océan du courroux prolétarien », mais il passe presque inaperçu, peu à l'aise dans les harangues et manifestations populaires. Il prend part au congrès de Stockholm en 1906, puis de Londres l'année suivante. Lors d'une réunion du Parti, il est élu pour représenter le Caucase à une assemblée bolchevique, et il incite les ouvriers à se soulever. Il a pris le nom de Koba (ours). Son engagement est plus actif en 1907 : le Parti manque d'argent ; des brigands mi-mafieux, mi-révolutionnaires s'organisent en bandes autour de lui pour collecter des fonds et des armes par tous les moyens. Joseph semble alors orchestrer à Tiflis le braquage sanglant d'une banque qui fait plusieurs victimes ; mais il échappe aux poursuites de la police. En réalité, ses « exploits » sont rares mais il est compromis dans beaucoup d'affaires.

Toutes ces activités clandestines et ces mois de prison n'empêchent pas Joseph de mener une vie privée ; le jeune homme de vingt-cinq ans aux cheveux bouclés et à la jolie casquette nourrit les sentiments amoureux de son âge. Il s'habille avec soin et il rencontre une belle Géorgienne qui partage ses idées, Ekaterina Svanidze, qu'il séduit et épouse. En mars 1907, « Kato » lui donne un fils, Iakov ; la belle-mère est présente pour la naissance et les deux femmes semblent bien s'entendre. Kato voue à son mari un culte comme à un demi-dieu et il semble l'aimer profondément. Mais le foyer est dramatiquement brisé : quelques mois après la naissance, en novembre 1907, Kato est emportée, à vingt-deux ans, par le typhus ; c'est sa mère qui élèvera le « fiston » et peu à peu Joseph se désintéressera tout à fait de l'enfant. À nouveau arrêté en 1908, il est incarcéré dans la prison de Bakou, où Kéké vient le voir. Le sort du prisonnier, malade, veuf, sans métier, révolutionnaire et athée, la fait éclater en sanglots, mais elle n'en emporte pas moins les billets pliés que son fils lui demande de remettre secrètement à des camarades révolutionnaires. Quant à Besso, il a sans doute cherché à revoir son fils, sans que Kéké le sache. Il meurt, vers 1910, d'alcoolisme et de misère, et il est enterré dans une fosse commune.

Le caractère de Joseph s'affirme de plus en plus autoritaire et secret. Il commence à monter dans l'appareil bolchevique à partir de 1912. Lénine, qui l'appelle « le merveilleux Géorgien » depuis l'attaque de la banque, le fait coopter au comité central du Parti, composé de treize membres et constitué par l'aile gauche du Parti ouvrier démocrate russe. Koba prend alors le pseudonyme de Staline (« l'homme d'acier »). Ce n'est pas un homme de théorie ; sa contribution intellectuelle est maigre et se réduit à une brochure sur « le marxisme et la question nationale » ; ses camarades l'aiment peu, ils craignent son silence ou son ironie glacée.

On le juge associable et brutal : il n'oublie jamais un affront et il voit des ennemis, des saboteurs ou des traîtres partout. Il sait aussi fort bien séduire les femmes : il a plusieurs enfants illégitimes dont il ne s'occupe guère et qu'il n'aidera jamais. L'homme d'acier n'exprime aucun sentiment. Sa mère, quant à elle, n'a plus d'influence sur lui : elle habite toujours en Géorgie, une Géorgie bien lointaine et sourcilleuse sur son indépendance, et il ne semble pas l'avoir revue durant de longues années.

Staline est de nouveau déporté, en février 1913, dans le Grand Nord sibérien, à Touroukhansk, puis à Koureika et Krasnoïarsk, d'où il ne revient qu'en mars 1917. La police l'appelle « le Grêlé », ou « le Caucasien », mais il ne fait guère parler de lui et il n'écrit pas, rongé par l'ennui et les difficultés financières. Dans ces mois cruciaux de la révolution, après l'abdication du tsar Nicolas II, son rôle est mineur : il prône le soutien au gouvernement provisoire et se range derrière Lénine revenu d'exil. Il fuit les meetings ; il est mauvais orateur et son accent géorgien, son débit saccadé rendent ses harangues difficiles à comprendre.

Beaucoup de révolutionnaires sont plus brillants que l'ombrageux Staline. Mais il est présent et persévérant, il assiste aux conférences et sait profiter des courants dominants. Sûr de sa supériorité, il a sa petite cour de fidèles. Lénine, qui reconnaît son sang-froid et sa détermination, veut en faire une courroie utile pour nouer les relations caucasiennes. On le laisse presque seul en juillet-août 2017 pour diriger le Parti ; disponible et bientôt indispensable, il appartient au premier bureau politique et au premier gouvernement constitué en novembre 1917 : on le considère alors plutôt comme un bon exécutant, un bureaucrate laborieux et pragmatique, un secrétaire efficace mais sans génie : « La plus éminente médiocrité du Parti », juge à présent Trotski. Lénine ira plus loin dans sa critique, en rédigeant avant sa mort, en 1924, son testament politique : convaincu qu'il faut le démettre de ses fonctions de secrétaire général, il le décrit comme brutal, intolérant, manquant de loyauté et capricieux ! Mais la révolution a peu de cadres et le secrétaire général accepte les responsabilités ingrates.

Les retrouvailles

C'est durant la guerre civile en 1918 et 1919 que s'est joué l'avenir politique du Petit Père des peuples : Staline noue alors des relations étroites avec la police, la redoutable Tchéka, clé du régime qui, en organisant les purges, va faire de lui le maître incontesté du Parti. Il lui faut encore de nombreuses années pour asseoir son pouvoir personnel, d'autant qu'il n'est pas populaire et qu'il doit creuser son chemin souterrain étape par étape, en s'appuyant sur la bureaucratie naissante. En 1922, avec un sens tactique évident, il organise la reconquête de la Géorgie : l'invasion est couronnée de succès. En 1924, après la mort de Lénine, il prend sa succession en formant une troïka avec Zinionev et Kamenev contre Trotski ; maîtrisant les principaux leviers du Parti, et en particulier la nomination des cadres, jouant d'une faction contre l'autre, il élimine peu à peu tous ceux qui s'opposent à lui, à sa gauche comme à sa droite, à commencer par Trotski qu'il fait exiler, puis Zinoviev. Carrière discrète et impersonnelle d'apparatchik, dont le processus irréversible, à base d'exclusions, de procès, d'exils, ou plus directement de liquidation physique des « traîtres », le mène au contrôle total d'un État anémié par la guerre et la pénurie, durant les années 1930.

En même temps, la vie privée de Joseph semble se stabiliser : il épouse peu de temps après la révolution d'Octobre une jeune fille deux fois plus jeune que lui, Nadia Allilouïeva, qui lui donne deux enfants, Vassili et Svetlana. Staline aime sa femme ; il attend d'elle qu'elle soit soumise et lui fasse un foyer paisible car il se méfie des femmes trop indépendantes et trop énergiques – peut-être songe-t-il à sa mère. Comme il ne supporte pas d'être seul, les querelles ne manquent pas d'éclater : Nadia rêve d'exercer un métier à l'extérieur – Lénine la prend un moment à son service. Le couple se dispute souvent avec violence. Sosso tombe alors malade, et sa présence auprès de lui est de plus en plus nécessaire. Mais il semble que Nadia soit fragile psychiquement, déprimée – ou l'est-elle devenue ? –, et le couple commence à tanguer.

C'est à l'occasion d'un voyage officiel, en 1926, que Staline retrouve à Tiflis sa mère. Ils ne se sont pas vus depuis des années. Ils se sont écrit régulièrement, mais il redécouvre alors une femme dont les idées et les sentiments n'ont pas changé, croyante, indépendante, têtue, « vive et bavarde », qui s'inquiète de la voie périlleuse qu'a choisie son fils chéri et pose parfois des questions gênantes sur sa participation à divers épisodes sanglants ou sur sa façon de diriger le Parti. Elle lui reproche de la négliger ; de son côté, en lui présentant Nadia, il prévient qu'il ne supportera pas ses critiques : « Ne t'avise pas de lui faire des histoires ! » La rencontre ne semble pas chaleureuse, du moins du côté de Joseph, qui veut couvrir d'un voile son passé et n'admet pas la moindre contradiction. Néanmoins il respecte la figure maternelle et rend hommage à sa fidélité : « C'est une croyante ! J'aimerais bien que le peuple ait une foi dans le marxisme aussi profonde qu'elle en Dieu. »

Mère et fils ne se reverront plus guère. Comme elle refuse obstinément de s'installer au Kremlin, il lui offre un modeste appartement dans l'ancien palais du vice-roi de Tiflis ; il veille à ce qu'elle ne manque de rien et il lui envoie de l'argent. Une correspondance espacée mais assez régulière, en géorgien, s'établit. Nadia prend souvent le relais de son mari pour donner des nouvelles de la famille et il se contente de signer : « Les enfants t'envoient leur respect. » Sosso reconnaît qu'il ne consacre pas beaucoup de temps à sa mère et, comme elle s'en plaint, il s'excuse : « Maman, je sais que je te déçois, mais que puis-je faire ? Jour et nuit je suis pris à la gorge » (1925) ; des milliers de kilomètres et des années-lumière les séparent, mais le sentiment qui le lie à elle n'est pas éteint ; il admire son énergie, même s'il manie trop aisément les formules creuses : « Chère Maman, puisses-tu vivre mille ans ! » La mort de Nadia, en 1932, qui servait d'intermédiaire, le laisse désemparé. Le lien filial est fragile, mais il résiste : « Je vais bien, alors ne t'inquiète pas. Je serai à la hauteur de mon destin. J'ignore si tu as besoin ou non d'argent. Je t'envoie cinq cents roubles au cas où. Je t'envoie aussi une photographie de moi et des enfants » ; le post-scriptum laisse mieux deviner ses sentiments : « Depuis la mort de Nadia, ma vie privée est très dure, mais c'est ainsi ; un homme courageux doit le rester toujours. » Sa dernière visite à Kéké date probablement de 1935. La sachant malade, il lui fait parvenir des médicaments et des vêtements.

Kéké meurt en juin 1937. Staline ne se rend pas à son enterrement, il se contente d'envoyer une couronne. L'inhumation a lieu en grande pompe, car le culte de la famille est à l'ordre du jour. En quarante ans qui font un siècle, le monde a changé et la vieille paysanne géorgienne appartient à un passé révolu. Le culte de la personnalité place le maître de la Russie au-dessus de toute considération intime, de toute faiblesse et de tout sentiment. Le stalinisme repense la distinction entre vie privée et vie publique, vie personnelle et vie collective, et il se présente comme une solution de rechange à la psychologie « bourgeoise ». La vague de la Grande Terreur s'amplifie, procès truqués, purges massives, assassinats, goulag, collectivisation à la mitrailleuse : pathologie criminelle, masquée par un système qui favorise la dissimulation La violence ne touche pas seulement les ennemis politiques, elle atteint tous ceux qui résistent à l'ascension de « l'homme d'acier » ou qui peuvent écorner sa légende.

Stigmates de l'enfance ?

Durant toutes ces années, Staline n'épargne pas sa propre famille : Iakov, le fils de Kato, maltraité et humilié, tente, en 1929, un premier suicide qui échoue ; il se donnera la mort durant la Seconde Guerre mondiale. La seconde femme de Staline, Nadia, se suicide avec une arme à feu, en novembre 1932, après une querelle avec son mari. Officiellement, elle est morte de maladie : les médecins ont révélé qu'elle souffrait de dépression, mais le meurtre n'est pas exclu – on a fait remarquer que Nadia, droitière, n'aurait pu se fracasser la tempe gauche d'un coup de revolver. Son fils Vassili devint un alcoolique invétéré. Beaucoup de parents et de familiers sont envoyés en Sibérie, seulement parce qu'ils peuvent être des témoins gênants ; Staline n'oublie jamais de se venger et sa rancune dure parfois des années avant qu'il ne passe à l'acte. Même sa façon d'aimer fut, a-t-on dit, perverse et tyrannique. Il a manifesté une affection réelle à sa fille Svetlana jusqu'à ce qu'elle acquière son indépendance, et finalement qu'elle s'éloigne. De plus en plus soupçonneux et de plus en plus solitaire, il n'a pas d'amis mais des compagnons d'agapes. Il aurait confié à l'un d'eux que Kato seule, sa première femme, pouvait soigner son cœur.

Jusqu'où les stigmates de l'enfance ont-ils contribué à faire d'un bureaucrate méticuleux et sans charisme un despote sanguinaire à l'ambition de domination totale ? Le fils de Besso le Dingue a voulu gommer les pages sombres de son passé : en accord avec sa mère, il a ignoré la figure du père de famille et raconté que son père était mort quand il avait dix ou douze ans, donc bien avant sa mort réelle ! La sévérité de Kéké, pouvant aller jusqu'à la violence, a sans doute pesé sur l'enfant en le rendant dissimulé et agressif, mais sa dureté était compensée par une véritable tendresse. L'autoritaire Kéké a conservé jusqu'à la fin une sorte de statut sacré, d'où n'étaient exclus ni l'admiration ni le ressentiment. Quant au séminaire, il a laissé sa marque indélébile ; il a fourni au délire paranoïaque quelques instruments, le secret, la duplicité, le soupçon, l'aveu, la chasse aux apostats, et la fonction rédemptrice de la punition. Il y a appris que les êtres ne ressemblent pas à ce qu'ils veulent paraître ; il jugera normal d'effacer de sa vie, d'une manière ou d'une autre, les gêneurs et de recourir à la terreur pour régler ses comptes.

Sans oser le dire ouvertement, beaucoup de ses contemporains ont évoqué la personnalité maladivement soupçonneuse de Staline, son hystérie, sa folie de la persécution et sa mégalomanie. Mais quels qu'aient été les symptômes pathologiques, l'homme s'est montré en même temps un stratège réaliste et un politicien habile, ni rêveur ni exalté, qui n'a jamais perdu son sang-froid et son sens tactique pour liquider ses ennemis et influer pendant un demi-siècle sur l'histoire mondiale. La parole s'est libérée en 1956, trois ans après la mort de Staline. Devant les délégués soviétiques du XXe congrès, le 24 février, Khrouchtchev lisant son rapport secret dénonce une tyrannie criminelle et évoque la perversion des principes du Parti : « Staline fut à l'origine de la conception de l'ennemi du peuple. [...] La seule preuve de culpabilité dont il était fait usage était la confession de l'accusé... » Boris Souvarine, à qui l'on doit la première biographie de Staline, pointe également sa perversité en rapportant une confidence faite à un proche : « Choisir la victime, préparer minutieusement le coup, assouvir une vengeance implacable et ensuite aller se coucher... Il n'y a rien de plus doux au monde. »

Hitler et sa mère : l'enfance d'un chef

> « De tous mes confirmants, je n'en ai jamais vu d'aussi renfrogné et buté que celui-ci. »
>
> Confirmation d'Adolf à Linz, en 1904.

> « C'était un garçon tranquille, bien élevé et correctement vêtu. »
>
> Docteur Eduard BLOCH, *My Patient Hitler*.

Staline et Hitler ont ceci de commun qu'ils ont cherché l'un et l'autre avec méthode et obstination à faire disparaître toutes les informations concernant leur jeunesse. Leur vie, disent-ils, appartient au Parti ou au peuple et ils refusent de livrer leur histoire personnelle : pour l'un comme pour l'autre, le groupe et sa force émotionnelle doivent façonner l'homme plus que la famille. La vie privée s'efface devant l'image publique, l'individu devant le personnage ; et le chef impénétrable, ce formidable acteur qu'est Hitler, s'enveloppe d'une aura qui fait oublier sa jeunesse paresseuse, grâce à une mise en scène achevée : le prestige a besoin de mystère. Dès 1930, Hitler fait mettre en sécurité ses documents privés, depuis l'enfance à Lenz jusqu'à sa vie de soldat durant la Première Guerre mondiale. En avril 1945, juste avant son suicide, il fait brûler en urgence le contenu des armoires blindées qui se trouvent à la chancellerie de Berlin, dans son appartement munichois et dans son repaire alpin sur l'Obersalzberg.

Cependant le travail de mise en scène ne serait pas complet si Hitler n'avait lui-même posé les pierres de sa statue : dans *Mein Kampf*, autobiographie reconstruite en prison en 1924 et publiée en 1925, il relate en les arrangeant quelques épisodes de son histoire, depuis les disputes d'un garçonnet avec un père dominateur, qui échoue volontairement à ses examens pour s'opposer aux vues paternelles, jusqu'à la vocation contrariée d'un artiste, omettant de parler des années les plus sombres de sa jeunesse. Tout ce qui fait la chaleur d'une vie, affection, amour ou amitié, en est exclu, mis à part ces quelques mots brefs et assez conventionnels : « J'ai révéré mon père mais j'ai aimé ma mère. » Toute sa vie, il s'inquiétera de la façon dont il sera jugé par la postérité.

Les raclées d'un père, la douceur d'une mère

Les origines familiales du Führer prêtent à mystère et confusion et Hitler s'est efforcé de cacher sa généalogie. Allemand d'Autriche, il est né en 1889 à Braunau-sur-l'Inn, fils d'Aloïs Hitler et de sa troisième femme, Klara Pözl. La famille a de modestes origines, petits propriétaires paysans dans la région du Waldviertel, située aux confins de la Basse-Autriche et de la Bohême. Aloïs est le fils illégitime d'une mère célibataire, Maria Schicklgruber, et d'un père inconnu, entretenant chez quelques biographes l'infime possibilité qu'il s'agisse d'un notable juif de Graz, chez lequel la jeune femme aurait servi comme cuisinière. Plus vraisemblablement, le père est un travailleur journalier itinérant, Johann Georg Hiedler, qui épouse un peu plus tard Maria et qui, semble-t-il, reconnaîtra sa paternité. Après la mort de Maria, en 1847, le père reprend la route, et Aloïs est alors élevé par le frère cadet de Johann, Nepomuk Hiedler – lequel, par une autre liaison, est également le grand-père de Klara Pözl. Nepomuk adopte Aloïs, mais selon *Mein Kampf*, le garçon s'enfuit de la maison à treize ans, avec trois gulden en poche pour vivre sa vie et tenter sa chance.

Aloïs, qui porte toujours le nom de sa mère, Schicklgruber, s'élève socialement assez rapidement et, en 1876, à près de quarante ans, il se fait légitimer sous le nom d'Aloïs Hitler, variante de Hiedler, brouillant un peu plus les pistes. Le nouveau nom sonne assurément mieux. Garde-frontière, puis agent des douanes, et bientôt inspecteur jouissant de bons revenus, il mène une vie privée tumultueuse, se marie deux fois ; il demande à sa jeune cousine Klara de tenir le rôle de servante et de s'occuper de ses deux enfants, Aloïs junior et Angela, encore tout petits lorsque leur mère meurt, en 1884. Klara elle-même tombe enceinte et Aloïs l'épouse en 1885 ; la jeune femme perd successivement deux bébés de la diphtérie. À nouveau enceinte, elle donne le jour à Adolf, en 1889, puis à Edmund, en 1894 – qui meurt en 1900 – et enfin à Paula en 1896. Une tante, sœur de la mère, Hanitante, vit au foyer pour aider au ménage.

On sait peu de chose du couple que forment Aloïs et Klara. Le père attend qu'on lui obéisse et il est sévère. Sa « réussite » professionnelle le confirme dans une supériorité arrogante de petit fonctionnaire impérial des douanes et de tyran domestique. Irascible, l'injure à la bouche, il flanque des raclées à ses fils, si brutales que l'aîné se rebiffe et quitte le foyer après une bagarre. Les camarades de classe d'Adolf le dépeignent comme un homme peu avenant, sifflant avec ses doigts pour appeler son fils qui accourt aussitôt. Klara est décrite, au contraire, comme une mère calme et douce, qui embrassait tendrement sa petite Paula, geste affectueux peu répandu à la campagne ; elle protège de son mieux Adolf des humeurs d'Aloïs, vivant constamment dans l'appréhension de ses punitions. La famille déménage à plusieurs reprises, les revenus diminuant avec la retraite paternelle, et, en 1898, elle s'installe plus durablement dans une petite maison avec un lopin de terre, à Leonding. Années plutôt heureuses. Adolf fréquente l'école du village ; il jouit d'une certaine liberté et apparaît au milieu de ses camarades de classe comme un meneur, le cerveau farci de jeux de guerre et d'histoires d'Indiens de l'Ouest américain, qu'il lit sous la plume de son auteur favori, Karl May. Menton haut et bras croisés, l'air assuré, sa tête dépassant de celle de ses condisciples, ainsi trône-t-il dans la photo de classe prise en 1899.

Aloïs destine son fils à une carrière de fonctionnaire, comme lui, et il l'envoie en 1900 à Linz, à la Realschule, à une heure de marche de la maison, pour s'y préparer. Le gamin de onze ans renâcle ; il travaille mal, rêvasse, dessine ; il doit redoubler sa classe, se montre paresseux, insolent et surtout buté. Les résultats sont « insatisfaisants » : il ne s'intègre pas et se replie sur lui-même. Les conflits houleux se multiplient avec le père, qui ne supporte pas l'indolence et l'insoumission. Le 3 janvier 1903, alors qu'il boit à l'auberge son petit verre de vin matinal, Aloïs succombe brutalement à une hémorragie pulmonaire. On a peu d'informations sur son décès : le fils ne s'étend pas sur ce deuil, qui le libère d'un père tyrannique, et il préfère évoquer « l'amour de sa mère ». La scolarité ne s'améliore pas pour autant : on lui refuse l'entrée dans la classe supérieure. À son grand désespoir, Klara l'envoie, non loin, dans une école de rattrapage à Steyr, mais sans plus de succès. Le sacrifice financier est lourd pour une veuve de fonctionnaire, et Steyr est un véritable exil pour l'enfant : suivant le témoignage de Goebbels, le Führer n'a jamais oublié « quel cafard et quel chagrin lorsque sa mère l'a envoyé à Steyr, à tel point qu'il a failli en tomber malade [...] et combien il déteste encore cette ville ».

La maladie le sauve inopinément : « J'avais les poumons gravement atteints », écrit-il dans *Mein Kampf.* Vrai ou faux, ou simplement exagéré, il persuade sa mère qu'il doit quitter Steyr et rentrer auprès d'elle pour se faire soigner. S'écoulent alors, à partir de l'automne 1905, deux années de vie oisive et insouciante, pendant lesquelles il est bichonné au foyer. Klara, qui a déménagé à Linz, l'attend en héros ; il dispose d'une chambre à lui alors que les femmes s'entassent dans la grande cuisine ; il se lève tard ; tous les matins, aux dires des voisins, il se fait apporter une grande tasse de lait chaud ; sa tante, sa mère et sa sœur veillent à son confort, lessive, repas, ménage. Klara lui achète un piano à queue et il prend des leçons durant quatre mois ; il écrit des poésies, va au théâtre, dessine, se promène et, sans objectif défini, il rumine un chimérique avenir de grand artiste. Le docteur Eduard Bloch, le médecin de famille de Linz, n'évoque aucune maladie grave chez Adolf, mais un refroidissement et une amygdalite. Il note que le garçon est fort poli, remerciant avec amabilité, tranquille et habillé comme les garçons de son âge, culottes de cuir et chapeau en loden. « Ses yeux étaient comme ceux de sa mère, de grands yeux mélancoliques et pensifs. » Les pensées d'alors du jeune Hitler sont sans doute celles d'un adolescent de seize ans mal dans sa peau, qui aimerait qu'on l'admire mais que la vie a malmené, persuadé que le succès lui est dû et avide d'attirer sur sa personne la même attention que celle que lui porte sa mère. Klara admire ses aquarelles et l'encourage : « Elle adorait son fils. Elle l'autorisa à suivre sa propre voie dans la mesure du possible » (docteur Bloch). C'est peut-être à ce moment qu'Adolf commence à lire régulièrement la presse et découvre, dans certains journaux ou feuilles de chou nationalistes, les attaques contre les « socialistes exploiteurs » et « les juifs qui détournent les lois ».

Rêveur, indolent et prude

Linz restera, dira-t-il, la ville de « ses jours les plus heureux ». Mais ces deux années douillettes sont coûteuses ; Klara doit serrer les cordons de la bourse et entamer le petit capital que lui a laissé son mari. Adolf ne pense nullement à soulager sa mère de ses charges ; il n'accepte aucun travail, n'envisage aucun apprentissage et cultive toujours ses rêves de grandeur. Une petite capitale de province comme Linz ne suffit pas à son ambition. C'est à Vienne qu'il lui faut faire ses preuves d'artiste. En 1905, il a rencontré un garçon de neuf mois plus âgé que lui, August Kubizek, dit Gustl, passionné de musique dont il veut faire son métier, et tous deux vont ensemble à l'Opéra pour écouter Wagner. Ardent, bavard, péremptoire, exalté parfois, Adolf s'épanche dans l'oreille complaisante d'un Gustl plutôt timide et surtout passif. Tous deux poursuivent le même but. Adolf fait le siège de sa mère pour pouvoir s'inscrire à l'Académie viennoise des beaux-arts, là où s'obtient le succès, et Klara se laisse assez facilement persuader. Hanitante propose généreusement un prêt pour financer le voyage.

Voici Adolf, début septembre 1907, faisant ses adieux à sa vie d'enfant. Il a dix-huit ans. Sa mère est malade, elle souffre d'un cancer du sein, mais il sait que le docteur Bloch s'occupera bien d'elle. Il emporte avec lui un carton de dessins, qu'il doit présenter aux examinateurs de l'Académie. Les épreuves de l'examen ont lieu début octobre. Sûr de son talent, il ne se montre pas inquiet. Arrive alors ce qu'il n'avait pas un instant prévu : ses travaux sont jugés insuffisants, et il est déclaré inapte à suivre les cours de peinture. Pour la première fois, Hitler doute de lui, frappé comme d'un coup de foudre. Son amour-propre est rudement atteint ; les examinateurs lui ont dit que faute d'être peintre, il pourrait peut-être devenir architecte, et Adolf, qui fuit les confrontations avec le réel, se contente pour l'instant de cette vague réponse. Il se garde bien de prévenir sa mère et son ami de son échec.

Abattu, il lui faut rentrer tête basse à Linz. Là, il apprend que la santé de sa mère s'est détériorée et qu'elle est si gravement atteinte que ses jours sont comptés. Adolf est un fils prévenant et aimant ; l'ami Kubizek, dont les récits sont écrits beaucoup plus tard, avoue avoir été surpris de sa réaction : « Jamais encore je n'avais soupçonné chez lui tant de tendresse, de compassion et d'amour. » La joie éclaire le visage de la malade ; son fils dort sur un canapé à son côté. Selon le docteur Bloch, elle ne songe qu'à lui : alors qu'elle subit stoïquement le douloureux traitement à l'iodoforme, son fils en est « torturé ». Klara meurt dans la nuit du 21 décembre 1907, âgée de quarante-six ans. Adolf est anéanti : « Durant près de quarante ans de pratique, écrit le docteur Bloch, jamais je n'ai vu un jeune homme qui fût aussi brisé par la douleur… » Au docteur Bloch, le Führer témoignera toujours de la reconnaissance, ce qui n'empêchera pas la famille du médecin de s'enfuir, en 1938, de l'autre côté de l'Atlantique. La mort de Klara marque une rupture décisive.

Adolf Hitler est cette fois bien seul, avec ses rêves écornés et aucun diplôme en main. Ses études ont été interrompues et son talent de peintre n'est pas encore reconnu. L'inventaire de la succession ne le laisse pourtant pas démuni, d'autant qu'ils obtiennent, lui et Paula, une pension d'orphelins ; il paie alors une forte cotisation pour s'inscrire dans l'association muséale de Linz. Son tuteur le presse de prendre un travail, mais il renâcle, car il croit toujours à sa vocation. Son choix est fait ; laissant Paula âgée de onze ans aux soins de Hanitante, il retourne à Vienne, en février 1908, pour tenter à nouveau sa chance. Gustl ne tarde pas à le rejoindre pour suivre des études de musique. Leur amitié va durer six mois. Ils mènent ensemble une vie de bohème et arpentent les rues d'une capitale prestigieuse, où l'Opéra somptueux jouit d'une merveilleuse acoustique.

Hitler a obtenu une lettre de recommandation du renommé professeur Alfred Roller, qui lui a donné un rendez-vous dès son arrivée à Vienne : le professeur peut le guider dans son chemin d'artiste. Au jour dit, Adolf arrive au bas du bâtiment, hésitant, mais après un long débat intérieur il fait demi-tour. Surmontant sa timidité, il y retourne, sans parvenir à franchir l'obstacle. Et encore ainsi une troisième fois. Le petit génie qui rêve d'impressionner le monde fuit le risque de s'entendre dire que son talent est médiocre. Il craint l'heure de vérité et préfère croire que s'il l'avait voulu, il aurait été aussitôt félicité et engagé ; la seule conclusion qu'il en tire est qu'il est bon pour un jeune homme de manger parfois de la vache enragée !

Adolf et Gustl ont trouvé un logement chez une Tchèque, et ils partagent le loyer d'une grande chambre. Ils vont ensemble à l'Opéra pour entendre Wagner ; mais, tandis que son ami, admis au Conservatoire de

Vienne, suit sérieusement des cours de musique, Adolf caresse toujours de chimériques projets. Il n'a rien dit à Gustl de son rendez-vous manqué ; il fait la grasse matinée, se promène seul l'après-midi dans la ville, agréablement ensoleillée en ce printemps 1908. Il dessine, tandis que Gustl passe de longues heures devant le piano qu'il vient de louer. Le soir, Adolf trompe le vide en se lançant dans d'interminables discours sur le monde, qu'il mêle parfois de violentes diatribes ; son colocataire l'écoute patiemment sans rien dire, mi-admiratif, mi-ensommeillé.

L'argent file, malgré le régime très diététique et économique d'Hitler, sans alcool et sans tabac, à base de lait, de flocons d'avoine et de pain. Les distractions et les contacts manquent. Le jeune homme est curieux ; il va assister parfois aux séances du Parlement, il s'intéresse à la construction du Ring et des palais – faute de peindre il sera architecte – mais il n'a à peu près aucun contact avec ses semblables. Quant aux femmes, elles sont inexistantes dans sa vie. Il peut les admirer de loin mais elles l'effraient. Il s'est simplement inventé une romance platonique à Linz, avec Stéfanie, « son premier amour », à laquelle il n'a jamais osé adresser la parole. Tout comme il a adopté un régime alimentaire sévère, son code moral lui interdit d'approcher les femmes – et moins encore les prostituées – pour garder ses forces, en attendant de trouver une petite épouse douce et soumise comme Klara. Il se persuade que l'abstinence sexuelle est la condition nécessaire à toute performance physique ou intellectuelle. À écouter le récit de Kubizek, il est pudibond et paraît indifférent, plutôt dégoûté, mais sexuellement normal.

Une vertigineuse descente

Début juillet, Gustl profite de ses vacances pour rentrer dans sa famille. Commence alors pour Adolf une vie de plus en plus sombre et solitaire. En octobre, l'Académie lui refuse à nouveau son inscription, ce qu'il n'ose pas avouer à son colocataire ; il prend alors le parti de disparaître. Ne pouvant payer seul son loyer, il émigre sans laisser d'adresse à Gustl, et emménage chez une logeuse moins coûteuse en tant qu'« étudiant ». Puis, la bourse vide, il trouve une chambre de « pensionnaire de nuit ». Tel un clochard, Hitler connaît la déchéance et l'humiliation ; il côtoie la misère. Il a vingt ans, aucun métier entre les mains, aucun soutien affectif, aucun ami. Épuisé, maigre, crasseux, il trouve refuge dans un asile misérable pour sans-abri où sont aménagés des dortoirs. À la fin de l'automne, une rencontre de fortune le tire de son dénuement : il se lie avec son voisin de lit, Reinhold Hanisch. Plus ou moins vagabond, empruntant des pseudonymes variés, l'homme est débrouillard, il a fait un peu de prison et cherche du travail. En apprenant qu'Hitler est un artiste en mal de commande, il lui suggère de peindre des cartes postales pour touristes, qu'il vendra lui-même dans des auberges et cafés, et ils partageront les bénéfices à parts égales. La petite affaire réussit un moment, à partir de 1910. Adolf a vingt et un ans et il trouve enfin, en février, un gîte convenable dans un moderne foyer pour hommes. Son associé démarche les commerçants et les encadreurs, et tous deux parviennent à vivoter ; mais Hanisch secoue souvent Hitler, qu'il juge indolent, paresseux et même fainéant.

En réalité, ce qui intéresse vraiment l'Hitler de vingt ans, c'est la politique. Quand il ne dessine pas, il lit les journaux dans les cafés. Il est témoin de la misère croissante de la Vienne populaire, due au chômage et à la montée du coût de la vie. Il a assisté à des grèves ; il écoute les parlementaires impuissants, « des zéros intellectuels », qui se perdent en discours durant des dizaines d'heures. Il est dégoûté des expositions d'un art moderne qu'il juge délétère et le petit provincial qu'il est resté commence à détester, presque physiquement, cette ville cosmopolite, cette « Babylone des races », où se côtoient dans les allées du Prater les Allemands, les Autrichiens, les Hongrois, les Slaves, les juifs, et où il risque d'être englouti en même temps qu'un prolétariat de migrants sans travail – il se voit lui-même en fils de bourgeois, doté d'une vraie culture, conscient d'appartenir au peuple élu des Allemands. Rancunier contre les institutions universitaires qui l'ont rejeté, Hitler avale toutes sortes de brochures nationalistes et d'ouvrages bon marché, en autodidacte et sans méthode : la plupart de ses propos sont aussi passionnés qu'aigris, ciblés contre les « gredins corrompus de la social-démocratie » et contre les « rouges ». Sa haine des juifs a commencé, écrira-t-il dans *Mein Kampf*, dans ces mois de dénuement à Vienne, ce que démentira Hanisch, qui lui connaît alors plusieurs amis juifs. La rage qu'il éprouve devant ces années lamentables colore tous ses jugements, bien avant qu'il puisse ériger sa haine ethnique et son antisémitisme en idéologie ou théorie raisonnée. Sa solitude alimente son dégoût. Il est incapable de garder les rares amis qu'il se fait au foyer ; cassant et méprisant, il ne supporte aucune objection, aucune critique, et ses poussées de colère ont raison de toutes les discussions. La brouille éclate inévitablement avec Hanisch, soupçonné de garder pour lui une part de l'argent des recettes.

Hitler a vingt-quatre ans lorsqu'il touche, en avril 1913, après bien des démêlés, sa part de l'héritage paternel. Une coquette somme qui emporte sa décision : en mai 1913, il fait ses bagages, s'habille correctement, décidé à mener une vie plus laborieuse : « Je suis arrivé dans cette ville à demi enfant, et quand je la quittai, j'étais un homme taciturne et sérieux », note-t-il dans *Mein Kampf*. Munich l'attend, une vraie « ville allemande », où il pourra reprendre en main des études et son destin.

Radicalisation

En 1913, Adolf Hitler ressemble à un homme quelconque, correctement habillé, le teint pâle, la moustache bizarrement taillée et une mèche cachant à demi son front. Il vivote de ses tableaux et n'a pas renoncé à devenir architecte, en théorie du moins. La noble profession d'artiste est un excellent alibi pour un inadapté, car les autorités autrichiennes de Linz l'accusent de s'être soustrait au service militaire, ce dont il se défend en assurant qu'il lui fallait bien gagner sa vie pour financer ses études. Selon *Mein Kampf*, il découvre à Munich sa mission, servir l'État allemand : il veut s'informer, compléter ses connaissances et lire des études sur le marxisme. En réalité, malgré ce qu'il écrit, son engagement ne dépasse pas les discussions de brasserie et il reste le plus souvent esseulé, à la dérive, jusqu'à ce que la guerre éclate. Rien ne le désigne comme un futur chef charismatique : « C'est la Première Guerre mondiale qui a rendu Hitler possible », note l'historien anglais Ian Kershaw dans sa remarquable et étoffée biographie. L'artiste raté va trouver dans l'armée une famille de remplacement, qui lui assure durant quatre ans le vivre et le couvert, qui lui permet de déployer son énergie et de prétendre à l'héroïsme : il sera un combattant. « Sans le traumatisme de la guerre, de la défaite et de la révolution, sans la radicalisation politique de la société allemande que ce traumatisme a provoqué, le démagogue n'aurait pas trouvé de public pour son message braillard et haineux. »

L'Allemagne déclare la guerre à la Russie, le 1er août 1914. Hitler se porte volontaire dès le 5 août ; en septembre il fait une démarche officielle pour intégrer un régiment bavarois et il rejoint le champ de bataille des Flandres. Il a enfin un but. Affecté à l'état-major comme estafette, il transmet les ordres jusqu'aux chefs de bataillon sur le front et il se voue corps et âme à sa mission. Le visage impassible, raide, viril, il est photographié avec ses compagnons d'armes ; il est le seul du petit groupe à ne pas esquisser un sourire. Son caractère insolite surprend ses camarades : il reste volontairement à l'écart des autres, il ne reçoit aucun courrier, ne parle jamais des filles, déteste les plaisanteries, écoute sans état d'âme les récits des carnages et ne laisse voir son émotion que lorsque son chien Foxl disparaît, égaré dans les lignes ennemies ! En tant qu'estafette, Hitler ne se bat pas dans les tranchées mais il ne manque pas de courage et la chance veut qu'il échappe aux obus ; ses supérieurs l'apprécient pour son sang-froid. Il reçoit la croix de fer, mais il reste caporal. Blessé à deux reprises, gazé, temporairement aveugle, il apprend la défaite dans un hôpital de Poméranie. Le 9 novembre 1918, l'Allemagne devient une république.

La perspective de la reprise de la vie civile est très mal vécue par Hitler. Il n'a ni métier, ni famille, ni relations, ni argent, et son univers s'effondre. Dans une Allemagne déchirée, traumatisée par la défaite, où les mutineries se multiplient, la Bavière est à l'avant-garde du mouvement révolutionnaire, et Munich le point de ralliement communiste. L'armée sauve à nouveau Hitler et l'empêche d'être démobilisé. Après des combats sanglants et l'effondrement de l'éphémère République soviétique de Bavière, l'armée reprend la main avec mission de remettre de l'ordre et de rééduquer les soldats « rouges » : ennemi déclaré de la révolution bien qu'ayant pactisé avec elle, Hitler est alors employé comme informateur, et il dresse des listes de noms de camarades soupçonnés de bolchevisme. Sa carrière politique commence. L'épuration et la propagande seront ses armes de choix pour asseoir son pouvoir. Il s'intègre au petit groupe d'extrême droite munichois, le Parti ouvrier allemand.

En février 1920, Hitler organise une réunion de masse où il expose le programme du nouveau Parti national socialiste allemand des travailleurs, le NSDAP, officiellement fondé en août ; son talent oratoire, ses pamphlets, ses slogans attirent des adhérents. Il s'adresse à un public inquiet, désespéré par la crise économique, mais déjà consentant ; ses idées, faciles à retenir et grandioses – la reconstruction du pays, le racisme, l'élimination des ennemis intérieurs, juifs et marxistes – expriment les colères et les humiliations de beaucoup de petits-bourgeois qui ont gardé un souvenir terrifiant de l'épisode révolutionnaire. Il remplit les salles et vocifère, accueilli par des tempêtes d'applaudissements ; des cercles influents le soutiennent et, en 1921, il prend la direction du Parti dont il devient en quelques mois le chef incontesté. Dès août 1921, Hitler ajoute à son parti une formation paramilitaire, les SA, la section d'assaut. L'idéologie prend forme, le nazisme est en marche. De velléitaire, indolent, paresseux et bluffeur, son chef devient un dictateur absolu, maître de la terreur et de l'abjection, qui galvanise et impose sa volonté à des millions d'hommes, auxquels il réclame obéissance, dévouement et fidélité.

Était-il fou ?

Comment Hitler est-il devenu ce monstre responsable de la mort de millions d'êtres humains ? L'était-il dès le ventre de sa mère ? Ou fut-ce à l'occasion de ses cuisants échecs et de l'humiliation qu'il en a ressentie ? Lors de sa déchéance à Vienne ? Devant la menace bolchevique ? On a vu en lui un homme double, tantôt exalté, tantôt médiocre et complexé, et lui-même présentait la condition humaine sous une forme alternative, vainqueur ou vaincu, ami ou ennemi. Kubizek relève son énergie, son obstination, et il évoque une sorte de transe qui le saisit, le mettant dans « un état d'absence totale », lorsqu'il écoute *Rienzi, le dernier des tribuns*, une œuvre pompeuse et assourdissante de Wagner. C'est devant la foule que le dictateur donne sa mesure ; devant deux ou trois interlocuteurs, il ne sait rien dire. Les médecins parlent de troubles de la personnalité et de paranoïa croissante, mais ils n'indiquent aucun trouble psychotique majeur. Hitler lui-même a voulu rester impénétrable ; le froid calcul, la dissimulation roublarde, la simulation, la manipulation, une « egomanie » (Ian Kershaw) dévorante font partie de son équipement mental.

La psychanalyse a posé la question en d'autres termes : les raclées du père détesté et l'amour fusionnel de la mère qui cède à tous ses caprices ont-ils été à l'origine d'un complexe d'Œdipe non résolu ? La figure phallique, dure et menaçante d'Hitler masque-t-elle l'impuissance de l'adolescent humilié et vulnérable, qui a noué une relation inconsciente avec la figure intérieure d'un père sadique ? Ou, plus simplement, la haine du père a-t-elle engendré chez Hitler la volonté d'incarner un chef inaccessible et infaillible, admiré par des millions de fils ? Le manque d'archives sur son enfance ne permet pas de répondre. Hitler, lui, répète que l'existence est un combat pour l'espace vital : « Le monde n'appartient qu'aux forts qui pratiquent des solutions totales, il n'appartient pas aux faibles avec leurs demi-mesures » (*Mein Kampf*).

Winston Churchill et sa mère : un ver luisant et une étoile filante

« Je ne veux pas que Maman s'en aille ; et si elle part je courrai après le train et je sauterai dedans. »

Winston CHURCHILL, *Biographie*, vol. 1 : *1874-1900.*

« C'est une étrange chose que l'amour de ces femmes [les nurses]. Peut-être est-ce la seule affection désintéressée qui soit au monde. [...] L'amour qu'une nourrice porte à l'enfant qui lui est confié, cet amour-là semble parfaitement irrationnel. »

Winston CHURCHILL, *Savrola.*

L'admiration est un moyen efficace pour tirer un enfant vers le haut et le faire grandir. Winston Churchill, rebelle à toute discipline, a profondément admiré son père, Randolph Churchill : sa brillante carrière politique, son aisance à discourir, son énergie, son orgueil lui ont servi de modèle. La plupart des bêtises de jeunesse et des exploits de Winston sont destinées à attirer l'attention de ce père tout-puissant et à le séduire.

Avec Jenny, sa mère, les relations sont beaucoup plus complexes ; elle sert de médiatrice pour toucher Randolph, mais elle est aussi cette étoile filante inaccessible, qui passe quelques instants à la nursery et s'enfuit, princesse parée de diamants et éblouissante de beauté. Passion amoureuse, frustrations, fureur, jalousie, incompréhension : les relations mère-fils ne sont pas exemptes d'orages mais elles débouchent, par-delà les attentes et les déceptions, sur une vraie amitié d'adultes, qui ne se démentira pas avec le temps. Père et mère, les deux divinités parentales gravitent dans un autre univers que leur fils et ils voient les choses de très haut. La tendresse inconditionnelle et la chaleur du *sweet home*, c'est à la nurse, Mrs Elizabeth Everest, que Winston, dit « Winny », les doit. Sans elle, sans son « amour irrationnel » et ses soins quotidiens, il lui manquerait sans doute un morceau du cœur.

Du sang neuf

La constellation familiale, son enracinement dans le brillant passé de l'Angleterre, la fierté des ancêtres ne sont pas moins importants que les parents géniteurs pour approcher cette figure paradoxale qu'est Winston Churchill. Il appartient à la dynastie des ducs de Marlborough. Son grand-père, John, le septième duc, et sa grand-mère, Fanny, habitent le vaste château de Blenheim, édifié au XVIIIe siècle, à une centaine de kilomètres de Londres. Mieux vaudrait dire le palais princier de Blenheim, tant les salons dorés, les galeries « hautes comme des nefs d'église », la collection de livres et de tableaux, les quelque cent soixante-dix pièces et le parc de mille quatre cents hectares peuvent rivaliser avec les plus beaux palais royaux. Le petit garçon y a grandi sous l'œil sévère du premier duc de Marlborough, peint sur son cheval de bataille, écrasant l'adversaire français en Bavière, en 1704. Bon sang ne saurait mentir. Les Marlborough sont partie prenante de la grandeur de la couronne britannique, et l'enfant sait d'instinct que les descendants de la lignée doivent être des hommes d'honneur, dignes de commander, capables de s'exposer et de se sacrifier, courageux dans l'adversité. C'est dans les périls et les cataclysmes que Churchill donnera toute sa mesure.

Le père de Winston, Randolph Churchill, n'est cependant qu'un cadet de famille. Selon le droit d'aînesse, c'est son frère George, Lord Blandford, puis le fils aîné de son frère, Charles dit « Sunny », qui régneront en maîtres à Blenheim et porteront le titre de huitième et neuvième duc de Marlborough. Le contraste entre les frères pourrait sembler amer, d'autant que George, prodigue, a multiplié les folles dépenses et qu'il les rembourse en dilapidant le patrimoine familial, vendant des tableaux et des livres précieux à la grande fureur de Randolph. Randolph, comme Winston après lui, devront chercher leurs ressources autrement ; ils seront habitués dès l'âge tendre à compter sur eux-mêmes, condamnés, comme la plupart des cadets, à courir le monde ou à réussir dans l'armée, l'Église ou la diplomatie. L'aiguillon, sur un caractère orgueilleux, peut faire merveille : « Par moments, il me semble que je pourrais conquérir le monde », déclare Winston à sa femme Clementine.

Prodigues, endettées, contraintes aux obligations mondaines et aux rituels de la représentation, les vieilles familles de l'aristocratie sont des conservatoires coûteux de la splendeur passée, et redorer le blason est une nécessité. Lord Randolph n'a pas manqué d'y songer. Brillant élève d'Oxford, élégant célibataire à la moustache fine, il n'a même pas eu à franchir les mers pour rencontrer sa future femme, la très belle Américaine Jenny Jerome, en 1873. Les Jerome descendent d'une famille huguenote qui a émigré aux États-Unis à la fin du XVIIIe siècle et ils ont leur hôtel particulier sur Madison Square, à New York. Leonard Jerome, le père, « fait des affaires » ; il a de multiples hobbies, et de non moins nombreuses liaisons : magnat de la presse, courtier en Bourse, consul à Trieste, fondateur du Jockey Club américain, turfiste, il gagne rapidement des fortunes qu'il dépense plus vite encore en mécénats divers, en yachts et chevaux de course, en somptueuses réceptions ou en investissements hasardeux. Self-made-man, il est le produit d'une société jeune et mobile.

La famille Jerome fait de longs séjours en France, où les trois filles, Jenny, Clarita et Leonie, sont présentées à la cour de Napoléon III. Mais la guerre de 1870 les chasse de Paris et les Jerome refluent à Cowes, dans l'île de Wight, villégiature à la mode où ils louent un cottage. Au cours d'un bal donné en 1873, à bord d'un croiseur pavoisé, Randolph rencontre Jenny et en tombe fou amoureux. Toute la bonne société se trouve là pour honorer le futur tsar Alexandre III et son épouse. Jenny a son carnet de bal rempli. Brune, grande et mince, avec de grands yeux gris qui éclairent un visage fin et décidé, elle virevolte, radieuse, dans sa robe blanche. Randolph, qui ne danse pas au mieux, réussit à la retenir à l'écart de la piste et elle, de son côté, parvient à le faire inviter par sa mère pour dîner le lendemain. Il ne faut que quelques mois aux jeunes gens pour conclure leurs fiançailles, malgré les réticences des deux familles. Leonard, qui subit alors des revers de fortune, craint pour sa fille une déception sentimentale, tandis que le duc de Marlborough ne décolère pas, peu désireux d'unir son cadet à une famille de spéculateurs du Nouveau Monde, dotée de surcroît d'une grand-mère d'origine iroquoise !

L'amour d'une nurse

L'amour tient bon ; Jenny a de la fierté et du caractère, et Randolph, qui vient de gagner avec facilité son siège de député de la commune de Woodstock, en février 1874, entreprend beaucoup moins facilement le siège de son autoritaire mère, la duchesse Fanny ; les pourparlers autour de la dot traînent plusieurs semaines. Les tourtereaux trépignent. Les négociations finissent par aboutir, à demi satisfaisantes. Enfin, le 15 avril 1874, le révérend Edward unit les jeunes gens à l'ambassade d'Angleterre à Paris, mais le duc et sa femme ne se sont pas déplacés, et Leonard Jerome est très offusqué de leur absence.

Ce mauvais départ est vite effacé. Un mois plus tard, Randolph et Jenny entrent triomphalement à Blenheim, suivis et acclamés par une foule de curieux. Le jeune couple n'a pas perdu de temps : le 24 novembre, Jenny a trébuché violemment après une promenade ; au cours du bal qui suit de quelques jours l'incident, elle ressent les premières douleurs de l'enfantement ; on appelle aussitôt le médecin de Woodstock ; le 30 novembre 1874, la jeune femme met au monde un fils, « né prématurément » selon la version officielle. De l'avis général, le bébé prématuré présente un poids tout à fait satisfaisant, et de bonnes joues rondes. Et les mauvaises langues de compter les mois pour conclure que Winston était bien né à terme, que le mariage avait été consommé avant l'heure, expliquant peut-être la désapprobation des grands-parents boudant la cérémonie.

La redoutable duchesse, jusque-là hostile, rend vite les armes devant ce premier petit-fils dont la frimousse bizarre, nez retroussé et poils roux, a tôt fait de l'attendrir. Elle adopte sans réserve sa belle-fille Jenny chez qui elle découvre une forme de liberté et de franchise très américaines et bien éloignées des codes victoriens qui ne sont pas pour lui déplaire. Comme Randolph et Jenny n'abandonnent rien de leur vie mondaine et que les jeunes mères de l'aristocratie n'allaitent pas, la grand-mère recrute une nourrice, Mrs Everest, et c'est elle qui, mis à part le moment du coucher où la mère vient dans une visite éclair embrasser son fils, veille sur le confort, la santé, les jeux et tous les besoins de l'enfant : « Elle avait été mon amie la plus chère, la plus intime », dira-t-il. Il est pour elle « Winnie », « mon petit agneau » ; elle est pour lui « Woom ». Les rôles sont distribués. L'enfant ne cesse d'attendre comme le Messie la visite de la « princesse des fées », sa mère, qu'irritent vite ses colères enfantines ou la percée de nouvelles dents ; c'est donc sur l'accueillante poitrine de Woom qu'il s'épanche.

Parents indifférents ? Comme tous les aristocrates de leur temps et de leur rang. La saison à Londres rassemble les grands noms de ce monde : trois mois de fêtes joyeuses et légères. Les Churchill donnent des soupers grandioses avec de coûteux orchestres, ou des dîners plus informels. Recevoir, choisir des toilettes, se déguiser, aller au bal, danser le quadrille ou la polka, se montrer à Covent Garden, être vu à Hyde Park et aux courses d'Ascot, assister à une séance du Parlement, suivre les chasses à l'automne : le programme mondain ne laisse pas une minute de libre. Jenny est une femme pleine de vitalité, spontanément gaie, dont la conversation piquante et la beauté retiennent un public d'adorateurs, parmi lesquels Son Altesse royale le prince de Galles, futur roi d'Angleterre. S. A. R. le prince Édouard a de nombreuses maîtresses et, à condition de savoir garder le secret, les liaisons se font et se défont aimablement. L'argent coule à flots. Les époux s'absentent souvent, mais ils ne rentrent pas toujours ensemble – Winston en fait innocemment la remarque. Mrs Everest, elle, est toujours là et dispense avec amour les soins au garçonnet.

Deux événements troublent cependant cette frivole vie quotidienne. Pour avoir laissé s'ébruiter imprudemment une liaison entre le frère de Randolph, George, et Lady Edith Aylesford, liaison qui mettait en cause le prince de Galles, lui-même amant de la même Lady, les deux frères se voient écarter durant quatre ans du paradis londonien : S. A. R., furieuse, n'a pas admis la publicité qui lui a été faite et leur ferme sa porte ; on ne badine pas avec le savoir-vivre et les secrets de la vie intime. Le duc de Marlborough est contraint d'accepter le poste de lord-lieutenant d'Irlande à Dublin, emmenant comme secrétaire son fils, Randolph, accompagné de sa petite famille. L'exil durera jusqu'en 1880, et l'expérience sera douloureuse pour l'aspirant à la vie politique qu'est Randolph, et pour une Jenny exclue du monde doré qu'elle aimait.

Le second événement qui bouleverse la vie du couple se situe un peu plus tard. On prête à Jenny, de retour à Londres, des amants. Quand a-t-elle appris que son mari avait contracté une maladie vénérienne, on l'ignore exactement. En 1881 une grave crise de paralysie atteint Randolph et le diagnostic du médecin de famille, le docteur Roose, ne laisse plus de doute : l'effroyable maladie évoluera par paliers vers la lente invasion du système nerveux, provoquant à la fin une parésie générale. En février 1880, est né le petit frère de Winston, John Strange Spencer Churchill (Jack) qui, coïncidence, porte le prénom d'un amoureux assidu de Jenny. À partir de cette date, Jenny s'abstient des relations conjugales et se conduit en femme libre ; très courtisée, elle prend des amants tandis que le mari trompé, aigri, rassemble ses dernières forces pour se consacrer à la politique et au service de l'État.

L'univers de Winston Churchill, jusqu'à l'âge de sept ans, est heureux et équilibré, excepté un bref moment où il est question de lui donner une gouvernante et un précepteur. L'enfant idolâtre ses parents lointains. Jenny est plus ravissante que jamais ; elle fait des randonnées à cheval, chasse le renard dans la campagne irlandaise, retrouve à Dublin une vie mondaine et ne s'occupe de son fils que lorsque Mrs Everest la harcèle de demandes. Mais le petit garçon de son côté fourmille d'idées, s'invente des jeux, range ses soldats de plomb en bataille, organise des combats, monte à dos d'âne, tombe et ne se tient jamais tranquille. Avec Woom, il apprend les rudiments d'écriture mais il déteste les chiffres ; c'est grâce à elle qu'il ne souffre pas trop de l'absence maternelle, même s'il ne s'y habituera jamais : « Je ne veux pas que Maman s'en aille. Si elle part je courrai après le train et je sauterai dedans. »

Crâneur et insolent

C'est à l'âge de sept ans que les petits garçons des classes favorisées quittent leur famille et vont à l'école. Winston n'y échappe pas et il en souffre – « On ne m'avait pas consulté », écrira-t-il avec humour. Il est inscrit comme interne à l'école très chic de Saint-George près d'Ascot. Il sanglote lorsque sa mère l'accompagne jusqu'à la gare et il découvre vite la dure réalité : des leçons et encore des leçons à apprendre, huit heures de travail par jour sans compter le football et le cricket, et surtout la solitude affective. L'enfant choyé se révèle difficile, désobéissant, incapable de se plier à une discipline dont il ne comprend pas l'utilité, et il ne fait d'effort que pour les matières qu'il aime, histoire, géographie et littérature. Insolent, raisonneur, parfois grossier, régulièrement en queue de classe, avant-dernier ou dernier en conduite, médiocre en sport, il est pris en grippe par certains professeurs et, selon la coutume anglaise, le préposé au fouet a affaire à lui presque quotidiennement. Winston compte les jours qui le séparent des vacances ; ses parents ne lui écrivent à peu près pas : Jenny, toute à ses mondanités, ne vient jamais le voir malgré ses supplications et malgré la relative proximité d'Ascot. Winston consulte même les horaires des trains : « Essayez de persuader papa de venir, écrit-il à sa mère. Il n'est jamais venu. » Woom et Jack sont en fait ses seuls visiteurs. Winnie a neuf ans lorsqu'il laisse échapper son désespoir dans une lettre pathétique à sa mère : « Vous êtes très méchante de ne pas m'avoir écrit plus tôt. Je n'ai reçu qu'une lettre de vous ce trimestre. » Ses camarades de classe gardent également leurs distances, effrayés par l'indiscipline de ce condisciple rouquin qui, battu et maltraité, défie crânement ses maîtres et se fait détester. Il ressemblait à « un petit bouledogue méchant avec une crinière rousse », dira sa grand-mère américaine, tandis que la duchesse Fanny le juge « terrible ».

Sont-ce les sévices dont les traces sont encore visibles sur son dos, ou la fragilité de ses bronches et une pneumonie double, ou le peu de résultats scolaires qui poussent Randolph à retirer Winston de Saint-George, en 1884 ? Le garçon est alors placé dans un petit internat de Brighton, moins prétentieux, où l'air est bon et où exerce le médecin de famille le docteur Roose. Les sœurs Thompson ont une bonne réputation. De fait, la méthode douce semble mieux réussir à l'élève, dont les progrès sont « satisfaisants » bien qu'inégaux. Ses parents ne viennent pas davantage le voir qu'à Ascot, une fois par an environ, et parfois la tristesse le submerge, son « chien noir », comme il dira ; il arrive à Jenny de promettre une visite et d'y renoncer sans même le prévenir. Mais Winston lit beaucoup, il apprend des poèmes par cœur, joue dans des pièces de Molière et réussit en lettres ; il reste brouillé en revanche avec les mathématiques. Il a commencé une collection de timbres, lit avec bonheur *L'Île au trésor* que lui a offert son père ; fortifié par le bon air, il découvre le plaisir de l'équitation, et il n'oublie jamais d'écrire à ses parents pour tenter de les intéresser à sa vie.

Car Winston est aussi un enfant précoce et il suit, sans forcément la comprendre, l'actualité politique : ainsi espère-t-il, à sa manière enfantine, attirer l'attention de son père. Il s'enthousiasme pour Disraeli et déteste Gladstone. Lorsque les travaillistes chassent du pouvoir les conservateurs, l'enfant s'informe : Randolph profite alors de sa position sur les bancs de l'opposition pour se livrer à des discours brillants et audacieux, destinés aux masses populaires, envoyant ses coups à droite et à gauche et appelant de ses vœux un parti « conservateur démocrate », une *tory democracy*. Ses tournées électorales sont applaudies, relayées par la Ligue de la Primevère, et le petit Winston, admiratif, apprend par cœur ses discours, récoltant chaque fois qu'il peut les impressions de tous ceux qui ont pu l'entendre. Sa curiosité du monde est stimulée par tous les événements. Lorsque la reine Victoria fête en grande pompe son jubilé, en 1887, il suppliera sa mère de le faire chercher à Brighton pour assister aux cérémonies. Jenny finit par accepter, et l'enfant passe une journée exceptionnelle qui s'achève sur le yacht de S. A. R. le prince Édouard.

En 1885, les conservateurs ayant repris le pouvoir, Randolph est nommé secrétaire d'État aux Indes, puis l'année suivante, apogée de sa carrière, chancelier de l'Échiquier. Winston, qui a presque douze ans, trépigne de joie. Les journaux mentionnent constamment les faits et gestes de son père en voyage en Inde ; il collectionne les coupures de presse, suit les joutes politiques et il écrit de longues lettres à Randolph pour obtenir un récit circonstancié de sa visite à Calcutta : a-t-il déjà tué un tigre ? Tout fier, il lit ses discours, fait campagne pour lui et demande qu'on lui envoie des signatures autographes pour les distribuer généreusement à Brighton. « J'ai tellement envie de vous voir », conclut-il à la fin de ses lettres. Ce qu'il ne mesure pas, c'est que la carrière de son illustre père touche à sa fin : le chancelier envoie brusquement sa lettre de démission à Lord Salisbury, en 1886, et il éreinte ses opposants de tous bords qui n'ont pas pris en considération son programme d'économie budgétaire. À la tension nerveuse et aux obstacles politiques, s'ajoute l'instabilité d'humeurs causée par la maladie qui le mine. Quant à Lady Randolph Churchill, elle soutient de son mieux son mari, mais elle passe plus de temps encore dans les soirées mondaines. Winston, en vacances auprès d'elle, ne semble pas s'effaroucher de la rencontrer au petit déjeuner en compagnie du comte Kinsky, ou de quelque autre diplomate ou artiste épris – le prince de Galles fait aussi partie de ses amants, mais il protège mieux sa liaison des regards indiscrets. Quand le petit garçon a-t-il deviné les écarts conjugaux de sa mère ? Nul ne le sait, il ne semble pas s'en offusquer.

Un cancre ?

À douze ans, les fils de l'aristocratie et de la grande bourgeoisie poursuivent leurs études dans une de ces illustres écoles privées où les élèves font l'apprentissage des humanités, s'endurcissent aux compétitions sportives et découvrent les exploits des grands hommes qu'ils devront un jour imiter au service de l'Empire. Les études durent trois ans et préparent à une grande université ou à une école militaire. Le collège de Harrow est choisi pour sa localisation, plus favorable qu'Eton à la santé fragile de l'adolescent. Mais, pour y entrer, il faut passer des examens, et le jeune Churchill se plie mal à ce genre d'exercices, au point de se rendre malade.

Les résultats sont médiocres et c'est de justesse qu'il est admis dans la classe inférieure. « Pourquoi m'interroge-t-on toujours sur ce que je ne sais pas au lieu de m'interroger sur ce que je sais ? » proteste-t-il. Il ne semble pas trop humilié d'être en basse classe et il fanfaronne volontiers. Convoqué, menacé, « placé au rapport », désinvolte, il discute les ordres, contredit ses professeurs et subit semonce sur semonce en cachant sa détresse. Pourtant, quelques professeurs avisés remarquent qu'il réussit admirablement dans les disciplines qui l'intéressent, qu'il lit plus de livres que quiconque et que, doté d'une mémoire exceptionnelle, il est capable de réciter douze cents vers de Macaulay ou des pièces de Shakespeare sans trébucher. Si le latin et le grec le rebutent, son intérêt pour la grammaire et son goût de la langue anglaise encouragés par un excellent professeur lui valent d'écrire dans le journal de l'école, où il ne ménage d'ailleurs pas ses critiques à l'encontre du système. Ni Randolph ni Jenny ne lui accordent beaucoup de temps, ils s'exemptent des cérémonies rituelles du collège, comme la distribution des prix ou les fêtes de l'école, et c'est encore Woom qui se charge de veiller sur son bien-être quotidien lorsqu'il tombe malade ; à peine lui trouvera-t-on une chambre à Londres pour se rendre au grand match de cricket Eton-Harrow. Curieusement, à la fin du match où Harrow gagne la victoire, c'est le comte Kinsky qui vient le chercher pour l'emmener dans son phaéton au Crystal Palace et assister à une parade donnée en l'honneur de l'empereur Guillaume, présent dans la capitale.

Que faire de cet adolescent rebelle, bouillonnant et orgueilleux, qui souffre en profondeur d'un manque de confiance et d'affection ? Winston travaille par à-coups ; il est fasciné par la politique et il admire toujours son père, dont les activités pourtant se réduisent aux discussions du Jockey Club, aux jeux de hasard, à quelques lointains voyages en Afrique du Sud, après un retour manqué au Parlement. Randolph est acariâtre, déçu par le comportement de son fils à qui il reproche irrégularité et esbroufe. Quant à sa mère, distante, agacée, elle est toujours au cœur d'un réseau mondain dont les noms célèbres éblouiraient Winston s'il parvenait lui-même à tracer sa route. Les lettres qu'il envoie à Jenny restent souvent sans réponse, et Randolph, lorsqu'il n'est pas terrassé par les épisodes de crise que cause sa maladie, se montre grondeur et mécontent de ses lamentables résultats scolaires.

Une issue cependant se dessine. Winston se passionnait enfant pour les collections de soldats de plomb et il organisait des batailles rangées avec son petit frère sous l'inspection du père amusé : c'est presque naturellement qu'il se voit donc entrer dans l'armée et commander un bataillon. Il réussit sans mal, en 1890, son examen d'entrée dans une classe préparatoire à l'école militaire de Sandhurst, avec l'accord de Randolph, moins persuadé de ses talents que de son manque de dons pour une carrière intellectuelle. L'élève n'intègre pourtant pas du premier coup, faute de langue étrangère et de mathématiques, et ses parents doivent le confier au capitaine W. H. James pour lui mâcher le programme. Un accident provoqué par un saut présomptueux au-dessus d'un ravin se termine par une grave chute de neuf mètres et plonge l'adolescent dans le coma avec un rein ouvert, retardant encore son cursus scolaire. Un mal pour un bien : la position couchée d'invalide et l'indulgence de son entourage permettent à Winston de suivre avec passion les batailles parlementaires de Gladstone ; convalescent, il s'empresse d'aller à la Chambre des communes pour assister aux débats.

Winston enfin triomphe : après trois échecs, un gavage intensif, et un accident qui aurait pu être mortel s'il n'avait eu « la volonté de vivre », il est admis à Sandhurst en septembre 1893, quatre-vingt-douzième sur cent deux. Le voici, à dix-huit ans, cadet de cavalerie, après douze années douloureuses d'école, soit trente-six trimestres et combien de semaines, dont il jugera plus tard que ce fut la période « la plus vide et la plus malheureuse de sa vie ». Commander une armée, suivre les traces de son ancêtre Marlborough, impressionner son père, quels rêves ! Exultant, il croit avoir droit aux félicitations familiales et c'est au contraire une lettre violente de Randolph qu'il reçoit avec stupéfaction – il ignore les troubles neurologiques qui affectent de plus en plus fréquemment sa santé et altèrent ses jugements :

> Il y a deux façons d'être reçu à un examen, l'une honorable et l'autre qui est tout le contraire. Tu as malheureusement choisi la dernière méthode. Je n'ai jamais reçu de rapport vraiment satisfaisant sur tes études, ni des professeurs, ni des répétiteurs auxquels tu as eu affaire. Toujours à la traîne, n'avançant jamais dans ta classe, t'attirant d'incessantes plaintes pour ton manque d'application.
> [...] Si tu ne veux pas renoncer à la vie paresseuse, frivole et vaine qui a été la tienne pendant tes années d'école et pendant ces derniers mois, tu deviendras un déchet social, un des milliers de ratés des *publics schools* et tu tomberas dans une existence minable, malheureuse et inutile...

En réalité, Randolph n'est pas prêt à financer les chevaux nécessaires à un officier de cavalerie et il aurait souhaité voir son fils affecté dans un illustre corps d'infanterie, le 60e fusiliers. La maladie, les échecs, de constants problèmes d'argent font de lui un homme irritable et malheureux ; ses semonces sont suivies d'élans de tendresse, parfois même accompagnés d'émouvantes confidences. Les relations s'apaisent, car le jeune cadet, au meilleur de sa forme, travaille avec zèle, se plongeant avec le même bonheur qu'il trouvait aux batailles de soldats de plomb dans les études savantes de tactique, de fortifications ou de topographie ; il fait des progrès à cheval, au point d'être un des mieux classés. Lord Randolph finit par admettre qu'il n'est plus le garçon rétif d'autrefois et il a même donné ordre à son libraire d'envoyer à son fils tous les livres dont il aura besoin.

Deux ans plus tard, en janvier 1895, après un périple de six mois avec sa femme en Amérique et en Asie, Lord Randolph Churchill, ce père brillant et tant admiré, s'éteint à quarante-six ans. Vie inachevée, dont l'interruption précoce marque profondément Winston, qui est lui-même de santé fragile et qui souffre de n'avoir pu nouer avec lui une relation d'amitié et de confiance comme il l'espérait ; amer, il se confiera à Franck Harris, un vieil ami de Randolph : « Il me traitait comme un idiot. Il aboyait dès que je lui posais une question ! » Les explications de ce dédain sont multiples : distance pudique d'un aristocrate, ignorance du monde enfantin, brusquerie aggravée par les attaques de la maladie, instabilité causée par un foyer en décomposition, égocentrisme, ambition dévorante, un peu de tout sans doute. Mais l'empreinte du père est profonde, et Winston, s'il n'intègre pas le régiment coté que Randolph briguait pour lui, prévoit qu'il devra marcher vite pour réaliser ses ambitions : nommé au 4e hussards, le jeune officier aborde la carrière militaire en songeant aussi à la vie politique, « pour y venger la mémoire de son père ». La même année, en juillet 1895, il a la tristesse d'apprendre que sa chère Woom est gravement malade, atteinte d'une péritonite. Il se précipite chez elle pour la voir une dernière fois. L'enfance et la jeunesse sont désormais derrière lui.

Le fusil et la plume

« Je dois tout à ma mère, rien à mon père », s'est exclamé Winston devant Franck Harris, dans un moment d'irritation et de rancune – la réhabilitation de Randolph viendra plus tard. Avec Jenny, les relations ont, elles, beaucoup changé. Elle n'avait pas su être mère, elle s'emploie désormais à devenir une amie ; ils s'écrivent souvent, petits billets ou longues lettres, et il se rappellera avec bonheur ces échanges confiants et intimes lors des débuts de sa carrière : « À quarante ans, elle était encore belle, jeune et fascinante. Elle devint bientôt une ardente alliée m'aidant à réaliser mes projets [...]. Nous collaborions sur un pied d'égalité, plutôt comme frère et sœur que comme mère et fils » (*Mes jeunes années*, 1930). Elle a lancé une revue, rencontre beaucoup d'hommes en vue et, dans le domaine de l'amour, elle fait toujours de nouvelles victimes. Grâce à son réseau mondain et ses liaisons, son fils bénéficie de nombreux contacts avec les personnalités les plus influentes du royaume et elle organise des repas où figurent de ravissantes créatures. Mais le grand souci de l'heure est, pour l'un comme pour l'autre, le manque d'argent ; la famille Marlborough a toujours été désargentée et Randolph a laissé beaucoup de dettes. Jenny vit à découvert, malgré divers expédients pour se remettre à flot, et la solde de Winston ne peut suffire à payer ses uniformes et ses poneys de polo. Néanmoins le mariage du cousin Sunny avec une riche Américaine, Consuelo Vanderbilt, fait espérer à la famille une détente dans la situation financière.

Ce que veut le jeune Churchill de vingt et un ans, c'est l'occasion de prouver son courage par quelque action héroïque : revenir décoré de la guerre lui ouvrirait alors les portes du monde politique. Il profite de ses longs congés, ordinaires ou extraordinaires, pour tenter l'aventure à Cuba, en 1895, où des rebelles se révoltent contre les Espagnols. Essuyant pour la première fois le feu, il se comporte fort bien et reçoit même une médaille espagnole ; mais il doit déchanter car son rôle ne peut être que celui d'un modeste arbitrage. Le succès pourtant arrive, là où il ne s'y attend pas : il envoie à un journal une analyse politique de la situation cubaine. Jenny fait parvenir ces pages à Chamberlain qui en fait un vif éloge tout en jugeant que l'auteur manque un peu de maturité. Mais on découvre que l'apprenti journaliste fait preuve d'un réel talent de narration.

La mission suivante a l'Inde pour terrain d'action. Si Winston ne semble pas envisager tout à fait son avenir dans une carrière militaire, du moins veut-il acquérir de l'expérience et tenter sa chance. En 1896-1897, le général anglo-indien, Bindon Blood, lui donne l'occasion de s'adjoindre au corps expéditionnaire qui part en mission au col de Malakand et qui se bat aux frontières ouest contre les tribus afghanes rebelles. Winston aime ces aventures risquées où l'on joue sa vie et d'où l'on rentre transpirant et épuisé ; s'il s'en sort sain et sauf, il frôle de très près la mort, chevauchant à découvert, sinon par bravade, du moins pour impressionner l'ennemi : « J'ai parcouru sur mon poney gris toute la ligne de feu, alors que tous les autres s'étaient mis à couvert. [...] J'ai confiance en ma chance. [...] Les balles, ma chère Maman, sont négligeables pour un philosophe. » La longue correspondance échangée avec Jenny le montre ardent, galvanisé par les situations périlleuses et sûr de sa bonne étoile. À Agra, les combats sont violents : courage et chance le sauvent au milieu d'un véritable carnage. Ses exploits ne lui valent cependant pas la promotion ou la précieuse médaille qu'il convoite.

Bindon Blood a aussi la bonne idée de proposer à Churchill d'intervenir comme correspondant de guerre, faute de poste vacant. Dans les intervalles de cette longue guerre de frontières et durant les temps de repos, Winston parfait sa culture, et surtout il prend goût à l'écriture. Sa mère a obtenu du *Daily Telegraph* que soient publiées ses lettres de front ; prudente, elle a demandé aussi que les envois ne soient pas signés. Moyennant cinq livres par colonne, l'apprenti journaliste adresse quotidiennement au *Daily Telegraph* des lettres « pittoresques et vigoureuses » de plusieurs pages, qu'il ne signe pas, mais que Jenny diffuse largement en n'oubliant pas de glisser le vrai nom caché de leur auteur. Le succès est immédiat. Winston s'est découvert une nouvelle vocation de correspondant de guerre. Outre que ses articles renflouent des finances catastrophiques, ils offrent une étude neuve des coutumes tribales, des témoignages directs et une analyse fine des stratégies militaires. L'anonymat cependant l'a vexé et il rassemble ses notes sur l'expédition du Malakand dans un livre qu'il fait publier en 1898. Le jeune officier de vingt-trois ans semble seulement oublier que l'armée exige de ses hommes de la discipline plus que l'art d'écrire, et que ses supérieurs n'apprécieront pas forcément ses commentaires critiques.

C'est en tout cas la réponse implicite de Sir Kitchener, commandant en chef de l'armée anglo-égyptienne (« sirdar »), lorsque Winston émet le vœu de rejoindre ses troupes en Égypte. Animé par sa foi impérialiste, convaincu que ses articles peuvent influencer les choix de la diplomatie anglaise, avide d'honneurs, le jeune officier veut se battre et participer à la grandeur d'une Afrique qui serait britannique du Caire au Cap. Mais malgré les efforts de Jenny, qui mobilise toutes ses relations au ministère de la Guerre et se déplace jusqu'au Caire pour amadouer le sirdar, la route du Nil lui semble fermée : l'armée compte plus d'officiers qu'on n'en a besoin pour cette campagne. La chance veut alors que la publication de son livre sur le Malakand reçoive à Londres un accueil enthousiaste ; le prince de Galles lui adresse ses éloges et Winston est invité à rencontrer le Premier ministre Salisbury. Appui décisif : Salisbury s'engage à intervenir personnellement auprès du sirdar. Dès le lendemain, Winston est nommé lieutenant surnuméraire. La veille de son départ, il signe un accord avec le *Morning Post* qui lui offre un pont d'or pour ses articles. Écrivain et soldat : les deux métiers convergent pour lui assurer la célébrité.

L'évadé le plus célèbre d'Angleterre

Winston accompagne le 21e lanciers ; il arrive juste à temps pour rejoindre l'armée en campagne au Soudan. Le champ de bataille se situe à Omdurman près de Khartoum, ville sacrée du « mahdi ». L'affrontement entre troupes mahdistes et troupes anglaises est meurtrier : les derviches sont plus nombreux, courageux et aguerris, mais les Anglais sont équipés d'armes modernes et leur supériorité s'impose en quelques heures ; Winston accepte le risque et fait partie des patrouilles envoyées vers l'avant ; il passe miraculeusement entre les tirs, sans une égratignure alors que les cadavres jonchent le sol et que les derviches blessés sont achevés sans pitié : scènes atroces et inutiles qu'il relatera dans ses articles. Désormais, le jeune lieutenant voit assez clairement son avenir. L'avancement dans la hiérarchie militaire ne lui offre aucune chance et ne peut suffire à ses ressources – il faut dire qu'on ne l'a guère vu dans son régiment ! Une carrière d'écrivain, en revanche, et peut-être aussi d'homme politique comme son père, s'ouvre à lui. Sa décision est prise. De retour en Angleterre, il donne sa démission de l'armée et il se présente le 6 juillet 1899 à une élection partielle dans le Lancashire. Il mène sa campagne avec ardeur sous le drapeau *tory democracy*, et il est assez largement battu. Mais, déjà, la mésaventure est oubliée : l'écriture l'absorbe, ainsi que les événements de l'été 1899, lorsque Pretoria demande le retrait des forces britanniques par ultimatum, faute de quoi la guerre sera inévitable en Afrique du Sud.

À force de tenter la chance, Winston Churchill finit par la rencontrer : la guerre des Boers lui vaut une renommée nationale due à sa spectaculaire évasion de prison. Le *Morning Post* lui a en effet proposé de partir pour Le Cap comme correspondant de guerre, avec une rémunération considérable, tous frais payés. Sans même être réintégré dans l'armée et dans l'excitation patriotique, il s'embarque en costume civil. Il a vingt-cinq ans et il est conscient de l'importance que représente l'Afrique australe pour l'Empire ; or les Boers tentent de secouer la tutelle britannique qu'ils avaient acceptée par crainte des Zoulous, en 1877. Le combat est dur, les commandos boers insaisissables, et les premières batailles coûtent même la vie à un général ! Fasciné par le danger, Winston rejoint les lignes avancées du corps d'armée, mais le train blindé où il prend place pour monter vers le nord et seconder les efforts de la cavalerie est soudainement attaqué. Il y a des blessés et des morts ; avec quelques hommes de sang-froid, Churchill parvient à libérer la locomotive toujours sur les rails, mais il est capturé par l'ennemi et envoyé moisir parmi d'autres en prison.

Prisonnier de guerre, odieuse situation ! Winston reste là un mois à se morfondre, un mois de dépression et de ruminations, bien qu'il soit courtoisement traité en otage de choix ; au terme de ses réflexions, il décide de forcer le destin en s'évadant. Après plusieurs jours d'une marche épuisante, sans compas ni carte, avec soixante-quinze livres en poche, de cachette en cachette, protégé par des ballots de marchandises dans une galerie de mine, il parvient à gagner le territoire portugais, à Lourenço Marques, et de là il débarque au port de Durban. L'intrépide reporter est accueilli par une foule en liesse, photographié, interviewé, invité à raconter son histoire, une histoire colorée qui fait le tour de l'Angleterre. Les critiques ne manquent pas non plus et posent des questions : que faisait-il, comme journaliste, dans ce train de militaires ?

Jenny prend vite ses décisions : elle se rendra en Afrique. Après avoir charmé un milliardaire américain, ouvert une souscription et recueilli plus de quarante mille livres, elle a obtenu un navire qu'elle a fait armer en navire-hôpital, *Le Maine* ; après une traversée tumultueuse, elle accoste à Durban, avec son fils Jack et le jeune duc de Marlborough, Sunny. Voici la famille réunie pour quelques jours à bord ; la mère heureuse ne cache pas qu'elle a très envie aussi de rencontrer un brillant jeune homme, George Cornwallis-West. Les combats contre les Boers n'ont pas cessé et l'heure du retour au pays n'est pas encore là. Affecté à un régiment de chevau-légers et militaire à mi-temps, Churchill s'est engagé à nouveau dans de dangereuses opérations, tout en restant correspondant de guerre du *Morning Post*, qui lui accorde d'importantes sommes pour son équipement. La campagne, meurtrière, tourne à la guérilla, Jack est blessé à la jambe. Une violente bataille est livrée le 1er juin 1900, et Pretoria doit capituler quelques jours plus tard, tandis que flottent bientôt les couleurs britanniques ; la dernière grande bataille sera celle de Diamond Hill.

Le 4 juillet 1900, mission achevée, Winston Churchill quitte l'Afrique du Sud pour commencer cette carrière politique à laquelle il songe depuis des mois. À son retour, il se présente aux élections à Oldham, où il a été battu l'an passé, et il est élu de justesse à la Chambre des communes, le 1er octobre. Le 14 février 1901, le fils de Lord Randolph prend place dans la majestueuse salle au plafond lambrissé du Parlement et prête serment. La nouvelle session est solennellement ouverte par le roi Édouard VII, devenu Sa Majesté à la mort de la reine Victoria, trois semaines plus tôt, le 22 janvier.

Quant à Jenny, plus séduisante que jamais, elle a gardé, à quarante-cinq ans, son charme, sa vitalité et sa liberté ; veuve depuis cinq ans, elle choisit de stabiliser sa vie sentimentale et sa vie financière en se remariant avec George Cornwallis-West, un officier qui a l'âge de son fils. Parant toutes les critiques, elle conclut par une pirouette : « Vous devez me trouver insensée, mais ça m'est égal, je m'amuse tant ! » L'union durera une douzaine d'années.

« L'amour, je ne le connaîtrai pas »

Une vie aussi occupée que celle menée depuis la campagne en Afrique du Sud, suivie d'une tournée de plusieurs mois aux États Unis et au Canada pour faire des conférences, n'a guère laissé à Winston Churchill de temps pour les femmes. De retour en Angleterre, il travaille, écrit, se divertit, joue au polo, fréquente quelques bals, se gave, boit du whisky et tente vainement de retenir l'argent qui file entre ses doigts. Tout l'excite et le stimule, bien que, parfois, il devienne aussi la proie de son « chien noir », cette dépression qui fond sur lui depuis l'enfance. Veut-on lui parler d'une épouse ? Sa carrière requiert toutes ses forces et un mariage risquerait d'entraver son ascension. Ses passions sont la politique… et le polo.

Politiquement, Winston Churchill fait partie des espoirs de la nouvelle génération. Ses livres ont reçu un excellent accueil. Jeune député, il prépare ses discours avec beaucoup de soin. Les journalistes sont d'abord étonnés, puis conquis par cet esprit brillant, cette flamme souvent provocante et inattendue. Bien qu'il zézaye un peu, il sait capter l'attention et réveiller les endormis par un mot spirituel ; il excelle dans les joutes qui exigent de la répartie. Parfois, le ton devient âpre ou sarcastique lorsqu'il s'agit de causes qui lui sont chères, les dépenses excessives de l'armée, le libre-échange qui ne permet pas les tarifs préférentiels à l'intérieur de l'Empire, ou encore lorsqu'il s'agit de défendre la mémoire de son père dont il est en train d'écrire la biographie. Le souvenir de Randolph est toujours vif. Les controverses sont fréquentes au sein du parti tory : pas plus que son père, Winston n'obéit à la discipline des tories, et il adopte peu à peu les idées libérales. En 1904, franchissant le Rubicon, hué par son parti, il passe aux libéraux. Mais Winston est surmené ; au milieu d'un discours, il bégaie et brusquement s'effondre. Autour de lui, on s'alarme : trop d'activité et de fatigue. Sa famille et ses amis, le roi lui-même lui suggèrent modération et repos.

Jenny est l'amie, la confidente des moments heureux et des jours de tourmente. Après avoir introduit son fils dans les cercles les plus influents de Londres, elle rêve de le marier et elle tente de lui expliquer comment un jeune homme doit s'y prendre pour faire des avances à une jeune fille. D'une timidité maladive avec les femmes, Winston n'y met aucune bonne volonté ; son éducation au collège puis sa vie à l'armée ne l'ont pas préparé à la galanterie. L'Angleterre victorienne veut d'abord forger des militaires capables de renoncer à un certain nombre de plaisirs pour se consacrer à la cause impériale. Jenny elle-même n'a pas été la femme exemplaire sur le modèle de laquelle l'impétrant peut appuyer son choix et Churchill préfère les amies aux épouses. Dans ses cahiers de souvenirs, l'épouse américaine du cousin Sunny, Consuelo Vanderbilt, dresse un portrait de Jenny avant son deuxième mariage qui aurait de quoi inquiéter un homme épris d'une placide vie au foyer : « Elle régnait sur de nombreux cœurs… Ses yeux gris pétillaient de joie de vivre et lorsque les anecdotes qu'elle racontait se révélaient comme souvent audacieuses, on pouvait en découvrir les sous-entendus aussi bien dans ses mots que dans ses regards. Pianiste accomplie, lectrice perspicace et bien informée, elle s'enthousiasmait toujours pour la nouveauté. » Consuelo Vanderbilt, qui n'a pas hésité à s'affranchir du carcan conjugal après onze années de mariage en 1906, énumère ces traits qu'elle juge des vertus typiquement américaines, dont peuvent se prévaloir ceux et celles qui ont traversé l'Atlantique : la bonne humeur, l'humour, l'assurance, le courage et surtout l'indépendance.

Le sang américain a rajeuni à coup sûr le moule conjugal victorien : mais Winston en a-t-il hérité ? L'officier du 4e hussards ne manifeste aucune impatience pour se marier. Il a rencontré la jolie Pamela Plowden, en Inde, dans les années 1896-1898, fille du gouverneur d'Hyderabad, un excellent parti, et il n'a pas caché son plaisir à la voir et lui parler. Il lui a écrit d'Afrique ; il s'est montré sincèrement épris et de son côté elle a paru répondre à ses sentiments. Des mois ont passé en lettres et rencontres ; mais le soupirant, s'il manie à merveille les déclarations platoniques, n'a amorcé aucun geste un peu plus intime qui puisse l'engager. Pamela, après avoir attendu longtemps un signe convaincant, s'est lassée de sa retenue et a fini par se fiancer ailleurs. La leçon a servi. En 1904, Winston, échaudé, est plein de bonne volonté, prêt à mettre en pratique les conseils de sa mère et de son cousin Sunny : à deux reprises, en prétendant sérieux, il fait des demandes en mariage en bonne et due forme, fleurs à l'appui ; à son grand soulagement il est éconduit par les deux demoiselles.

Faut-il chercher dans le premier – et le seul – roman qu'a écrit Winston Churchill, en 1897, *Savrola* (publié en 1900), une clé à ses hésitations ? Jenny semble avoir inspiré le portrait de l'héroïne, Lucile, épouse volontaire d'un dictateur sans scrupules, qu'elle abandonne pour suivre un jeune homme brillant nommé Savrola (Winston) ; Savrola, idéaliste et fougueux, « ne connaît de repos que dans l'action et l'ambition est sa force motrice ». L'auteur, pour camper ses personnages à la veille d'une révolution, puise dans son expérience des colonies la description de la société imaginaire de Laurania. Lucile, femme énergique et courageuse, se démène pour conduire son destin, tandis qu'une nurse, qui ressemble fort à Mrs Everest, s'occupe avec tendresse de ses enfants ; l'intrépide Savrola avoue à Lucile qu'il craint l'amour : « L'amour je ne le connaîtrai pas ; si je le connais, ce sera pour mon tourment ou mon désespoir. » L'échec conjugal des parents n'est peut-être pas étranger à cette vision pessimiste du jeune Churchill.

Mère et fils se marient

C'est à l'occasion d'un bal donné à Salisbury Hall, en 1904, que Jenny présente son fils à Clementine Hozier. Belle, les traits réguliers, plutôt réservée, elle est issue d'une vieille famille de petite noblesse terrienne et elle a dix-neuf ans ; sa mère est une amie de Jenny. Le dialogue entre les jeunes gens s'amorce laborieusement : « Winston se contenta de me fixer. Il ne prononça pas un mot et se montra extrêmement gauche. Il ne m'invita pas à danser, il ne m'invita pas à dîner. Il resta planté là à me fixer. » Et comme la demoiselle a entendu parler du jeune député en termes peu encourageants, tels qu'égoïste, ambitieux ou prétentieux, elle ne s'offusque guère et ne prête pas trop d'attention à ce qui lui paraît un certain manque de tact. On en reste là. Clementine est une jeune fille de son temps, enfant d'un couple séparé, qui gagne sa vie en donnant des leçons de français. Elle a fait une partie de ses études à la Sorbonne et elle flirte avec les idées progressistes, regardant sans complaisance les milieux relâchés de la haute aristocratie britannique, dont Jenny, devenue Mme Cornwallis-West, lui apparaît comme une illustration.

Il s'en faut de peu pour que le deuxième rendez-vous, en mars 1908, soit également manqué : Winston, distrait, a oublié l'heure et arrive en retard à l'invitation d'amis communs, et Clementine, fatiguée par sa journée, hésite à faire toilette pour sortir – elle a rompu déjà deux fois des fiançailles. L'entretien, cette fois, se passe bien ; Winston déploie les charmes de sa vive intelligence, leurs idées sur bien des points convergent, et il demande à sa mère d'inviter la jeune fille chez elle pour un prochain week-end. Puis c'est au tour du duc de Marlborough, en août, de proposer à Clementine de passer quelques jours à Blenheim, en petit comité. Clementine apprécie Winston, bien que la visite à Blenheim l'intimide ; son prétendant a le mérite de ne pas cacher ses défauts : « Je suis d'un naturel très autosuffisant et très communicatif », concède-t-il. Jenny est présente à la rencontre, et avec l'accord de son fils et de son neveu, elle organise la demande en mariage dans la roseraie pour le petit matin. Mais l'imprévisible Winston ne s'est pas réveillé à temps et Clementine, lasse d'attendre, est prête à repartir. Sunny sauve la situation en secouant son cousin. L'après-midi, au cours d'une promenade dans le parc, Winston fait sa déclaration. Bouquet de roses et lettre d'amour ornée de petits cœurs concluent la journée.

Le mariage est célébré quelques mois plus tard. La cérémonie à peine achevée, le marié se rend dans la sacristie, et son épouse, qui l'attend, comprend aussitôt quelle sera sa rivale : Winston vient de retrouver le ministre et ami, Lloyd George, et tous deux discutent politique. La jeune femme est compréhensive, elle-même indépendante, et elle ne manque pas d'humour : couple heureux s'il en fut. Leur union a duré près de soixante ans, fidèle dans les tempêtes et les deuils et malgré les séparations exigées par la vie publique. Désormais, le personnage dominant de la vie de Winston est son épouse. La mère s'efface.

Le carillon nuptial sonne encore une fois. Et, contre toute attente, pour Jenny ! On ignore comment Winston a accepté le divorce et la troisième union de sa mère, en 1918 : trois ans après avoir marié son second fils, Jack, Jenny épouse un membre de l'armée coloniale fort riche, Montagu Porch, de trois ans plus jeune que Winston. Lady Randolph mène joyeuse vie, à Paris ou à Rome. Elle parle avec bonheur de son avenir, elle a soixante-quatre ans et elle est restée fort belle. Comme son fils, elle vit à plein chaque minute de la vie. Winston se contente de confier à un ami qu'il espère bien « que le mariage ne va pas devenir une mode parmi les femmes de l'âge de sa mère ».

Au retour d'un voyage à Rome, en 1922, Jenny, toujours à la dernière mode, porte de nouvelles chaussures et trébuche dans l'escalier ; elle se casse la jambe gauche. L'opération semble avoir raison de la fracture ; mais, quelques jours après, la gangrène se déclare et l'amputation est nécessaire. Deux semaines plus tard, elle est emportée par une hémorragie de l'artère fémorale. Churchill accourt. En pleurant d'émotion, il décerne un dernier hommage à cette mère pas comme les autres, qu'il vient saluer sur son lit de mort : « Elle était d'une beauté magnifique. Depuis le matin, elle avait perdu trente ans. Elle me rappela le visage que j'admirais tant, enfant, lorsqu'elle se trouvait à la fleur de l'âge, et le vieux monde des années 1880 et 1890 semblait renaître. »

Nostalgie de l'âge d'or maternel ! En cette année 1922, Mussolini arrive au pouvoir en Italie et en Allemagne un obscur « officier politique » nommé Hitler se fait remarquer pour son éloquence au Parti national socialiste allemand des travailleurs. Churchill, alors secrétaire des Colonies, quitte le gouvernement, et selon les aléas des élections, partage sa vie entre l'écriture et la politique. Ce fut un enfant solitaire, et c'est à présent un homme libre, souvent seul, qui n'a pas peur d'affronter ses amis conservateurs pour alerter l'opinion sur les dangers que représente l'Allemagne et pour dénoncer les accords de Munich en 1938. Il incarne le courage et la volonté du peuple anglais de lutter contre la peste nazie : « Je n'ai rien à offrir que du sang, du travail, des larmes et des sueurs. »

Frère et sœur : Jean-Paul Sartre et sa mère

> « Ma mère et moi nous avions le même âge et nous ne nous quittions pas. »
>
> Jean-Paul SARTRE, *Les Mots*.

Comme le naturaliste Cuvier a pu reconstituer, et même inventer un animal à partir d'un os minuscule, Sartre a pris un scalpel pour désosser et reconstruire son enfance. La mère, l'amour maternel, la famille sont au cœur de sa réflexion, autant par ce qu'il en dit que par ce qu'il n'en dit pas. Il a fallu une dizaine d'années et plusieurs ébauches pour que l'effort d'élucidation produise un texte définitif et très travaillé, *Les Mots*, publié en 1963 – il a alors près de soixante ans. À ce récit tardif autobiographique, auquel devait succéder un autre récit qui ne fut jamais écrit, s'ajoutent divers textes intimes comme les *Carnets de la drôle de guerre*, rédigés alors qu'il est simple soldat, la correspondance avec Simone de Beauvoir, et des lettres à différentes femmes qu'il a aimées, où il livre des traits de son caractère et revient sur son passé.

C'est toujours à son enfance que Sartre demande des comptes : « Il s'agissait pour moi d'établir que j'avais le droit d'exister. » La psychanalyse l'intéresse mais il s'en défie d'abord comme étant une production de la société bourgeoise au service d'une « conception illusoire des profondeurs de l'âme » ; il lui reproche son déterminisme qui écrase la liberté humaine, sa rigidité dogmatique et ses explications univoques par la sexualité, une sexualité omniprésente « qui heurtait notre puritanisme », note Simone de Beauvoir dans *La Force de l'âge*. Mais Sartre évolue : la méthode est jugée féconde à condition de l'associer rationnellement à une analyse marxiste centrée sur l'environnement social. Si le marxisme ne s'intéresse pas à l'étude de l'enfance, l'existentialisme, lui, l'intègre, car la famille est le point d'insertion de l'individu dans la société, et Sartre ne cesse de pointer cette intrication entre imaginaire individuel et imaginaire social. Reste que ses rapports à la psychanalyse sont complexes. Comme le montre la thèse convaincante de Josette Pacaly (*Sartre au miroir*, 1980), il s'empare des concepts freudiens et les aménage, en les exploitant dans une stratégie défensive. C'est peut-être alors dans la fiction et dans les trois grands essais critiques sur Baudelaire, Genet et Flaubert que s'ouvrent, le plus librement et par touches insistantes, les repères qui éclairent sa conception et son expérience de l'amour maternel.

Cette jeune fille de tous mes matins

« Je n'avais d'yeux que pour Anne-Marie, cette jeune fille de tous mes matins » (*Les Mots*). La jeune fille en question s'appelle Anne-Marie Schweitzer, devenue Anne-Marie Sartre par son mariage, en 1904, avec Jean-Baptiste Sartre, brillant enseigne de vaisseau sorti de l'École polytechnique. De ce mariage naît l'année suivante Jean-Paul, Poulou pour sa mère, le seul enfant d'Anne-Marie. En effet, en 1906, Jean-Baptiste Sartre meurt à Thiviers (Dordogne) d'une fièvre contractée en mission en Cochinchine. Le bébé, atteint d'entérite, manque de peu de suivre son père. Épuisée par les soins qu'elle a donnés à son mari, Anne-Marie doit le sevrer précocement et Poulou est mis en nourrice : « La fièvre et l'abrutissement m'empêchèrent de sentir le dernier coup de ciseau qui tranche les liens de la mère et de l'enfant. […] À la mort de mon père, Anne-Marie et moi nous nous réveillâmes d'un cauchemar commun ; je guéris. Mais nous étions victimes d'un malentendu : elle retrouvait avec amour un fils qu'elle n'avait jamais quitté vraiment ; je reprenais connaissance sur les genoux d'une étrangère. » Le rapport serait donc déséquilibré dès l'origine ; la mère est une délicieuse étrangère, sur les genoux de laquelle il se découvre sevré et seul ! Anne-Marie, sans argent et sans métier, va s'installer alors avec son fils chez ses parents.

Le petit Poulou peut se réjouir, sans remords et « sans combat », de son nouvel état d'orphelin. Point de père rival ; il ignore la jalousie et les affres de la compétition : « Ma mère était à moi, personne ne m'en contestait la tranquille possession. » Ils dorment dans la même chambre, dans des lits jumeaux. Entre eux s'installent une intimité et une complicité de tous les instants. Anne-Marie lui raconte des histoires en le débarbouillant. Elle s'émerveille de chacun de ses gestes, de son babillage et de ses progrès ; elle ne lui donne pas d'ordres mais plutôt des recommandations en forme de prières ; par ses lectures de contes de fées elle l'entraîne dans un monde romanesque et magique dont ils possèdent seuls tous deux la clé. Quand il grandit, ils vont ensemble au cinéma ou au théâtre et ils achètent des albums coloriés pleins d'aventures héroïques. Caressé, bouchonné, Poulou est l'enfant roi, envoyé du ciel. Mère et fils s'aiment hors du monde, « en clandestins, loin des hommes, des dieux et des prêtres », dans leur paradis où n'ont pas accès les vieilles personnes. Ils se disent tout et ils partagent leurs fous rires : « Nous avions le même âge et nous ne nous quittions pas. » Il est son chevalier servant, son petit homme : « Plus tard, je l'épouserai pour la protéger », conclut l'enfant. Égaux, ils sont pareillement traités en mineurs dans la maison des grands-parents.

La jeune veuve est belle, blonde et élancée. Réservée et pudique, aussi bien dans son corps que dans son langage. Bien qu'ils s'endorment côte à côte, il ne l'a jamais vue nue et il ne parvient pas à imaginer son corps. La nudité féminine est un secret que l'enfant hésite à percer : « Je dors encore quand elle court prendre son tub à la salle de bains. » Mais Simone de Beauvoir fait état d'une autre confidence qui tempère cette affirmation des *Mots* : « Le soir, quand je m'endormais, elle se déshabillait et elle se montrait probablement à peu près nue ; je restais réveillé en fermant à demi les yeux pour la voir à travers mes cils déshabillée » (*La Cérémonie des adieux*). La mère chaste, enveloppée de vêtements, reste cette « vierge » dont les caresses, les baisers, la peau douce et parfumée travaillent son imagination d'enfant. Il se sent tantôt son jeune frère et confident, tantôt son amant, mot dont il ne comprend pas vraiment le sens : les amants s'embrassent et dorment dans le même lit, « étrange coutume : pourquoi pas dans deux lits comme ma mère et moi ? ». Cette union d'âmes sœurs reste très chaste : « L'inceste me plaisait s'il restait platonique. » Autant dire que le fantasme érotique est très loin enfoui, impossible à affronter à moins d'être travesti – l'adulte, qui écrit en 1963, s'interroge sur cette relation idéalisée frère-sœur : est-elle un camouflage de sentiments interdits ? « J'ai commis la grave erreur de chercher souvent parmi les femmes cette sœur qui n'a pas eu lieu. »

L'enfance de Poulou est ainsi faite de joies simples. En écrivant *Les Mots*, il s'envisage bien peu comme un fils. Doté d'un père mort prématurément dont il reste à peine quelques photos et d'une mère à peu près vierge, il est « l'enfant du miracle » : « Comment serais-je né d'elle ?... De là vient sans doute mon incroyable légèreté. » La sexualité n'est cependant pas tout à fait absente des premières années : « J'avais certainement un sentiment assez sexuel pour ma mère », reconnaît Sartre, dans un entretien avec Simone de Beauvoir. Un sentiment ou un désir vague que l'enfant n'a pas eu le temps d'approfondir, tant ses besoins à peine formulés sont aussitôt exaucés. Le trouble affleure en petites touches discrètes et en termes voilés lorsque Poulou découvre la voix chantante d'Anne-Marie face à son professeur, une voix différente de la voix familière qui lui parle, ou lorsque, trottinant derrière elle sur les quais, ils sont accostés par un inconnu au regard insistant : « J'ignorais tout de la chair et je n'imaginais pas ce que cet homme nous voulait mais l'évidence du désir est telle qu'il me semblait comprendre [...]. Ce désir, je l'avais ressenti à travers Anne-Marie ; à travers elle j'appris à flairer le mâle, à le craindre, à le détester. » Cette mère séduisante et séductrice malgré elle, dont la voix change devant un homme, le plonge dans l'incertitude. Point de conflit œdipien, certes : « La prompte retraite de mon père m'avait gratifié d'un œdipe incomplet », mais une fragilité devant un mystère qui pourrait se révéler inquiétant.

Et si cet âge d'or de l'enfance n'était en fait que chaînes ? L'adulte qui écrit et qui s'est familiarisé avec la psychanalyse débusque les pièges de l'amour maternel. La mère nourricière est assurément la pierre angulaire nécessaire à la construction de soi et elle protège l'enfant de toutes les menaces. Mais peut-on survivre au sevrage et au paradis perdu ? Sartre donne l'exemple de Merleau-Ponty qui a aimé infiniment sa mère et à laquelle il doit son enfance heureuse, si heureuse qu'il admet ne s'en être jamais guéri. On ne se guérit pas du bonheur ; bien qu'il ait été chassé du paradis l'âge venant, l'adulte qu'il est devenu ressent encore dans sa chair sa filiation, tel l'enfant aimé, enveloppé par la mère-nature et incapable de séparation : « Merleau-Ponty se fit gardien de sa mère comme elle avait été gardienne de son enfance. » En refusant de trancher un invisible cordon ombilical, combien de fils entretiennent la névrose enfantine sans parvenir à la dépasser… ?

La loi de Moïse et la comédie familiale

Sartre a connu ce bonheur fusionnel du petit garçon choyé ; mais cette communion originelle, naturelle et quasi « sauvage », s'est émoussée sous les événements et les pressions d'une famille omnipotente. Le grand-père Charles Schweitzer et la grand-mère Louise, « Karl et Mamie », sont les maîtres du foyer où ils reçoivent leur fille veuve et son bébé. Aussi Sartre choisit-il de commencer *Les Mots*, en 1850, par l'histoire de ses racines maternelles, les Schweitzer. Alsaciens d'origine protestante, dotés de fortes personnalités, ils se transmettent la culture et les manières respectables des bonnes familles de génération en génération ; plusieurs Schweitzer ont été enseignants. Karl et Mamie incarnent le modèle du couple bourgeois cossu, fin de siècle : lui majestueux en costume trois pièces, pince-nez, chaîne de montre, elle en épouse vertueuse qui va à la messe pour entendre de la belle musique le dimanche. Karl, qui fut professeur d'allemand, est un homme puissant et autoritaire à qui ses enfants, fils et fille, obéissent. Il impose à sa famille son mode de vie, ses opinions, ses valeurs, et ses ordres sont aussi sacrés que la loi de Moïse car il détient le savoir. Les choses sérieuses sont les affaires des hommes ; Karl règle la parole comme les silences selon qu'il se repose dans son fauteuil ou qu'il prend le thé. À peine a-t-il besoin de parler, on devine ses volontés à un geste. Sa femme Louise reste silencieuse, mais sa froideur laisse entrevoir la distance prise par un esprit cultivé et caustique. Leur fille Anne-Marie, docile, n'a qu'un rôle subalterne : elle craint les humeurs du patriarche ; elle lui obéit et, comme prise en faute, elle s'arrête instantanément de jouer du piano lorsqu'elle entend sa clé tourner dans la serrure.

« C'est l'enfance qui façonne les préjugés indépassables », note Sartre, car l'enfance absorbe comme un buvard les préjugés familiaux (*Question de méthode*, 1957). Fils, petit-fils de bourgeois, Poulou a vite compris ce qu'était le pouvoir : « On m'a cousu mes commandements sous la peau. » Il ne lui est d'ailleurs pas difficile d'obéir, son grand-père l'adore et se plie à ses désirs ; il voit en lui l'enfant prodige qu'il espère et il s'est emparé de son esprit. Il suffit pour ce grand-père professeur d'initier son petit-fils à la lecture, à l'histoire, à la littérature, à la musique, bref de le former en bon maître d'école – Poulou n'ira pas en classe avant l'âge de dix ans et n'aura pas à affronter de contre-pouvoir. La bibliothèque grand-paternelle est substantielle en écrivains classiques et en auteurs sérieux qui ont connu leur succès cinquante ans plus tôt. Faute de petits compagnons pour jouer, Poulou apprend vite son alphabet et il passe de longues heures à toucher et caresser les livres, puis à les lire sous la lampe familiale et à se familiariser avec de grandes figures de la littérature ; tant pis si le petit garçon assimile à dix ans la pensée d'un siècle bien révolu ! Il s'attire ainsi les louanges du patriarche et l'admiration d'un public émerveillé par sa précocité. Il est adulé tel « un cadeau du ciel », on se répète ses mots d'enfant, et il regarde sa vie future avec les yeux du grand-père. Le garçonnet aime à plaire et trouve son profit à gagner les approbations ; de sa bonne volonté dépend l'harmonie familiale. Contraint de soutenir le rôle de l'enfant merveilleux, il se retranche volontiers du monde qui l'entoure pour rester l'incomparable petit prodige. Après tout, pourquoi ne serait-il pas lui-même un grand écrivain ? Voilà qui plairait au grand-père !

Ainsi commencent les vocations. Sous l'œil ravi de Karl, Poulou s'allonge sur le ventre avec un livre sous le nez – il ne sait pas encore lire mais il en a la posture, et la posture lui plaît. Plus discrètement, il abandonne les grands auteurs sérieux pour dévorer en cachette les albums coloriés que sa mère lui achète au cours de leurs promenades, ses « mauvaises lectures », tranche Karl, mécontent. Confiné, « séquestré » dans le bureau grand-paternel, il s'évade ainsi en vivant les exploits des héros que met en scène le populaire et inépuisable romancier Zévaco. De lire à écrire, le chemin est tracé. Lorsqu'ils sont séparés, grand-père et petit-fils s'envoient des lettres, parfois en vers, et Poulou reçoit un livre de rimes et un dictionnaire pour peaufiner sa correspondance. Comme il émet avec ferveur l'idée qu'il pourrait s'essayer aussi à écrire, on lui procure un cahier, une mappemonde et même une machine à écrire. Anne-Marie s'extasie, elle recopie ses pages griffonnées. Mais le grand-père doit déchanter : les romans de l'enfant prodige ne sont que des « bêtises », de ces histoires puériles que se racontent les petits garçons où ils s'inventent en preux chevaliers ou en grands explorateurs. Poulou, l'écrivain en herbe, sent qu'il a déçu ; aussi ses activités littéraires passent-elles à la clandestinité. L'expérience ne se fait pas sans douleur : sans vouloir le décourager, le grand-père compte ses fautes d'orthographe et veut désormais ignorer ses gribouillages tandis que sa mère n'ose plus le féliciter ouvertement ; le métier d'écrire s'apprend. Dépité, Poulou a perdu son arrogance, ce qui ne l'empêche pas de se remettre à son pupitre et à son cahier noir à tranche rouge. Même s'il a renoncé à ses rêves de gloire, il sera écrivain ou, comme le patriarche, professeur.

En septembre 1915, à dix ans, Jean-Paul est envoyé au lycée Henri IV, en qualité d'externe. Le voici confronté aux réalités, séparé des siens. À sa première composition il est classé dernier et le grand-père fronce les sourcils. Est-ce l'heure de vérité ? Anne-Marie s'empresse de prendre contact avec le professeur, et il suffit de quelques mois pour que le garçonnet, docile, redevienne bon élève. Poulou exulte. Au lycée, il se fait enfin des camarades avec lesquels il n'est pas nécessaire de briller ; il s'intègre à leurs groupes et découvre la camaraderie. Moment important de « bonheur grave », et même décisif, car il touche la vraie vie où se rejoignent enfin ce qu'il sent et ce qu'il vit : « Je me lavais de la comédie familiale. » Pour la première fois la silhouette du grand-père despote s'efface et Anne-Marie se voit ramenée à la catégorie générale et banale de ces « mères » qui ont perdu leur mari, deuils fréquents en cette période de guerre. Est-ce une nouvelle peau ? Poulou mène deux vies, l'une est le produit d'une famille, d'une culture, d'une classe sociale, celle d'un imposteur condamné à plaire, l'autre lui fait entrevoir la liberté d'être soi et exige qu'il apprenne à vivre tout seul. Mais il est trop aimé encore, trop choyé pour se remettre en question et se passer du regard de l'autre ; empressé, soumis, bien-pensant, perdu dans ses livres et assuré d'habiter le meilleur des mondes possibles, l'enfant de dix ans ne parvient à se voir que « par les yeux des adultes ». Il est ce trésor précieux qu'une mère surprotège, et qu'une famille manipule. Poulou n'a pas vraiment choisi sa vocation, il se fabrique des rôles et passe d'un mensonge à l'autre, mais il ne peut se révolter ni contre l'amour d'une mère ni contre la loi de Moïse : « La comédie me dérobait le monde et les hommes, je ne voyais que des rôles et des accessoires. » Il viendra plus tard au monde et à la rébellion.

Le sexe des anges

« On m'avait répété que j'étais un don du ciel, très attendu, indispensable à mon grand-père, à ma mère, je n'y croyais plus. » *Les Mots* reprennent ce refrain mélancolique : le cercle enchanté de la famille entretient la fausseté et le mensonge, mais jusqu'où ment-elle ? Le grand-père veut le persuader qu'il est un petit prodige sans y croire lui-même vraiment, et la mère le retient serré sur son giron en lui certifiant qu'il est le plus heureux des petits garçons. Chacun joue un rôle. L'ambiguïté règne autour de lui, et d'abord dans l'ordre de la sexualité : Anne-Marie est une jeune fille et Karl et Mamie ne font qu'un seul sexe ! C'est de façon voilée que l'écrivain, en 1963, aborde le sujet dans *Les Mots* ; ses aveux sont à chercher dans d'autres textes écrits quinze ans plus tôt, explorés et développés sans contrainte ni censure. *L'Enfance d'un chef* reproduit à bien des égards l'enfance de Poulou, et les essais sur Baudelaire, Genet ou Flaubert en disent long sur les rêves ou les cauchemars d'une sexualité enfantine mystérieuse. Toute névrose, selon Freud, est d'origine sexuelle, même la névrose de l'écrivain lorsque la main qui tient la plume jusqu'à en avoir mal au poignet s'adonne à une « tâche clandestine proche de la masturbation » (lignes rayées).

Jean-Paul Sartre admet qu'en vivant dans les jupes de cette mère-sœur que fut Anne-Marie, il a prolongé sa jeunesse et s'est laissé « féminiser ». Avec ses belles boucles blondes et sa petite taille, qui le rend « portatif » ou « maniable », il ne se différencie guère d'une fillette. Il ne participe pas aux jeux violents des grands garçons qui le méprisent et, encouragé par son grand-père, il se laisse volontiers entourer de petites filles qu'il charme de ses dons. Sa voisine Lucette Moreau lui ressemble, elle a le même âge, les mêmes boucles blondes et la même « jeune féminité ». Féminité physique et féminité psychique, car Poulou en vient à partager la sensibilité menacée de sa sœur-mère lorsque celle-ci est accostée par un monsieur entreprenant : « nous ne fîmes plus, Anne-Marie et moi, qu'une seule jeune fille effarouchée qui bondit en arrière ». À l'occasion d'une fête, Poulou est habillé en ange, en robe de mousseline bleue, avec des étoiles dans les cheveux et des ailes ; tous les invités sont charmés. « On se récrie : c'est réellement un ange ! » La même image revient dans *L'Enfance d'un chef*, lorsque le petit Lucien Fleurier, son double romanesque, revêt son déguisement : « Je suis adorable dans mon petit costume d'ange. »

Mère et grand-père ne s'accordent pas sur le sexe de l'enfant. Karl s'inquiète de l'éducation donnée par la mère, qui risque d'en faire une fille, une poule mouillée ; le chérubin de son côté a peur de grandir et de devoir renoncer à son statut privilégié, ni fille, ni tout à fait garçon. « Ma mère eût aimé, je pense, que je fusse une fille pour de vrai. [...] Le ciel ne l'ayant pas exaucée, elle s'arrangea : j'aurais le sexe des anges, indéterminé, mais féminin sur les bords. » Aussi, lorsque le grand-père, à l'insu d'Anne-Marie, emmène l'enfant chez le coiffeur pour lui couper les belles anglaises et en faire vraiment un garçon, Anne-Marie s'enferme dans sa chambre en pleurant – « on avait troqué sa fillette contre un garçonnet ». Poulou ne se reconnaît plus, l'inquiétude l'envahit aussi, tant il est mal à l'aise dans son corps : ne s'était-on pas trompé d'enfant ? Il se croyait beau à travers les yeux de sa mère et il se découvre les cheveux courts, la bouche trop grande et l'œil droit qui fuit à l'extérieur, appartenant à l'autre sexe.

L'angoisse autour de la sexualité qui s'éveille transparaît crûment dans les réflexions du jeune héros de *L'Enfance d'un chef*, Lucien Fleurier, qui s'interroge avec inquiétude sur l'identité de ceux qui l'entourent : « C'est une vraie petite fille... Comment t'appelles-tu ? Jacqueline, Lucienne, Margot ? » Car il y a les vraies petites filles et les autres. Lucien pense parfois que sa maman était peut-être « autrefois un petit garçon et qu'on lui avait mis des robes – comme à Lucien l'autre soir – et qu'elle avait continué à en porter pour faire semblant d'être une fille... Qu'est-ce qui arriverait si on ôtait la robe de Maman et si elle mettait les pantalons de Papa ? » Lucien aussi est peut-être une petite fille sans le savoir ! Dans les années 1930, à l'époque où il écrit la nouvelle, Sartre tourne volontiers en dérision les interprétations sexuelles de la psychanalyse, en laquelle il voit surtout « une mythologie inoffensive », qui se veut consolatrice. Aussi force-t-il le trait, parfois jusqu'à la parodie. Il souligne et développe les manifestations du désir érotique infantile qui s'empare clairement de l'enfant Lucien lorsque celui-ci se laisse frictionner et tripoter, comme on fait d'une poupée, par sa mère parfumée, toute en soie, qui lui donne son bain : « Il se sentait moite et chatouillé... Il aurait aimé barboter dans sa petite baignoire et que Maman le lavât avec l'éponge de caoutchouc » – scène reprise ailleurs. Comme Lucien s'abandonne aux soins de la mère, le héros d'une autre nouvelle, Charles, paralytique, s'abandonne aux caresses de l'infirmière, docile, passif, « portatif » : « Il dit : "On l'aime bien sa petite poupée"... Des fois elle acceptait, des fois elle disait non... » La confusion des sexes, l'attachement à la mère, l'inceste interdit, la place de la poupée, une certaine forme d'impuissance ou de dépendance, évoquées sobrement plus tard dans *Les Mots*, sont largement suggérés, mais « maintenus à distance » (*Le Sursis*).

Le romancier Sartre fait de « la scène primitive » un moment décisif, que vit le petit Lucien dans un rêve tournant au cauchemar. Le soir de la fête qui commence *L'Enfance d'un chef*, Lucien obtient la permission de dormir dans la chambre de ses parents. L'enfant, en se réveillant le matin, se rappelle quelques images insolites, vues ou rêvées la nuit, mais il en a oublié, lui semble-t-il, le moment capital : il ne se souvient plus que d'un tunnel à peine éclairé où remue « quelque chose de blanc ». Depuis cette nuit-là, Lucien change d'attitude face à sa mère ; il a peur qu'elle le touche, il se demande si c'est sa vraie maman : « Dans la journée, Maman et Papa jouent un rôle et la nuit ils sont tout différents » ; lorsqu'elle le prend sur ses genoux, terrifié, « il avait l'impression qu'elle allait se transformer sous ses yeux en une bête horrible – ou peut-être devenir une femme à barbe comme celle de la foire ». Lucien détient un secret honteux qu'il ne comprend pas : ses parents ne sont plus les mêmes. Assis tout nu sur son pot, il voit son père et sa mère voleter autour de lui habillé de robes d'anges. L'association est suggestive, et Sartre l'explicite dans d'autres textes : « Chez nous, le coït ne diffère pas beaucoup des fonctions digestives, il les prolonge. Le couple essaie vraiment de n'être plus qu'une seule bête... » (*Saint Genet*). La fécondation naît de ces forces aveugles et instinctives, « ignoble chimie », « sale cuisine de la nature »...

La figure maternelle se révèle plus ambiguë que la pudique Anne-Marie, enveloppée d'habits, ne le représente : la mère est cette grande sœur tendre et dévouée à la famille, toujours là pour satisfaire ses désirs, chaste comme une biche effarouchée ; mais, de même que Lucien a vu ses parents se transformer en bête horrible, Poulou, troublé, découvre que sa mère peut aussi prendre une voix et un visage tout différents lorsqu'elle parle à son professeur ou qu'elle veut plaire à un homme. Sa métamorphose, l'émoi qui l'accompagne ressemble alors à une trahison, ou à un cauchemar. Car la mère qui n'est plus une « jeune fille » devient brusquement la femme charnelle, sexuée et déjà obscène. Lucien se rêve orphelin ; il se répète « j'aime Maman », comme pour conjurer la possibilité de ne plus l'aimer. Il prend l'habitude de la regarder par le trou de la serrure lorsqu'elle se lave et il la surprend plongée dans une rêverie voluptueuse : « Elle avait l'air endormi… L'éponge allait et venait toute seule sur cette chair abandonnée. »

Amour et dégoût se mêlent. Lorsque Lucien, plus âgé, tombe amoureux de la jeune Bretonne, Maud, il aime en elle une sérieuse et pure jeune fille, hors d'atteinte ; et il la perd lorsqu'il en fait sa maîtresse : « Il revit la bête aveugle qui palpitait dans les draps… » Écœurante intimité, relation incestueuse, désintégration du désir auquel Lucien s'efforce d'échapper en s'essayant sans plaisir à une relation homosexuelle, puis, peu à peu, en substituant aux désirs troubles de l'amour l'ambition de la réussite sociale. Il n'évoluera pas et endossera avec soulagement le costume du petit chef à la tête de l'usine familiale, comme son père, « un salaud de bourgeois » qui se protège de tous les risques de la vie et choisit, sans combat, les conventions.

Figure maternelle sagement drapée ou figure inquiétante au ventre dangereux, escamoté sous la tendresse, le clivage entre ces deux mères travaille souterrainement les récits. Sartre admet que, jeune, lorsque sa sexualité demeurait encore rêveuse ou « mal définie », « il entrait de l'amour platonique » dans son affectivité, et une composante homosexuelle : le corps rude des hommes l'offusque, la sexualité lui fait peur, « c'était peut-être de la pédérastie refoulée » (*Carnets de la drôle de guerre*, XI). Ou peut-être, poursuit-il, « la tendresse est-elle si nettement sexuelle chez moi, comme l'intimité, que je ne puis envisager d'être tendre avec un homme sans que je sente aussitôt comme une brève poussée de sexualité qui ne trouve pas à s'employer et me rebute et me gêne aussitôt. » Identification du fils à la mère dans la tendresse, soumission à l'autorité du grand-père, passivité de la poupée et du petit enfant adulé qui ignore son sexe, confiance en qui lui ressemble : il faudra l'École normale, les grandes secousses de la guerre et la solidarité des troupes pour qu'il découvre les plaisirs de la camaraderie masculine. À part une profonde amitié pour Nizan, également fils unique, avec qui il partage des années de pensionnat à Henri IV, Sartre n'a de tendresse et de plaisir qu'avec les femmes : entre ces femmes, il distingue « l'amour nécessaire », celui du Castor avec qui il conclut un pacte pour la vie, et de nombreuses histoires d'« amours contingentes » (Beauvoir, *La Force de l'âge*).

Prince déchu

Le récit des *Mots* s'arrête à la douzième année, au moment où la vie de Poulou prend un tournant et où le sevrage psychologique entraîne une irrémédiable rupture. La rupture est déjà en germe lorsque les boucles blondes du garçonnet tombent par terre sous les coups de ciseaux du coiffeur. « Il plaisait hier, pourquoi déplaît-il aujourd'hui ? » se demandait le petit Gustave Flaubert qui s'inquiétait de ne plus être aimé (*L'Idiot de la famille*). Grandir, ce serait donc renoncer à un état de grâce, perdre la souveraineté de l'enfance et l'amour d'une mère, d'un père ou d'un grand-père ? Comme Gustave, Poulou « connaît les affres d'une actrice vieillissante » !

Le grand choc a lieu au printemps 1917. Anne-Marie, âgée de trente-cinq ans, se remarie avec un polytechnicien issu de la même promotion que Jean-Baptiste Sartre, Joseph Mancy. Ses intentions sont louables ; jeune et jolie, elle ne veut plus être à la charge de ses parents et elle a besoin d'un peu d'autonomie. Mancy, l'élu, l'aidera dans l'éducation de son fils, il défendra ses intérêts et lui offrira une meilleure situation sociale pour assurer sa tutelle. « Ma famille s'est rompue, expliquera Sartre plus tard ; je me suis retrouvé avec un monsieur qui jouait à être mon père et qui m'était totalement étranger. » Poulou habite encore quelques mois chez ses grands-parents ; puis, en novembre 1917, il rejoint sa mère et son beau-père à La Rochelle, où Mancy prend la direction d'un chantier naval. Il entre au lycée de garçons en classe de quatrième.

« Prince déchu » : non seulement Mancy a pris à Poulou sa mère – le garçon perd en même temps la foi – mais au lycée les élèves, des fils de la bonne bourgeoisie de La Rochelle, sont des adolescents brutaux et méprisants, qui se moquent du nouveau venu bizarrement habillé, trop petit pour son âge, laid, ignorant les sports et boudant les jeux. La potion est amère. Sartre ne se laisse pas faire mais il se renferme. Coléreux et querelleur, il se défend comme il peut, excellent élève et usant de ses talents pour tenir tête à un professeur, pour narguer les camarades ou inventer des histoires de filles capables de susciter l'envie ou l'admiration de ses camarades. Des histoires rocambolesques qui crèvent comme des bulles à peine racontées et se terminent en bagarres : « Je fus le souffre-douleur de La Rochelle. » Les pères sont alors à la guerre et ce petit monde de garçons à demi orphelins manque de figures fortes, capables de les aider à grandir. Anne-Marie tente de minimiser la plainte et de réveiller les heures heureuses : « Toi qui étais si mignon quand tu étais petit » ! Mancy, malgré sa bonne volonté, ne comprend pas grand-chose à l'adolescent révolté, il est autoritaire, attaché aux valeurs bourgeoises, et les relations se détériorent, fondées sur beaucoup de malentendus. Mais durant ces quatre années, Poulou lit, écrit, compose de petits romans, court les filles. Cette « fleur en pot », comme il se définissait jusqu'alors dans l'appartement de ses grands-parents, respire l'air extérieur, l'air de la vraie vie, si dure qu'elle soit. De retour à Paris, en 1920, il reprend sa scolarité à Henri IV et il reçoit le prix d'excellence. Il obtient sans peine la première partie de son baccalauréat.

L'adulte Sartre n'a jamais pu écrire la suite qu'il programmait aux *Mots*. Soit pour ne pas s'interroger sur les significations profondes d'une blessure cachée, soit pour ne pas peiner une mère qui n'avait pas démérité. Le fait est qu'en multipliant les entretiens après la publication des *Mots* et en donnant toutes sortes d'informations sur sa première enfance, l'écrivain semble vouloir interdire l'accès à la zone d'ombre de la période qui suit. Philippe Lejeune, grand expert en autobiographies, suppose que, faute de pouvoir affronter le remariage de sa mère, l'auteur virtuose des *Mots* « déporte sur une enfance plutôt heureuse les crises de la puberté ». À travers le choix de ses souvenirs, il reconfigure ainsi sa jeunesse et il se défend en se fabriquant une petite enfance parsemée de pièges. Le remariage d'Anne-Marie a éveillé ou réveillé en 1917 la carence obsédante d'un père et entretenu les angoisses propres à l'adolescent confronté à sa liberté : « L'enfant orphelin de père cache et exprime l'orphelin sevré de mère. » À travers les biographies littéraires qu'il n'a cessé d'écrire, depuis son *Baudelaire* (écrit en 1944 et publié en 1947), jusqu'au troisième volume de *L'Idiot de la famille*, en 1972, Sartre travaille à amasser les signaux susceptibles de compléter son autoportrait.

La césure radicale, le sevrage psychologique trouve en effet à s'exprimer dans le *Baudelaire*, avec une liberté et une hargne d'autant plus vive que la situation du poète approche à bien des égards de la sienne : « Lorsque son père mourut, Baudelaire avait six ans, il vivait dans l'adoration [...] uni au corps et au cœur de sa mère par une sorte de participation primitive et mystique : il se perdait dans la douce tiédeur de leur amour réciproque ; il n'y avait qu'un foyer, qu'une famille, qu'un couple incestueux. » Mais, quelques années plus tard, en novembre 1828, la mère adorée se remarie avec le général Aupick et l'adolescent ressent ce mariage comme un séisme : « Cette vie s'est retirée comme une marée, le laissant seul et sec, il a perdu ses justifications. » Sartre tire à lui l'histoire, puisque l'enfant Baudelaire a connu son père dans la petite enfance et que ses rapports avec Aupick n'ont pas toujours été désastreux. Mais l'identification est profonde : comme Baudelaire, Poulou ressent un vide intérieur et c'est sa place dans le monde, son identité, sa relation aux autres qui en sont bouleversées. Exilé, seul, il songe à la mort. Sartre cependant rejette l'exemple du poète à qui il reproche de s'être soumis à Aupick et au conseil de famille ; au lieu de gagner sa liberté, il a adopté la posture artificielle du dandy/Narcisse pour se façonner une statue ; il sacralise l'écriture et, finalement, tout en jouant les martyrs, il ne se dégage jamais de la morale bourgeoise : « Baudelaire ne se perd jamais… » ; c'est la nature qui est devenue inconsistante, lorsque le regard maternel, divinisé, a cessé de la faire vivre.

Les conséquences de l'absence de la mère, ou de l'exil de l'enfant, dépassent l'ordre des sentiments. Dans son étude sur *Mallarmé*, publiée en 1986, après sa mort, Sartre suggère que la mort de la mère creuse des marques indélébiles en effaçant l'identité : « L'enfant perd sa vérité, elle s'est enfoncée dans la mer avec le cadavre. » Chez Genet, né de père inconnu et abandonné par sa mère à sept mois, le néant prend la place de l'être : « Une femme l'a arraché de soi tout vivant pour l'envoyer rouler hors du monde […]. Fils de personne, il n'est rien. » Dans le portrait de *L'Idiot de la famille*, et bien que le jeune Gustave Flaubert n'ait perdu ni son père ni sa mère, les similitudes sont plus nombreuses que les différences : comme Sartre, Gustave redoute d'être chassé « du doux monde servile de l'enfance », en cessant d'être un enfant vif et brillant. La mère, efficace, semble certes l'aimer, mais elle est comme une sœur aînée, une sœur sans chaleur ni spontanéité, toujours mineure et soumise au mari, tandis que le mari, médecin et représentant d'une bourgeoisie sclérosée, préfère son fils aîné, l'héritier et vassal qui lui succédera. Comme Anne-Marie avait rêvé que son fils fût de l'autre sexe, Caroline Flaubert, enceinte une troisième fois après deux garçons, souhaite avoir une fille. Gustave s'efforce de plaire à ses parents ; mais ses échecs scolaires humilient son père et entraînent sa disgrâce : « Si tu m'aimais, si tu avais le moindre sentiment de tes devoirs envers moi, envers ta mère, il y a beau temps que tu saurais tes lettres, tes départements, ta table de multiplication. » L'anecdote rappelle à Poulou qu'il avait été violemment admonesté par son grand-père parce qu'il avait écrit « lapen çovache » dans une dictée, et que sa mère avait osé en rire ! Ce grand-père en vérité l'aime-t-il ?

Vous êtes toujours de trop par rapport au monde

« Il s'agissait pour moi d'établir que j'avais le droit d'exister et que mon existence était un absolu. » *Les Mots* expriment constamment et avec ironie le sentiment d'une imposture. Le petit roi ne cesse de se sentir inconsistant, injustifiable, surnuméraire, car il ne se bat pas, ne se révolte pas, ne vit pas. Son corps, sans force, n'en est pas moins exigeant, car il éprouve des désirs, désirs aussitôt comblés par un monde imaginaire de cap et d'épée, devenu son refuge. Mais il grandit sans camarade, en solitaire, en exclu ; il s'ennuie et il est souvent triste, tout gâté qu'il soit. Il plaît et il se déplaît. À l'âge de huit ans, il connaît un douloureux sentiment d'abandon. Il lui semble que la mort le guette, elle rôde dans la rue, dans son lit, sur un balcon… « Je vécus dans la terreur, ce fut une authentique névrose. » L'adulte qui écrit en 1963 donne son explication : « Enfant gâté, don providentiel, ma profonde inutilité m'était d'autant plus manifeste que le rituel familial me paraissait constamment d'une nécessité forgée. Je me sentais de trop, il fallait donc disparaître. » En « instance d'abolition », il ne se sent aucune nécessité, aucune justification, pas même celle de la religion qui n'est elle-même que le produit d'une société. Il est contraint, pour répondre à l'attente du grand-père, de toujours dissimuler. Pitoyable comédie que joue l'enfant et preuve du néant intérieur. Avec le patriarche, il a découvert la culture et le savoir ; mais il s'identifie alors à une sorte de « bien culturel », qui n'est qu'un mirage, ou un produit que le monde en marche rend caduc. Lorsqu'il décide qu'il sera écrivain, pour le plus grand plaisir d'Anne-Marie, il échappe encore à la vie en projetant une célébrité et une reconnaissance posthumes.

Les Mots reprennent parfois des formules que Sartre a utilisées dans ses premiers romans. *La Nausée* paraît en 1938. La nausée est cet écœurement qui saisit l'homme devant l'absence totale de nécessité, intérieure ou extérieure, elle est la marque même de l'existence qui ne s'appuie sur aucune valeur, sur aucun credo, sur aucun mythe rassurant : mais c'est à ce prix que se découvre la liberté. « Exister, c'est être là simplement... Tout est gratuit, ce jardin, cette ville et moi-même. Quand il arrive qu'on s'en rende compte ça vous tourne le cœur et tout se met à flotter. » Le roman relate l'expérience du flottement d'un individu, Antoine Roquentin, qui s'arrache à toutes les tentations « gluantes » du monde, renonce aux justifications et se désagrège peu à peu ; mais de cet embouteillage de hasards, il parvient à faire un récit. Dans *L'Enfance d'un chef*, Lucien a découvert lui aussi l'être de trop, exclu de l'accouplement nocturne de ses parents et relégué à la situation de témoin passif ; à l'inverse de Roquentin, il reste inconsistant et après plusieurs expériences manquées, il se réfugie dans une arrogante et routinière bourgeoisie : le seul changement à sa portée consiste à penser qu'il va « laisser pousser sa moustache », lorsqu'il endosse le costume du petit chef. L'homme n'a d'autre fondement que lui-même et la liberté ne consiste pas dans le pouvoir de faire tel ou tel acte, mais d'accepter le hasard. Il n'y a pas de destin ; le passé n'existe pas davantage, il n'y a que son interprétation. Le prisonnier du *Mur*, condamné à mort, échappe à son sort par une conjonction d'événements absurdes et imprévisibles.

La seule existence acceptable est de renoncer à dire « je » et à être structuré par le regard de l'autre : « Personne ne vous doit rien – surtout vous n'avez aucun droit sur le destin. Tout est toujours donné parce que vous êtes toujours de trop par rapport au monde » (*Carnets de la drôle de guerre*, III). Cependant, l'étape heureuse de l'amour maternel est nécessaire pour permettre à l'enfant de regarder au-delà de lui-même. « L'aliénation heureuse » de la petite enfance, une fois surmontée, donne la force de renoncer aux faux bonheurs : la liberté est alors arrachement aux origines et à un passé inaccessible. La trame de la vie du petit garçon mal aimé qu'est Gustave Flaubert est marquée par la discontinuité affective, par le manque et l'abandon. Aussi Sartre, qui a éprouvé par moments cette « existence pâteuse et manquée » (*Carnets de la drôle de guerre*, III), compare-t-il Gustave frustré d'amour maternel et passif à « une pâte sans levain qui retombe ».

Antoine Roquentin découvre la liberté après une cascade d'échecs et il est sauvé par son goût de la musique, Poulou par son imagination et par l'écriture ; Gustave est habité par la même passion de l'art, mais il ne parvient pas à « lever », à échapper à l'autorité paternelle et à la pression bourgeoise. Et si la virilité peut se confondre avec l'orgueil d'écrire, il se prédit à lui-même « un avenir d'écrivain raté », car la sacralisation de la littérature n'est que « la revanche du châtré », fuite devant le réel, succédané de la religion, besoin névrotique et solitaire : « l'appétit d'écrire enveloppe un refus de vivre » (*Les Mots*). Avec les secousses de la Seconde Guerre mondiale et l'uniforme de soldat, avec les voyages en Russie et dans les pays de l'Est, avec l'intérêt qu'il prend au combat communiste, Sartre fera, lui, de l'écriture un instrument politique : la vocation d'écrivain, tout en lui paraissant un trait de « la plus irrémédiable solitude bourgeoise », peut aussi se mettre au service de la critique sociale et devenir une arme. *Les Mots* sont ainsi une entreprise de démystification. En démolissant les vaines promesses de la société bourgeoise, la satire exorcise ainsi la tentation narcissique. Il n'y a plus de salut individuel mais des luttes collectives, auxquelles participe l'œuvre écrite aussi activement que le ferait une « manifestation ». Renonçant au romanesque, le philosophe choisira donc, à travers une écriture engagée, une perspective politique.

« Il n'a rien compris à son enfance »

Le remariage d'Anne-Marie avec Mancy a eu des répercussions sur ses relations avec son fils. Sartre ne parle pas de sa blessure, sinon à mots couverts : « J'ai conservé de l'affection à ma mère toute ma vie, mais ce n'était plus la même », reconnaît-il. Le lien ne s'est pourtant jamais distendu : Anne-Marie adore son fils et ce fils est un bon fils. Simone de Beauvoir, parfois invitée à prendre le thé chez elle pendant que le mari est absent, confirme leur proximité ; Mme Mancy habite avenue de Lamballe, dans le XVIe arrondissement de Paris, et Sartre s'y rend régulièrement, lorsqu'elle est seule. À Simone de Beauvoir, on doit d'entendre enfin la voix discrète de la mère. Durant les premières semaines de l'été 1939, comme chaque été, Sartre vient passer quelques semaines de vacances dans l'Yonne auprès d'Anne-Marie : « Tu es content ici, Poulou ? – Oui, Maman. – Heu ? Pas bien ? – Mais si, Maman. – En tout cas, ça te fait du bien, c'est hygiénique » (*Lettres au Castor*).

Mobilisé en septembre 1939, Sartre est fait prisonnier en juin 1940 ; pendant sa captivité, il prend la résolution d'écrire à sa mère tous les deux jours. Il obtient sa libération en 1941, en raison d'une infirmité à l'œil qui le rend presque aveugle. De retour à Paris, il habite successivement dans plusieurs hôtels et il vient régulièrement déjeuner chez Anne-Marie. Poulou est alors professeur de philosophie en khâgne à Condorcet, et il partage ses journées entre les cafés de Saint-Germain-des-Prés où il travaille et écrit, le lycée et le domicile de sa mère. Autour de lui gravite un petit monde d'amis, d'anciens élèves, de jeunes gens et d'étudiantes qu'il aide à survivre grâce à son salaire et à la précieuse collaboration de Simone de Beauvoir. Anne-Marie s'inquiète, comme toute mère, de la vie que mène son fils : lorsqu'il tombe amoureux fou de Dolorès Vanetti, qu'il a rencontrée aux États-Unis, en 1945, elle demande à son entourage si c'est bien une femme pour lui !

La mort de M. Mancy victime d'une crise cardiaque, en 1945, crée une situation nouvelle : Anne-Marie veut désormais vivre avec son Poulou pour se consacrer à son bonheur, ou au moins à son confort, et il accepte : « C'est mon troisième mariage », dit-elle avec gaieté en s'installant dans un vieil immeuble de la rue Bonaparte, près de l'église de Saint-Germain-des-Prés. La plus belle pièce est affectée au bureau du professeur. La coexistence n'est pas toujours au beau fixe ; les caractères se heurtent car elle est « soupe au lait », note Simone de Beauvoir : mondaine, elle aurait bien aimé participer à des réceptions données en l'honneur de son fils et dont elle aurait fait les honneurs ! Anne-Marie, infantilisée par son impérieux père et son retour après son premier veuvage au domicile paternel, a soif d'exister et de s'amuser. La vie a toujours été pour elle une somme de devoirs et il n'y a eu vraiment que l'enfant chéri pour la réjouir ; sa vie conjugale lui a apporté peu de satisfaction : « J'ai été deux fois mariée, et mère, et je suis toujours vierge », dit-elle dans ses vieux jours. Coquette, mince, élégante, elle reste jolie et attirante jusqu'à un âge avancé.

Mère et fils habitent ainsi en frère et sœur pendant de longues années encore. Anne-Marie vieillissante n'a guère d'autre préoccupation et d'autre pensée que la vie et la carrière de Poulou. Dévouée, modeste, douce, elle se rend utile et, avec l'âge, leurs différends s'apaisent. Lorsque son fils subit les violentes critiques de journaux hostiles, elle s'inquiète et s'informe auprès des amis : naïve et spontanée, elle livre parfois des confidences imprudentes aux journalistes. Au début, elle ne partage guère ses positions politiques qu'elle juge dangereuses, puis elle épouse peu à peu beaucoup de ses opinions en revisitant sa propre vie de jeune fille et de jeune femme brimée par l'autorité de ses parents. À Simone Beauvoir, elle avoue qu'elle a attendu ses quatre-vingt-quatre ans pour se sentir libérée de sa famille et de ses préjugés : « C'est seulement maintenant que je me suis vraiment affranchie de ma mère » (*Tout compte fait*). En 1962, une charge de plastic explose sous le porche de l'immeuble et oblige la mère et le fils à se séparer. Sartre logera alors dans un studio du boulevard Raspail et sa mère dans une petite chambre d'hôtel tout près. Mais ils se voient presque tous les jours.

La publication des *Mots* en 1963 – elle a plus de quatre-vingts ans – la remplit d'admiration, tout en lui faisant de la peine. Simone de Beauvoir raconte que le portrait du grand-père Schweitzer en patriarche impérieux et étroit l'a beaucoup affectée ; elle n'a pas reconnu non plus son Poulou dans la description douce-amère qu'il fait de ses premières années : « Il n'a rien compris à son enfance », proteste-t-elle (*Tout compte fait*). De fait, l'essai ne cherche pas à raconter les faits avec objectivité mais à les réorganiser par un va-et-vient entre le temps de l'enfance naïve et le temps de l'adulte averti. Ailleurs, dans une esquisse (*Miroirs d'encre*), Sartre reconnaîtra que son grand-père, par son goût des livres, des surprises et des jeux, a enchanté sa jeunesse.

Cette plongée dans le passé fait revivre à Anne-Marie bien des moments heureux, lorsque l'intimité et la tendresse l'unissaient à son fils, balayant tous les autres sentiments. L'idée lui vient alors de compléter l'autobiographie par ses propres souvenirs et, à son tour, elle remplit des cahiers pendant des mois. La vie quotidienne de la vieille dame est paisible, malgré des infirmités et malgré l'agitation inquiète qu'éveillent parfois les positions politiques de Sartre. Mère et fils se promènent ensemble dans les jardins du Luxembourg ; elle écoute souvent de la musique, sa distraction préférée. Mme Mancy s'éteint doucement, en janvier 1969, à quatre-vingt-sept ans. Voyant une dernière fois sa mère sur son lit de mort, Sartre découvre une autre femme, avec « l'impression que la vie avait écrasé et affadi, sans cependant la briser, une femme que sa constitution disposait à la passion, à la ténacité et même à la violence » (*Tout compte fait*).

« Enfant, je me racontais des histoires, je n'ai pas cessé. » On a pu dire que l'écriture des *Mots* a tenu lieu de cure analytique à Sartre. L'exploration du lien maternel anime constamment son œuvre autobiographique, biographique et fictionnelle. La mère est tour à tour la mère fusionnelle et la mère étrangère, la mère complice et la mère intrusive, la mère chaste et la mère aux désirs troubles, la mère désintéressée et la mère qui garde l'enfant captif dans son giron. Poulou fut l'enfant aimé, tiraillé de sentiments contradictoires, mal à l'aise dans son corps ; parfois une agressivité cachée perce sous la tendresse. Mais il découvre à dix ans, sur les terrasses du jardin du Luxembourg, qu'il existe un autre monde, où jouent des bandes d'enfants de son âge, libres et heureux, échappant au règne des mères.

Quant au lien au père, représenté par le grand-père auquel il faut échapper, il est à la fois gratifiant et écrasant. Charles Schweitzer aime son petit-fils contre ses fils – tout comme une mère peut aimer son fils contre son mari. Poulou a mis du temps à se défaire de son emprise, de son idéologie et de ses sécurités bourgeoises : mais les ruptures successives, La Rochelle et la guerre de 1914-1918, puis l'École normale et la vie de soldat, l'orgueil d'intellectuel enfin, ont été autant de jalons libérateurs qui lui ont permis de se soulever contre tous les « commandements cousus sous la peau ». L'enfant Gustave Flaubert, qui admire son père et qui n'a pas eu la force vitale de se libérer de son empreinte, est l'image négative de Sartre. Dans toutes ces figures plus ou moins imaginaires, ce sont ses propres questions et son propre système de relations que Sartre esquisse en cherchant à tâtons sa liberté. Cette liberté choisit de s'exprimer par la médiation de l'écriture. L'écrivain engagé n'est plus le truqueur rêveur : il veut démystifier l'enfance merveilleuse et dissoudre « les mythes et les fétiches » de sa génération. Mais quoi qu'il en dise, il reste l'esthète héritier d'une vaste culture, qui joue des raffinements de la psychologie et s'efforce toujours de séduire par l'art ou les artifices des mots. Le récit de l'enfance, écrit par un adulte virtuose, peut-il éviter les illusions d'optique et parvenir à débrouiller les nœuds d'une famille où le grand-père endosse la fonction de père et de maître d'école, où l'enfant ne peut « tuer » un père imaginaire déjà mort, et où les fantasmes font d'une mère une sœur ?

Alberta et Martin Luther King : une héroïne silencieuse et son fils

« Ma mère nous dispensait cette sollicitude maternelle sans laquelle on a l'impression qu'il vous a manqué quelque chose dans la vie. »

Martin Luther KING, *Autobiographie*.

« Il ne faut jamais te laisser aller à penser que tu es moins que quiconque. »

Alberta WILLIAMS KING à son fils.

« Personne ne pourra faire de vous un esclave si vous ne pensez pas comme un esclave. »

Martin Luther KING, *Autobiographie*.

Martin Luther King a été assassiné en 1968, à Memphis, quelques jours après avoir conduit une manifestation pacifique destinée à soutenir des éboueurs noirs en grève et à obtenir l'égalité de salaires avec les Blancs. Six ans plus tard, sa mère Alberta Williams King est assassinée à Atlanta, dans l'église baptiste d'Ebenezer, où son mari puis son fils ont été de longues années pasteurs.

La vie et la mort d'Alberta s'inscrivent dans le récit national d'intégration et de non-violence qu'a incarné son fils, mais elle est toujours restée dans l'ombre ; héroïne quasi invisible, elle a préparé et accompagné les choix qu'a faits l'adolescent puis l'adulte Martin Luther

King. Car c'est le sort de beaucoup de mères de grands hommes que de rester dans l'obscurité. Déceler les inclinations d'un enfant, susciter en lui le désir de s'élever, légitimer une noble ambition, pressentir son glorieux destin sans l'entraver par des considérations égoïstes, et enfin savoir s'effacer : la tâche de la mère est vaste, souvent souterraine, et elle réclame, avec le fils, une union de pensée. Une union de pensée qui fut aussi, pour Alberta, une union de destins.

Mama chérie

Martin Luther King est né à Atlanta, en janvier 1929, au début de la Grande Dépression qui a bouleversé les États-Unis et grossi les longues queues devant les boulangeries. La famille King appartient à la petite bourgeoisie afro-américaine du Sud, à qui une gestion sage et économe permet de vivre dans un relatif confort. Le père, Michael Luther King senior (qui prendra le premier le nom de Martin Luther King), était devenu pasteur après avoir exercé divers petits métiers, et il a rencontré sa future épouse à l'église d'Ebenezer, où le père de la jeune fille, le révérend Adam Daniel Williams, était pasteur depuis 1894. Williams était un homme d'exception, éloquent, infatigable ; il avait donné par sa foi une aura prestigieuse à son église et qui se montrait également très actif dans la vie locale, et plus particulièrement à la tête de la NAACP (National Association for the Advancement of Coloured People, Association nationale pour le progrès des gens de couleur) qu'il avait en partie fondée, en 1906, pour lutter contre la ségrégation imposée par les Blancs. Alberta, fille unique, avait été élevée dans les meilleures écoles accessibles aux Noirs d'Atlanta et elle avait embrassé le métier d'institutrice. Mike, invité dans la famille Williams, ne tarda pas à se déclarer, et le mariage fut célébré en 1926. Le couple s'installa dans la belle maison à étages du révérend, à quelques pas de l'église, et Mike fut nommé vicaire à Ebenezer puis, à la mort de son beau-père en 1931, il devint à son tour le pasteur. Deux enfants étaient déjà nés, Willie Christine, puis Michael devenu Martin Luther junior – le petit Alfred Daniel n'allait pas tarder.

La famille King est une famille unie, harmonieuse, sur le modèle de ces familles réglées de l'Ancien Testament. Le révérend King, chef du foyer, gouverne les siens en bon patriarche ; c'est une personnalité profondément religieuse, mais aussi un homme imposant, dynamique, au physique puissant, à qui il faut obéir et qui ne badine pas avec le respect qu'on lui doit. Son influence, due à son intégrité et à son engagement dans la lutte pour les réformes sociales et la reconnaissance des droits civiques, s'étend sur toute la communauté. Alberta Williams, quant à elle, est une petite femme discrète, pieuse et douce. Comme une règle archaïque de l'école locale interdit à une femme mariée d'exercer le métier de professeur, elle se consacre à sa famille et à son église ; excellente musicienne, elle tient l'orgue de l'église d'Ebenezer, organise la chorale et joue volontiers du piano. Les enfants sont élevés selon une morale stricte et avec un certain rigorisme ; l'église est leur deuxième foyer. Dès cinq ans, le petit Martin assiste aux premiers offices ; à six ans, il chante les psaumes avec le chœur, plein de ferveur. C'est, de l'avis de tous, un enfant vif et intelligent, doué d'une mémoire étonnante, si précoce que ses parents tentent de le faire entrer à l'école primaire avec un an d'avance.

« J'ai une mère et un père merveilleux », écrit Martin Luther King des années plus tard, dans son *Autobiographie*. Il parle avec émotion de son enfance, de l'impressionnant « *Daddy* » et de la tendre « *Mother Dear*, Mama chérie », et il ne se souvient d'aucune scène assombrissant le ménage. Le foyer comprend aussi l'indulgente grand-mère devenue veuve, Jennie Williams, et la bonne tante Ida, qui lit aux enfants des journaux ou des morceaux d'encyclopédie. La famille se retrouve réunie à l'heure des repas, où n'est admis aucun retard. Autour de la table, les parents échangent leurs idées ; ils font participer les aînés à la conversation, en développant leur curiosité, et ils écoutent avec intérêt leurs propos et leurs questions. Martin reconnaît que cette intimité chaleureuse et bienveillante a éveillé en lui une sociabilité et une vision optimiste de l'existence : « La vie m'était donnée comme un cadeau de Noël. »

Comme dans toutes les familles, les enfants crient et se disputent. On peut se fier à la sœur aînée, Christine, lorsqu'elle raconte les bêtises de Martin : inscrit à des leçons de piano, le garçonnet juge ce genre d'activités réservé aux filles et avec l'aide de son petit frère, plus rebelle que lui, il sabote le tabouret où doit s'asseoir le professeur, lequel s'effondre par terre ; la fessée est immédiate. Quant à participer aux corvées ménagères, mettre le couvert ou essuyer la vaisselle, Martin n'y songe même pas et il s'enfuit, très pressé, dans la salle de bains dès que la menace se précise. *Daddy* ne plaisante pas avec la discipline et les corrections sont fréquentes. L'enfant, très sensible, a souffert de ces punitions, mais malgré son envie de sangloter, « il se tenait debout ; les larmes pouvaient couler à terre, il ne disait mot ». Il se rappelle que son père l'a corrigé jusqu'à l'âge de quinze ans. La tendre grand-mère était moins stoïque que lui et elle devait se retirer dans une autre pièce pour ne pas pleurer en voyant la souffrance de son petit-fils préféré. Quand Martin a douze ans, la mort de sa grand-mère, victime d'une crise cardiaque, est pour lui un immense chagrin ; il s'en tient même responsable parce qu'il a, sans permission, participé à une parade et qu'il en est puni, et il passe des nuits à pleurer. Christine résume assez bien l'atmosphère familiale et le climat affectif de son frère : « Je dois dire qu'il a reçu amour et compassion de notre mère. Sa foi, sa détermination et son caractère droit viennent de *Daddy*. »

Comment aimer des gens qui me haïssaient ?

Ce petit garçon aimant, gai, réfléchi, découvre brusquement que le monde n'est pas aussi beau qu'il le croit. Martin a six ans. Depuis trois ans déjà, il a « un meilleur ami », de son âge ; le père est un petit-bourgeois de race blanche qui tient un magasin en face de la maison des King. Les deux garçons jouent ensemble toute la journée ; mais lorsque vient l'âge d'entrer à l'école, en septembre 1936, ils doivent se séparer : école noire pour l'un, école blanche pour l'autre. Leur amitié commence à s'effriter et elle se rompt définitivement lorsque le petit camarade annonce à Martin que son père lui a demandé de ne plus jouer avec lui : « Je n'oublierai jamais quel choc immense cela m'a causé. » Le soir, à table, Martin questionne ses parents. Que s'est-il passé ? Par où a-t-il démérité ? Alberta tente de consoler son fils et de lui expliquer ce que fut l'esclavage en Amérique et comment les Blancs ont imposé la ségrégation aux Noirs.

C'est un petit cours d'histoire que feront Alberta et Luther King à leur fils pour le préparer à affronter un système hostile à mesure qu'il grandira. Depuis que l'égalité raciale a été proclamée par Abraham Lincoln, les Noirs sont théoriquement pleinement des citoyens américains. Mais, dans les États du Sud, les vieux usages sont revenus dès que la guerre de Sécession a pris fin en 1865 et que les armées nordistes ont quitté la région en 1877. Les Blancs adversaires du changement ont alors formé des associations de défense. La plus violente de toutes, la secte terroriste du Ku Klux Klan, qui tabasse ou lynche « le Noir insolent », a été interdite par le gouvernement fédéral, mais elle renaît souterrainement sans cesse jusqu'à devenir une organisation nationale dans les années 1920. Les lois réactionnaires « Jim Crow » ont réintroduit dans le Sud une ségrégation sévère. Les Noirs ne peuvent aller dans les mêmes wagons de chemin de fer, ni dans les mêmes écoles, ni dans les mêmes hôpitaux que les Blancs ; dans les autobus urbains ils sont tenus de céder leur place et d'aller au fond de la voiture. Ils sont exclus des syndicats ; pour un travail identique, ils reçoivent un salaire moindre, et ils sont licenciés en priorité. À Atlanta, le régime de ségrégation particulièrement rigoureux touche toute la vie quotidienne : le Noir n'a pas le droit d'entrer dans un magasin pour Blancs ni d'aller à un comptoir pour y commander un hamburger ou boire une tasse de café ; il ne doit pas boire à la même fontaine, ni utiliser les mêmes toilettes, ni monter dans le même ascenseur. De nombreux mouvements de révolte s'élèvent contre ces humiliations quotidiennes ; la NAACP, à laquelle participent des Blancs solidaires, combat la ségrégation partout où elle peut, au tribunal ou à l'église. Mais le portrait stéréotypé du nègre chantant, indolent, sportif et joueur, si inoffensif qu'on l'appelle « mon garçon », quel que soit son âge, s'est installé dans le cerveau du Blanc sudiste.

Martin est bouleversé par les tragédies qu'il entend raconter ; il découvre pour la première fois l'existence du problème racial et sa terrible injustice. Il apprend qu'il vit à Atlanta dans « un secteur nègre » et il lit un peu partout l'inscription « Blancs seulement ». Chacun des parents, avec ses mots et selon son caractère, l'aide à dépasser cette sombre découverte. Alberta a pris son fils sur ses genoux et apaise sa rage en lui expliquant la différence entre une condition sociale imposée par les autres et la nature d'une personne à part entière : « Tu es aussi bon que les autres. » La mère n'est pas moins bouleversée que le fils lorsqu'elle apprend que Martin a été giflé par une dame blanche qui croyait qu'il lui avait marché sur les pieds. Elle s'adresse à lui au plus profond du cœur : « Il ne faut jamais te laisser aller à penser que tu es moins que quiconque. Il te faut toujours garder le sentiment que tu es *quelqu'un.* »

Martin Luther King senior est plus abrupt. Un jour où le père et le fils font une expédition dans un magasin de chaussures du centre-ville, ils se font interpeller parce qu'ils se sont assis sur les premiers sièges vides à l'entrée : « Je m'occuperai de vous avec plaisir, murmure le vendeur blanc, si vous voulez bien vous asseoir sur ces sièges à l'arrière. » Et le père de répondre aussitôt : « Ou bien nous achèterons des chaussures en restant sur ces sièges-ci, ou bien nous n'achèterons pas de chaussures du tout. » Furieux, il se lève et sort du magasin en tenant son fils par la main et maugréant tout bas : « Peu importe qu'il me faille vivre avec ce système, je ne l'accepterai jamais. » Martin Luther King junior tire les leçons de ce qu'il voit ; oubliant son devoir de chrétien, il prend alors, dira-t-il, la résolution de haïr toute personne blanche : « À partir de ce moment-là, plus je grandissais, plus ce sentiment se renforçait. » Son père lui sert de modèle, prêt à se battre contre toutes les injustices et à proclamer bien haut ce qu'il pense ; sa mère, qui n'est pas plus indulgente que son mari, cherche surtout à lui instiller, dès son âge le plus tendre, « un sentiment de dignité » et le respect de soi.

Martin, cependant, poursuit une scolarité brillante. À quinze ans, en 1944, il a terminé ses études secondaires. Avant d'entrer dans un collège universitaire, il prend pour l'été un travail dans le Connecticut, à Simsbury, dans les champs de tabac, où il est embauché en même temps que plusieurs Noirs. Le dimanche, il se rend dans une paroisse blanche et il découvre qu'il n'y a là aucune ségrégation. On lui a même demandé de commenter les textes de l'Écriture devant ses camarades ; il a le droit de prendre ses repas où il veut et déjeune dans l'un des meilleurs restaurants de Hartford : « Il n'y a plus de discrimination du tout. » Au retour, il prend le train librement de New York à Washington, mais, à partir de la gare de Washington, en direction d'Atlanta, il oublie un instant, en s'installant dans un wagon-restaurant, qu'il doit s'asseoir derrière le rideau – ce « rideau tiré sur ma personnalité », que désormais il ne veut plus refermer.

Une personnalité qui se cherche

Au collège universitaire de Morehouse, réservé aux étudiants noirs, où il entre en septembre 1944, Martin Luther King découvre un univers nouveau. L'université est un lieu d'émancipation intellectuelle ; il lui faut, pour « tirer le rideau », commencer par échapper à un héritage qui peut se révéler encombrant, questionner les piliers de sa foi et interroger les Écritures en prenant de la distance avec le fondamentalisme de son enfance. Il n'a que quinze ans, il est assez petit et il est très en avance, mais il lui manque beaucoup de connaissances. En revanche, il est plus mûr que bien d'autres étudiants plus âgés ; il sait qu'il veut « servir la société » et combattre les injustices raciales et économiques : plusieurs métiers s'ouvrent à lui, médecin, avocat, ou pasteur comme son père. Pour l'instant, il dévore les livres, s'intéresse à la philosophie et se passionne pour l'ouvrage du penseur américain Thoreau, *La Désobéissance civile. Du devoir de désobéissance* (1849), qui l'initie à la théorie de la résistance passive : « J'ai appris que le refus de coopérer avec le mal est une obligation morale, tout autant que de coopérer avec le bien. » Il participe aussi activement à diverses organisations qui luttent pour la justice, et la présence d'étudiants blancs à ses côtés atténue quelque peu sa rancœur. Rationnel, il se méfie de l'émotivité : Dieu peut être découvert par la raison. Deux figures de l'université le marquent, Benjamin Mays, pasteur et président de Morehouse qui prêche la responsabilité et l'engagement en écartant toute résignation, et George D. Kelsey, directeur du département religieux, qui l'invite à lire la Bible et à faire une pause pour réfléchir sur son avenir. L'un et l'autre l'aident dans ses choix ; en 1947, Martin décide qu'il sera un pasteur baptiste, comme son père et son grand-père Williams. L'année suivante, en 1948, il est prêt à entrer au séminaire Crozer à Chester en Pennsylvanie : « J'ai décidé très tôt de consacrer ma vie à quelque chose d'éternel et d'absolu. »

Le révérend Martin Luther King senior ne sera pas son modèle. À Crozer, le garçon de dix-neuf ans se plonge dans toutes sortes d'études de grands philosophes qui réfléchissent sur les rouages économiques et moraux de la société. De ses lectures, qui embrassent Marx, Nietzsche, Rousseau, Hobbes, Bentham, Mill, Locke, ou un auteur plus contemporain comme Rauschenbusch, il se forge quelques idées fortes : le Nouveau Testament s'intéresse à l'homme dans son intégralité, dans son âme, son corps, son insertion sociale, et il faut refuser les frontières hermétiques entre le spirituel et le temporel. Martin n'accepte ni le capitalisme, qui ignore que « la vie est un phénomène social », ni le marxisme, qui ne comprend pas que « la vie est un phénomène individuel et personnel ». La découverte de la doctrine pacifiste que lui enseignent les ouvrages de Gandhi le passionne : ainsi commence, dit-il, son « odyssée intellectuelle vers la non-violence », élevant l'éthique chrétienne de l'amour du prochain en une force et un instrument puissant de transformation sociale et collective. Enfin, il conçoit la prédication comme un instrument majeur « pour changer l'âme des individus » et un besoin vital de la société pour qu'elle puisse être changée.

Du séminaire de Crozer, Martin Luther King passe à la faculté de théologie de Boston à la rentrée de 1951 pour y faire son doctorat. Ses résultats scolaires sont excellents, même s'il est loin d'avoir résolu les questions qui le taraudent : que peut le pacifisme chrétien contre un Hitler ? Comment définir le péché ? Jésus fut-il aussi un militant politique ? Qu'est-ce qu'une vie bonne et juste ?

Les interrogations du jeune homme ne sont pas toujours aussi philosophiques. Il entretient avec sa mère une correspondance affectueuse et charmante ; il lui raconte ses conquêtes féminines, « les filles lui courent après ». À ses compagnons de campus, il déclare qu'il a « la meilleure mère du monde ». Il écrit aussi à sa sœur Christine ; il se rend dans des clubs de jazz, il est toujours élégamment vêtu – on le surnomme Tweed depuis son enfance –, mais le thésard ne se laisse jamais distraire bien longtemps : il suit les offices à l'église et écoute avec ferveur ces chants religieux qu'aime tant sa mère. Son père lui envoie régulièrement de l'argent ; en revanche, King senior se montre furieux lorsqu'il apprend que son fils se rend à une soirée dansante : chez les King, on ne danse pas, on ne joue ni aux cartes ni au billard, et on ne conteste pas les décisions du père. Les amourettes, cependant, ne suffisent pas au jeune homme et il demande à une amie d'Atlanta de lui trouver une fiancée intelligente et belle. Ladite amie lui organise une rencontre à Boston, en janvier 1952, avec une charmante jeune fille, originaire de l'Alabama, qui aspire à devenir cantatrice et fait de la musique au Conservatoire de Boston, Coretta Scott. L'entente est presque immédiate ; Coretta a deviné la force qui anime Martin et elle est prête à s'engager à ses côtés, en devenant l'épouse des bons et mauvais jours, la mère de ses enfants, et en renonçant à sa propre carrière musicale.

Martin prévient d'abord sa mère. Il lui faut encore se battre un peu contre Luther King senior, qui méditait d'autres épousailles, mais le fils résiste, sûr de lui. Le révérend bénit le mariage des jeunes gens à Marion, en Alabama, au milieu de toute la famille joyeuse, le 18 juin 1953.

« Écoute, sale nègre, on en a ras le bol de toi »

Les jeunes mariés achèvent leur cursus universitaire à Boston. Plusieurs églises baptistes proposent un poste au jeune pasteur, qui est invité à prononcer ses sermons d'essai. À Montgomery, l'église de la Dexter Avenue lui réserve un excellent accueil et applaudit à son talent de prédicateur ; il accepte l'offre de la paroisse et s'y installe en octobre 1954. Anxieux et ému, il s'adapte vite à son public, parle sans notes, « doux, éloquent, persuasif » et toujours modeste ; l'église est pleine à craquer. Il prend aussi du temps pour recevoir ses ouailles, il organise un comité d'action sociale et aide autant qu'il peut la NAACP. Ce qu'il espère, c'est « briser la chaîne de la haine » et faire bouger les autorités.

Les circonstances lui en donnent l'occasion. Le 2 décembre 1955, Rosa Parks, une couturière noire de quarante-deux ans, rentre du travail après une journée fatigante. Elle s'est assise dans le bus sur le premier siège libre, derrière la « section des Blancs-comme-lys ». Le bus étant plein, le conducteur ordonne à Mme Parks de céder sa place à un Blanc qui vient de monter. Elle refuse. Il la menace d'appeler la police, mais elle ne bouge pas. Deux policiers l'emmènent de force au commissariat, où elle est accusée d'avoir enfreint la réglementation des autobus et semé le désordre. On ne l'autorise pas à boire à la fontaine réservée aux Blancs bien qu'elle meure de soif. Un des dirigeants de la NAACP arrive en hâte pour payer la caution et la faire libérer. L'avocat Edgar Nixon est prévenu, qui demande à un avocat blanc de l'épauler. La cause est excellente, tout à fait symbolique, d'autant que Mme Parks est une personne intelligente et honnête : une brimade de trop, et la population noire est prête à manifester. Le pasteur King hésite sur la réponse à donner ; il doit en peser les conséquences et il propose son église pour que se réunissent les leaders : il est décidé en commun de boycotter les bus de Montgomery, à partir du 5 décembre ; les compagnies noires de taxi assureront les transports.

La consigne est largement suivie et reconduite : les bus circulent mais ils sont vides ; des centaines de gens marchent, montent à cheval ou à dos de mule, et un système de covoiturage est mis en place. Mme Parks, quant à elle, est condamnée à payer quatorze dollars pour avoir enfreint la règle sur la ségrégation. La foule s'est amassée sur la place de l'hôtel de ville. King a vite compris que l'incident donne l'occasion à la cour fédérale de se prononcer sur la validité des lois de Jim Crow. Un organisme permanent est constitué pour mener le boycott, dont King est nommé président. Le soir même, dans un climat d'excitation générale, une foule se rassemble dans l'église pour écouter le sermon du pasteur : les Noirs sont appelés à ne pas remonter dans les autobus tant qu'on ne leur garantira pas une attitude de courtoisie et qu'ils n'auront pas le droit de s'asseoir à la première place disponible. La résolution est acclamée. Montgomery entre dans l'histoire ; ses autobus sont restés vides et le boycott dure trois cent quatre-vingt-un jours. L'exceptionnelle puissance oratoire de King commence à être connue.

Néanmoins le combat se durcit et le pasteur paie de sa personne : il est inquiet et, par moments, perd courage ; il en appelle à la conscience chrétienne, mais les Blancs cherchent à les diviser ; des Noirs qui conduisent des voitures sont jetés en prison pour des infractions mineures. À la mi-janvier, King est lui-même arrêté à la sortie du parking où il prend des auto-stoppeurs ; on lui reproche d'avoir dépassé la vitesse permise et il est enfermé dans une cellule bondée d'ivrognes, de vagabonds et de voleurs. La nouvelle se répand ; une foule de sympathisants cerne la prison et le pasteur doit être libéré sous peine de grave émeute. Les représailles ne font que commencer ; Martin est réveillé en pleine nuit par des appels téléphoniques : « Écoute, sale nègre, on en a ras le bol de toi. » Il sait que des projets d'attentat le menacent ; il reçoit des lettres d'insultes. Trois nuits plus tard, fin janvier, une bombe explose sur la véranda de sa maison ; Coretta et le bébé de moins d'un an sont saufs. Le 22 mars, King est jugé coupable d'avoir organisé un boycott illégal, et condamné à payer cinq cents dollars d'amende ou à effectuer trois cent quatre-vingt-six jours de travaux forcés. En l'espace de quelques minutes, la caution est signée. À la sortie du tribunal, le pasteur est accueilli aux cris de « Vive le King ! ».

Bien que Coretta insiste pour rester à ses côtés, King envoie par prudence sa femme et sa petite fille auprès de ses parents. *Daddy* voudrait que son fils quitte Montgomery et revienne exercer son ministère à Atlanta. Alberta cache difficilement son inquiétude ; les pressions familiales se font de plus en plus insistantes, jetant le trouble chez le pasteur. Il sait qu'il risque sa vie, mais il est de son devoir de soutenir ceux qui lui ont fait confiance : un chef ne fuit pas le champ de bataille. Sa popularité s'étend dans le pays : sur le thème de la non-violence, des ateliers de réflexion s'ouvrent dans nombre d'églises. Des grèves de bus sont lancées dans plusieurs villes du Sud.

La victoire sonne enfin. Elle n'est que partielle, mais la décision d'un tribunal fédéral saisi de l'affaire déclare, en juin 1956, que la pratique de la ségrégation est contraire à la Constitution. Les juges locaux sont donc désavoués. Les adversaires ne baissent pas les armes et portent un recours à la Cour suprême, dont la décision finit par arriver en novembre ; en décembre, l'arrêt concernant l'interdiction de toute ségrégation dans les autobus est officiellement signifié aux autorités de Montgomery. La non-violence a triomphé : « Notre foi semble avoir été justifiée. » Des millions de Blancs commencent à épouser la cause des Noirs.

La politique de la non-violence

À mesure que croissent les responsabilités de Martin et que les dangers se précisent, Alberta s'inquiète. « Ma mère souffrait, [...] elle avait peur pour son fils et pour tous les siens », écrit Martin dans son *Autobiographie.* Si Coretta prend sa part à ses côtés de toutes les épreuves et reste calme, il n'ignore pas que ses parents, éloignés, se font un sang d'encre. Mama chérie en est tombée malade et après l'attentat à la bombe, les médecins lui ont enjoint de garder le lit. Martin téléphone à sa famille plusieurs fois par semaine : pour Alberta, entendre sa voix est déjà une consolation et un apaisement. *Daddy* l'encourage, mais il a les larmes aux yeux. Martin de son côté doit se protéger de leurs émotions et garder son équilibre pour mener à bien sa mission.

Car l'arrêt de la Cour suprême n'a en rien apaisé les plus violents des ségrégationnistes. L'anarchie s'installe. De nouvelles questions sont à l'ordre du jour, telles que les droits civiques des Noirs, l'accès aux urnes ou l'intégration scolaire. Les signes d'hostilité se multiplient : en janvier 1957, une nouvelle vague de terrorisme ravage Montgomery : des bombes explosent, et, chez les King, on découvre des bâtons de dynamite. Les enfants noirs doivent se rendre au lycée blanc sous la protection de troupes fédérales ; et la croisade pour la citoyenneté est lente à porter ses fruits. Martin joue un rôle capital dans la fondation de la Southern Christian Leadership Conference, SCLC (Conférence des dirigeants chrétiens du Sud), une organisation pacifique dont il est président et qui a mission de conduire les protestations non violentes, car, dit-il, ce sont la peur et l'ignorance qui montent les races les unes contre les autres. En septembre 1958, alors qu'il signe un livre dans un magasin de Harlem, une femme noire déséquilibrée lui enfonce un poignard dans la poitrine, en l'accusant d'être communiste ; la blessure est soignée à temps et le pasteur peut reprendre son travail quelques semaines plus tard, mais la violence est contagieuse. Un voyage au pays de Gandhi l'année suivante permet à King de ressourcer sa pensée et de prendre du recul. Sa décision est prise à son retour : pour être plus près de ses parents et surtout pour consacrer plus de temps à la Conférence des chrétiens du Sud, il s'installe avec sa famille à Atlanta, en février 1960, et il devient copasteur de l'église baptiste d'Ebenezer. C'est de là qu'il poursuivra sa lutte. Alberta a enfin son fils et ses petits-enfants tout près d'elle.

Dans les années 1960, la situation des Afro-Américains du Sud, en butte aux humiliations, harcèlements et violences, produit une vague de sympathie dans l'opinion publique relayée par la presse. King choisit avec intelligence et habileté les lieux de confrontation avec les ségrégationnistes et il obtient l'appui, prudent d'abord puis réel, du futur président des États-Unis John F. Kennedy. Mais les obstacles sont encore nombreux : à Albany, où il est venu en tant que conseiller, il est interpellé lors d'une arrestation massive de manifestants pacifiques. L'année suivante, en juillet 1962, toujours à Albany, il est condamné à une nouvelle amende ou à quarante-cinq jours de prison. Il choisit la prison, par solidarité. Son père vient le voir et lui apporte un grand réconfort : Alberta se résigne enfin à la vie dangereuse que mène son fils puisqu'il est fidèle à sa mission et « joue son rôle » dans le mouvement d'Albany ; « elle a compris qu'il me fallait rester encore en prison aussi longtemps que nécessaire ». Coretta et les enfants, arrivés en hâte d'Atlanta, viennent lui rendre visite ; il est libéré discrètement quelques jours plus tard car la police craint de nouvelles manifestations. Au printemps suivant, la ville annulera ses lois ségrégationnistes. Rien n'est acquis cependant ; quelques mois plus tard, King est à nouveau arrêté, cette fois à Birmingham, la ville des États-Unis où la ségrégation est peut-être la plus sévère, dans les établissements publics comme privés – on lui a donné le surnom de

« Bombingham » en raison du nombre d'attentats racistes. Il est mis au secret, en isolement. Coretta qui vient de mettre au monde son quatrième enfant prend l'initiative de téléphoner au président Kennedy, et les conditions de sa captivité s'adoucissent. Loin d'être accablé, King en ressort encore plus conforté dans ses choix.

La campagne ne recrute malheureusement plus assez de volontaires et le mouvement risque de s'effondrer. On suggère à King d'enrôler des jeunes qui, par leur enthousiasme et leur innocence, auraient raison des violences de la police. Le pasteur est d'abord hésitant, il mesure les risques, mais finit par accepter. La « marche des enfants » est un gigantesque succès, qui présente la ségrégation devant le tribunal de l'opinion mondiale ; la répression est brutale, avec matraques, lances à incendie, tandis que les manifestants avancent lentement en chantant. Les scènes de violences policières filmées ou relatées par les médias gagnent la sympathie d'un large public international. Le prix à payer est l'arrestation de plusieurs centaines d'enfants et des troubles incontrôlables. Devant une ville bloquée par les manifestants, les troupes fédérales sont appelées pour remettre de l'ordre et permettre une trêve. Un pacte est signé ; en juin 1963, Kennedy annonce une proposition de loi sur les droits civiques.

La victoire de Birmingham a donné du courage à tous ceux que révoltent injustices et inégalité. En août 1963, une marche sur Washington réunit des milliers de Noirs et de libéraux blancs pour réclamer travail et liberté. En dépit des tensions, la marche est un succès ; les églises blanches s'impliquent dans le mouvement. Le 28 août, devant une marée humaine – plus de deux cent cinquante mille personnes – Martin Luther King prononce son inoubliable discours : « *I have a dream* » (« Je fais un rêve ») – le rêve d'une Amérique fraternelle où les fils des anciens esclaves et des anciens propriétaires d'esclaves pourront s'asseoir à la même table… « Je rêve que mes quatre enfants vivront un jour dans un pays où on ne les jugera pas à la couleur de leur peau mais à la nature de leur caractère. » L'Amérique, grâce au pasteur noir et à tous ceux qu'il a su convaincre de ne pas recourir à la violence, va franchir le pas et renoncer à un système qui ressemble à l'apartheid.

Une mare de sang

Mama chérie ne connaît pas encore l'ampleur du sacrifice auquel elle doit consentir ; mais elle n'ignore pas que la violence ne désarme pas. Tandis que King prêche à l'église d'Ebenezer ce dimanche 15 septembre 1963, on apprend qu'une bombe a explosé dans une église baptiste de Birmingham ; quatre fillettes noires ont été tuées. Des jeunes Noirs sont tués dans des rixes. La violence et la haine ne cèdent pas et, malgré la foi du pasteur, les échecs sont nombreux ; on accuse même le prédicateur de la non-violence de favoriser malgré lui les émeutes. Martin Luther King reçoit le prix Nobel de la paix le 14 octobre 1964 ; il l'apprend alors qu'il est à l'hôpital d'Atlanta pour une cure de repos, et le baume adoucit les plaies. Malgré une grande fatigue, il continue durant plusieurs années à traverser l'Amérique de long en large, plaidant pour la justice sociale et la solidarité contre la misère, où qu'elle se trouve. Il prêche devant des Blancs et des Noirs. Serein en public, il subit cependant de très fortes tensions intérieures ; il doit affronter l'establishment, il s'interroge sur le bien-fondé de ses interventions qui risquent toujours de dégénérer et certains le jugent même dangereux. Beaucoup d'espoirs ont été déçus ; la haine ne désarme pas et il reçoit des menaces de mort ; ses amis le trouvent nerveux, anxieux, et parfois même « il avait très, très peur ». Il n'a pas quarante ans mais il est épuisé. Coretta veille toujours à ses côtés, du moins quand ils se retrouvent à Atlanta, où il s'efforce de prêcher un dimanche sur deux.

Des troubles ont éclaté début janvier 1968, à Memphis dans le Tennessee, où les éboueurs noirs font grève pour obtenir de meilleurs salaires ; la police les a dispersés à la matraque. Le pasteur de l'église méthodiste prend contact avec King et le supplie de venir dans la ville et de prendre parole. King accepte. Sa chaleur, sa puissance oratoire suscitent émotion et ferveur ; « nous reprendrons la marche », clame-t-il au milieu des applaudissements.

La marche pacifique des pauvres n'aura pas lieu. Fin mars 1968, King est à nouveau à Memphis mais des violences ont éclaté dans la ville et un jeune Noir a été abattu par la police. Bouleversé, son dernier et vibrant discours du 3 avril est pour annoncer qu'il entrevoit la Terre promise, qu'elle est accessible malgré tous les obstacles, mais qu'il ne l'atteindra peut être pas lui-même. « J'ai été au sommet de la montagne. Comme tout le monde, j'aimerais vivre une longue vie. Mais ce n'est pas ce qui me préoccupe pour l'instant. Je veux simplement accomplir la volonté de Dieu. » Prémonition ? Il semble alors délivré de cette angoisse qui ne le quitte plus guère depuis des mois, en dépit de la menace d'attentat qui a retardé son avion le matin même. Le 4 avril, vers dix-huit heures, alors qu'il bavarde sur le balcon de son hôtel, un violent coup de feu l'atteint au visage et au cou, et il s'effondre dans une mare de sang. Malgré les secours immédiats, le pasteur noir s'éteint une heure plus tard, à l'hôpital. Coretta est aussitôt prévenue, *Daddy* et Alberta apprennent la nouvelle par la radio. Cette nuit-là, beaucoup pleurent l'homme intègre, clairvoyant et généreux qui a voulu réconcilier tous ses frères en Jésus-Christ ; d'autres fourbissent déjà leurs armes : des émeutes éclatent dans une centaine de villes au cours desquelles sont tués de nombreux Noirs.

Le tueur est un ségrégationniste blanc, James Earl Ray, qui a des antécédents judiciaires et s'est évadé de prison ; il est capturé à l'aéroport de Londres deux mois plus tard. Extradé, il avoue l'assassinat puis se rétracte ; l'arme retrouvée n'est pas certifiée comme celle qui a provoqué la mort et les tests balistiques n'ont rien prouvé ; mais il choisit de plaider coupable pour éviter la peine de mort. Il est condamné à quatre-vingt-dix-neuf ans de prison. Puis il se rétracte encore, en affirmant qu'il n'a pas tiré personnellement sur King et qu'il a été un membre inconscient d'une conspiration. Il passe le reste de sa vie à tenter de faire rouvrir son procès. Une rumeur court selon laquelle un complot, auquel auraient participé des agences fédérales, aurait été monté pour éliminer Martin Luther King. Aucune preuve fiable n'a jamais pu être présentée ; mais, en 1997, le fils de Martin Luther King, Dexter, soutient les efforts de Ray pour obtenir un nouveau jugement. L'homme meurt un an plus tard. Comme souvent, les spéculations les plus fantaisistes vont bon train.

Le 30 juin 1974, six ans après la mort de Martin, Alberta King joue de l'orgue pour le service dominical dans l'église familière de briques rouges d'Ebenezer, et la chorale chante *The Lord's Prayer*, la Prière du Seigneur. Les fidèles prient en fermant les yeux. Un jeune homme noir d'une vingtaine d'années s'approche du pupitre, sort un fusil qu'il pointe sur le couple King, et tire ; Alberta s'écroule et meurt un peu plus tard : elle a soixante-neuf ans. Les balles touchent deux autres personnes.

L'assassin, Marcus Chenault, est un jeune homme de l'Ohio, qu'on entend murmurer quelques mots incohérents : « Je suis fatigué de tout ça. » Le pasteur King senior est présent et interroge le meurtrier manifestement confus qui se contente de répondre : « Elle était chrétienne. Tous les chrétiens sont mes ennemis. J'ai été envoyé pour ce but et il est partiellement accompli. » L'homme sera jugé coupable et condamné à la prison à vie.

Mère et fils ont partagé le même triste sort, victimes d'une folie haineuse. Toute sa vie Alberta a craint pour Martin, mais elle a su faire le sacrifice qui lui était demandé et vivre comme une mère et une grand-mère comblée, en adoptant du fond du cœur ses choix. À son enfant, elle avait expliqué qu'elle voulait aimer toutes les personnes indépendamment de leur couleur de peau. Rien de mièvre dans sa douceur, mais une fermeté discrète et attentive.

Elle aurait peut-être aussi pardonné, tout comme Martin Luther King avait pardonné à son premier agresseur, pointant avec lucidité la violence de la société américaine : « Un climat de haine imprègne tellement notre nation que des accès de violence doivent surgir inévitablement. Aujourd'hui, c'est moi. Demain, cela pourra être un autre dirigeant, ou n'importe quel homme, femme ou enfant qui sera victime de l'anarchie et de la brutalité. »

Table

DEUXIÈME PARTIE

Apothéose

TROISIÈME PARTIE

Soupçons

Cet ouvrage a été composé
en Adobe Garamond Pro
par Nord Compo
à Villeneuve-d'Ascq (Nord).

N° d'édition : 7381-3516-1 – N° d'impression : 2526594P

Dépôt légal : janvier 2017

Imprimé en France

sur les presses de Jouve en mars 2017